KB179383

관종의 조건

관심을 무기로 시장을 장악한 사람들의 법칙
관종의 조건

초판 1쇄 발행 2020년 12월 10일

지은이 임홍택
펴낸이 권미경
기획편집 박주연
마케팅 심지훈, 강소연, 김재영
디자인 this-cover.com
펴낸곳 (주)웨일북
출판등록 2015년 10월 12일 제2015-000316호
주소 서울시 서초구 강남대로95길 9-10, 웨일빌딩 201호
전화 02-322-7187 **팩스** 02-337-8187
메일 sea@whalebook.co.kr **인스타그램** instagram.com/whalebooks

ⓒ 임홍택, 2020
ISBN 979-11-90313-60-5 03320

이 도서의 국립중앙도서관 출판예정도서목록(CIP)은
서지정보유통지원시스템 홈페이지(http://seoji.nl.go.kr)와
국가자료공동목록시스템(http://www.nl.go.kr/kolisnet)에서 이용하실 수 있습니다.
(CIP제어번호: CIP2020050176)

소중한 원고를 보내주세요.
좋은 저자에게서 좋은 책이 나온다는 믿음으로, 항상 진심을 다해 구하겠습니다.

관심을 무기로 시장을 장악한 사람들의 법칙

관종의 조건

임홍택 지음

whale books

둘째 딸, 지연에게

들어가는 말 — 세상의 모든 관종에게 바칩니다

머리말을 읽은 많은 독자분이 당황할 거라 생각한다. 책 제목에 '관종'이라는 단어를 사용한 것뿐만 아니라, 머리말 시작부터 '세상의 모든 관종에게 바친다'라고 버젓이 밝히고 있으니 말이다.

많은 사람이 관종이라는 단어 자체에 거부감을 느끼는 것은 지극히 당연한 일이다. 관종은 말 그대로 '관심종자(관심받고 싶어 하는 종자)'의 줄임말로, 주로 '관심받고 싶은 욕심 때문에 과도한 언행을 보이는 사람들'을 비하하는 용어로 사용되어 왔기 때문이다.

하지만 관종은 시간이 지나면서 단순한 비하의 표현을 넘어 다양한 의미로 확장되고 있다. 이제 관종은 누군가의 브랜드가 되기도 하고, 적극적이고 친화력이 좋은 인싸(인사이더)가 되기 위한 과정으로 인식하기도 한다. 심지어 우리 모두 어느 정도 관심이 필요한 관종이라는 사실을 받아들여야 한다는 주장까지 나왔다.

이 책에서는 먼저 관종이라는 단어를 어떻게 정의하고, 어느 수준에서 받아들여야 할지를 집중적으로 살폈다. 이 과정에서 가장 중요하게 생각한 점은 '관심받고 싶어 하는 존재'를 단순히 긍정하거나 부정하는 것이 아니라 중립적인 관점에서 분석해 나가는 것이었다. 이 책에서의 관종 대부분을 '관심을 필요로 하는 존재(Attention Seeker)'라는 중립적인 의미로 사용한 이유다.

그러나 관종의 정의보다 더 중요한 것은 그 단어 이면에 '관심(Attention)'이 숨어 있다는 점이다. 예측 불가능할 정도로 빠르게 변하는 시대에서 관심은 교환 가능한 화폐의 개념으로 진화했다. 그러한 의미로 접근해 보면 관심을 얻고자 하는 관종은 특정 개인을 지칭하는 개념이 아닌 더 넓은 개념으로 나아가고 있다.

우리는 지금 너무 자주 '많은 관심을 부탁드립니다'라는 말을 들으며 살고 있다. 오늘도 세상 사람들은 자신이 만든 물건과 생각, 그리고 그 말을 하는 자신에게 관심을 가져달라고 목놓아 외치고 있다. 마트 진열대에 놓인 상품과 스마트폰 안에 존재하는 모든 콘텐츠 또한 마찬가지다. 이렇듯 세상에 존재하는 모든 종류의 콘텐츠와 재화는 사람들의 많은 관심을 간절하게 바라고 있다. 하지만 아이러니하게도 모두가 관심을 바라는 세상 안에서, 누군가의 관심을 얻기는 점차 힘든 세상이 되어가고 있다.

이 책을 쓴 가장 중요한 목적은 우리 사회에서 진정으로 중요해지고 필요해진 관심을 어떻게 올바르게 끌어내고 활용할 수 있을지 알아보고자 하는 데 있다. 즉,《관종의 조건》의 핵심은 '관종이 될 수 있는 조건'을 논하는 것이다. 그러한 이유로 성공적으로 관심을 얻는 공통된 조건 4가지를 알아보고, 관심의 영역을 총 4개 영역(개인 영역 / 조직 생활 영역 / 마케팅 영역 / 사회 전반)으로 나누어 이를 어떻게 적용할 수 있는지를 다뤘다.

또한 관심을 단순히 획득해야 할 자원이라는 관점을 넘어, 사회적으로 어떻게 관리하고 제어할 것이며, 공동체 발전을 위해 어떻게 활용해 나갈지에 대한 추가적인 논의를 전개하고자 한다.

이 책을 통해서 그동안 우리가 무의식적으로 사용하던 관심과 관종이라는 단어가 현대를 사는 우리에게 어떠한 중요한 의미로 변화했는지 전달하려 한다. 이를 통해 개인과 조직, 그리고 사회 전체가 당면한 문제점을 현명하게 해결하고 자신만의 경쟁력을 키울 수 있는 하나의 방안으로 활용되길 기원한다. 그런 의미에서 진정한 관심을 바라는 모든 사람에게 이 책을 바친다.

2020년 11월
지은이 임홍택

목차

1부
관종의 등장

1. 관종에 대한 다른 생각과 새로운 정의

2. 현대 사회 관심의 주요 변화

3. 관종의 탄생

4. 어떻게 성공적인 관심 추종자로 남을 것인가

2부
관종의 조건 4가지

1. 꺼지지 않는 가시성

2. 고집스러운 협력성

3. 절대적인 진실성

4. 감당할 수 있는 적정선

3부
관중과 개인: 개인 차원의 관심 획득

1. 대중의 관심을 끌어당길 수 있는 개인

2. 관심 시장에서 개인의 매력을 강화하는 방법

3. 빛과 어둠이 공존하는 유명인의 세계

4부
관종과 조직: 조직 차원의 관심 획득

1. 관심받고 싶어 하는 그들의 조직 생활

2. 관종들의 슬기로운 조직 생활

3. 실력자가 액션 히어로가 되는 방법

4. 조직은 어떻게 개인의 관심을 가져갈 수 있는가

5. 조직 탈출을 갈망하는 개인의 전략

5부
관종과 마케팅: 시대의 관심을 저격한 이들의 비밀

1. 관심과 마케팅 그리고 시장의 변화

2. 고객의 진짜 관심을 받는 법

3. 새로운 시대, 피해야 할 4가지 믿음

6부
관종과 사회의 미래

1. 사회적 관심을 어떻게 제어할 수 있는가

2. 진실과 거짓 사이

3. 관심 문제는 어떻게 해결할 수 있는가

1부

관종의 등장

1. 관종에 대한 다른 생각과 새로운 정의

사전에는 없지만 모두가 알고 있는 바로 그 단어

'관심받고 싶어 하는 사람'을 뜻하는 '관종'은 '관심(關心)'이라는 단어와 '종자(種子)'라는 단어가 결합되어 만들어진 합성어 '관심종자(關心種子)'의 준말이다.

2010년도부터 10대 중·고등학생들 사이에서 유행한 이 단어는 주로 '관심받고 싶은 욕심 때문에 과도한 언행을 보이는' 연예인이나 SNS상의 유명인을 비하하는 용어로 사용됐다.

인터넷 신조어인 탓에 국립국어원 표준국어대사전에 공식 등재되어 있지는 않지만, SNS와 인터넷 그리고 방송 등에 자주 등장해 이미 많은 사람이 이 단어가 뜻하는 바를 익히 알고 있다. 외부 기관에 의뢰해 총 500명(10대에서 50대까지 각 100명)을 대상으로 조사한 결과, 100명 중 약 95명이 관종의 뜻을 알고 있는 것으로 나타났다.

하지만 '사람의 혈통을 낮잡아 보는 말'인 종자라는 단어가 포함되어 있는 만큼 사람들이 관종이란 단어에 가지고 있는 인식은 대부분 그리 긍정적이지 않으며,[03] 이 단어가 등재되어 있는 대부분의 개방형 사전에서 또한 마찬가지인 것으로 나타났다. 그 어떤 개방형 사전에서도 관종을 '관심받고 싶어 하는 사람'이라는 중립적 표현으로 사용하고 있지 않다.

국립국어원에서 제공하는 개방형 사전 우리말샘에서는 관종을 '일부러 특이한 행동을 해 다른 사람들에게 관심을 받는 것을 즐기는 사람을 속되게 이르는 말'로 서술하고 있으며, 한국어판 위키피디아인 위키백과에는 '유난히 튀는 행동이나 말을 많이 하는 사람을 뜻한다. (중략) 또한 이상한 짓을 많이 하는 사람을 욕하는 말이다. 관심종자는 사람들이 많은 장소에서 관심을 받고 싶어서 이상한 행동을 하는 잘못된 심리를 가진 사람을 뜻하기도 한다'라고 정의되어 있다. 국내 최대 위키 사이트 나무위키에서는 관종을 '관심병'이라는 단어로 연결해 '타인에게 주목받고 싶어 하는 정도가 심해 사람들의 관심을 과도하게 끄는 병폐'를 일컫는 신조어로 소개하고 있다.

대부분 정의에서 관종을 부정적으로 인식하고 있는 것과 같이, 보통 관심을 끌고자 하는 누군가를 비하할 때 활용되면서 사용의 용례를 넓혀나갔다. 예를 들어, 관종남 혹은 관종녀처럼 성별 앞에 붙거나 관종 배우 혹은 관종 아나운서, 관종 국회의원, 관종 변호사와 같이 일부 관심을 끌고자 하는 직업인 앞에 붙어 이들을 비하하는 단어로 활용됐다.

게다가 이제는 사람만을 지칭하지도 않는다. 개 혹은 고양이 같은 반려동물과 결합해 관종견, 관종냥이 되기도 하며, 관종옷(사람들의 시선을 사로잡을 수 있는 의복) 혹은 관종템(관심을 받을 수 있는 아이템) 등 특정 사물을 묘사하는 단어로 활용되기도 한다.

기존에 있었던 개념 또한 관종이 들어감으로써 변화한다. 가령 '자신의 상품을 의도적으로 구설에 오르게 함으로써 소비자들의 이목을 끌려는 마케팅 전략'을 의미하던 '노이즈 마케팅'은 이제 '관종 마케팅'이라는 이름으로 불리게 되었으며, 세인의 주목을 받는 것이 경제적 성패의 주요 변수라는 뜻의 관심 경제(Attention Economy)가 기존의 맞춤형 뉴스, 맞춤형 검색 혹은 추천 상품 알림 등을 의미하는 표현에 그쳤던 데 반해, 이제는 관심만 끌면 돈을 벌 수 있고 관종이 모든 자본을 가져갈 수 있다는 개념으로 '관종 경제'라는 이름으로 발전했다.

이처럼 다양한 곳에 관종이 확장되어 사용되는 것과는 별개로, 관종이라는 단어 자체가 분화되어 새로운 단어를 만들어내기도 한다. 대표적으로 '외적 관종'과 '내적 관종'이라는 단어다.

외적 관종은 관심을 받고 싶어 하는 내면의 욕구를 겉으로도 거

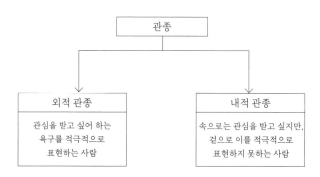

리낌 없이 적극적으로 표현하는 사람을 일컫는다. 이는 우리가 지금까지 일반적으로 말하는 관종과 동일한 의미로 쓰인다.

반면, 내적 관종은 속으로는 타인의 관심을 받고 싶지만 겉으로는 이를 적극적으로 표출하지 않는 사람으로, 기존에 알고 있던 관종의 의미와는 다소 차이가 있다. 비슷한 말로 조용한 관종, '소심한 관종 (샤이 관종)'[04] 으로도 불린다.

실제로도 인터넷상에서 스스로를 내적 관종 혹은 소심한 관종으로 인정하는 경우가 늘어나고 있으며, 유명인들 중에서는 방송인 유병재와 배우 김슬기가 자신의 성격이 이러한 내적 관종에 가깝다고 밝히기도 했다.[05]

이는 관종이라는 단어가 오랜 기간 우리의 주위를 맴돌면서, '관심 받고 싶어 하는 마음을 겉으로 표현하는 데 거리낌이 없었던' 통상적인 관종의 모습 하나만으로는 '관심을 받고자 하는 이들'의 모든 모습을 대변하지 못하게 되었다는 의미이기도 하다.

관종에 대한 사람들의 인식

관종에 대한 사람들의 인식은 대체로 부정적이다. 그런데 관종에 대해서 부정적인 인식을 가지게 된 것은 갑작스러운 일이 아니다. 사람들은 관종이라는 새로운 단어가 생겨나기 전부터 '관심을 받기 위해 일종의 무리수를 두는 행동'을 줄곧 부정적으로 여겼다. 관심을 받기 위한 무리수 대부분이 '관심을 받기 위해 타인에게 피해를 주는 극단적인 행위'를 수반하고 있었기 때문이다.

역사상 가장 유명한 관종의 무리수는 바로 고대 그리스의 방화범이었던 헤로스트라투스다. 그는 사람들의 관심을 받고 유명해지기 위해 고대의 세계 7대 불가사의 중 하나였던 아르테미스 신전을 불태웠다. 지금도 '헤로스트라투스의 명성(Herostratic Fame)'이라는 단어는 수단 방법을 가리지 않고 인기를 좇는 일을 일컫는 말로 사용되고 있다.

잊을 만하면 미국의 총기 난사 사건이 일어나는 이유는 다양하지만, 많은 범죄분석가들은 동기 중 하나로 '주목받고 싶은 강한 갈망'을 꼽는다. 실제 2015년 미국 오리건주 엄프콰 칼리지 총기 난사 사건으로 13명을 살해한 크리스 하퍼 머서는 "더 많은 사람을 죽일수록 더 유명해질 수 있다"[10]라는 말을 인터넷에 올리기도 했다.

지구촌 곳곳에서 산발적으로 일어나 사상자를 내는 끔찍한 테러는 사전적으로 '폭력 수단을 사용해 적이나 상대방을 위협하는 행위'로 정의되고 있다. 하지만 테러의 실제적인 목적은 '폭력을 통한 인명 살상'에 있는 것이 아니라, 폭력을 통한 '대규모 관심을 끌어올리는 데' 있다. 이와 관련해 《사피엔스》의 저자 유발 하라리는 '전 세계에서 일어나는 테러리즘의 본질은 궁극적으로 관심의 환기에 있다'고 논하기도 했다.

기존에 일어난 '관심을 받기 위한 무리수'들은 방화와 총기 난사, 그리고 테러와 같은 극단적이고 불법적인 행위를 동반했다. 이와 같은 '관심 추구 행동'은 인터넷이라는 새로운 공간을 만나면서 악성 댓글(악플)과 웹 트롤링(인터넷상에서 혼란을 일으키려는 시도)[11]으로 변신했다. 특히 온라인상에서 반여성주의, 지역 비하, 패륜적 막장 발언 등으로 수많은 논란을 일으킨 극우 커뮤니티 사이트 '일간베스트

저장소'(이하 일베)의 일탈 행동의 동기로 관심을 언급한다. 진보학자 박건일은 일베의 목적은 특정 이념이나 사상, 혹은 인정이나 명성에 대한 추구가 아니고, 단지 주목(Attention)이 가져다주는 쾌락에 대한 맹목적 추구라고 분석했다.[09]

극단적인 행동으로 인해 대다수의 사람들이 관종을 부정적으로 인식하고 관종이라는 단어 자체에 불쾌감을 느끼고 있지만,[10] 모든 사람이 관종을 부정적으로 받아들이는 것은 아니다.

일부 유명인들은 스스로를 관종으로 칭하기를 꺼리지 않고, 오히려 이를 자신의 콘셉트로 활용하고 있다. 배우 유아인은 2016년 한 인터뷰에서 자신을 한 단어로 정의해 달라는 질문에 "난 크리에이터다. 내가 해석하고 포착한 세상과 사람들을 재창조하고 표현해 내고 있다"라며 "이런 작업을 통해 여러 가지를 보여주고 기꺼이 관종으로서 이 세상을 살아가는 것 같다"고 말했다.[11] 그가 배우이자 크리에이터로서 남들 앞에 서는 것은 스스로를 드러내기 위해서이며, 그것을 관종이라고 부른다면 그 본능을 인정하겠다는 의미였다.

프리 선언 이후에 대세로 떠오른 방송인 장성규는 관종이라는 이름으로 자신을 다양하게 수식하는 인물이다. 그는 한 인터뷰에서 자신은 태생이 관종이라고 칭한 바 있으며, 이외에도 '착한 관종', '모범 관종', '행복한 관종' 등 다양한 수식어로 표현했다.

혼성 그룹 샵 출신의 가수 이지혜는 2019년 유튜브 채널〈밉지 않은 관종언니〉를 개설하면서, 관종이라는 단어를 자신을 지칭하는 대표적인 브랜드로 활용했다.

또한 관종의 부정적인 면에 집착할 것이 아니라, 오히려 그들의 긍정적인 측면을 받아들여야 한다는 시각도 존재한다.

전 대통령 연설 비서관 강원국 작가는 관종을 긍정적으로 해석하는 대표 인물이다. 글을 쓰는 것은 바로 자신을 보여주기 위해서이며, 이러한 이유로 자신을 포함한 "글 쓰는 사람은 모두 그 태생이 관종이다"라고 말한다. 또한 관종을 눈치꾼과 비교해, "눈치꾼은 누군가의 대상이고 객체인 반면, 관종은 내가 중심이고 주체에 해당한다"고 말했다. 그러한 의미에서 관종이라 칭하는 사람들은 적어도 '나답게 사는 사람'이라는 것이다. 관종을 다룬 서적들도 관종의 주체적인 삶의 태도를 일정 부분 인정하며 논리를 전개한다.

마지막으로 관종에 대해 단순히 긍정이나 부정을 하는 것이 아닌, 이중적 인식을 가진 경우 또한 존재한다.

앞서 500명을 대상으로 '관종에 대해 평소 어떤 생각을 가지고 있는지'를 조사한 결과, 10명 중 3명(32.6퍼센트)은 관종을 무조건 부정적이거나 긍정적으로 생각하는 것이 아니라 복합적인 차원에서 바라본다고 답했다. 중립적인 답변의 대부분은 '관심받기 위한 행동이 지나치면 문제가 되지만, 관심을 추종하는 행위는 인간의 본연적인 욕구이기 때문에 관종 자체를 나쁘다고 볼 수 없다'라고 답했으며, '분위기나 상황에 맞지 않게 행동을 하면 비호감이 되지만, 타이밍을 제대로 활용하면 인싸가 될 수 있다'라는 의견이 있었다.

청소년들 사이에서는 관종을 '인싸'가 되기 위한 하나의 과정으로 인식하기도 한다. 청소년들도 대체적으로 관종을 관심을 받으

인싸 : 인사이더(Insider)의 준말로 사회 활동에 적극적이고
　　　사교성과 친화력이 좋은 사람을 의미함
　　　자신을 드러내지 않아도 친구들의 관심을 불러일으키는 것이 특징

인싸 관종 : 인싸와 관종 사이의 존재. 인싸인 동시에 관심을 받기 위해 과도한 행동을 함
　　　　　　다소 과한 행동을 하지만 인싸이기 때문에 또래집단에게 용인이 됨

관종 : 관심을 받으려 과도한 행동을 함
　　　과도한 행동이 또래집단에게 인정받지 못하고 부정적인 행동으로 인식

인싸가 되는 과정

려도 과도한 행동을 하는 부정적인 존재로 바라보지만, 관종이 주변 사람들에게 관심과 호응을 얻으려 한다는 점에서 그들이 최종적으로 되고 싶은 인싸와 일정 부분의 공통분모를 가지고 있다고 생각한다.

그 결과 청소년들은 인싸와 관종 사이에 '인싸 관종'이라는 새로운 존재를 만들어냈다. 인싸 관종은 관종과 같이 다소 과장된 행동을 하긴 하지만, 또래집단 사이에서 인정받는 인싸의 성격을 동시에 가지고 있기 때문에 그 과도한 행동이 용인되는 특징을 보인다.

현대의 많은 사람은 관종이라는 개념을 이중사고(Double Think)의 사고 체계 안에서 인식하고 있을 수 있다. 조지 오웰의 소설《1984》를 관통하는 이중사고 개념은 '두 개의 상반된 내용을 모두 받아들이는 사고방식'을 말한다. 상당수 사람은 관종을 '과도한 행동을 하는 부정적인 존재'라고 생각함과 동시에 '사실 우리 모두는 기본적으로 관심을 갈구하는 존재'임을 받아들이고 있는 것이다.

극단 행위자로서의 관종 vs. 성향으로서의 관종

앞서 살펴본 것처럼 관종이라는 단어를 어떤 의미로 인식하고 있는
지는 사람마다 차이점이 있다. 누군가는 관종이라는 단어 자체를
거부하는 방면, 반대편의 누군가는 관종의 긍정적인 측면을 바라본
다. 또 다른 누군가는 관종을 부정적으로 바라보면서도 자신의 인
정 욕구를 자연스러운 것이라는 이중적인 생각을 갖기도 한다.

　사람들이 관종에 대해 각기 다른 인식을 가지고 있는 것은 개인
성향의 차이 때문이 아니라, 현재 관종이라는 단어가 상황에 따라
두 가지 뜻이 혼재되어 사용되고 있기 때문이다. 여기서 혼재되어
있는 두 가지 뜻은 바로 '극단 행위를 일으키는 행위자로서의 관종'
과 '관심받고자 하는 성향으로서의 관종'이다.

　행위자로서의 관종은 타인으로부터 관심을 받기 위해 무리수를
두는 등 결코 일반인 같지 않은 부자연스러운 행위를 하는 사람들
을 지칭한다. 이들은 보통 타인에게 관종이라고 불리는데, 그들의
성향이 아니라 타인의 관심을 받기 위한 극단적인 행동을 통해 그
러한 이름이 붙게 되었다는 것이 중요하다. 이와 같은 관종 행위를
하는 일부 부류는 허언증과 같은 정신질환을 앓고 있기도 하지만,
질환의 유무와 관계없기도 하다. 그들은 관심을 향한 비뚤어진 쾌
락 혹은 관심을 받으면 얻을 수 있는 특정 이익을 위해 의도적으로
행동한다. 그들에 대한 타인의 평가 대부분이 부정적일 수밖에 없
는 이유다.

　이러한 의미로 SNS상에서 "관종이냐?"라고 달리는 댓글은 "관
심병자냐?"라는 말과 동의어로 볼 수 있으며, 폄하하거나 모욕하려

는 의도가 포함되어 있다. 2020년 한 국회의원을 향해 '관종 국회의원'이라고 댓글을 단 50대가 모욕죄라는 명목으로 기소되고 벌금형이라는 유죄 판결을 받은 결과는 관종을 이와 같은 의미로 읽었기 때문이다.[15]

행위자로서의 관종에게 효과적인 대응 방법은 소위 '(관종에게 관심이라는) 먹이 주기 금지'라고 불리는 철저한 무시로 그들을 고립시키는 것이다.

반면 성향으로서의 관종은 바로 일부 연예인과 작가들이 말했던 의미로서 '관종질' 같은 극단적인 행동 주체가 아니라, 관심을 좋아하거나 요구하는 성향을 이야기하는 것이다.

그들에게 관심의 원천은 특정 정신질환이나 의도적인 이상 행동이 아니다. 인간으로서 혹은 직업적(배우, 작가 등)으로 자연스럽게 필요한 인정 욕구 혹은 소속 욕구 등이다. 간혹 타인에게 관종이라는 말을 듣기는 하지만, 대부분 자신을 평가하는 데 쓰인다. 그들은 자신의 성향을 중립적으로 솔직하게 인정할 뿐, 그 자체로 자신을 비하하지는 않는다.

최근 한 예능 프로그램에서 유명 아이돌 가수 멤버가 같은 그룹의 리더를 평가하면서 "(그는) 그냥 관종이다. 전국관종협회 회장이다"라는 발언을 한 적이 있다. 하지만 그를 관종으로 평가한 것은 그가 멤버들 사이 대화에서 대부분 지분을 차지하고 SNS에 감성 글을 자주 올린다는 정도 때문이었지, 그를 관심병자라고 모욕하려는 것은 아니었다.[16]

구분	(극단적 행위자로서의) 관종	(관심받고자 하는 성향의) 관종
관종이라 불리는 이유	부자연스럽고 의도적인 관심 추구 행동	관심을 좋아하고 갈구하는 개인의 성향
관심의 원천	관련 정신질환 및 관심을 통한 비뚤어진 쾌락 추구	자연스러운 인정 욕구
관련 용어	공상허언(Pathological lying) 뮌하우젠 증후군 (Münchausen syndrome) 연극성 성격장애/ 히스테리성 성격장애 (Historionic Personality Disorder)	인정 욕구(Desire for Recognition) 소속 욕구(The Need of Belong)
타인의 평가	부정적	중립적
추천 대응 방식	관심의 차단 (철저한 무시 및 사회적 고립)	개인적 성향이니 대응 필요 없음

현재 두 가지 의미가 혼재되어 있는 관종

　현재 혼재되어 사용하고 있는 행위자로서의 관종과 성향으로서의 관종을 구분해 사용해야 할 필요성을 느낀다. 하지만 이 둘을 구분할 필요가 있다는 것은 단순히 제대로 된 언어 생활을 해야 한다는 당위적 이유가 아니다. 그 필요성은 실용적인 데 있다.

　2010년대 중반까지만 하더라도 관종이라는 단어는 꽤나 파괴력이 높았다. '극단적 행위자'에게 관종이라는 평가를 내린다는 것은 그들에게 거울을 들이밀어 맨얼굴을 보게 하는 것과 같았다. 그럼으로써 생기는 수치심을 통해 생각과 행동에 제약을 줄 수 있었다.

비록 관종 행위를 막지는 못하더라도 적어도 그들의 멘털 정도는 흔들어놓을 수 있었던 것이다. 실제로 관종이라는 비난을 받는 일부 유명인은 그 평가가 부당하다며 항변했고, 특정한 이유를 들며 자신이 관종이라고 불릴 수 없다고 설명하기도 했다.

하지만 2010년대 말에 접어들면서 관종의 발현 빈도가 높아졌고, 이 단어는 온라인상의 신조어에서 일상 언어로 자리 잡게 되었다. 누군가의 과도한 행동을 바로잡고자 관종이라고 말해봤자, 그 일상어로는 누군가의 멘털을 흔들기가 어려워진 것이다.

아나운서 출신 방송인은 2019년 한 인터뷰를 통해서 자신이 최근 가장 많이 받는 가벼운 악플 내용이 관종이라고 말하며, "따지고 보면 사람은 모두 관종 아닌가. (중략) 관종은 정말 의미도 재미도 없는 악플이다. 단, 그렇게 수고스럽게 댓글을 다는 것 자체가 더 관종스러운 행동인 것만은 확실하다"라며 관종이라는 악플 자체가 그녀에게는 별다른 타격도 주지 못한다고 언급했다.

미국 SNS 스타들의 관종의 삶을 다룬 넷플릭스 다큐멘터리 〈아메리칸 밈(American Meme)〉에 등장한 배우 에밀리 오하라 라타이코프스키 또한 '다 관심을 받기 위해 하는 짓'이라며 자신을 비난하는 사람들이 있다고 말했다. 그리고 이렇게 항변했다. "관심을 받아서 뭐가 문제죠(What's wrong with attention)?"[17]

국내외 일부 유명인을 제외하더라도 일반인들 사이에서 '그래, 나 관종이다. 그게 뭐가 문제인데?'라고 말하는 사람이 늘어나면서, 관종은 점차 소위 '타격감 제로'에 가까워질 만큼 효용성이 떨어지는 단어가 되었다.

관심 추종자와 관심병자의 구분

두 가지 뜻이 한 단어에 혼재되어 있는 점과 효용성이 떨어지는 점을 참조해, 이 책에서는 관종을 '관심 추종자'와 '관심병자'라는 두 가지 단어로 명확히 구분해 사용할 것이다.

첫 번째로 관심 추종자는 '관심을 필요로 하는 모든 사람'을 의미한다. 관심을 갈구하는 성향으로서 관종의 특징을 가지고 있지만, 반드시 사회 문제를 일으키는 행동을 일삼는다고 보지는 않기 때문에 부정적이기보다는 중립적인 단어다. 가장 흔하게 관종의 번역어로 활용되는 'Attention seeker(관심을 찾는 사람, 관심 추종자)'라는 표현을 참조했는데 이 표현 자체는 비하나 폄하의 의미가 담겨 있지 않다. 물론 관심 추종자의 줄임말도 관종이다. 그 때문에 앞으로 이 책에서 관종이라는 단어를 사용할 때는 바로 이 관심 추종자라는 가치 중립적인 뜻으로 활용할 예정이다.

두 번째로 관심병자는 관심을 받고자 하는 정도가 병적으로 지나쳐 사회적으로 문제를 일으킬 수 있는 행동을 하는 일부 무리를 의미한다. 관종을 부정적으로 이해하던 것과 맥락을 같이하며, 관심 추종자와의 차이점은 실제로 문제를 일으킬 수 있는 행동이나 말 등을 한다는 것이다. 그리고 이를 영어로 표현하자면 기존의 관종을 극도로 혐오스럽게 지칭하는 'Attention whore'를 적용할 수 있을 것이다. 이는 관심에 자신의 몸을 팔(whore) 정도로 관심에 종속되어 있다는 것을 비하하는 의미로 제한적으로 활용되어 왔다.

이 분류에 따르면 모든 관심병자가 관심 추종자인 것은 맞지만, 반대로 모든 관심 추종자가 관심병자인 것은 아니다.

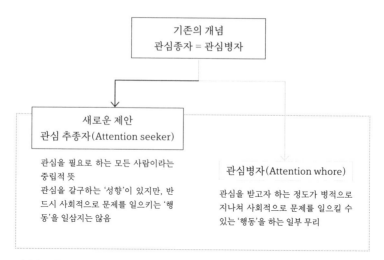

관심 추종자와 관심병자

지금까지 혼용되어 사용된 관종이라는 단어를 그 의미에 따라 명확하게 구분해 사용함으로써 단어 해석에 들어가는 불필요한 시간 낭비를 막고, 관종을 단순히 부정하거나 긍정하는 것이 아닌 다양한 각도에서 살펴볼 수 있을 것이다.

나는 어느 수준의 관종에 해당할까?

이제 일부 유명인이나 다른 사람에 대한 이야기가 아닌 우리 자신의 이야기로 넘어가 보자. 관종이라는 단어 자체에 경기를 일으키는 사람이 있는 반면, "현대 사회에 사는 사람은 모두 관종이다"라고 외치는 사람도 있는 오늘날, 이 시대를 살고 있는 나는 과연 어느 정도의 관심을 필요로 하는 걸까? 또한 나는 어느 수준의 관심 추종자에 해당한다고 말할 수 있을까?

이를 알아보기 위해서 현대 IT 기술 및 SNS 사용도 등으로 특정해 본 테스트를 진행하려 한다. '이런 테스트를 진행하는 것 자체가 나를 분노하게 만든다'거나 '극혐스러운 관종은 생각하고 싶지도 않다'와 같은 생각이라면 페이지를 넘겨서 이 테스트를 진행한 이유를 확인하면 된다.

1. 나는 사회 관계망 서비스(SNS)를 다음과 같이 사용한다. (인
   스타그램 기준)

ⓐ SNS는 인생의 낭비일 뿐이다. SNS를 할 시간도 의향도 없다.

ⓑ SNS를 사용하긴 하지만 다른 콘텐츠를 보기 위해서다. 그래서
   프로필을 비공개로 설정하거나 일부 권한이 허락된 친구들에
   게만 나의 콘텐츠를 공개하는 편이다.

ⓒ SNS를 전체 공개로 설정해 나의 모든 콘텐츠 정보를 오픈하지
   만 일상적인 용도로만 사용할 뿐이다.

ⓓ SNS는 나의 정체성을 표현할 수 있는 최적의 매체다. 인스타
   그램에 올릴 만한 핫한 콘텐츠는 언제든 찾아 업로드하고 인
   스타그램 친구들과도 적극적으로 소통한다.

2. 나는 메시지 전송 애플리케이션을 다음과 같이 사용한다.
   (카카오톡 기준)

ⓐ 카톡 같은 서비스는 나에게 필요 없다. 문자면 충분하다.

ⓑ 그저 모든 사람들이 쓰니까 사용한다. 문자와 비슷하게 개인
   채팅(갠톡)을 중심으로 사용하며, 단체 채팅(단톡)이 너무 많아

지는 건 부담스럽다.

ⓒ 갠톡과 단톡 모두 잘 활용하는 편이지만, 기본적인 무료 서비스 만 사용한다. 이모티콘 구입이 필요하다고 생각하지는 않는다.

ⓓ 카톡은 나의 대표적인 소통 방식이다. 나는 짤과 이모티콘만 으로도 사람들과 대화가 가능하고, 마음에 드는 이모티콘을 거리낌 없이 구매하는 편이다.

---

3. 나는 카카오톡 상태 메시지와 프로필을 다음과 같이 활용 한다.

ⓐ 아! 카톡 안 한다니깐?

ⓑ 카톡 상태 메시지와 카톡 프로필 사진(프사)? 신경 쓰지 않는다. 아마 초기 설정 그대로 비어 있을 것이다.

ⓒ 카톡 프사나 상태 메시지를 아무렇게나 설정할 수는 없다고 생각한다. 하지만 한 번 바꾸면 보통 1~2년은 변경 없이 두는 것 같다.

ⓓ 카톡 프사나 상태 메시지를 통해 내 기분과 상태를 적극적으 로 표현하고 상태에 따라서 하루에도 몇 번씩 변경할 수 있다. 친구들도 내 카톡 상태 메시지를 보고 내 기분을 파악하는 편 이다.

4. 나는 페이스북을 이렇게 활용한다.

ⓐ 나는 페이스북 자체를 모른다.

ⓑ 카톡이나 다른 SNS를 하지만 페이스북은 사용해 본 적 없다.

ⓒ 페이스북을 해본 적은 있지만, 주로 타인이 올리는 글을 보거나 유용한 페이지에서 정보를 얻는 용도로 사용한다.

ⓓ 나는 페이스북으로 정보 습득을 할 뿐만 아니라 페이스북 메시지(페메)도 사용한다. 카톡은 예전 사람들이나 쓰는 것이다.

5. 나는 맛집을 찾는 데 SNS를 이렇게 활용한다.

ⓐ 맛집? 그냥 지나가다가 사람이 많이 기다리는 곳에 들어가면 된다.

ⓑ 맛집은 기본적으로 포털 검색창에서 지역+맛집 키워드로 검색한 다음에 몇 군데 후보를 뽑아놓고 찾아가는 편이다.

ⓒ 검색 서비스에만 의지하지 않고 SNS를 적극적으로 활용한다. 기본 포털 검색 후에 인스타, 페북 등에서 태그를 활용해 전반적인 내용과 평가를 보고 방문한다.

ⓓ 나는 맛집에 사진 찍으러 간다. SNS에 예쁘게 찍어서 올리는 것이 중요하다. 맛집을 찾는다? 오히려 사람들이 내 SNS에서 맛집을 찾는 편이다.

6. 나는 SNS 해시태그(#)를 이렇게 활용한다.

ⓐ 해시태그? 맥도날드에서 파는 그것을 말하는 건가?

ⓑ SNS에 올리는 콘텐츠는 보통 내가 보려고 하는 것이기 때문에, 해시태그를 붙이는 수고까지는 하지 않는다. 그냥 사진+소개 글 정도만 올린다.

ⓒ 해시태그는 1~2개 정도 핵심만 올린다. 제주도에서 쓸 콘텐츠 는 #제주도, 맛있는 음식을 먹으면 #음식점이름 #맛집 이 정도?

ⓓ 쓸 수 있는 모든 해시태그를 활용한다. 최소 10~20개는 올린 다. #소통 #선팔 #맛팔 #맛집 #닉네임 #소통해요 뭐 기본 아닌 가? # ㅇ ㅈ?

7. 나는 보통 스마트폰의 알림을 아래와 같이 설정하고 확인 한다.

ⓐ 알림을 설정할 수 있는 건가? 매너모드 설정법은 알고 있다.

ⓑ 전화와 문자 외에는 카톡 알림 정도만 울린다. 단톡방 알림은 기본적으로 꺼놓는 편이다.

ⓒ 카톡 외에 간혹 SNS에 올려놓은 콘텐츠에 '좋아요' 혹은 '답글' 이 달리면 알림이 울린다. 콘텐츠 자체를 자주 올리지 않는 편 이지만 콘텐츠에 대한 반응이 은근히 신경 쓰일 때가 있다.

ⓓ 모든 SNS의 알림이 자주 울리기 때문에 무음으로는 해놓지만

모든 게시물의 알람 내용을 확인하는 데 쾌감을 느낀다. 관련된 알람이 너무 자주 올라오는 터라 가끔 환청처럼 SNS 알림이 들리기도 한다.

8. 나는 나의 감정을 이렇게 표현한다.

ⓐ 감정 표현은 사치다. 참고 사는 것이 편하다.

ⓑ 보통은 사람과 직접 만나서 감정을 털어놓는 편이다.

ⓒ 중요한 이벤트가 일어나면 SNS에 올리거나 카톡 프로필에 반영하지만, 감정 모두를 SNS에 올려서 표현하지는 않는다.

ⓓ 사람들이 나의 SNS를 보면 즉시 나의 감정을 알 수 있을 정도로 SNS에 올려야 편하다. 그리고 그 반응들을 보면서 나의 감정의 방향을 정하기도 한다.

9. 나는 유튜버를 이렇게 생각한다.

ⓐ 사회 부적응자들 혹은 관심병자들이자 사회에 별 도움이 안 되는 부류라고 생각한다.

ⓑ 가끔 유튜브를 보면서 이슈가 되는 콘텐츠를 찾아보기는 하지만, 굳이 유튜버라는 이름까지 붙여가면서 그들의 직업을 특별하게 이야기하는 것에는 긍정적이지 않다.

ⓒ 현재 유튜브 채널을 운영하고 있지는 않지만 즐겨 찾는 유튜 브 채널 혹은 좋아하는 유튜버가 있다. 나도 기회가 되면 유튜버가 돼서 나만의 콘텐츠를 게시하고 싶다. "나 곧 회사 때려치우고 유튜버 된다"라는 드립을 사용한 적이 있다.

ⓓ 유튜브의 부상으로 취미가 콘텐츠가 되는 새로운 세상이 열렸다는 점이 놀랍고 감사하다. 유튜브 채널을 만들었으며, 향후 적극적으로 나만의 콘텐츠를 만들어 주위에 영향력을 미치고 싶다.

---

10. 회사 혹은 사회 조직 내에서 나의 모습은 아래와 비슷하다.

ⓐ 우리 사회에서는 최대한 눈에 띄지 않고 딱 중간만 하는 것이 중요하다. "모난 놈이 정 맞는다"라는 말도 있지 않은가.

ⓑ 딱 중간만 하는 게 중요하다고 생각하지는 않지만, 조직에서는 묵묵히 내가 맡은 일만 잘하면 된다고 생각한다.

ⓒ 회사나 사회에서는 적당한 타이밍에 맞춰 나의 성과를 보여주는 것도 좋다고 여긴다. 하지만 무리를 하면서까지 나의 모습이나 의견을 개진하는 편은 아니다.

ⓓ 성과는 반드시 눈에 보여야 한다고 생각하는 편이기 때문에, 내가 하는 일과 나의 업무의 중요성을 주요 의사 결정자와 유관 부서에 적극적으로 알리는 편이다. 필요하면 과도한 액션 혹은 반응을 사용할 때도 있다.

10개 문항 답변 중에서 선택한 ⓐ / ⓑ / ⓒ / ⓓ 개수를 체크한다. 이 중에서 가장 많이 선택한 보기의 유형이 자신의 유형이다.

> ⓐ 보기를 가장 많이 선택한 경우
> "SNS는 인생의 낭비 유형"

: 이 유형의 사람들은 영국 프리미어 리그의 맨체스터 유나이티드 FC 전 감독이었던 알렉스 퍼거슨과 비슷한 부류라고 할 수 있다. 그는 한 기자회견에서 "트위터는 인생의 낭비다. 인생을 살면서 더 많은 것을 할 수 있다. 차라리 독서를 하길 바란다"[19]라는 답변을 남긴 적이 있는데, 그의 이 인터뷰 발언은 SNS 사용을 적극적으로 반대하는 대표적인 문구가 되었다.

이 유형은 SNS 사용이나 유튜버와 같은 부류를 불필요하거나 시대의 '찌꺼기' 정도로 생각하며, 동시에 관종이라는 단어에 가장 부정적인 반응을 내비치는 집단이다.

이들은 기본적으로 페이스북과 인스타그램 같은 SNS를 사용하지 않으며, 간혹 카톡 같은 메시지 전송 서비스 사용조차 거부하는 경우도 있다. 이 유형에 속한 사람들은 우리가 이야기하는 관심 추종자와 가장 거리가 먼 유형이라고 할 수 있다.

ⓑ 보기를 가장 많이 선택한 경우

"소극적 관심 활용 유형"

: 이 유형의 사람들은 SNS를 아예 안 하는 건 아니지만, 소극적이고 제한적으로 사용하는 타입이다. 이들은 보통 메시징 전송 서비스나 SNS를 사용하지만, 이를 적극적으로 활용해 자신을 알리고 싶어 하지 않는다.

그들은 대체적으로 SNS에서 유명인이 올리는 정보나 각종 트렌드 정보를 얻고 싶지만, 반대로 개인 정보를 포함한 관심과 감정들이 SNS를 통해 남에게 전달되는 것을 원하지 않으며, 가족을 포함한 일부 허용된 사용자들에게만 전달되기를 바란다. 그래서 SNS를 사용하더라도 콘텐츠를 특정 친구 공개로 올리는 등 폐쇄적으로 사용하며, 인스타그램의 경우 비공개 계정을 만들어 자신의 정보를 제한적으로만 공개하기도 한다.

해당 유형 사람들은 타인에 대한 관심이 높은 편에 속하지만 반대로 자신에 대한 타인의 관심은 제한적이기를 원한다. 이 또한 상대적으로 관심 추종자와는 거리가 있는 부류라고 말할 수 있다.

ⓒ 보기를 가장 많이 선택한 경우

"중립적 관심 활용 유형"

: 이 유형의 사람들은 보통 SNS를 활용하는 데 전혀 불편함을 보이

지 않고, SNS를 활용한 자기 표현에도 적극적이다. 하지만 타인에게 관종으로 불리는 수준까지 자신을 드러내지는 않는다.

그들은 SNS로 여러 정보를 찾아보고 자신의 정보 또한 공개하지만 굳이 자극적인 콘텐츠로 남의 시선을 끌지 않으며 과도한 업로드도 하지 않는다. 카톡 상태 메시지를 통해서 자신을 표현하는 데 거리낌은 없지만, 시시각각 프로필을 업데이트하면서 자신의 감정을 표현할 필요성을 느끼지 않는다.

이 타입의 유형은 IT 기기 사용에 익숙한 젊은 직장인에게서 많이 찾아볼 수 있다. 그들은 시대의 전체적인 흐름을 파악하고 있으며 유튜버 같은 인터넷 스트리밍 등으로 '관심이 돈이 된다'는 등식을 DNA로 체득하고 있다. 언제든 자신의 콘텐츠로 자유로운 경제생활을 영위할 수 있으리라 생각하고 경우에 따라 "내가 진짜 유튜브 시작해서 회사 때려치우고 만다"라는 말을 입버릇처럼 하지만, 실제 그러한 상황이 이뤄지는 경우는 흔치 않다.

ⓓ 보기를 가장 많이 선택한 경우
"적극적 관심 활용 유형"

: 해당 유형이 우리가 알고 있는 전형적인 유튜버나 인플루언서라고 볼 수 있다. 그들은 새로운 시대의 흐름에 맞춰 적극적으로 자신의 콘텐츠나 개인의 능력으로 돈을 벌 수 있다는 걸 파악하고 그 흐름에 끼어들기 위해서 노력한다.

그들은 타인들이 관종이라고 부르는 것에 거부감을 느끼지 않는다. 반대로 스스로를 관종이라고 부르며 '악플보다 무서운 것은 무관심'이라는 말을 격언으로 삼고 관심을 어떻게든 이득으로 만들고자 고심한다. 다만 관심을 얻고자 하는 욕망이 커져 법적·윤리적 한계를 오판하거나 무시하는 경우, 소위 말하는 관심병자의 영역으로 넘어갈 수 있는 위험성 또한 내포하고 있다.

이 테스트를 진행한 이유

앞서 진행한 테스트의 질문은 복잡하지 않다. 주로 스마트폰과 SNS를 어떻게 활동하는가에 대한 문항으로 이뤄진 이 테스트는 자신이 관종인지 아닌지를 알려주지 않는다. 단지 상대적으로 관심이라는 자원을 어느 수준으로 활용하고자 하는지, 그 성향을 확인할 수 있을 뿐이다.

그런 면에서 이 테스트는 온라인상에 다양하게 존재하는 '관종자가 진단 테스트'와는 차이가 있다. 그 테스트들은 스스로가 얼마나 SNS에 중독되어 있는지 혹은 얼마나 심각한 관심병자 수준의 관종인지를 진단하는 반면, 이 테스트는 관심 활동과 관련한 개인 성향이 어떤 유형에 해당하는지를 확인하는 데 주된 목적이 있다.

그렇기 때문에 이 테스트의 결과에 좋고 나쁨은 존재하지 않는다. 결과가 알렉스 퍼거슨과 같은 ⓐ 타입 'SNS는 인생의 낭비' 유형으로 나오든, 적극적인 SNS를 활용하는 ⓓ 타입으로 나오든 상관

없다. 단지 현재 SNS를 사용하는 패턴과 관심 자원에 대한 자신의 성향 확인을 통해, 단계적으로 관심 추종자와 자신이 속한 영역의 거리를 잴 수 있다. 이 테스트의 핵심은 바로 이 '거리 재기'에 있다. 즉, 관종은 "너 관종이니, 아니니?"와 같은 YES or NO의 문제가 아니라 정도의 차이에서 나온다.

현시대의 SNS 활용과 자신을 표현하는 방식에 따라 '관심의 필요성'을 파악했을 때, ⓐ 타입 'SNS는 인생의 낭비' 유형이 가장 거리가 멀고, ⓓ 타입 '적극적 관심 활용 유형'이 가장 가깝다는 것을 확인할 수 있다. 만약 누군가가 "사실 세상 모든 사람은 관심을 필요로 하는 관종이다"라고 말했을 때, 가장 큰 반감을 보이는 사람은 ⓐ 타입에 가까운 유형일 것이고 반대로 공감하는 사람은 ⓓ 타입에 가까운 유형일 것이다.

참고로 500명의 한국인을 대상으로 사전 설문을 진행한 결과, ⓒ 타입의 '중립적 관심 활용 유형'이 가장 많은 것으로 나타났으며 (43.7퍼센트), 그다음은 ⓑ 타입의 '소극적 관심 활용 유형'이 많았다 (35.5퍼센트). ⓐ 타입과 ⓓ 타입은 상대적으로 그 수가 적은 것으로 나타났는데,[20] (10명 중 8명에 해당하는) 많은 사람이 현시대의 관심 활용과 이에 대한 생각에 있어서 완전히 한 극단으로 치우치지 않고 어느 정도 중간 지대에 있다는 것을 의미한다.

2. 현대 사회 관심의 주요 변화

관심의 주요한 변화 2가지

관종을 더 깊고 넓게 이해하기 위해서는 관종이라는 단어 안에 숨어 있는 관심을 먼저 알아볼 필요가 있다. 왜냐하면 이 세상 모든 관종의 목적은 바로 사람들의 관심뿐이기 때문이다. 관종이 비교적 새롭게 생겨난 단어인 데 반해 관심은 이미 오래전부터 익숙하게 사용된 단어로, 지금도 의식적·무의식적으로 사용한다.

관심이라는 단어를 포함한 기사는 하루에도 수백 건씩 쏟아진다. "많은 관심 부탁드립니다." "이 아이템에 관심 있는 사람은 모이세요." "그런 관심 부담스럽습니다." "공직자 ○○ 퇴임 후 거취 관심" "○○ 콘테스트 관심 후끈" 등 관심과 관련한 용례만으로도 책 한 페이지를 넘길 수 있을 정도다.

그런데 다양하게 사용되는 관심의 명확한 정의는 무엇일까? 사전적 정의에 따르면, 관심은 '어떤 것에 마음이 끌려 주의를 기울임.

또는 그런 마음이나 주의'이다. 《관심의 경제학》의 저자 토머스 데이븐포트는 관심을 사전적 정의와 비슷하게 '어떤 개별 정보에 집중된 정신적 관여'로 정의 내렸다. 한편 미국의 심리학자 윌리엄 제임스는 관심을 '북적북적한 혼란과 세상을 더 낫게 만드는 데 필요한 결심과 행위 사이의 끊어진 고리'라는 꽤나 멋들어진 해석을 내놓기도 했다.

이처럼 관심에 대한 정의는 '정의의 주체'에 따라 다소 차이를 보이지만, 모두가 공통적으로 말하고 있는 핵심 내용은 '그저 무언가를 단순히 머릿속에 떠올리는 것이 아니라, 주의를 기울이고 집중해서 대해야만 성립한다'는 것이다.

이와 관련해 한 가지 주목해야 할 점은 해당 관심은 '~에 관심(흥미)이 생기다'라는 말과 같이 '관심사' 혹은 '흥미'를 뜻하는 'interest'와는 명확히 구분된다는 것이다. '~에 흥미가 생겼어'에서 사용하는 '흥미(interest)'는 주의 집중에 따른 제한적인 시간과 노력의 소요가 발생하지 않아서 무한한 확장이 가능한 반면, '~의 관심을 끌다'에서 사용하는 관심(attention)은 주의 집중에 따른 제한된 시간과 노력의 소요가 발생해 무한정 사용할 수 없다.

즉, 관심은 제로섬(Zero-Sum)과 같은 성격이다. 관심의 전체 양은 한정되어 있기에 어느 한쪽에 관심을 집중하게 되면 다른 한쪽은 관심의 영역에서 멀어지는 상태에 빠진다는 것이다.

이러한 특징으로 형성된 '관심 시장'은 언제나 관심을 받기 위한 경쟁이라는 요소가 함께 자리했다. 그래서 우리 모두는 태어나면서부터 부모님의 무한한 흥미가 아니라 제한된 관심을 받기 위해서 그 무언가와 경쟁을 해야 하는 운명에 처하게 된다.

이와 같은 '제한적인 관심'의 특징을 가장 먼저 파악하고 전략적으로 활용한 것은 개인이 아니라 기업이었다. 그들은 지금으로부터 적어도 2세기 전부터, 자사의 제품과 서비스 매출을 올리기 위해서 소비자의 관심이 선행돼야 한다는 것을 알았고, '한정된 소비자의 관심'을 끌 수 있는 다양한 전략을 고민해 왔다. 그 결과 소비자들의 관심을 끄는 수단으로 마케팅 기법을 지속적으로 발전시켰다.

20세기 중후반 이후 토머스 데이븐포트 같은 경영학자와 찰스 데버 같은 사회학자들은 관심 경제(Attention economy)를 연구하며 '관심이 단순히 기업의 생존이나 수익 창출이라는 관점을 넘어서 사회생활 전반에서 핵심적인 변수가 되었다'고 주장했다. 이들이 원래 중요했던 '관심의 중요성'을 다시 한번 상기시킨 계기는 바로 새롭게 도래한 정보화 사회로 인하여 관심이 기존에 비해서 더 희소해진 데 있었다. 노벨경제학상 수상자인 허버트 사이먼은 일찍이 이를 '정보의 풍요는 관심의 빈곤을 초래한다'라는 말로 예언했다.

1990년대 중반에 미국의 잡지 〈와이어드〉 또한 21세기 디지털 세상의 아이러니를 예견하는 말을 남겼다. "디지털이라는 부동산은 무궁무진하지만 인간의 주의력은 한정돼 있으며, 그저 하루에 일인당 '눈동자 굴리는 시간(eyeball hours)'만 엄청나게 늘어났을 뿐"이라고 말이다. 이렇듯 디지털 세상에서 단순히 눈동자를 굴리는 순간이 아니라 진짜 주의를 집중할 수 있는 관심의 시간을 갖기 점차 어려워지고 있다.

이제 우리의 관심은 소위 '도박판의 판돈(stakes)'이 되었다. 관심

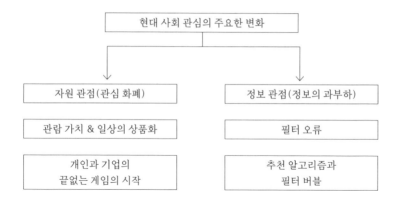

시장을 도박판에 비유하는 것은 딸 수 있는 확률이 희박한 반면, 이 도박판에서의 판돈은 오로지 승자만이 독식할 수 있기 때문이다. 하지만 다행히 관심 시장의 판돈 자체는 적은 편이 아니다. 개개인에게 주의력 한계는 분명하지만, 인류 전체의 여가 시간 자체가 늘어남으로써 관심 시장의 판이 커지는 데 결정적인 역할을 했다.

기술 분석가인 클레이 셔키에 따르면 '인류 전체의 남아도는 여가 시간'을 정의했던 2010년만 하더라도 무려 1조 시간이었으며, 2017년 유튜브는 전 세계 사람들이 매일 10억 시간 이상 유튜브 동영상을 시청하고 있다고 공식 발표했다.[24]

이번 장에서는 새로운 시대 속 관심의 변화를 크게 '자원 관점'과 '정보 관점'으로 나누어 살펴보고자 한다.

첫 번째 자원 관점에서 관심이 관심 화폐로 성장함과 동시에 '관람할 가치가 있는' 개인의 모든 일상이 상품화가 된 오늘날, 개인과 기업이 제한된 자원을 두고 끝없는 게임에 돌입하게 된 현재의 변화를 살펴보고자 한다.

두 번째 정보 관점에서 디지털 사회의 정보가 무한대로 확장되어 개인의 의사결정의 어려움을 겪고 있는 현상(필터 오류)과, 이에 대한 대안으로 부상한 추천 알고리즘의 발전, 그리고 그에 따라 개인들이 자신이 원하는 정보만 편식하게 되는 현상(필터 버블)을 되짚어 보고자 한다.

관심이 화폐가 되어버린 시대에서 일어나는 일들

현시대에 수요가 무한대로 늘어나는 것에 반해 공급이 한정적인 관심의 가치 상승은 분명해 보인다. 하지만 그 이전에도 관심은 값을 매길 수 있는 자원에 속했다.

'관심을 기울이다(pay attention)'를 뜻하는 영어 숙어에 '대가를 지불하다'라는 'pay'가 쓰였다는 사실을 떠올려보자. 우리가 무언가에 관심을 준다는 것은 '값을 매길 수 있는 것을 내어준다'는 의미다. 하지만 관심을 기울인다는 표현이 은유적인 숙어에 불과하다는 평가를 받았던 것은, 관심이 가치 있어 보이기는 했지만 그 가치를 측정하거나 교환할 마땅한 방법을 찾을 수 없었기 때문이다. 그렇게 20세기의 관심은 화폐의 조건을 충족하지 못함으로써 돈과 같은 하나의 화폐가 되지 못했다.

지난 세기, 소비자들의 관심이 필요했던 많은 기업은 그들이 최종적으로 받는 돈이라는 결괏값 이외에, 소비자의 관심을 얼마나 받고 있는지를 측정하는 방법을 지속적으로 고민했다.

전통 관심 산업 중 하나로 인식되었던 TV 광고 산업 영역에서는 대표적으로 시청자의 시청 현황을 시청률로 계산해서 광고주에게 넘기는 비즈니스 모델(Business Model, BM)을 취하게 되었다. 그와 비슷하게 신문에서는 구독률과 열독률을 지표로 삼았다.

인터넷 시대로 넘어오면서 관심 측정 방식은 빠르게 디지털 광고 영역으로 넘어왔다. 특정 배너 광고를 클릭하는 클릭률 체크 등 소비자의 웹사이트 접속 발자취를 측정하는 방식으로 시작해서, 사용자의 눈동자 궤적을 추적하는 방식(eye tracking)까지 방식 또한 다양해졌다.

하지만 21세기에 급성장한 플랫폼 기업들은 마침내 관심의 가치를 저장하고 교환할 수 있는 최고의 방법은 사용자들이 가진 '시간'이 변수라는 것을 깨달았다. 시간이 곧 관심의 척도라고 할 수는 없지만 개인이 소요하는 시간만큼 관심의 집중을 설명할 수 있는 요소도 없었다.

2017년 유튜브는 공식 블로그에 "모든 이들이 동영상 조회수에 집중했지만, 우리는 누군가 동영상을 시청하는 데 소비한 시간이 시청자가 실제로 동영상을 즐겼는지 이해하는 더 좋은 방법이라고 생각했습니다"라는 글을 통해 '유튜브 공식 시청 시간 공개'의 의의를 밝혔다.[25]

그들은 시간을 매개로 관심을 정확하게 그리고 세부적으로 측정해 가치를 수량화했고, 이를 통해 돈이라는 기존의 화폐와 물물교환을 할 수 있게 만들었다. 이른바 '관심 화폐(Attention currency)'를 만들어낸 것이다.

이것이 구글과 페이스북 등 우리가 익히 알고 있는 신생 플랫폼 기업에 돈을 벌어주는 대표적인 비즈니스 모델이 되었다. 플랫폼의 서비스를 이용하는 사용자들의 시간을 명확히 측정하고 가공해, 사용자의 시간을 필요로 하는 공급자들에게 알맞은 형태로 제공했다. 중요한 것은 이 시간이 그냥 시간이 아니라 고도로 정제된 시간이라는 것이다. 플랫폼 사업자들은 지속적으로 해당 플랫폼만의 알고리즘 기술을 고도화해 사용자별 관심사를 확인하고 광고주가 바라는 타깃에 맞춘 사용자의 시간을 제공하고 있다. 이를 통해 사용자와 공급자 양쪽이 원하는 관심을 얼마나 더 잘 매칭할 수 있는지를 해당 플랫폼의 경쟁 요소로 삼고 있다.

우리가 알고 있는 글로벌 플랫폼 기업인 구글(유튜브)과 넷플릭스, 페이스북(인스타그램), 틱톡 등은 각각이 제공하는 서비스와 수익 구조가 상이함에도 불구하고 결국 사용자의 시간이라는 관심 화폐를 차지하기 위한 전쟁을 벌이고 있는 중이다. 시간이라는 관심 화폐만이 현재와 미래에 실제 수익을 가져다줄 수 있는 유일한 길이라는 것을 알고 있기 때문이다.

새로운 관람 가치가 만들어낸 모든 일상의 상품화

지금 관심이라는 한정된 판돈을 가지고 경쟁을 하고 있는 건 플랫폼 기업뿐만이 아니다. 이제는 그 경쟁 시장에 모든 개인이 참전을 선언한 상태다. 개인이 관심 대전에 참가하게 된 이유 또한 역시 돈이 가장 큰 역할을 차지한다.

21세기 시작부터 온라인상에서 개인 유저들이 생산하는 글, 이미지, 영상 등의 UCC(사용자가 직접 창작한 콘텐츠, User Created Content)[16]

가 폭발적으로 늘어났지만, 수익 창출의 기회를 추가하는 데 한계가 있었다. 그러한 상황에서 유튜브와 같이 콘텐츠 크리에이터와 협력해서 수익을 창출하는 비즈니스 모델의 등장은 사용자에게 '관심의 판돈'을 나눠 가질 수 있는 기회를 만들어주었다.

여기서 한 가지 덧붙이자면, 유튜브라는 플랫폼이 UCC 시장을 만들었다고 오해하면 안 된다. UCC는 이미 2000년대 초 Web 2.0(인터넷이 정보를 보여주는 것만이 아니라 누구나 손쉽게 데이터를 생산해낼 수 있다는 환경이 되었다는 의미)의 등장과 함께 대두된 개념이다.

당시 UCC는 '사용자가 상업적인 의도 없이 제작한 콘텐츠를 온라인상에 나타낸 것'으로 정의되었는데, 일부 사용자들이 재미 혹은 취미의 개념으로 순수하게 콘텐츠를 생산한다는 의미가 있었지만, 이는 당시 사용자가 만든 콘텐츠로는 상업적 수익을 낼 수 없다는 의미도 동시에 지니고 있었다. 2000년대 초중반 UCC는 금방이라도 인터넷의 모든 세상을 정복할지 모른다는 기대를 받았지만, UCC 공모전과 같은 것들을 제외하고는 수익을 낼 수 있는 방법이 없었다. 시장의 열풍은 이내 사그라질 것만 같았다.

2007년 구글이 애드센스를 기반으로 한 유튜브 파트너 프로그램(YPP)을 론칭하며 일반인이 유튜브로 광고 수익을 창출할 수 있게 됐다. 비슷한 시기에 아프리카TV가 별풍선이라는 후원 형식의 시청료 시스템을 시작했다. 이와 같은 시스템이 정착되면서 콘텐츠 창작자들은 정당한 관람료를 징수할 수 있게 되었다. UCC 시장은 '상업적인 의도 없이'라는 꼬리표를 떼어내고, 드디어 '경제적 동기부여'라는 이름의 강력한 날개를 달게 된 것이다.

상황의 변화는 원래 콘텐츠 제작에 관심이 없었던 대부분의 사람보다 상업적 관심 없이 단순 재미 혹은 취미로 콘텐츠를 제작하던 이들을 먼저 움직이게 만들었다. 이들은 자신의 취미가 사람들이 시간을 들여서 볼 만한 '관람 가치(perceived watching value)'만 있다면 돈을 벌 수 있다는 것을 깨달았다.

취미가 돈이 되는 시대의 도래는 특정 분야에 특화된 관심과 재능을 보였던 '덕후'들이 자신의 덕질과 직업을 일치시킬 수 있는 소위 '덕업일치'의 환경을 제공하면서, 취미가 직업이 된 사람들이 자연스럽게 등장했다.[17] 그중 일부는 지금 우리가 알고 있는 성공한 초창기 유튜버가 되었다.

하지만 곧 많은 사람들은 특정 취미뿐 아니라 관람 가치를 지닌 모든 것들이 돈이 될 수 있다는 걸 깨달았다. 원래 관람 가치라는 용어는 주로 영화와 공연 혹은 프로 스포츠를 관람할 때 그 관람에 대한 대가로 적정하다고 생각하는 평가 또는 값어치를 의미했으나,[18] 이제는 꼭 돈뿐만이 아니라 자신의 시간과 같은 에너지를 측정해 반영할 수 있게 됐다. 시간이라는 변수가 대표적인 관심 화폐가 되었기 때문이다.

이제 특이한 취미에서 일반인의 일상마저 상품화가 되는 시대가 열렸다. 특히 비디오 블로그(Video Blog)를 의미하는 브이로그(Vlog)가 새로운 인기 콘텐츠로 부상하면서 수많은 사람의 세부적인 일상이 우리를 유혹하게 되었다.

이러한 일상의 상품화 현상은 하나의 특이한 현상을 낳았다. 바로 생산성 경쟁에서 밀려나거나, 이로 인해 도태된 활동 중 일부를 되살려 냈다는 것이다. 쉽게 설명하자면, 기존 경제적 관점에서 '돈도 안 되는 쓸모없는 것'이 관심받을 수 있게 된 것이다.

경제 활동에 도움이 되지 않는 쓸모없는 것은 몇 가지를 꼽아서 설명하지 않아도 될 정도로 많다. 돈이 될 만한 '쓸모 있는 것'이 생각보다 많지 않기 때문이다. 예를 들어 누구보다 똥을 빨리 싸거나, 누구보다 팬티를 빨리 입고 벗을 수 있다거나,[29] 플라스틱을 씹어 삼킬 수 있는 일 등은 기네스북에는 올라갈 수 있을지는 모르겠지만 실제 돈을 벌 수는 없다. 현대 사회에서 쓸모 있는 것은 바로 '수제 햄버거의 달인' 혹은 '백팩 수선의 달인'과 같이 〈생활의 달인〉에 나올 수 있는 직업적인 범주에 속하는 것들이었다.

하지만 이제 쓸모없는 것들은 관심받기 적합한 아이템이 되었다. 앞니로 무를 간다거나, 오백 원짜리 동전 몇 개를 코에 넣는 행위들은 예전에 TV 속 코미디 프로에나 나올 수 있었지만[30] 지금은 유튜브와 아프리카TV 속 어디에서나 제한 없이 등장한다. 관심의 열매를 마음껏 딸 수 있는 기술이 된 것이다. 이외에도 이전까지 신기하긴 했지만 돈을 버는 데 하등 도움 되지 않았던 수많은 쓸모없는 일이 이제 그 쓸모를 찾고 있다.

쓸모없어진 것들이 되살아난 것 중에는 19세기 이전 유럽 귀족들의 전유물로 이어져 내려온 활동이 있다. 당시 경제적으로 풍족했던 귀족 계급은 농사와 같은 생산적인 노동에 전념할 필요가 없었다. 그렇다고 평생 집에서 방바닥만 긁고 있었던 것은 아니다. 그들은 생산적인 일을 하지 않았지만 항상 분주했는데, 당시 명맥만 남아 있던 어떠한 활동에 임하는 것이었다.[31] 당시 사용하지 않았지만 품격을 높일 수 있는 그리스어나 라틴어를 배우거나, 실제 먹지 않는 동물을 사냥하거나, 말에 올라탄 채로 공을 치는 활동 등이다.

소스타인 베블런은 《유한계급론》에서 "19세기 상류계급의 이 '쓸모없는(낭비적인) 활동'들은 20세기로 넘어오면서 사회 전체의 소비와 고통 패턴에 맞춰, 사회적 지위를 과시하기 위한 두드러진 소비로 진화했다"라고 말했다. 이것이 흔히 베블런 효과라는 이름으로 알고 있는 과시적 소비의 세부적인 내용이다.

일상의 상품화 현상은 보통 사람들이 쉽게 접근할 수 없는 새롭고 신기한 일상에 더 많은 관심을 보이게 만들었다. 우리가 주위에서 쉽게 보지 못했던 부자들의 활동과 일상조차 많은 이에게 흥미를 일으키는 자극제로 발전했다.

물론 여기에는 베블런이 주창했던 과시적 소비도 포함된다. 과거 부와 귀중품을 과시한다는 의미의 속어로 쓰였던 플렉스(Flex)라는 단어는 2019년 이후 한국의 힙합 가수들이 유행시키면서 '남에게 나의 무언가를 당당하게 과시한다'라는 의미로 각색되었다. 이후 이 과시적 소비는 주로 젊은 층 사이에서 질시의 대상이 아닌 부러움의 대상으로 승화되었고, 관련된 콘텐츠 또한 더 높은 관심을 받기에 유리한 조건을 획득할 수 있게 되었다.

'인터넷 밈(MEME)'의 세상 속 모두의 몸부림

2020년 MBC 예능 프로그램 〈놀면 뭐하니?〉를 통해 2017년 발표한 가수 비의 〈깡〉 뮤직비디오가 누리꾼들의 새로운 놀이 플랫폼으로 유행한 사례가 소개되었고, 그와 함께 '밈(MEME)'이라는 단어가 대중에게 알려지는 계기가 됐다.

비의 〈깡〉이 뮤직비디오를 통해 재조명받은 과정이나 '1일 1깡', '시무 20조' 등의 파생 드립은 밈이라는 개념을 사용하지 않고서는 도저히 설명할 수 없었고, 당사자 비 본인이 직접 밈이라는 단어를 방송에서 사용하기도 했다. 밈이란 'Internet Meme'을 줄인 것으로, 인터넷에서 유행하는 특정한 문화 요소와 콘텐츠를 이르는 말이다.

본래 밈은 1976년 리처드 도킨스의 저서 《이기적 유전자》에서 처음 제시한 학술 용어에서 파생된 개념으로, 마치 인간의 유전자(gene)와 같이 자기복제적 특징을 갖고 번식해 대를 이어 전해지는 종교나 사상, 이념 같은 정신적 사유를 의미했다.

중요한 것은 리처드 도킨스가 밈이란 단어를 새롭게 제시한 것은 지금의 인터넷 밈이 의미하는 '인터넷에서 유행하는 특정한 문화 요소와 콘텐츠'가 아니었다는 사실이다. 먼저 그가 《이기적 유전자》를 출간한 1976년에는 인터넷이나 WWW(월드 와이드 웹) 등의 개념도 없었을뿐더러, 그가 이 개념을 제시한 것도 (도킨스 자신이 이후 작품에서도 여러 차례 후술했듯이) 새로운 문화 현상을 설명하고자 함이 아니라, 단지 다윈의 자연 선택을 통한 진화의 토대가 되는 것이 DNA만이 아니라는 것을 설명하기 위해서였다.

그는 철저한 다윈주의자였지만, 인간 문명이 지닌 모든 특징을 다윈의 자연 선택이라는 개념에서 찾으려는 강박을 가진 다른 다윈주의자들과 다르게, 인간의 특유한 문화 속에 모방의 단위가 될 수 있는 문화적 전달자가 존재한다는 생각을 전달하고자 했다. 또한 그는 밈의 예시로 지금 우리가 이야기하는 (인터넷에서 유행하는) 영상,

짤방, 급식체 등을 이야기하는 것이 아니라, 노래, 종교, 독신주의 같은 사상 등을 이야기했다.

밈이 지금의 의미로 확대된 것은 1990년대 후반에서 2000년대 초반으로, 인터넷이 보급된 뒤 폭발적으로 늘어나는 새로운 방식의 문화 전파 현상을 도킨스의 용어를 빌려 표현한 것이다. 특히 영미권 커뮤니티에서 채팅이나 UCC 활동을 할 때 쓰이는 필수 요소를 밈이라 부르면서 네티즌 사이에서 널리 쓰이게 되었다.

이렇게 널리 알려지게 된 인터넷 밈은 무한 변형된다는 특징이 있다. 이는 도킨스가 《이기적 유전자》에서 말한 '문화적 유전자 밈이 복제 과정에서 일부 변형될 수 있다'는 것의 경계를 넘어선다. 아마도 아날로그와 디지털의 차이에서 기인할 것이다. 아날로그의 세상에서 문화의 복제는 원본을 기반으로 일부 변형이 일어난다고 볼 수 있다. 예를 들어 하나의 유행가가 다른 지역으로 넘어가고 시대가 변하면서 일부 내용이 다르게 변형되듯이 말이다. 하지만 디지털의 세상에서는 복제가 원형의 의도와 내용과는 전혀 다르게 변신하는 과정을 거칠 수 있다. 특정 콘텐츠가 시청자들의 댓글과 같은 반응, 혹은 전혀 다른 형식의 패러디로 새로운 시간 가치와 생존 가치를 높여줄 수 있는 것이다.

21세기 인터넷 밈의 위와 같은 특징은 문화를 만들어내는 우리에게 무한한 변형과 더불어 새로운 기회를 주었다. 오래전 특정 지역에서만 볼 수 있는 도시 전설은 시간과 지역적 한계가 있었지만, 오늘날 비의 〈깡〉은 삽시간에 많은 사람에게 퍼진다. 사람들은 검색창에 '비 깡'이라는 키워드만 넣어도 자세한 글과 직관적인 영상으로 설명해 주는 친절한 호혜자들을 만날 수 있다. 여기에 필요한 시간은 1~5분이다.

끝없는 게임의 시작

뉴욕대학교의 종교사학자 제임스 카스 교수는 1986년 자신의 저서를 통해 '무한 게임(Infinite Game)'이라는 개념을 처음으로 대중에게 소개했다.

먼저 무한 게임과 대비되는 '유한 게임(Finite Game)'은 명확히 승자와 패자가 정해져 있는 게임을 뜻한다. 유한 게임에는 명백한 게임 원칙이 존재하며, 게임에서 승리는 희소성을 띠기 때문에 모든 선수는 승리를 위해서 경쟁한다.

반면 무한 게임은 게임 자체에 비중을 둔다. 무한 게임에서는 뻔한 시작이나 예측되는 결말이 없으며, 게임을 하는 사람들은 게임 그 자체를 위해 게임을 한다. 무한 게임엔 정해진 경기장도 없거니와 게임이 진행되는 동안 규칙이 바뀌기도 한다.

제임스 카스의 말대로라면 무한 게임자는 서로 치열하게 경쟁하며 결판을 보기 위해 아등바등하는 대신, 재미를 극대화하기 위해 게임을 벌일 뿐이다. 유한 게임 안에서의 '승리 아니면 죽음'을 갈망하지 않고, 적극적으로 순간의 여흥 거리를 지속하고자 애쓸 뿐이다. 그는 "유한 게임자는 경계 내에서 게임을 하고, 무한 게임자는 경계의 게임을 한다"라고 언급했다.

이를 우리가 알고 있는 영화나 방송 같은 상업용 영상 콘텐츠에 대비해서 생각해 보자. 이 시장은 기본적으로 유한 게임의 시장이었다. 영화 같은 경우 기본적으로 영화관 개봉이라는 1차 시장 외에 DVD 제작과 스트리밍 방송이라는 2차 시장을 가지고 있음에도 불구하고, 상업 영화의 성패는 1차 시장인 영화관 개봉으로 끝나는 경우가 거의 대부분이었다. 간혹 영화관 개봉에서 참패했던 영화가 2차 시장에서 선전을 하는 경우가 있긴 했지만, 수익에는 도움이 되지 않기 때문에 큰 의미는 없었다. 방송 또한 마찬가지였다. 예능이나 드라마 같은 핵심 지상파 콘텐츠가 본방송에서 시청률이 나오지 않으면, (물론 인기 없는 콘텐츠가 재방영할 가능성도 낮으나) 재방송이나 케이블 방송 재판매 등의 수익은 기대하기 어려웠다. 쉽게 말해서 상업 영상 콘텐츠 시장에서는 첫 판에 모든 것이 결판나는 셈이었다. 이러한 경향은 음악과 같은 관련 분야까지 유한 게임의 원칙을 기본으로 따라 움직였다.

하지만 이제 유튜브 콘텐츠 같은 뉴미디어가 주가 된 시점에서는 모든 것이 유한 게임의 원칙을 따르지 않게 되었다. 이제 첫 판의 승패와 관계없이 게임의 참여자는 대중의 관심 집중도에 따라 새로운 기회를 부여받게 되었다.

물론 이전 실적이 신통치 않았던 모든 콘텐츠가 기회를 잡는다는 걸 뜻하지 않는다. 하지만 기존의 신통치 않았던 영화의 장면, 이슈의 기회를 잡은 콘텐츠는 오로지 관심이라는 이름을 빌려 '역주행'의 기회를 잡을 수 있게 되었다.

걸그룹 EXID는 2012년 데뷔 당시 2012년 최고 유망주 걸 그룹 중 하나로 손꼽혔지만 성적은 그리 좋지 못했다. 이후 멤버 교체와 소속사 변경 등 많은 일을 겪은 후 절치부심하여 2014년 〈위아래〉

를 발표했지만 이 또한 큰 반향을 일으키지는 못했다. 결국 소리 소문 없이 사라진 수많은 걸 그룹 중 하나가 될 듯싶었고 실제 한 예능 프로그램에 출연해 〈위아래〉에도 반응이 없자 해체 준비를 하고 각자 살길을 모색 중이었다고 밝히기도 했다.

하지만 2014년 10월 한 유튜버가 EXID의 〈위아래〉 공연 중 멤버 하니가 춤을 추는 모습을 찍어서 게시한 일명 '하니 직캠'이 이슈가 되면서, 각종 커뮤니티 사이트와 SNS를 중심으로 폭발적으로 퍼지기 시작했다. 그리고 미디어가 이 전대미문의 역주행에 관심을 보이기 시작했다. 결국 EXID는 이 역주행 곡으로 멜론 1위를 비롯해서 당시 음악 방송 엠카운트다운, 뮤직뱅크, 인기가요 3관왕에 올랐으며, 뮤직비디오 또한 유튜브 조회수 1억 뷰(2020년 1월 13일 돌파)를 넘는 기염을 토했다. 사람들이 직캠을 찾는 횟수가 많아지고 직캠이라는 콘텐츠가 공식적으로 보편화되는 결정적인 계기였다.

여기에서 중요한 것은 인기의 성패가 곡이 나온 초반에 단숨에 끝나지 않고, 언젠가 사람들의 관심에 의해서 언제든 다시 올라설 수 있다는 '무한 게임의 룰'이 적용됐다는 것이다.

일명 '사딸라'로 제2의 전성기를 맞게 된 배우 김영철에게서도 위와 같은 역주행의 사례를 찾을 수 있다. 그의 제2의 전성기는 한 컷의 짤로 시작됐다. SBS 〈야인시대〉에서 6·25 전쟁 당시 미군의 군수물자를 운반하던 노동자들이 임금을 협상하는 과정이 나왔는데, 김영철이 연기한 김두한은 미군을 상대로 일당을 1달러에서 4달러로 4배나 올려달라고 요구했다.

2001년 〈야인시대〉 방영 당시에는 크게 이슈가 되지 않았던 해당 장면이, 2013년 이후 '김두한식 협상'이라고 다소 B급스럽게 밈화되면서 이슈가 된 것이다. 일급을 1.5달러, 2달러로 합의를 보려던 김종원과 군수사령관 미 육군 준장을 상대로 김두한이 완고하게 "사 딸라!"를 외쳐서 손쉽게 4달러로 합의했기 때문이다. 특히 "오케이, 땡큐, 오케이, 사 딸라!"라고 외치는 장면은 사람들로 하여금 실소를 자아내게 만들었다.

이후 김영철은 〈야인시대〉를 실제로 보지 못했던 젊은 세대에게도 '궁예' 혹은 '사딸라'라는 이름으로 계속 회자가 되곤 했는데, (궁예와 김두한이 아니라 궁예와 사딸라인 것이 포인트다) 2019년 버거킹은 어이없는 김두한식 협상법을 자사의 4,900원 버거 제품 광고와 절묘하게 붙임으로써 이 유행의 불을 댕겼다.

영화 〈타짜〉의 상남자 곽철용 캐릭터로 재발견된 배우 김응수의 경우도 무한 게임의 세상이 만들어낸 새로운 현상이다. 무한 게임의 세상은 첫 판에서 승리를 얻지 못했다 하더라도 '무한한 기회'를 준다. 그 무한한 기회를 주는 것은 바로 예상하기 쉽지 않은 대중의 관심이다.

넷플릭스 증후군과 필터 오류

대한민국에서 넷플릭스 서비스가 시작된 2016년 초창기, 해당 서비스를 처음 체험한 국내의 몇몇 언론 담당자와 사용자들은 넷플릭스의 향후 영향력을 과소평가하거나 서비스 자체에 부정적인 평가를 내렸다. 여러 이유 중 가장 큰 이유는 '즐길 수 있는 콘텐츠가 부족하다'는 것이었다. 한국 영화와 같이 국내 사용자들이 즐길 만한 콘텐츠 자체도 부족할뿐더러,[34] 넷플릭스가 직접 제작하고 성공시킨 〈하우스 오브 카드(House of Card)〉와 같은 넷플릭스 오리지널 콘텐츠들도 출시 초창기에는 찾아볼 수 없다는 이유였다.[35] 쉽게 말해 볼 게 없어서 별로라는 것이었다.

그러던 중 국내에서 넷플릭스 콘텐츠 저작권 문제가 해결되면서, 최신 한국 영화를 비롯해 넷플릭스 오리지널 콘텐츠 등 수많은 영상을 즐길 수 있게 되었다. 등록되지 않은 콘텐츠를 찾기가 더 힘들어졌을 정도로 다양한 영화, 드라마, 어린이 전문 콘텐츠가 늘어났다.

이렇게 상황이 바뀌자 사람들에게는 새로운 고민이 생겼다. 그 고민은 바로 예전과 반대로 '볼 게 너무 많아서' 생겨났다. 너무 많은 콘텐츠 중 도대체 어떤 것을 봐야 할지 결단을 내리지 못하는 일이 생겨난 것이다. 한국에서는 '넷플릭스 증후군(Netflix Syndrome)'[36]이라고 지칭했는데, 실제 콘텐츠를 보는 시간보다 무엇을 볼지 선택을 하는 데 더 많은 시간을 소비하는 사용자를 의미했다. 이와 같은 현상은 꼭 국내에만 국한된 건 아니었다. 넷플릭스에서는 사용자들의 콘텐츠 결정 해결을 위해 랜덤 시청 버튼(shuffle button)을 추가한다는 뉴스도 등장하고 있다.[37]

정보가 넘쳐서 오히려 곤란을 겪게 되는 현상은 꼭 넷플릭스를 시청할 때만 일어나는 건 아니다. 현대의 많은 부분에서 이미 정보 과다 현상으로 곤란을 겪고 있고, 앞으로 더 많은 분야에서 같은 현상을 쉽게 접할 수 있게 될 것이다.

앨빈 토플러는 1970년 발행된 그의 베스트셀러 《미래의 충격》을 통해 '정보 과부하(information overload)'라는 단어를 제시함으로써

'정보가 너무 많아서 의사 결정을 하기 어려운 현상'을 설명했고 이는 곧 대중화되었다.

그런데 '단순히 정보가 많아서 의사 결정을 하기 어려워졌다'라고 설명하기에는 문제가 단순치 않아 보인다. 현대 디지털 사회에 정보가 급격하게 늘어난 것은 사실이지만, 우리를 둘러싼 정보가 너무 많다고 불평했던 것은 꼭 지금뿐만이 아니었다.

대표적으로 1세기 로마의 철학자 세네카는 "서적의 풍성함이 집중을 방해한다(The abundance of books is distraction)"라고 평하기도 했다. 당시 전 세계 모든 서적의 정보를 모아도, 지금 구글이 하루에 만들어내는 정보의 100분의 1에도 미치지 못했던 바로 그 시절에 말이다.

현대 사회의 우리가 겪고 있는 의사 결정의 어려움을 설명하는 데는 정보 과부하라는 개념보다 미국의 작가 클레이 셔키가 주창한 '필터 오류(filter failure)'를 활용하는 게 더 적합할 것이다.

인간은 선사 시대부터 자신이 접하는 수많은 정보를 모두 받아들이는 것이 아니라 생존에 도움 되는 일부 정보만을 걸러서 받아들이는 방식으로 진화했다. 우리가 '후광 효과'로 대표되는 인지적 오류에 빠지는 것도 이러한 선별적 정보 인식의 결과로 나타나는 것이다. 오류라고 불리지만 실제로는 인간의 생존을 위한 진화의 결과다.

하지만 이러한 '슬기로운 정보 선별 생활'은 개별적 인지 능력뿐만 아니라 외부 요인에 더 큰 도움을 받기도 했다.

우리가 책을 선택할 때를 떠올려보자. 책을 사는 장면을 아무 생

각 없이 바라보면 마치 '책을 쓰고자 하는 모든 수의 사람'이 만들어
낸 정보의 바다 중 일부를 선택하는 것처럼 보인다. 하지만 실제로
는 출판업과 출판 유통업 관계자들의 합리적인 출판 활동으로 나온
일부 책 중에서 하나를 선택하는 일이다.

출판 관계자들에게 중요한 의미를 담지 않은 텍스트를 인쇄하
는 행위는 금전적인 위험을 무릅쓰는 일이다. 의미가 없거나 팔리
지 않는 글은 애초에 그들의 필터(filter)에서 먼저 걸러졌다. 이는 TV
프로그램을 만들어내는 공급사 또한 마찬가지다. (극히 일부의 프로그램
을 제외하고) PD를 포함한 방송 관계자들은 시청률이 기대되지 않는
프로그램은 애초에 만들지 않음으로써, 시청자들이 TV에서 최악
의 프로그램을 보지 않을 수 있는 보호망을 만들었다. 물론 이는 정
보 수용자를 위한 도덕적 관점에서가 아닌, 공급자의 경제적 관점
의 선택이었다. 기존의 정보 습득 환경에서는 일명 보이지 않는 필
터가 존재했던 것이다.

이러한 필터가 존재하는 세상에서 정보가 얼마나 많은가 하는 문
제는 출판업자와 광고업자들이 얼마나 많은 돈을 쓰느냐에 달려 있
었다. 이러한 정보습득 환경은 놀랍지만 비교적 최근까지 지속됐다.

하지만 지금 우리가 마주하고 있는 정보의 환경은 아주 최근의
그것과는 다르다. 누구나 정보를 만들고 배포할 수 있는 환경은 이
전과 같이 최소한의 여과 장치가 필요하지 않다. 소위 편집자와 출
판사가 존재하지 않는 출판 시장, 그리고 편성 PD가 존재하지 않는
방송 시장은 좋은 내용과 좋지 않은 내용 모두를 여과 없이 쏟아냈
는데, 그 정보를 여과하거나 유입을 막아야 하는 책임은 모조리 우

리와 같은 정보 이용자들에게 부과됐다.

각각의 정보에 대해서 여러 선택의 여지와 기회가 주어진 듯 보이지만, 일단 정보가 주어지면 우리는 그것에 대한 반응을 해야 한다. 그런 의미에서 진정한 의미의 자율성은 사라지고 대신 스트레스가 늘어나는 역효과가 생겨났다. 넷플릭스 증후군과 같은 새로운 고통을 받게 된 것은 바로 이 때문이다.

누군가 내 관심을 대신 필터링해 줄 때 생기는 일

정보가 너무 많은 상황에서 어떤 정보를 선택해야 할지 스트레스를 받고 있는가? 그렇다면 걱정하지 마라. 첨단 IT 기업의 최첨단 추천 알고리즘(recommendation algorithm)이 우리 관심사에 가장 잘 맞는 맞춤형 콘텐츠를 찾아줄 것이기 때문이다. 게다가 무료다.

정보가 넘쳐남과 동시에 주의력이 한없이 떨어지는 지금의 상황에서 기업들이 내미는 개인 맞춤형 필터는, 마치 우리의 주의력 결핍을 완화하는 데 도움을 주는 치료제이자 보조제 같았다.

구글과 페이스북으로 대표되는 IT 플랫폼 기업은 크게 '협업 필터링(Collaborative Filtering)'과 '콘텐츠 기반 필터링(Contents-based Filtering)' 방식의 추천 알고리즘으로 사용자들에게 최적의 검색 결과와 가장 좋아할 만한 콘텐츠를 추천했다.

이 중에서 협업 필터링은 '대규모의 기존 사용자 행동 정보를 분석해 해당 사용자와 비슷한 성향의 사용자들이 좋아했던 항목을 추천하는 기술'이다. 이 기술을 볼 수 있는 가장 흔한 예로는 온라인 쇼핑몰에서 '이 상품을 구매한 사용자가 구매한 다른 상품들'이라는 이름으로 추천 상품을 보여주는 서비스다.

또 하나, 콘텐츠 기반 필터링은 '사용자가 이용한 콘텐츠 자체의 정보를 분석해 이와 유사한 항목의 콘텐츠를 추천해 주는 방식'이다. 이는 음악, 영화, 웹툰 등과 같은 콘텐츠 추천에 자주 쓰이는 방식으로, 특정 가수 음악을 좋아하는 사람에게 그 가수와 비슷한 분위기를 가진 가수를 추천하는 방식이다.

이와 같은 두 가지의 고전적인 추천 알고리즘은 최근 딥러닝을 통해 개인 맞춤형 알고리즘으로 진화했고 사용자의 세부적인 행동 이력을 기반으로 정교한 추천이 가능하도록 발전하고 있는 추세다.[39]

그런데 거대 IT 플랫폼 기업들이 왜 우리에게 맞는 최적의 콘텐츠와 검색 결과를 친절하게 알려주는 것일까? 그것도 추천 알고리즘의 고도화에 매년 수백 수천억 원씩을 투자하면서까지 말이다.

넷플릭스 증후군 같은 필터 오류에 빠지는 스트레스를 최소화해 주려는 IT 기업만의 고객 만족 서비스를 제공하는 것일까? 만약 그렇게 생각한다면 당신은 순진한 것이다.

앞서 글로벌 IT 플랫폼 기업이 돈을 버는 방식, 즉 그들의 비즈니스 모델은 사용자들의 시간이라는 관심 화폐를 긁어모으는 것이라고 말한 바 있다. 플랫폼 기업들이 고도화된 추천 시스템을 제공하는 것은 사용자들의 사용 시간을 최대한으로 늘리기 위해서다. 실제로 유튜브의 최고 상품 담당자(CPO) 닐 모한(Neal Mohan)은 2019년 3월 〈뉴욕타임스〉와의 인터뷰에서 "유튜브 이용자들의 시청 시간 70퍼센트가 추천 알고리즘에 의한 결과이며, 알고리즘의 도입으로 총 비디오 시청 시간이 20배 이상 증가했다"라고 밝혔다.[40]

또한 궁극적으로는 늘어난 사용자의 이용 시간을 광고주에게 팔기 위해서다. 이러한 추천 알고리즘의 진짜 목표는 영리 기업이 누구를 위해 움직이는지를 알면 간단하게 이해될 것이다. 기업은 돈을 내는 고객을 위해 움직인다. 플랫폼 기업의 고객은 누구인가? 사용자인 당신인가? 아니다. 플랫폼 기업의 고객은 바로 광고주다.

이와 관련한 유명한 문장이 하나 있다. "만약 당신이 상품에 대가를 지불하지 않는다면, 바로 당신이 팔리는 상품이다."⁴¹ 즉, 플랫폼 기업의 상품은 바로 당신의 관심 혹은 당신 자체인 것이다.

미국의 전자 프런티어 재단의 크리스 팔머는 "공짜 서비스를 이용하는 대가는 바로 당신에 대한 정보 제공이며, 구글과 페이스북은 이를 바로 현금화한다"라고 말했다.⁴²

누군가는 '영리 플랫폼 기업의 무료 추천 서비스와 관련 콘텐츠를 제공받고 광고를 보는 게 뭐가 그리 큰 문제가 되는 걸까?'라고 되물을 수 있다.

이에 넷플릭스 다큐멘터리 〈소셜 딜레마(The social dilemma)〉의 출연진은 '플랫폼 기업은 그들의 대규모 데이터와 이를 활용한 알고리즘으로 사용자의 행동을 그들이 원하는 방향으로 조작할 수 있다'라는 사실을 하나의 문제점으로 지적한다.

사용자 개별의 행동 패턴에 따른 알람과 추천 등의 지속적인 자극을 통해서 결국 사용자들에게 계속해서 서비스를 이용하도록 고도의 심리적인 디자인을 설계해 줌으로써, 사용자가 특정 행동을 하게 만들고 스크롤을 멈출 수 없게 하며 결국에는 그들이 제공하는 '광고만 보는 좀비'로 만든다는 것이다.

인간의 심리적으로 취약한 면을 마케팅 기법에 활용한 것은 어제 오늘 일이 아니지만, 플랫폼 기업이 활용하는 설득 기술은 기존의 마케팅 기법을 뛰어넘어 아무도 모르게 사용자들의 실제 행동과 감정을 끌어낼 수 있다는 것이 그들의 주장이다. 실제로 2014년에 페이스북 연구진이 미국 국립과학원회보(PNAS)에 발표한 논문에 따르면, 소셜 네크워크를 통해 추천되는 정보에 따라 사용자의 감정과 행동이 실제로 무의식적으로 조작될 수 있다는 사실이 밝혀지기도 했다.[43]

미국의 정치 활동가인 엘리 프레이저는 자신의 저서 《생각 조종자들》을 통해 플랫폼 기업이 제공하는 추천 알고리즘의 위험성을 경고하기도 했다. 추천 알고리즘이 사용자의 취향과 관심사에 맞춤 필터링된 정보만 제공하다 보니, 사람들이 정보를 편식하게 되고 그 결과 점점 자신만의 세계에 갇혀버리는 현상을 겪게 된다는 것이다. 그는 이와 같은 현상을 '필터 버블(Filter Bubble)'이라는 단어로 정의했다.

추천 알고리즘의 시스템 안에서 커져가는 버블로 우리는 각자의 생각만을 강화하고 친숙한 욕구를 찾게 된다. 결국 모든 사람의 관심사가 양극화되면서, 민주주의적 소통과 타협 없는 자신만의 진실의 세계에서만 살게 되는 크나큰 부작용을 낳고 있다.

문제는 이러한 부작용은 애초에 플랫폼 기업들이 의도했던 바가 아니라는 것이다. 구글은 '모든 사람들을 위한 개별적 검색'을 만들면서 세상의 모든 정보에 쉽게 접근하고 사용할 수 있는 미래를 꿈꿨고, 페이스북은 좋아요(like) 버튼을 만들면서 '세상에 긍정성과 사랑을 퍼뜨리는 것'을 목표로 했을 뿐이다. 10대 청소년이 좋아요를 덜 받아서 우울해하거나, 유튜브에서 상대방의 이야기를 차단하는 '정치적 분극화'를 야기하는 것이 그들의 목표는 아니었다.

하지만 최고가를 입찰한 광고주들에게 사용자의 관심을 파는 그들의 사업 모델 안에서 유토피아와 디스토피아가 공존하는 현 상황을 스스로 타개하기는 어려워 보인다. 또한 그 안에서 개인들이 자신의 노력만으로 모든 SNS와 스마트폰의 유혹에서 벗어나기 또한 요원해 보인다. 관심 문제가 단순히 한 개인과 기업만의 문제가 아닌 이유다.

3. 관중의
탄생

새로운 시대, 새로운 꿈

이제 관심이라는 큰 틀에서 관중이라는 개인이 탄생하게 된 배경을 살펴보자. 지금 우리가 살고 있는 시대는 결핍의 시대가 아닌 풍요의 시대다. 정보뿐만 아니라 수많은 것이 넘쳐나는 시대에 살고 있다. 이러한 풍요 속에서 우리는 부족한 것을 고민하기보다는 오히려 넘쳐나는 것을 고민하게 되었다.

시대가 바뀌자 사람들은 예전처럼 오랜 시간 일할 필요가 없어졌다. 선진국의 평균 근로시간은 1870년 연간 3,000시간에서 1990년에는 연간 1,500~2,000시간으로 감소했다.[14] 20세기 노동자들은 19세기보다 매주 20~30시간 덜 일하게 되었고 21세기에 들어서도 전세계 대부분의 나라는(극히 몇 개의 국가만 제외하고) 평균 근로시간이 하락하는 추세다. 한국의 경우 비록 여전히 전 세계에서 가장 높은 수준의 근로시간을 보이고 있지만, 시계열로 따져보았을 때 연간 근로시간 자체는 매년 줄어들고 있다. OECD 평균 근로시간 통계 기준으로 봤을 때, 대한민국의 근로시간은 2008년 연평균 2,228시간에서 2019년에는 1,967시간으로 11.7퍼센트 줄어들었다.[45]

전 세계 사람들은 남아도는 시간을 어떻게 써야 하는지 고민하기 시작했고 대부분은 남는 시간을 TV 시청에 사용했다. 2010년 국민여가활동조사에 따르면, 36.2퍼센트 국민은 TV 시청, 낮잠, 산책 등과 같은 휴식을 주된 여가 활동으로 뽑았고, 세부적인 휴식 활동 유형에서도 TV 시청 비율이 42.4퍼센트로 가장 높게 나타났다.[46] 더불어 사람들은 TV를 '일상생활에서 없어서는 안 될 가장 중요한 매체'로 생각했다.[47]

한동안 TV는 여가 시간의 제왕으로 군림했고 사람들이 TV 프로그램과 관련된 이야기를 나누는 것은 일상이 되었다. 이에 따라 TV에 출연하는 연예인이 가져가는 부와 명예는 늘어났다. 연예인들의 가치가 올라가자 젊은이들의 꿈도 그 뒤를 따라갔다. 오랜 기간 대통령과 과학자를 꿈꾸던 우리나라 어린 학생들은 연예인을 꿈꾸기 시작했다. 2010년 초등학생을 대상으로 한 조사에서는 전체 응답자 중에서 20.5퍼센트(1위)가 연예인을 꿈꾼다고 답했다.[48]

하지만 지난 10년간 초등학생들의 꿈은 또다시 변화를 겪게 되었다. 그 모든 변화의 중심에는 스마트폰의 시대를 연 아이폰이 있었다.[49] 2009년 말 국내에 아이폰이 등장하며 스마트폰 시대가 열렸고 쉬는 시간에 'TV만 보던' 사람들의 일상에 변화를 주었다.[50] 그리고 이제 기존 사람들에게 확고한 명제로 자리 잡고 있었던 'TV는 반드시 필요하다'라는 생각 또한 바꿔놓았다. 사람들은 TV보다 스마트

폰을 일상생활에서 더 필수적인 매체(스마트폰 63퍼센트>TV 32.3퍼센트)라고 생각하게 되었다.[51]

이제 사람들은 TV 프로그램 속 연예인 이야기뿐만 아니라 유튜브에 등장한 인터넷 방송인, 즉 일반인 유튜버들에 대해 곧잘 이야기한다. 그러면서 일부 유튜버들이 대기업 임원보다 더 많은 수입을 얻는 것이 알려지고, 그들이 '유튜브 크리에이터'라는 창작자 타이틀을 얻으면서 유튜버는 하나의 직업이자 선망의 대상이 되었다. 유튜버의 가치가 더불어 올라간 것이다.

이와 같은 세태를 반영하듯이 연예인을 향했던 아이들의 꿈은 어느새 유튜버로 바뀌었다.[52] 2018년 조사된 〈초·중·고 희망 직업 순위〉에 따르면, '인터넷 방송 진행자'가 관련 조사에서 처음으로 '초등생 장래 희망 10위권(5위)'에 진입했고,[53] 2019년 같은 조사[54]에서는 이 같은 유튜버를 의미하는 크리에이터가 의사를 제치고 3위로 뛰어올랐다.[55]

지난 몇 년 새 초등학생의 장래 희망 조사에서 변화가 일어난 것은 사실이지만, 곰곰이 따져보면 그들의 꿈이 바뀌었다고 말하기는 어렵다. 왜냐하면 연예인과 유튜버는 직업명의 차이가 있을 뿐 실질적으로 같은 맥락이기 때문이다. 최근 몇 년 사이 주류 미디어가 TV에서 스마트폰으로 변화하면서 장래 희망이 함께 진화하는 과정을 겪었을 뿐이다.

연예인과 유튜버는 활동 영역이 각각 매스미디어인지 유튜브인지로 구분할 수 있지만, 궁극적으로 이들은 '대중의 관심을 받고 그들에게 영향력을 끼치는 존재', 즉 유명인(有名人, celebrity)을 목표로 한다. 세부적으로 배우, 가수, 코미디언, '먹방러' 등 수없이 나눌 수 있지만, 유명함을 통해 자본을 획득한다는 점에서 공통점을 가진다. 장래 희망을 묻는 대부분의 조사는 이러한 궁극적인 목표가 아니라 직업적 속성만으로 구분해 시대별로 다른 결과가 도출될 뿐이다.

21세기 새로운 시대를 사는 아이들의 장래 희망은 오히려 1997년 당시 서울대병원 정신과 홍강의 교수팀의 연구에서 더 솔직하고 정확하게 나타난다. 어린이들의 꿈과 공상, 그리고 장래 희망의 상호 연관성을 살펴보고자 했던 해당 연구에서 연구팀은 직업적 구분에 국한하지 않은 상태로 장래 희망을 질문했다. 그 결과 가장 높은 빈도를 보인 장래 희망은 '유명한 사람이 되는 것(49.5퍼센트)'이었고, 그다음으로는 '부자가 되는 것(41.4퍼센트)'이었다.

연예인이나 유튜버 등으로 직업을 선택해 '유명한 사람이 되고'(지위 획득) 더불어 '부자가 되는 것'(자본 획득). 이것을 제외하고 새로운 세상의 꿈을 설명할 수 없다. 현대 사회에서 유명인은 가장 지위가 높은 축에 속하고 그들의 지위는 막대한 부를 이끈다.

2012년 정보통신정책연구원이 발간한 〈디지털세대와 기성세대의 사고 및 행동양식 비교 연구〉 중 '인생에서 중요한 것을 묻는 질문'에서 10대 청소년들은 60대 노년층보다 돈의 가치를 더 중시하는 것으로 나타났다. 2014년 〈10대 사용자들의 미디어 이용 행태〉 조사에서도 '인생에서 추구하고 바라는 것이 무엇인가'라는 질문에 10대 사용자 중 17.8퍼센트의 응답자가 경제적 풍요를 꼽았다.

돈을 중요하게 여기는 경향은 반드시 우리나라, 특정 세대만의 이야기는 아니다. 정치학자 로버트 퍼트넘이 펴낸 《나 홀로 볼링》

에 나온 미국의 조사 결과에 의하면, 1975년에는 좋은 인생이라는 개념에 '많은 돈'이 포함된다고 답한 응답자가 38퍼센트였던 것에 반면, 1996년에는 63퍼센트까지 올라갔다.[58] 같은 기간 동안 휴가용 별장, 더 많은 컬러 TV, 아주 좋은 옷을 갖고 싶어 한 사람들의 비율은 2배에서 3배로 늘어났다. 퍼트넘은 이처럼 돈이나 지위에 대한 욕구가 강해지는 것은 미국인의 공동체 의식이 점점 자율과 자립이라는 규범으로 대체되기 때문이라고 해석했다.

예로부터 돈과 지위의 갈망을 세속적인 가치로 낮게 평가하던 우리 사회의 문화에서는 돈만 따지는 새로운 세대의 모습을 비하의 시선으로 바라볼 수 있겠지만, 공동체 문화에서 급격하게 개인주의적 경향으로 나아가는 오늘날, 우리 문화의 전반적인 문제로 이해해야 한다.

이제 일반인도 관심의 중심에 설 수 있다

왜 돈과 지위의 획득을 연예인이나 유튜버 같은 유명인의 범주에 들어 이루고자 하는지 궁금할 것이다. 과거에도 연예인과 같은 유명인이 되면 오늘날처럼 높은 지위와 많은 돈을 얻을 수 있었다. 하지만 기존에는 유명인과 일반인 사이에 높은 벽이 하나 서 있는 것 같았다. 이 벽을 넘기 위해서는 방송사에서 진행하는 공채 탤런트 시험, 코미디언 시험에 합격하는 등 제한된 몇몇 방식으로 정해진 루트를 통과해야 했다. 아니면 정말 운이 좋게 길거리 캐스팅을 당하는 방법밖에 없었다. 기본적으로 '일반인≠유명인'이라는 등식이 성립했고 수많은 사람이 유명인 대열에 끼고 싶어 했지만 그들과의 거리는 가까워질 수 없었다.

하지만 21세기로 넘어오면서 방송에서 크고 작은 변화가 이어지기 시작했다. 가장 큰 변화는 KBS, MBC, SBS 같은 지상파 방송사뿐만 아니라 CJ미디어와 온미디어를 필두로 한 케이블 방송사, YTN을 비롯한 24시간 보도 전문 채널, 그리고 JTBC 같은 종합 편성 채널이 출범함에 따라 경쟁의 영역이 넓어지고 경쟁 자체가 격화된 것이다.

방송계는 본래도 빠듯한 방송 일정에 맞춰서 제작하는 부침이 있었지만, 경쟁자의 증가와 경쟁 시간의 확대로 인해 '새롭고 참신한 이야기를 더 많이 만들어내야 한다'는 과제를 갖게 되었다. 기존 연예인만으로 색다른 구성을 이루는 데 어려움을 겪던 방송사는 다큐멘터리, 뉴스 등에 등장했던 일반인을 다른 프로그램에도 등장시키기 시작했다. 우리가 가장 잘 알고 있는 일반인 등장 프로그램은 〈슈퍼스타K〉와 같은 오디션 프로그램이다.

〈슈퍼스타K〉는 최초의 일반인 오디션 프로그램은 아니었다. 2001년 MBC의 〈악동클럽〉을 비롯해 수많은 서바이벌 오디션 프로그램이 방영되었다. 또한 서바이벌 오디션 프로그램의 특징 중 하나인 '차세대 스타 발굴'에 초점을 맞춰보면 1970년대에 시작된 〈대학가요제〉와 〈강변가요제〉까지 거슬러 올라갈 수 있다. 하지만 〈슈퍼스타K〉가 기존 오디션 프로그램과 가장 차별을 둔 것은 바로 참가자들의 이야기에 주목했다는 점이다. 물론 기본적으로 노래 실력이 떨어지는 참가자가 우승을 할 수 없는 구조였지만, 노래 실력 하나만으로 우승을 하기도 어려웠다. 녹화와 생방송이 결합된 장기 오디션 프로젝트에서 대중의 관심이 집중된 일부 참가자는 실력 외에도 그들만의 스토리가 있었다. 어떤 참가자는 배관공으로 일하면서 가수의 꿈을 잊지 않았다는 것이 부각되었으며, 어떤 참가자는 건강상의 문제를 안고 오디션에 참가했다는 사실로 관심의 대상이 되었다.

사연과 감동 스토리로 프로그램을 구성하는 것은 이미 외국에서도 성공을 거둔 방식이었는데, 〈슈퍼스타K〉 일부 참가자들이 특유의 스토리로 관심을 받는 방식은 어린 시절 어눌한 말투로 왕따를 당한 과거를 이겨내고 영국 오디션 프로그램 〈Britain's Got Talent〉에서 우승한 폴 포츠의 성공 스토리와 닮아 있었다.

이러한 일반인의 스토리를 프로그램의 주된 소재 중 하나로 사용하는 방식은 1980년 6월 미국 최초의 24시간 뉴스 채널인 CNN이 등장하면서 시작되었다. 당시 한 종류의 신문과 소수의 라디오 및 TV 프로그램에 익숙했던 환경에서 갑자기 24시간 내내 정보를 내보내는 미디어들이 나타나게 되면서 분산된 시청자들의 관심을 끌어오기 위한 다양한 시도를 하게 되었는데, 그중 가장 효과적인 방식은 개인의 사연으로 프로그램을 구성하는 것이었다.[59] 특히 뉴스에서 인간적인 사연을 담은 뉴스가 등장하거나 실제 인물에 초점을 맞춘 내용이 많아졌고, 얼마 지나지 않아 일반인이 뉴스 속 인물로 등장하는 일이 그 어느 때보다도 많아졌다.

이제 TV는 우리와 동떨어진 세상에 살고 있는 그 누군가가 아니라 '나'와 다를 바가 없는 사람들로 채워졌다. TV 속 유명인과 일반인인 '나'의 거리가 그 어느 때보다 가까워진 것이다. 거기에 앞서 언급한 유튜브와 아프리카TV 같은 플랫폼을 통해 누구든 인터넷 방송을 직접 만들거나 출연할 수 있는 환경이 조성되면서 누구라도 유명인이 될 수 있었다.

팝 아티스트 앤디 워홀은 그의 에세이 《Andy Warhol's Exposures (앤디 워홀의 폭로)》에서 다음과 같은 말을 했다.

나는 "미래에는 모두가 15분 동안 유명해질 것이다"라는 문장에 질렸기 때문에 더는 쓰지 않는다. 나의 새로운 문장은 이것이다. 바로 '누구든 15분 안에 모두가 유명해질 것이다'.

그의 말처럼 이제는 누구든 15분 동안만 유명해지는 것이 아니라, 단 15분 만에 유명해질 수 있는 시대가 열린 것이다. 그러나 누구나 유명인이 될 수 있는 현실이 오히려 우리의 발목을 잡는 결과를 낳기도 한다.

《The Pursuit of Attention (관심의 추구)》의 저자 찰스 데버는 대중문화와 소비자본주의가 개인 수준의 관심에 과도한 욕망을 갖게 했다고 분석했다. 게다가 유명인과 일반인 사이의 간극이 줄어들면서 그 자리를 차지하기 위한 과도한 욕망은 하나의 집착을 낳았다. '나보다 나은 것 없는 그 누군가'가 어느날 깜짝 스타가 되고 그와 함께 손에 쥐어보지 못했던 돈을 쥐는 것을 본 순간, 대중은 그 밖에 다른 소망을 품을 수 없는 지경에 이르게 된 것이다.

대중의 관심을 받아 유명인이 되기 위한 과도한 열망은 삐뚤어진 관심병자를 양산할 수 있는 하나의 기틀이 되었다.

관심받기 위해서 무슨 짓이든 하는 사람들

우리는 언젠가부터 뉴스와 포털 사이트를 통해 관심을 받고자 하는 이들의 기행이나 엽기적인 행각들을 보게 되었다. 그것은 음주 운전 방송에서 몸에 불을 붙이는 기행까지 다양하다. 일반적인 사람들이 관종이라는 단어 자체에 거부감을 느끼고 이를 비난의 언어로 사용하는 것은 그리 이상한 일이 아니다.

문제는 사실 처음부터 끝까지 돈이었다. 누구나 관심의 중심에 설 수 있고 인터넷 방송 등을 통해서 그 관심을 돈으로 바꿀 수 있다는 사실은 막장과 엽기, 각종 기행을 펼치는 재주를 가진 일부 사람이 관심의 도박판에 참전하기를 부추겼고, 그들은 이와 같은 천재일우의 기회를 놓치지 않고 받아들였다.

그 결과, 새로운 미디어의 쉬운 접근성과 자유 안에서 선정과 가학이 속절없이 판치는 환경이 생겨난 것이다. 시청자들에게 후원을 받기 위해 선정적이고 엽기적인 행위를 하는 일부 BJ들이 생겨나면서 일명 '자본주의가 낳은 괴물'을 생산하기에 이른다.

인터넷 방송과 관련해 국내에서 가장 흔하고 유명한 일탈은 '벗방(벗고 찍는 방송)'으로 일부 여성 BJ가 노출이 심한 옷을 입고 야릇한 포즈로 방송한다거나, 춤을 추다가 실수를 가장해 속옷을 노출하고 이를 대가로 별풍선을 받는 행위다.

2015년에는 당시 12세 여자아이가 댄스 방송을 진행하다가 방송정지를 당한 사건이 발생했다. 당시 채팅창은 성인과는 한참 거리가 먼 여자아이에게 음담패설을 내뱉으며 선정적인 요구를 하는 반인륜적인 모습을 보여줬는데, 결국 여자아이는 시청자의 요구에 따라 허리를 드러내며 춤을 추었다. 미성숙한 아이가 아프리카TV에 의해 가치관이 뒤바뀔 수도 있다는 것을 보여준 사건으로, 아프리카TV는 이후 만 14세 미만 이용자의 방송을 금지하도록 조치했다. 하지만 이후에도 초등학생들은 타인의 계정을 도용해 방송했으며, 여전히 포털 관련 검색어에는 '초딩여캠'이 있다. 또한 이들은 방송을 해서 시청자를 모으다 계정이 정지되면 다른 인터넷 방송국에서 다시 방송을 했다. 문제는 이와 같은 유형의 수익이 어느 방송보다 수익이 좋다는 데 있다. 한 방송에서 많게는 수억 원까지 벌었다는 사례가 알려지기도 했다.

자극적인 콘텐츠일수록 더 극적인 관심을 받는 상황은 관심병자들을 극단의 치킨게임으로 달리게 만들었다.

원조 막장으로 알려진 BJ가 처음 인터넷 방송을 시작했을 때, "어떻게 하면 유명해지냐?"라고 시청자들에게 묻자 시청자들이 장난삼아 "발로 자장면을 먹으면 유명해진다"고 대답했다. 그러자 그는 진짜로 발로 자장면을 먹었다. 이후 한 여고 앞에서 '여고생을 안아보고 싶다'라고 적힌 팻말을 들고 1인 시위를 벌이다가 경찰서에 연행된 적이 있으며, 신촌 로데오거리에서 나체로 활보하고 야시장에서 소란을 피우다 상인과 행인들에게 제압당했다.

또 다른 유명 BJ는 BJ가 되고 싶어 학교를 자퇴했다고 밝힌 두 명의 중학생을 방송에 초대해 간장 4.5리터를 쏟아부었고, 한 BJ는 외할머니의 장례식을 중계해 논란이 됐다.

문제는 극적인 상황을 만드는 당사자에서 그치지 않는다는 데 있다. 이들에게 별풍선을 주는 사람들에게서도 문제가 일어난다. 자신의 돈으로 선의의 마음을 표현하면 좋겠지만 이 자금을 마련하기 위해 회삿돈을 횡령한 사례도 있으며, 일부 몰지각한 미성년자들이 부모의 신상으로 각종 결제 방법을 통해 별풍선을 선물해 이를 안 가족이 BJ에게 돈을 돌려달라고 요구하기도 했다. 최근 BJ에게 빠져 모든 재산을 탕진하고 5,500만 원의 빚더미에 앉은 한 남성이 무일푼으로 생활하던 중 길을 걷던 한 여성을 강도 살인한 일까지 생겨났다.[63]

2017년 1월 유튜브가 별풍선과 같은 후원 시스템이자 콘텐츠 구매 플랫폼 '슈퍼챗(Super chat)'을 선보이자, 아프리카TV의 별풍선에서 나타났던 병폐가 그대로 나타나고 있다.

유튜브가 허위 정보나 막말, 혐오 등 문제가 될 만한 콘텐츠에 노란딱지(일명 노딱)를 붙이고 수익 창출을 막자 이들은 슈퍼챗 시스템을 통해 상당한 수익을 올렸다. 별풍선 시스템에 익숙한 우리나라에서 슈퍼챗은 친숙한 시스템이다. 전 세계 슈퍼챗 후원 순위 1위를 비롯해 최상위권을 우리나라 유튜브 채널이 차지하는 게 이상한 일이 아닌 것이다. 슈퍼챗 시스템의 문제는 특정 구독자들에게 조롱과 혐오를 팔고 그들을 자극하며 더 많은 수익을 창출한다는 것에 있다. 특히 일부 극우 유튜버들은 이 방법으로 수익을 끌어올리고 있다.

그렇다면 이러한 일탈의 끝은 어디일까? 우리가 주목해야 할 지점은 바로 여기에 있다. 많은 사람이 비난을 폭풍처럼 쏟아내더라도 수익을 위해 무슨 일이든 하는 사람은 계속해서 늘어날 것이며, 이들의 관심 경쟁은 폭주 기관차처럼 끝없이 나아갈 것이기 때문이다.

'관심이 돈이 되는 세상'이 우리나라보다 먼저 펼쳐진 미국에서는 더 빨리 부작용이 나타나기 시작했다.

미국 미성년자들 사이에서는 2010년대 초부터 1분짜리 '얼간이(jackass) 방귀 마스크 영상'이 유튜브에서 유행했는데, 이는 밀폐형 마스크에 튜브를 연결하고 그 끝에서 누군가 방귀를 뀌면 그 냄새를 온전히 다 맡고 괴로워하는 모습을 담은 영상이었다. 이 외에도 '지붕에서 타이어를 굴려 급소 맞히기', '도로 표지판을 향해 돌진하는 정신 나간 오토바이' 등의 동영상이 가득하다.

이 중에는 '초킹(Choking)'이라 불리는 목 조르기 동영상을 찍기 위해 아이들이 기절할 때까지 서로의 목을 조르는 일도 있었으며, 그러다 실제로 목숨을 잃는 사건이 발생하기도 했다.

과도한 관심의 명과 암을 다룬 넷플릭스 오리지널 다큐멘터리 〈아메리칸 밈〉에서는 자기 몸에 기름을 뿌리고 불을 붙여 온몸에 순식간에 불이 붙는 영상을 업로드하거나, 세제를 먹고 구토하는 모습을 업로드한 아이들이 등장하기도 한다. 건물 옥상에서 돈을 뿌리고 이에 대해 미친 듯이 반응하는 행인들의 모습을 담는 등 이 외에도 수많은 기행이 등장한다.

이와 같은 사례가 꼭 미국에서만 일어나는 것은 아니다. 중국의 한 남성 BJ는 시청자들에게 후원을 받기 위해 무려 3개월 연속으로 음주 방송을 하다가 사망한 사건이 발생했다. 또 다른 남성 BJ는 다리에서 뛰어내리는 퍼포먼스를 한 결과 결국 사망했다.

우리나라에서도 인터넷 생방송 중 한 BJ가 투신자살을 하는 등 인터넷 방송과 관련해 목숨을 잃는 일들이 발생하고 있으며, 관심을 받기 위한 극단적인 행동이 언제든 자신을 포함한 타인에게도 위협이 될 수 있는 상황이 되었다. 이러한 상황에서 우리가 올바르게 관심을 받는 방법을 이야기하고 법과 제도, 윤리적 선을 긋는다는 건 큰 의미가 있다.

4. 어떻게 성공적인 관심 추종자로 남을 것인가

우리는 앞서 관종이 무엇이며 관종 뒤에 숨어 있는 관심의 특징은 어떠한지, 그리고 시대의 변화에 따라 관심 추종자들은 어떻게 생겨났으며 그에 대한 인식은 어떻게 변해왔는지를 살펴봤다.

중요한 것은 사람들의 관심을 끌기 위한 경쟁이 앞으로도 끝나지 않고 계속될 것이라는 사실이다. 그러한 상황에서 우리의 고민은 단순히 모두가 관심만을 좇게 된 세상을 비판하거나 관심병자들을 사회에서 차단할 방법을 찾는 데 그쳐서는 안 된다. 우리는 이를 넘어서 관심이라는 자원을 어떻게 성공적으로 조절하고 활용할 것인가에 집중해야 한다.

이와 관련해 앞으로 이 책에서 말하고자 하는 바는 크게 두 가지로 요약할 수 있다.

첫 번째는 개인과 조직 차원에서 관심을 실질적으로 어떻게 활용할 수 있는지 논하고자 한다. 여기서 핵심은 바로 '실패한 관심병자'

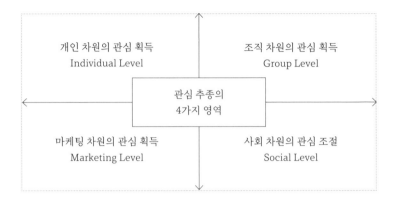

개인 차원의 관심 획득 Individual Level	조직 차원의 관심 획득 Group Level
관심 추종의 4가지 영역	
마케팅 차원의 관심 획득 Marketing Level	사회 차원의 관심 조절 Social Level

가 아닌 '성공적인 관심 추종자'가 되는 일이다.

　두 번째는 누구나 관심을 요구하는 세상 속에서 어떻게 그 자원을 제대로 조절하고 배분할 것인지 사회 차원으로 접근하고자 한다. 개인 차원에서는 '관심 획득'이 핵심이 될 수 있지만, 사회 차원에서는 관심이 더욱 요구되는 부분과 배제되어야 할 부분을 알고 이를 적절하게 조절하는 방법에 집중해야 한다.

　따라서 앞으로 관심을 받고자 하는 주체의 성격에 따라 관심 추종 영역을 총 네 가지로 나누어, 각 영역의 관심 활용법을 설명하고자 한다. 여기서 개인, 조직, 마케팅 관점의 핵심은 바로 '어떻게 관심을 획득할 수 있을지'에 대한 것이고, 사회 관점에서는 '어떻게 관심을 조절할 수 있을지'에 대한 것이다.

6가지 관심의 유형

토머스 데이븐포트는 《관심의 경제학》에서 우리가 인지하고 있는 관심의 영역을 여섯 가지로 분류했다.[67]

세 개의 쌍으로 이루어진 이 유형의 첫 번째는 '강요된 관심'과 '자발적 관심'으로 선택과 관련 있다. 강요된 관심은 쉽게 말해서 법률과 같이 우리가 선택하지는 않았지만 강제적으로 따르거나, '피할 수 없으면 즐겨야 한다'며 정신 승리를 해야 하는 영역이다. 반면 자발적인 영역은 누군가 시키지 않아도 우리가 자율적으로 관심을 기울여서 선택할 수 있는 영역이다.

두 번째 '회피적 관심'과 '매력적 관심'은 동기 부여와 관련 있다. 회피적 관심은 '똥이 더러워서 피하지, 무서워서 피하냐'라는 말과 같이 똥은 어찌 되었든 피해야 하는 동기를 주는 반면, 매력적 관심은 사람이나 대상을 가까이하고 싶어지는 동기를 부여한다.

마지막으로 '의식적 관심'과 '비의식적 관심'은 관심이 자연스러운지, 혹은 자연스럽지 않은지 정도의 차이가 있다.

성공적인 관심 추종자가 되는 방법은 매력적 관심의 증대를 통해

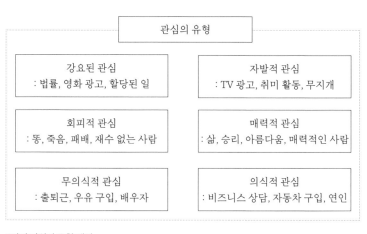

6가지 관심의 유형 예시

대중의 자발적 관심을 지속적으로 늘리는 것이라 할 수 있을 것이다. 매력적인 모습을 통해 사람들의 자발적 관심이 늘어나면 다시 대상의 매력을 강화하게 되는 선순환 구조가 나타난다. 이 책에서는 앞으로 이와 같은 방식을 통해 관심을 획득하는 방법을 서술할 것이다.

반대로 실패한 관심병자들은 극단적인 행동과 눈살을 찌푸리게 만드는 언행을 계속함으로써 회피적인 관심을 증대시키고, 이는 곧 법률 규제 등을 통해 강제로 관심을 차단당하게 될 것이다. 한편, 기존에 조작이나 편법을 통해서 강제로 관심을 할당했던 방식은 더이상 자발적 관심을 받지 못하거나 배척당하는 악순환에 빠지게 될 것이다.

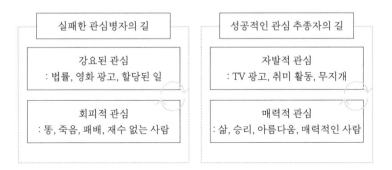

관심과 핵심 기억의 관계

영화 〈인사이드 아웃〉은 전형적인 할리우드 성장 영화로 주인공 라일리의 일대기가 뼈대다. 그러나 핵심은 라일리 머릿속의 감정을 관장하고 행동을 컨트롤하는 다섯 가지 감정이 서로 소통하는 과정이다.

라일리가 태어난 날 그녀의 머릿속 기억들도 함께 생겨난다. 이 기억들은 기쁨이(joy), 슬픔이(sadness), 소심이(fear), 까칠이(disdust), 버럭이(anger)로 비슷한 이름의 감정을 컨트롤하고 라일리의 기억으로 남는다. 이들은 주인공의 끊임없는 감정 중 일생에서 중요한 일이 있을 때 '핵심 기억(Core Memory)'이라는 특별한 기억을 만들어내는데, 이것이 주인공 인격의 원동력이 되면서 '각각의 특징이 뚜렷하게 나타나는 섬'을 만들고 라일리를 성장시킨다.

〈인사이드 아웃〉의 핵심 기억을 우리의 삶에 적용해 생각해 보자. 살면서 겪은 수많은 사건과 인물 중에 여러분은 어느 정도를 기억하는가? 우리의 '진짜 기억'에 남은 사건과 사람은 한 줌에 불과하고 대부분 기억은 핵심으로 남지 못한 채 사라지지 않았는가? 누군가에게 관심을 받는다는 것은 바로 수없이 많은 사건 중에서 누군가의 핵심 기억으로 남는다는 것과 같다. 아무리 노력하더라도 누군가의 기억에 남아 있지 않는다면 소용없다.

인지심리학자들은 정보처리 이론상, 인간의 인지 과정을 '감각 기억(Sensory Memory)', '작업 기억(Working Memory)', 그리고 '장기 기억(Long-Term Memory)'으로 나눈다. 시각, 청각 등 감각 기관으로부터 들어오는 모든 정보가 감각 기억이고, 이를 의식적으로 처리하는 체계를 작업 기억이라고 한다. 영화 〈인사이드 아웃〉에 나오는 기억, 즉 일생 중 저장, 보존되어 언제든 필요에 따라 인출할 수 있는 기억이 바로 핵심 기억이다.

당장 떠올릴 수 있는 핵심 기억이 몇 가지 안 된다는 것은 핵심 기

억의 용량 자체가 작아서가 아니다. 관련 연구 결과 핵심 기억의 메모리 용량은 무한대에 가깝다는 것이 밝혀졌다. 단지 핵심 기억으로 들어가는 통로가 좁다는 것이 문제다. 한 번에 처리할 수 있는 작업 기억에 한계가 있다는 것을 뜻하며 바로 이 작업 기억에 들어가는 것을 관심을 받는다고 표현한다.

어떻게 핵심 기억에 들어갈 것인가

하지만 누군가의 관심을 받는다는 것이 곧 핵심 기억으로 남는다는 뜻은 아니다. 잠시 동안 타인의 주의를 끄는 것은 누구나 가능한 일이다. 예를 들어 사람들이 가득 들어차 있는 지하철 안에서 버럭 하고 소리를 지르거나, 길에서 모두가 서서 걸어갈 때 혼자서 기어간다면, 잠시 동안이라도 사람들의 눈길을 끌 수 있을 것이다. 하지만 사람들의 자발적 관심이 아닌 이러한 잠깐의 주목은 곧 피하고 싶은 회피적 관심으로 전락할 것이다. 선정적이고 극단적인 방식이 남의 관심을 끄는 데 효과가 있을 수 있지만, 그 경쟁의 끝은 일탈의 방식으로 나타날 수밖에 없다.

성공적인 관심 추종자가 되는 것의 핵심은 바로 이 누군가의 머릿속에 오랫동안 기억되는 핵심 기억으로 남는 것, 그리고 과도한 욕심에 사로잡혀서 관심병자가 되지 않는 것이다.

다음 장에서 성공적인 관심 추종자가 되기 위한 방법으로 4가지 조건을 제시하고자 한다. 나는 그 각각에 '꺼지지 않는 가시성', '고집스러운 협력성', '절대적인 진실성', 그리고 '감당할 수 있는 적절성'이라는 이름을 붙였다.

이 4가지 조건은 관심 시장에서 대중의 관심을 받고자 하는 개인들에 국한한 이야기는 아니다. 이 조건은 관심 시장에서 유명인이 되고자 하는 개인, 회사와 같은 조직에서 관심의 힘을 빌리고자 하는 조직원, 소비자의 관심을 받아야 하는 제품과 서비스 기획자, 그리고 사회적 관심을 요하는 정책 담당자 모두가 공통적으로 참조할 수 있는 내용을 담았다.

2부

관종의 조건
4가지

1. 꺼지지 않는 가시성

성공적인 관심을 받고자 하는 관심 추종자의 첫 번째 조건은 바로 '꺼지지 않는 가시성'이다.

'가시성'은 눈으로 볼 수 있다는 의미로, 누군가에게 관심을 받기 위한 가장 기본 조건은 '눈에 띄는 것'을 의미한다. 누군가의 눈에 띤다는 것은 관심을 받기 위한 기본적인 필요조건이 될 뿐이지, 충분조건이 아니다. 중요한 것은 한번 받은 관심을 꺼뜨리지 않고 지속적으로 유지하는 것이다. 일시적으로 관심을 받는 것은 누구나 할 수 있는 일이지만, 관심을 지속적으로 유지하는 것은 아무나 할 수 있는 일이 아니다.

관종의 조건 첫 번째에서 논하고자 하는 것은 어떻게 관심을 이끌어내고, 어떻게 그 관심을 끊이지 않고 지속적으로 끌고 나갈 수 있는지에 대해서다. 그런 의미에서 꺼지지 않는 가시성이란 지속적으로 관심받을 수 있는 존재가 되기 위한 방법을 의미한다.

상품과 서비스를 생산하는 기업은 이미 이러한 조건을 예전부터 알고, '어떻게 하면 사람들의 관심을 받을 수 있는지'와 '그 관심을 어떻게 유지할 수 있을지'를 함께 고민해 왔다.

그래서 기업들은 자사의 상품이 소비자들의 관심을 끌고 최종 선택을 받을 수 있도록 단기적인 마케팅 활동에 집중하는 동시에 궁극적으로 자사의 상품을 차별화된 브랜드(Brand)로 성장시켜 장기적으로 소비자의 관심을 끌고 가는 전략을 펼쳤다.

이러한 고민은 특정 상품과 서비스를 만드는 상품 기획자와 마케터뿐만 아니라 조직과 사회, 그리고 개인 모두의 고민이 되었다.

눈에 보인다는 것의 의미 변화

지금까지 '관심을 받고자 누군가에게 적극적으로 드러낸다'는 것이 상품 판촉과 마케팅의 영역에서는 당연하고도 자연스러운 일로 받아들여졌지만, 개인의 영역에서는 '튄다' 혹은 '까불고 설친다'라는 뜻으로 받아들여지는 경향이 있었다.

생존을 위해 관심이 필수적인 유튜버와 같은 사람들이 주위 사람을 포함한 많은 대중에게 가장 먼저 (부정적인 의미의) 관종이 아니냐고 지적받은 것도 이러한 사회적 분위기가 반영된 것이다.

속담 "모난 돌이 정 맞는다"는 성격이 너그럽지 못하면 대인 관계가 원만할 수 없음을 이르는 말이기도 하지만, 너무 뛰어난 사람은 남에게 미움받기 쉬움을 이르는 말이기도 하다.[1] 이렇게 우리 사회에서 한 개인이 튀는 것을 꺼린 것은 개인의 개성보다 전체의 이익을 중시한 조직 문화, 우리나라만의 독특한 체면 문화 등이 주된 이유였지만, 사회 전반적으로 '사람의 진중함은 겉이 아닌 속에 있다'는 믿음이 강했다는 점도 하나의 이유에 속했다.

이와 같은 믿음 안에서는 겉으로만 사람을 평가해서는 안 되며 그 속에 숨은 모습을 봐야 한다는 것이 개인을 평가하는 기본 잣대가 되었다. 이러한 분위기 안에서 '겉에 보이는 모습이 중요하다'라고 대놓고 외치는 행동은 내면의 빈약함을 주장하는 치기 어린 행동으로 보였을 뿐이다. 하지만 관심이 자원이 되고 개인 또한 이 자원을 자신의 것으로 만들 수 있는 사회가 도래하자 이 믿음에 균열이 생기기 시작했다. '겉으로만 사람을 판단해서 안 된다'는 격언이 자기 수양에는 도움 될 수 있겠지만 실제 관심 획득 활동에는 도움이 되지 않는다는 현실을 깨닫게 되었다. 겉으로 보이는 것에 관심을 갖지 않는다면 현실적으로 얻을 수 있는 것은 없었다.

프랑스의 이론가 기 드보르는 자신의 저서《스펙터클의 사회》에서 현재 자본주의 사회가 전반적으로 '소유'라는 개념에서 '보이는 것(가상)'이라는 개념으로 이행하고 있으며, 이 상황에서는 오로지 "보이는 것은 좋은 것이며, 좋은 것은 보이는 것"이 되었다고 분석했다. 이제 관심 추종자들에게 요구되는 것은 '무언가를 내보이는 일'이 되었다.

그러한 의미로 살피면《어린 왕자》의 교훈 또한 다른 의미로 받아들일 수도 있을 것이다. 생텍쥐페리가 1943년 발표한 소설《어린 왕자》에는 유명한 여우와의 일화가 나온다.

"안녕?" 그는 말했다. "안녕?" 여우가 말했다.

"내 비밀은 이런 거야. 그것은 아주 단순하지. 오로지 마음만 보아야 잘 보인다는 거야. 가장 중요한 건 눈에 보이지 않는단다."

"가장 중요한 건 눈에 보이지 않는단다." 잘 기억하기 위해 어린 왕자는 되뇌었다.

《어린 왕자》를 읽은 사람들은 여우의 격언을 되새기며 가장 중요한 건 눈에 보이지 않는다고, 눈에 보이는 것만으로 중요성과 관련된 모든 것을 판단해서는 안 된다고 생각한다.

하지만 이제 우리는 여우의 일화에서 얻은 교훈에 한 문장을 더해서 생각해야 한다. 가장 중요한 것은 눈에 보이지 않는다. 그렇기 때문에 우리는 중요한 것을 '눈에 보이게 하기 위해' 최대한 노력해야 한다.

눈에 보이지 않는다는 것에 대한 두려움

점차 사람들이 직접 눈으로 볼 수 있는 가치를 기존에 비해서 더 중요하게 생각하는 이유는 단순히 개인들의 인식이 개방적이고 적극적으로 변해서가 아니다. 우리를 둘러싼 기술적 환경의 빠른 변화로도 촉발되었다. 현대 사회를 몇 가지의 단어만으로 정의하기는 무척이나 어려운 일이다. 불규칙적이고 불확실한 현대 사회 환경을 가리키는 용어로 뷰카(VUCA: volatility(변동성), uncertainty(불확실성), complexity(복잡성), ambiguity(모호성))라는 단어가 등장할 정도다. 하지만 현대 사회의 기술 발전과 더불어 일어나는 명확한 변화 중 하나는 바로 '고가시성(high-visibility)의 사회'로 나아가고 있다는 것이다.

사회가 복잡하고 불확실해지고 있지만, 그와 동시에 급속도로 투명해지고 기존에 보이지 않았던 영역이 눈에 보임으로써 많은 것을 변화시키고 있다. 이것을 가능하게 만든 것은 바로 기술의 발달이다.

길거리 구석구석에 설치된 CCTV와 도로를 시시각각 녹화하는 차량의 블랙박스, 그리고 대부분이 들고 다니는 스마트폰에 달려 있는 고성능 카메라는 우리의 모든 일상 대부분을 기록 가능한 상태로 변화시킴으로써 사회 전체의 투명성을 높였다. 사람들이 경범죄와 같은 반사회적 행동을 자제하는 것은 우리의 도덕심이 저절로 높아졌기 때문이 아니라, 기술 혁신에 따른 환경의 변화가 행동의 변화를 일으켰기 때문이다. 더 이상 갑질과 같은 사회적 악습이 용납되지 않는 것도 어느 날 갑자기 '사회 정의를 외치는 시민 의식'이 고취되었기 때문이 아니라, 사회적 악습 행위를 누군가를 손쉽게 고화질로 녹화하고 녹취할 수 있는 환경이 조성되었기 때문이다.

이뿐만 아니라 디지털을 활용한 측정 기술 또한 고도화되면서 고객 동선 추적, 실시간 실적 트래킹 그리고 사무직의 업무 효율 확인이 가능해짐에 따라 기존에 보이지 않았던 비효율과 이에 따른 관리, 개선 포인트들이 눈에 빤히 보이는 환경이 되었다. 경쟁자를 포함한 우리 모두는 더욱 바삐 움직일 수밖에 없게 됐다. "측정할 수 없으면 관리할 수 없다"는 미국의 경영학자인 피터 드러커가 '계량적 데이터 관리의 중요성'을 알리고자 사용한 유명한 말이다. 현대 환경에 적용해 말하면 "모두 측정할 수 있으니 모두 관리해야 한다"로 바꿀 수 있다.

이렇게 모조리 보이는 고가시성의 사회로 바뀌어가다 보니, 사람들의 마음속에는 반대로 보이지 않는 것에 대한 불안감이 높아졌다. 가령 투명하게 실제를 기록하는 현대 기술 CCTV가 있음에도 불구하고 유치원과 수술실에는 CCTV가 없다는 것은 나와 가족의 안녕과 안전에 위협이라고 생각하게 되었다.

코로나19가 사람들에게 특히 위협적인 이유는 눈에 보이지 않는다는 점이다. 바이러스의 특성을 이야기하는 것이 아니다. 이것은 코로나바이러스 보균자, 즉 바이러스에 감염된 사람 중 열도 나지 않고 기침도 하지 않는 무증상자가 존재해 누가 코로나에 걸리고 걸리지 않았는지를 우리의 육안으로 확인할 수 없다는 것을 의미한다.[113] 조용한 전파자가 다수 존재하는 상황은 사람들에게 '보이지 않는 위협'이 된다. 우리는 보이지 않기 때문에 혹 보균자일지 모르는 상대와 사회적 거리 두기를 하고 마스크를 쓰고 대화 자체를 기피한다.

가시성이 증가한 사회에서 타인의 관심을 지속시킬 수 있는 방법은 바로 보일 수 있는 모든 부분을 상대에게 보여줌으로써, 보이지 않는 위협에서 벗어나는 것이다.

관심 유도 능력과 실력 모두를 갖춘 톱스타 유형

관종의 조건에서 중요한 점은 반짝 밝아져서 우리의 눈에 잠시 띄었다가 사라지는 존재가 아닌, 지속적으로 관심을 받을 수 있는 존재가 되어야 한다는 것이다. '눈에 보이는 것' 하나만으로는 부족하다. 하지만 현실에서는 첫 번째 조건을 만족하지 못하는 경우가 대부분이다. 이 조건을 만족하지 못하는 영역은 크게 두 가지로 나눌 수 있다.

첫 번째 영역은 '반짝 스타형'이다. 이 유형은 대중의 눈에 띄는 방법을 알고 있고 일시적으로 대중의 관심을 이끌어낼 수는 있지만 이를 이끌어가는 힘이 부족해 우리의 핵심 장기 기억에 남지 못하는 유형을 의미한다.

이와 같은 유형은 주위에 꽤 많다. 매년 쏟아지는 상품과 서비스들 중에서도 상업 광고 혹은 SNS상의 화제를 통해 일시적인 관심을 받았던 사례다. 하지만 그중에서 계속해서 독창적인 브랜드로 살아남기란 흔치 않은 일이다. 소비자의 선택이 냉정하다는 시점으로 바라봤을 때, 이들이 계속해서 소비자의 관심을 받지 못한 것은 '화제성' 자체가 떨어졌다기보다는 이를 끌고 나갈 수 있는 '상품성' 자체가 부족했기 때문이다. 상품을 끌어가는 힘 자체가 부족한 상황에서 과도한 노이즈 마케팅으로 자극만을 늘리는 것은 결국 대중의 회피적 관심만을 늘리는 결과를 내기도 한다.

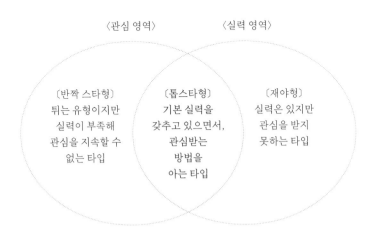

〈관심 영역〉　　〈실력 영역〉

〔반짝 스타형〕
튀는 유형이지만
실력이 부족해
관심을 지속할 수
없는 타입

〔톱스타형〕
기본 실력을
갖추고 있으면서,
관심받는
방법을
아는 타입

〔재야형〕
실력은 있지만
관심을 받지
못하는 타입

개인 또한 마찬가지다. 매체에서 파격적 퍼포먼스 등으로 잠시나마 우리의 시선을 잡았던 신인 연예인 그리고 영상 플랫폼에서 화제를 불러일으킨 존재는 얼마나 많았던가. 하지만 우리의 머릿속 핵심 기억에 남아 있는 사람은? 거의 없다.

두 번째 영역은 '재야형'이다. 이들은 기본적으로 자신이 소속된 분야에 나름 출중한 실력을 가지고 있지만, 애초에 대중의 관심 영역에 진입조차 하지 못했다.

이러한 유형에 가까운 예시로는 실력이 넘쳐나지만 대중에게 한 번도 알려지지 않은 배우, 기획과 촬영, 그리고 편집 실력까지 뛰어나지만 콘텐츠 조회수가 오르지 않는 유튜버 등이다.

이러한 유형의 유능한 개인이나 상품이 관심을 받는 데 실패한 이유는 크게 두 가지다. 관심을 받고는 싶으나 그러한 방법을 모르는 경우거나, 실력만 있으면 충분하다는 생각으로 누군가에게 관심을 받는 행위 자체를 의도적으로 거부하는 경우다.

관심을 받는 방법 자체를 모르는 경우는 개선의 여지가 많지만, 실력만으로 충분하다고 생각하고 관심을 받는 행위 자체를 의도적으로 거부하는 경우는 문제가 생길 수 있다.

상당수의 유튜버는 자신이 좋아하는 주제에 돈과 시간을 투자해 영상을 만들고 계속 유지하고 있지만, 형편없는 조회수에 좌절하기도 한다. 내가 아는 한 재야형 유튜버는 "내가 좋아하는 일을 포기하지 않고 계속한다면 언젠가는 빛을 보는 날이 올 거야"라는 희망을 내비치기도 한다. 물론 그의 안녕을 기원하지만 안타깝게도 그의 좌절감은 하루가 다르게 커지고 있다.

온전한 실력 하나로만 평가받는 세상은 아름답지만, 세상은 그렇게 아름다운 방식으로 움직이지 않는다. 특히 유튜브와 같은 개인 관심의 영역에서는 주어진 실력 하나로 시청자의 관심을 받기가 더욱 어려워지고 있다.

이와 같은 문제점 없이 관심과 실력이라는 두 가지 영역의 장점을 모두 갖춘 유형이 바로 '톱스타형'이다. 이 유형은 기본적으로 탄탄한 실력을 갖추고 있으면서 제대로 된 관심을 받고자 하는 의향이 있고 방법을 알고 있다. 그래서 한번 받은 관심을 반짝 스타형처럼 금방 꺼뜨리지 않고 오랜 기간 유지할 수 있는 힘을 가지고 있으며, 대중의 관심 흐름을 읽고 적절한 피드백과 개선된 모습을 보여준다. 그렇게 꾸준히 실력과 관심의 크기를 발전시키고, 자신과 특별한 관계를 맺는 '팬'을 만들어낸다.

이와 같은 관심과 실력을 모두 갖춘 톱스타형과 같은 존재가 되는 것이 바로 꺼지지 않는 가시성이라는 조건을 달성하기 위한 첫 번째 스텝이다.

스포츠 세계에서 성공한 톱스타 유형

스포츠 세계를 바라봤을 때, 이 책에서 이야기하는 관심과 크게 상관없어 보일 수 있다. 왜냐하면 엄격하게 정해진 룰 안에서 승부를 겨루는 스포츠의 기본 성격상 개인 혹은 단체가 출중한 실력만 있다면 충분한 것 같기 때문이다.

물론 '스포츠 세계에서 실력이 전부다'라고 말하는 것은 결코 틀린 말이 아니다. 하지만 관중이라는 추가 요소가 들어가는 대중 스포츠 입장에서는 생각의 변화가 필요해 보인다.

현재 대부분의 스포츠가 대중 스포츠로 변모하면서 '대중'은 '자본'이라는 단어와 동격이 되었다. 스포츠가 상업의 영역과 함께 발걸음을 맞추면서 스포츠를 시청하는 대중의 한정적인 시간과 관심을 끌기 위해 재미와 극적인 요소가 필요해졌다.

상업적 성격의 대중 스포츠는 다양하지만, 복싱은 그 자체로 현대 대중 상업 스포츠의 정수로 꼽힌다. 복싱 자체가 3분을 경기하고 1분의 휴식(광고 시간)이 주어지는 룰이 있기 때문이다. 애초에 1분의 휴식 시간 동안 광고를 하고자 룰을 만든 것은 아니지만, 그 황금의 경기 시간과 휴식 시간 비율을 활용해 수많은 기업이 상업 광고를 복싱 경기에 활용할 수 있도록 기능적 기반을 제공하게 되었다.

이러한 복싱의 상업적 특징을 명확하게 파악해 많은 돈을 번 선수가 있다. 바로 미국의 복싱 스타 플로이드 조이 메이웨더 주니어다. 2019년 미국의 〈포브스〉지는 '2010년대 최고 수입 운동선수 톱 10'을 발표했다.[05] 전 세계에서 2010년대(2010~2019) 가장 많은 수입을 벌어들인 스포츠 스타는 누구일까? 바로 메이웨더였다.

메이웨더는 2010년대 10년간 9억 1,500만 달러(환율 계산 시 1조 980억 원)를 벌어들여서 전 세계 1위에 뽑혔다. 그다음으로는 축구 스타 크리스티아노 호날두와 리오넬 메시가 뒤를 이었다. 특이한 것은 메이웨더가 지난 10년간 활약한 복싱이 전 세계에서 가장 인기 있는 스포츠가 아니었다는 사실이다.[06]

메이웨더는 처음부터 많은 돈을 번 것은 아니었다. 그는 1998년

WBC 슈퍼페더급 챔피언벨트를 거머쥘 때까지 17연승(13 KO) 무패를 기록했지만, 결코 돈을 많이 벌지 못했다. 이에 그는 당시 프로모터와의 계약을 해지하고 스스로 프로모션을 설립해 복싱 비즈니스에 직접 뛰어들었다.

그가 깨달은 것은 프로 복싱에서 필요한 것은 출중한 실력뿐만 아니라 지속적인 화제성이라는 것이었다. 그는 스스로를 'The Money'라고 칭하며 '돈＝메이웨더'라는 인식을 대중에게 심어주기 위해 SNS를 활용한 '허세샷'을 보이는 등 다양한 쇼맨십을 보여주었다.

그의 행보는 모두 계산된 것이었다. 그는 복싱이라는 스포츠의 본질이 엔터테인먼트 비즈니스라는 사실을 깨달았고, 자신의 행보를 비난하는 사람들에게 "이것은 개성을 갖는 것이다. 나쁜 사람이 되는 것이 아니라 사람들을 즐겁게 하는 것이다"라는 말을 남기기도 했다.

메이웨더는 2015년 필리핀의 복싱 영웅 매니 파퀴아오의 일전을 통해 한국에 알려졌는데, 특유의 수비적인 복싱 스타일과 트래쉬 토크 때문에, 경기에서 승리했음에도 불구하고 국내 복싱 팬들의 비난과 조롱을 받기도 했다.

이 때문에 많은 사람이 메이웨더를 링 위에서 도망만 다니는 선수로 생각하지만, 실제로는 세계 최고의 스피드와 방어 기술을 통해 완성한 '지지 않는 복싱 스타일'로 사상 최초로 50전 50승 0무 0패라는 전무후무한 기록을 만들었으며, 한 번도 패하지 않은 채 5체급을 정복했다. 특히 그는 현대 복싱에서 내로라하는 강자들을 모두 꺾고 이러한 무패의 기록을 만들어냄으로써, 21세기 최고의 복싱 슈퍼스타이자 복싱 역사상 최고의 선수라는 평가를 받았다.[08] 비록 재미가 없는 수비적 플레이를 한다고 혹평을 받기도 하지만 어깨를 활용해 방어를 하는 '숄더롤'이라는 기술로 신의 경지에 달한 방어력과 스피드와 테크닉을 가졌다고 평가받는다.

중요한 것은 메이웨더가 역대 최강의 실력을 갖추지 못했더라면 복싱 팬에게 그렇게 오랜 기간 관심받지 못했을 것이라는 사실이다. 그를 '관심을 받는 방법'과 '출중한 실력'을 함께 갖춘 톱스타형의 조건을 갖춘 대표적인 인물로 꼽는 이유다.

종합격투기(MMA)에서는 메이웨더 못지않게 화제를 일으킨 코너 맥그리거가 실력과 관심을 모두 갖춘 인물로 꼽힌다. 그는 '더 노터리어스(악명 높은)'라는 닉네임에 맞춰 UFC 최고의 악동으로 뽑혔지만, 동시에 2체급 챔피언을 석권한 최고의 실력자였다.

우리가 메이웨더와 맥그리거의 사례를 통해 배울 수 있는 것은 바로 화려한 입담이나 쇼맨십과 같은 화제성을 보여주는 것도 중요하지만, 그 전에 먼저 동종 종목에서 누구도 따라올 수 없는 실력을 갖추어야 한다는 것이다.

만약 화제성이 실력을 앞섰을 때 어떤 일이 일어날 수 있을까? 한 가지 반면교사로 삼을 수 있는 국내 사례가 있다. 국내에는 세계 1위 종합격투기 단체를 벤치마킹한 듯 비슷한 행보를 취하는 격투기 단체가 있다. 그곳에 속한 한 챔피언은 유명 중량급 선수들에게 다소 생뚱맞은 방법으로 도발했고, 이후 다양한 트래시 토크를 내뱉는 콘셉트로 진화했다.

그는 이러한 콘셉트 자체로 격투기 팬들의 관심을 끄는 데 성공했다. 그에 대한 관심은 이내 격투기 단체로까지 이어졌고 사람들은 그의 그다음 행보를 기대했다. 해외에서 트래시 토커가 흔한 것과 반대로 국내에는 비슷한 캐릭터가 전무했기 때문에 대중은 그의 도발을 관심 환기를 위한 정당한 어그로로 취급했다.

하지만 그가 글로벌 무대로 발을 넓히고 그에 맞춰 도발의 범위와 강도를 높여갔던 반면, 그에 맞는 실력을 보여주지 못하면서 문제가 일어났다. 그는 국내에서는 수준급 실력을 보여준 선수지만 국제적 경쟁력을 갖추지 못한 것이었다.

그가 기대에 맞는 실력을 보여주지 못하자 대중의 관심은 싸늘하게 변하기 시작하였다. 특히 그를 이기면 백만 달러를 준다고 한 글로벌 토너먼트 대회가 열렸을 때, 그가 실제 경기에서 아무것도 하지 못한 채 결국 1라운드 만에 서브미션 패배를 당함으로써 그에 대한 기대는 온갖 조롱으로 바뀌었다.

그의 콘셉트나 다양한 시도 자체는 나쁘지 않았다. 대중의 관심 자체가 적었던 국내 격투기에 새로운 바람을 불러일으켰다는 점에서 그의 공헌은 크다. 하지만 화제성을 크게 부풀린 상황에서 실력이 받쳐주지 못한다면 결국 대중의 지속적인 관심을 받을 수 없다는 사실을 우리에게 일깨워 주었다.

포기하지 않고 버티는 것

꺼지지 않는 가시성을 이루는 첫 번째 스텝인 화제성과 출중한 실력을 동시에 갖추는 것만으로는 충분하다고 볼 수는 없다. 왜냐하면 아무리 화제성과 실력을 동시에 갖추고 있더라도 오랜 기간 유지하지 못한다면 소용이 없기 때문이다.

꺼지지 않는 가시성을 발휘하기 위해서 필요한 두 번째 스텝은 바로 오랜 기간 포기하지 않고 버티는 것이다. 오랜 기간 포기하지 않고 버틴다는 명제가 단순한 도덕적 주장이 아니라 실제로 얼마나 효율적인지 확인하기 위해서 과거를 잠시 돌아보자.

시대의 변화를 이끌어온 역사적 발명품과 장수하는 브랜드의 핵심 중 하나는 '강한 자가 살아남는 것이 아니라 살아남는 자가 강한 것이다'라는 말을 증명하듯, 의도했던 바를 포기하지 않고 견지한 것들이다.

자동차는 처음 세상에 등장했을 때 사람들의 회의와 노골적인 두려움에 맞부딪혔다. 하야그리바 라오의 저서 《시장의 반역자들》묘사에 따르면 당시 사람들은 자동차를 '악마의 발명품'이라고 불렀

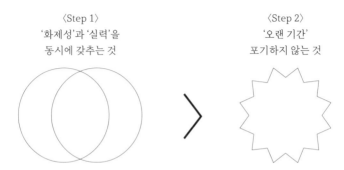

〈Step 1〉
'화제성'과 '실력'을
동시에 갖추는 것

〈Step 2〉
'오랜 기간'
포기하지 않는 것

고, 이 새로운 발명품은 과격한 반대와 저항을 불러왔다. 당시 한 공학자는 휘발유 엔진이 널리 보급될 것이라는 말에 코웃음을 치면서 이런 말을 남겼다. "사람들이 엉덩이 밑에 폭탄을 깔고 앉을 리가 없다."

당시 휘발유 자동차를 옹호하는 사람들은 '당신들의 생각이 틀렸다'라고 반발하기보다는 자동차가 얼마나 신뢰할 만한 물건인지 사람들 앞에서 테스트했는데, 그 테스트는 1895년부터 1912년까지 이어졌다. 당시 자동차 제조업자들이 모여서 언덕을 오르는 시합을 한 것인데, 수천 명의 사람은 무려 17년 동안 이 자동차의 혜택을 직접 보고 체험하는 기회를 얻을 수 있었다. 사람들에게 두려워하지 않아도 된다고 말하지 않고 행동으로 보여준 것이다. 그 오랜 기간 동안을 말이다. 1912년 이 테스트가 중단된 것은 그때쯤 사람들이 자동차를 현실로 받아들였기 때문이다.

이외에도 사람들이 변화에 저항하다가 결국 자연스레 받아들인 사례는 많다. 사람들이 변화를 받아들인 것은 설득자들이 포기하지 않아서였다. 비가 오지 않으면 집단적으로 의식을 치렀던 '인디언식 기우제'는 성공률 100퍼센트를 자랑하는 의식이다. 왜냐하면 그들은 비가 올 때까지 기우제를 그치지 않았기 때문이다.

물론 역사상 설득이나 변화 관리 과정을 포기한 사람들도 다수 있었는데, 포기한 사람들은 우리의 기억에 남을 수 있는 기록조차 사라졌다.

전 세계 글로벌 브랜드 중에서도 가장 오래되고 성공적인 이미지를 구축한 사례로 꼽히는 코카콜라는 처음 출시된 1886년부터 130

여 년이 지난 지금까지 동일하게 유지하는 메시지가 있다. 그것은 바로 소비자에게 즐거움을 주는 것이다.

1886년 출시 당시의 '마시자 코카콜라(Drink Coca-Cola)'부터 2016년 '이 맛, 이 느낌(Taste the feeling)'까지 광고 카피 내용은 변했지만 계속해서 놓지 않은 것은, 광고를 통해 단순하게 제품을 알리는 것이 아니라 즐거움과 행복이라는 긍정적인 메시지를 전달하는 것이었다.[10]

안전의 대명사로 꼽히는 자동차 브랜드 볼보 또한 이러한 안전 헤리티지를 1927년 설립 때부터 지금까지 무려 90년 넘게 이어오고 있다. 1927년 당시 볼보는 스웨덴의 도로에 대응하는 강력하고 안전한 자동차를 만들 수 있는 다른 자동차 제조사가 없다고 생각하고 자동차를 생산했다. 이후 오직 안전이라는 일념으로 지금까지 안전 관련 혁신을 이루고 있다.

오랜 기간 포기하지 않는 힘

개인 관심 경쟁에서 승리한 유튜버들은 성공의 요건으로 포기하지 않고 오랜 기간 유튜버 생활을 이어갔던 것을 핵심으로 꼽는 경우가 많다. 그리고 새롭게 시작하는 이들에게 당장의 수익을 위해서가 아니라 장기적인 관점에서 진행하라는 조언을 한다.

국내에서 성공한 초창기 유튜버 대도서관은 '특정 콘텐츠를 일주일에 2~3회씩, 1~2년간 꾸준히 업로드하라'고 조언한다.[11] 그가 전하는 1인 미디어로서의 성공 방법은 하나의 대박 콘텐츠를 만드는 것이 아니라, 반드시 장기적인 관점에서 1년 이상 꾸준한 콘텐츠 업로드를 통해서 충성도 높은 구독자를 확보하는 것이다.

소위 말하는 대박 콘텐츠는 1회성이거나 자극적인 내용인 경우가 많다. 하지만 유튜브가 정한 최소한의 광고 수익 선(구독자 1,000명 이상, 지난 12개월 동안 시청 4,000시간 이상)을 넘어 최소 월 100만 원 이상의 금전적 보상을 이루기 위해서라면 일주일에 2개씩 최소 1년 이상 제작할 수 있는 지속 가능한 소재를 찾아야 한다는 것이다.

그런데 최소 1년 이상 콘텐츠를 꾸준히 올린다는 것은 '좋아하는 분야'가 아니면 할 수 없다. 좋아하는 분야가 아니면 안 된다고 조언하는 것은 대도서관만이 아니다. 유튜버 보겸 또한 '좋아하는 것은 꾸준히 하면 성공한다'고 조언하며,¹² 2019년 전 세계에서 가장 많이 성장한 신규 채널 3위에 오른 요리 연구가 백종원도 자신이 좋아하고 계속할 수 있는 것을 해야 성공할 수 있다고 조언한다.

성공한 그들 모두가 공통적으로 입이 닳도록 하는 조언은 '좋아하는 것을 하는 자는 이길 수 없다'라는, 전통적이면서도 진부한 성공 방식 조언과는 거리가 멀다. 사실 이들이 '좋아하는 일'을 말하는 것은 1인 미디어로서 오래 버티는 것 자체가 극도로 고달프기 때문이다.

관종의 시대를 다룬 KBS 〈다큐 인사이트〉 '시청률에 미친 PD들' 편에 출연한 유튜버 진용진은 성공적인 유튜버로서의 삶에 대해 '몸을 갈아 넣어야 한다'라고 표현했다. 그는 〈그것을 알려드림〉 채널에서 "이상한 표정을 한 사진으로 주민등록증을 만들 수 있을까?"라는 콘텐츠를 만들며, 80번의 거절을 당하지만 결국에는 성공하는 모습을 보여줬다. 이 모습을 지켜보던 PD들은 '자본이 집약

되어 있는 방송 시장'이 '1인 미디어 시장'으로 변모하면 결국 콘텐츠 창작자가 자본의 힘을 대체해 몸을 갈아 넣을 정도의 엄청난 시간 투여를 할 수밖에 없다는 현실을 깨닫는다. 그렇게 장기적인 전력투구가 필요한 시점에서 최소한의 정신줄을 잡을 수 있게 도와줄 수 있는 힘은 좋아하는 것밖에 없다.

그런데 만약 돈이 자동으로 들어오는 일이라면 어떨까? PPL로 돈을 벌 수 있는 일이라면? 좋아하지 않는 제품이라도 비용을 받는 광고는 어떨까? 그렇다면 할 수 있지 않을까? 어느 정도 동의할 수는 있지만 유튜브 생태계 관계자들에 따르면, 계속해서 성공적인 롱런을 하는 유튜버들은 들어오는 광고도 선별해서 진행한다.

다수의 예능에도 등장한 유명 뷰티 유튜버는 자신에게 들어오는 다수의 화장품 리뷰 광고를 모두 받지 않고, 특정 기간 동안 직접 사용해 보고 괜찮다고 생각하는 제품만 광고 콘텐츠로 제작한다. 이렇게 하지 않으면 진심이 담긴 콘텐츠를 제작할 수 없다는 이유였다.

하지만 무조건 '내가 좋아하는 일'로 개인이 관심 있는 무언가를 오랜 기간 끌고 가는 것은 무리가 있을 것이다.

국내의 대표 MCN(다중 채널 네트워크)인 샌드박스네트워크의 이필성 대표는 개인 유튜브 채널을 운영할 때 늘 놀랍고 새로운 콘텐츠를 보여줘야 한다는 강박에서 벗어나야 하며, 이를 위해서 기술적으로 콘텐츠의 제작에 완급을 조절해야 한다고 조언한다.

콘텐츠는 사람들의 시선을 단번에 끌 수 있을 정도로 스케일과 볼륨이 커서 제작에 시간이 많이 소요되는 '히어로 콘텐츠'[13]와, 히어로 콘텐츠 정도로 강력하지는 않지만 기존 시청자 외에 새로운 잠재 시청자를 유입할 정도의 바이럴을 일으킬 수 있는 '허브 콘텐츠', 마지막으로 시청자들에게 사용법이나 정확한 정보를 제공하며 기본적이면서 제작에 큰 공이 들어가지 않는 '헬프 콘텐츠'로 나눌 수 있다.

이필성 대표는 이 중에서 공수가 가장 많이 들어가는 히어로 콘텐츠는 6개월에서 1년에 한 번씩, 중간 정도의 공수가 들어가는 허브 콘텐츠는 1~2주에 한두 번씩, 그리고 공수가 적게 들어가는 헬프 콘텐츠는 매일 제작하고 융통해, 시청자들과 콘텐츠 '밀당'을 하라고 조언한다.[14] 이렇게 해야만 지속적으로 이목을 끌고 유튜버 자신도 지치지 않고 콘텐츠를 꾸준히 생산할 수 있다고 했다.

채널 〈시한책방〉을 운영하고 있는 이시한 유튜버는 지속 가능한 유튜브 운영을 위한 방법으로, 절대로 모든 시간을 쏟아붓지 말고 일부의 시간만을 지정해 영상 제작을 위해 투자하는 것이 중요하다고 조언한다.[15] 상품 구입에 가성비(가격 대비 성능)가 있듯이 유튜브에는 '시대구(시간 대비 구독자 수)'가 중요하다는 점을 강조하며, 자신이 투자한 시간 대비 구독자가 늘어난 선을 따진다고 했다. 인생 중 어느 정도를 유튜브 콘텐츠 제작을 위해 쓰는지 결정하는 것이 유튜브 활동을 끝까지 이어가느냐를 결정지을 수 있다고 말했다.

예전 우리 사회에서는 무조건 포기하지 않고 버티면 성공을 가져다줄 것이라는 믿음이 있었다. 가령, 누군가 어떤 성공에 이르지 못한 것은 결국 그것에 들인 시간과 노력이 부족했거나 남들보다 먼저 포기했기 때문이며, 포기하지 않고 버틴다면 누구든 성공에 이를 수 있다는 것이었다.

하지만 《그릿》의 저자 앤절라 더크워스는 근성 넘치는 노력이면 무엇이든 가능하다는 생각과는 약간 다른 이야기를 한다. 그릿이라는 단어를 '열정과 집념이 있는 *끈기*'라는 의미로 사용하고 있기 때문에 우리가 이야기하는 '버티는 힘'과 별반 차이가 없다. 하지만 그릿을 기를 수 있는 첫 번째 방법으로 관심을 이야기하며 차이를 보인다.

어떤 일에 근성을 쏟아붓기 전에 그 일이 스스로의 진정한 관심사인지를 먼저 분명히 해야 한다는 것이다. 만약 이 열정의 대상이 잘못되어 있다면 근성을 쏟는 방향이 잘못되어 있는 것이고 지금 당장 어떤 일을 좋아한다고 해서 그게 관심의 완성도는 아니라는 것이다. 관심이 발전하기까지는 시간이 걸리기 마련이다. 스스로에게 맞는 관심인지 끊임없이 질문하고 그 대답을 다시 질문으로 이어서 관심사를 계속 파헤치고 인내심 있게 학습해야 한다는 것이다.

대한민국의 대표적인 웹툰 작가로 꼽히며 최근 침착맨이라는 새로운 부캐(부캐릭터)로 유튜브까지 본인만의 색깔로 장악하고 있는 이말년 작가는 한 콘텐츠 기업과의 인터뷰 말미에서 소중한 조언을 건넸다. "일단 간을 보는 게 중요한 것 같다. 간을 보다가 아니다 싶으면 발 빼는 것도 용기다. 앞뒤 안 가리고 막 하시는 분들이 있는데, 그건 지양했으면 싶다. 대충 하고 견적 봐서 미치세요."[16]

'오랜 기간 버티기'와 관련해서 내가 전하고 싶은 말도 이러한 맥락과 동일하다. 아이러니할지 모르겠지만, '포기하지 않는 일'을 찾기 위해서는 '포기할 줄 알아야 한다'. 우리 사회는 지금까지 포기를 나약함의 표상으로 사용해 왔지만, 명확하게 내가 어떤 일을 좋아하고 열정을 바칠 수 있는지를 확인하기 위해서는 일단 뛰어들어 해봐야 한다. 그리고 안 맞으면 빨리 포기하고 다른 길을 찾는 방법밖에 없다. 묻거나 따지지 않고 근성만으로 무언가를 밀어붙인다고 해결되는 시대는 지났다.

한 인터넷 커뮤니티에 '16년 만에 주식 계좌를 발견한 사람의 놀라운 수익률'이라는 제목으로 글이 올라왔다. 16년 전에 만들어놓고 잊고 있었던 주식 계좌를 우연히 찾았는데 그 계좌에 100만 원이 들어 있어서 놀랐다는 내용이었다. 하지만 그가 애초에 넣은 금액은 다름 아닌 200만 원이었다.

커뮤니티에 올라온 해당 촌극을 하나의 예시로 올린 이유는 '주식에서 1억을 벌고 싶으면 2억으로 시작하라'라는 말을 되뇌고자 함은 아니다. 주식 같은 금융자산 투자 또한 '버티고 버티면 (속된 말로 존버하면) 무조건 밝은 미래가 기다릴 것'이라고 하는 신화를 무조건 믿고 따르는 건 아니라는 데 있다. 보통 주식 투자와 같은 재테크에서 우량주에 장기 투자하는 것은 대체로 좋은 투자 방법이라고 알려졌지만, 장기 투자가 반드시 높은 수익률을 보장한다는 약속은 될 수는 없다는 뜻이다.

마찬가지로, 이제는 무조건적인 기나긴 노력과 간절한 바람이 성공을 가져다주는 것이 아니라, 냉철한 판단과 전략적인 사고를 통한 선택 이후의 버티기만이 최소한의 성공 발판이 될 것이다.

관심 경쟁의 장

상품 경쟁 시장에서 경쟁을 진행해 온 많은 회사는 소비자의 관심을 끌고 이를 오랜 시간 유지할 수 있는 최선의 방법은 오직 '나'만의 차별화된 상품과 서비스를 만드는 일에 있음을 깨달았다.

하지만 실제로 눈에 띌 만한 차별을 이루지 못하더라도 경쟁 시장에서 살아남는 데 큰 문제가 되지는 않는다는 사실 또한 깨달았다. 시장에 내놓은 상품과 서비스가 완전히 차별적인 제품이 아닐지라도, 실제 시장에서는 남보다 약간 더 낫거나 심지어 최선이 아닌 차선이 되더라도 일부 소비자의 선택을 받을 수 있었던 것이다.

물론 이와 같은 방식으로 시장의 절대적인 위치에 서기는 힘들었다. 하지만 가격 정책을 통해 이익률을 낮추는 것과 같은 다양한 선택적 대안이 있었기 때문에 '유일하지 않은 나'도 퇴출되지 않을 수 있었다.

그러나 개인이 속해 있는 '개인 관심 시장'에서는 이보다 더 열악한 상황이 연출된다. 유튜브와 같은 개인 관심 시장에서 사람들의 관심을 받기 위해서는 오직 '나만의 콘텐츠'를 제공할 수 있어야 한다. 남과 비슷하거나 남보다 조금 나은 퀄리티를 보여주는 것으로는 시청자의 관심을 받을 수 없다. 이 시장에서는 스스로의 가격을 낮추는 전략 또한 불가능하기 때문에 선택받거나 아니면 사라지거나 둘 중 하나의 길만 있다.

또한 상품 시장에서 '제2의 ○○'는 살아남을 수 있지만, 개인 경쟁 시장에서 '제2의 ○○'는 살아남을 수 없다.

가령 세계 축구 시장에 존재하는 수많은 '제2의 메시'를 비교해 보자. '축구의 신'이라는 별명을 가지고 있는 아르헨티나의 축구 선수 리오넬 메시는 축구에 관심이 없더라도 한 번쯤은 들어봤을 정도로 세계적인 축구 스타다. 그는 축구 역사를 통틀어서 펠레, 마라도나와 비견되는 유일한 선수다.

그런데 그의 독보적위 실력 때문일까? 세계 각국의 축구 선수 중에는 항상 제2의 메시가 존재한다. 보통 그리 크지 않은 키에도 불구하고 높은 골 결정력과 현란한 드리블, 돌파력을 갖춘 각국의 스타 플레이어들이 이 별명을 갖는다. 영국 주간지 〈더 선〉에서는 전 세계에 한 다스 이상의 제2의 메시가 있다며, 이 명단을 전 세계 지도와 함께 공개했다.

공개된 명단에 따르면 전 세계에 최소 24명의 메시가 존재한다. 예를 들어 멕시코의 디에고 라이네스는 '멕시칸 메시', 스위스의 제르단 샤키리는 '스위스 메시', 그리고 한국의 이승우 선수는 '코리안 메시'라고 불린다. '제2의 메시'로 불리는 선수 중에서 실제 메시의 아성을 위협할 만한 선수가 없었지만, 각 나라에 퍼져 있는 제2의 메시들은 별칭을 영광스럽게 생각하면서 축구 선수 생활을 영위할 수 있었다.

하지만 반대로, 개인 관심 시장에서 제2의 메시와 같은 존재는 살아남을 수 없다. 왜냐하면 시청자들은 결코 오리지널 콘텐츠와 비슷한 수준의 무언가에는 관심을 보내지 않기 때문이다.

이에 대한 더 가까운 예시는 우리나라에서 찾을 수 있다. '제2의 백종원'으로 불리는 인물에 대해서 들어본 적이 있는가? 아마 한 번도 없을 것이다. '요리하는 CEO'로 불릴 정도로 요리업계에 한평생을 바쳐온 기업인 백종원 대표는 현재 가장 인기 있고 신뢰도 높은 요리 관련 유명인으로 꼽힌다. 그가 나왔던 요리 프로그램을 통해 그가 이름을 부여하거나, 그의 뒤를 따라 제2의 백종원이 되고자 하는 인물은 너무나도 많다. 하지만 지금도, 앞으로도 영원히 제2의 백종원으로 대중에게 관심을 받을 인물은 나타나지 않을 것이다.

하지만 '어둠의 백종원'은 관심을 받을 수 있다. 한 요리 유튜버는 외식업소에서 실제 사용하는 레시피를 그대로 가르쳐주면서, 업계 외부로는 비공개가 불문율인 비법들까지 공개한다. 특히 그는 한식 요리계에서 실제 사용되지만 사용한다고 쉽게 말하지 못했던 MSG 레시피가 맛집 식당의 비밀이라고 솔직하게 밝힌다. 숨김없이 맛집의 비밀을 밝혀주는 동시에 자신의 얼굴은 감추는 그에게 어둠의 백종원이라는 의미인 '흑종원'이라는 별명이 생겼다. 이렇게 개인 관심 시장에서는 실제 상품 시장과는 다르게 '미투 제품'이 살아남기 어려운 환경이 조성된다. 대신 자신만의 독특한 콘텐츠를 가진 상품만이 생존하게 된다.

개인 시장에서 남과 다른 차별화는 어떻게 이룰 수 있을까?

상품 시장에서 차별화된 마케팅보다 생산력이 중요하던 시절이 있었다. 시장이 성숙하지 못하고 경쟁사의 위협이 덜했던 과거에는 차별화를 생각하기보다 더 많은 물품을 빠른 시간에 생산하는 능력이 더 높은 평가를 받았던 것이다.

초기 유튜브 시장과 같이 지금까지 우리가 경험했던 개인 관심 시장의 경쟁 구도는 이와 닮아 있다. 남들이 아직 진출하지 않은 분야를 선정하고 그곳에서 가장 먼저 얼굴을 알리고 오랜 기간 많은 콘텐츠를 꾸준히 생산하는 개인은 높은 수익을 가져갈 수 있었다.

하지만 이제 개인 관심 시장은 초기의 성장 단계를 지나 점차 성숙한 시장으로 나아가고 있다. 대중의 관심이라는 먹이를 차지하기 위한 경쟁자는 많아지고, 대중의 눈높이도 한층 높아져 있는 상황이다. 이러한 환경에서는 무엇보다 최초가 되는 것이 중요하다는 선도자의 법칙이나, 오랜 기간 한 분야에서 포기하지 말고 버텨보라는 단순한 조언은 그리 큰 효과를 발휘하지 못한다.

상품 시장이 그러했듯 이제 개인 관심 시장도 더 촘촘히 세분화된 카테고리 안에서 좁은 빈틈을 찾아 그 자리를 메꾸는 경쟁 양상으로 변화할 것이다.

빈틈을 어떻게 찾는지에 대한 힌트를 얻기 위해, 기존 상품 시장에서 빈틈을 찾아서 소비자 공략에 성공했던 몇 가지 전략을 살펴보자.

먼저 '크기의 빈틈'을 찾아 공략에 성공한 사례다. 고전적인 사례로 꼽히는 폭스바겐의 작고 귀여운 차 비틀은 길고 큰 미국 자동차들과의 경쟁에서 'Think Small(작게 생각하라)'이라는 광고를 통해 크기의 빈틈(작은 차)을 공략하는 데 성공했다. 1킬로그램 미만의 노트북 시장을 선점한 LG전자의 초경량 노트북 그램(Gram)과 같이 '무게의 빈틈'을 공략해 성공한 사례도 있다.

소비자의 '인구통계적 빈틈'을 공략하는 것도 상품 시장의 흔한 사례다. 이는 전체 시장을 남/여 혹은 나이와 같은 생애주기별로 세분화해 공략하는 방식이다. 남성용 BB크림, 여성에게 어울리는 자동차, 성인용 기저귀 같은 제품이 대표적이다. 이외에도 새벽배송과 같이 '시간의 빈틈'을 공략해 성공에 이른 서비스도 있다.

개인 시장에서 남과 다른 차별화를 이루는 것의 핵심은 바로 남들이 찾지 못한 빈틈을 어떻게 찾아 공략하느냐에 달려 있다.

인터넷 방송 초기에 생겨나 지금도 가장 인기 있는 인터넷 방송 유형인 먹방(먹는 방송)은 어떻게 차별화를 이룰 수 있을까? 지금까지 먹방 콘텐츠에서 사람들의 관심을 끄는 데 가장 유용했던 방식은 많이 먹는 것이었다. 그래서 일반인들이 평소에 소화하지 못하는 10~20인분의 양을 아무렇지 않게 먹어치우는 푸드 파이터들이 이 영역을 선도해 나갔다. 하지만 단순히 많이 먹는 것에 자신이 없었던 후발 주자들은 '양의 빈틈'이 아닌 '소리의 빈틈'을 활용해, 의도적으로 밥 먹는 소리를 크게 내는 것으로 일종의 '먹방 ASMR'을 공략했고, 어떤 유튜버는 큰 입을 활용해 한 입에 음식을 넣는 '한입만' 콘텐츠로 관심을 끄는 데 성공했다. 또한 어떤 유튜버는 대부분의 먹방이 방송 설비가 갖추어진 자신의 방에서 배달음식을 먹으며 진행된다는 점에 착안해, 산적이라는 콘셉트를 내세워, 보통 사람들이 도전하기 어려운 커다란 고기(소갈비 통구이, 염소 반 마리 통구이 등)를 산장에서 구워 먹는 특이한 먹방으로 성공에 이르기도 했다. 이것은 바로 '장소의 빈틈'과 '크기의 빈틈'을 동시에 공략한 사례다.

운동과 관련한 콘텐츠의 경우도, 예전에는 단순히 근육질의 사나이들이 헬스장을 배경으로 등장해 운동 기구를 이용하는 법을 알려주는 콘텐츠가 주류를 이뤘다면, 이제는 '재미의 빈틈'을 공략하여 운동 정보와 예능 콘텐츠를 결합한 채널이 인기를 끌고 있고, 이외에도 '장소의 빈틈'을 활용해 헬스장이 아니라 집에서 하는 맨몸운동을 알려주는 채널도 등장했으며, '인구통계적 빈틈'을 활용해 여성의 근력 운동을 중점적으로 가르치거나, '지식의 빈틈'을 활용해 과학적 지식을 토대로 운동을 체계적으로 알려주는 전문가도 등장했다.

누군가의 관심을 받고 이를 지속적으로 유지하는 '꺼지지 않는 가시성'은 큰 틀의 카테고리의 1인자가 되는 것이 아니라, 작은 시장에서 나만의 차별성을 보이는 이들에게 주어질 것이다.

가령 전체 여행 카테고리의 No.1 유튜버가 되는 것이 아니라, 알려지지 않은 산속 사찰을 소개하거나, 인적이 드문 섬을 여행하는 유튜버가 더 효율적인 선택이 될 것이라는 의미다. 그 과정에서 단순히 남을 따라가는 것이 아닌, 자신의 시간과 열정을 바칠 수 있는 영역을 찾고 이에 대한 실력과 화제성을 동시에 갖추는 것을 잊지 말아야 한다.

2. 고집스러운 협력성

성공적인 관심을 받고자 하는 관심 추종자의 두 번째 조건은 '고집스러운 협력성'이다. 협력적이면 협력적이지, 고집스럽다는 것은 무슨 말일까? 이율배반적인 조건으로 보일 수 있을 것이다.

고집스러운 협력성이란 기본적으로 주위와 협력하는 모습을 보이지만 그 과정에서 내가 가진 본연의 색을 잃지 않는다는 의미다. 즉, 다른 사람의 관심을 이끌어내기 위해서는 그들과의 협력이 기본적으로 중요하지만, 자신의 이득과 혜택을 남에게 양보한다거나 자신의 고유의 역량을 버리는 협력이 아니다.

하지만 반대로 자기중심의 좁은 생각에 집착해 다른 사람의 의견이나 입장을 고려하지 않거나, 자기만의 생각을 내세우는 태도를 응원한다는 뜻도 아니다. 핵심은 내가 가진 본연의 색을 잃지 않는 수준에서 충분히 호혜적인 협력을 교환하는 것이다.

팬덤의 조건

인류가 강압이 아닌 협력을 선택한 이유

누군가의 관심을 얻기 위해서 협력을 제공해야 하는 것은 현대 사회를 사는 우리에게는 너무도 당연한 말처럼 들린다. 하지만 지금까지 인류 사회 전 역사를 통틀어서 타인의 협력을 이끌어내기 위해 가장 흔하게 사용한 것은 바로 '강제로 도움을 획득하는 방식'이었다. 원시 사회를 포함한 전체 동물계에서 흔히 볼 수 있는 것으로, 주로 폭력이나 그에 상응하는 위협을 통해 남을 굴복시킴으로써 손쉽게 남의 도움을 얻을 수 있었다.

그런데 남의 협력을 구할 수 있는 또 하나의 방식이 있었다. 먼저 도움을 줘서 도움받을 만한 자격을 얻는 방식이다. 다른 사람에게 호의나 상냥함을 베풀거나 그 사회에 도움이 될 만한 행동을 했을 때 그들의 협력을 구할 수 있었다.

인류학자 마거릿 미드는 '문명의 시작'이 무엇이라고 생각하느냐는 질문을 받은 적 있다. 이 질문을 한 사람은 토기나 간석기 혹은 낚싯바늘 같은 답변을 예상했다. 하지만 미드는 문명의 시작은 다름 아닌 "부러졌다 붙은 흔적이 있는 다리뼈"라고 말했다.

미드는 설명했다. "만약 당신이 동물의 왕국 주민인데 다리가 부러졌다면 죽어요. 위험으로부터 달아날 수도 없고 물을 마시러 강에 가거나 사냥을 할 수도 없어요. 당신은 그냥 다른 짐승들을 위한 고기일 뿐이에요. 동물은 부러진 다리로 살아남을 수 없어요. 하지만 부러졌다 붙은 흔적이 있는 다리뼈는 누군가가 그 사람이 치유될 때까지 곁에서 도와주었다는 걸 나타내요. 누군가가 곤경에 처했을 때 그 사람을 돕는 것이 문명의 시작이에요."

마거릿 미드를 비롯한 많은 학자가 인간이 문명 사회를 구축하는 지구상의 유일무이한 존재가 될 수 있었던 가장 큰 이유 중 하나로 '인간 사회의 협력'을 꼽는다. 인간들이 이러한 협력을 선택하게 된 것은 인류 개개인의 개체로 봤을 때 이 자연에서 살아남기 힘든 약한 몸을 가졌기 때문이다.

현생 인류인 호모 사피엔스는 자연 선택에 따라 다른 유인원들과 달리 커다란 송곳니와 강한 근육을 점차 잃어버렸는데, 이 때문에 창 같은 강력한 무기 없이는 사자 같은 맹수뿐만 아니라 유인원인 침팬지조차 이길 수 없는 약한 몸을 가지게 되었다.[18] 인류는 절대로 혼자서는 살아남기 어려운 운명이 된 것이다.

4만 년 전에 멸종한 것으로 알려진 네안데르탈인보다 몸이 더 약한 우리 인류[19]가 선택할 수 있는 것은 바로 '협력의 범위'를 넓히는 것이었다. 그래서 우리는 집단생활의 범주를 기존의 직계 가족에서 더 큰 단위로 넓혀나갔다. 네안데르탈인을 포함한 호미닌족들 또한 집단생활을 했지만 그 범위가 직계 가족을 넘어서지는 않았다.[20]

반면 현생인류는 집단의 범위가 60~70명으로 네안데르탈인에 비해서 컸다. 가족의 범위가 확대되어 직계 가족이 아니더라도 부족을 만들어 함께 마을을 이룰 수 있었다. 맹수를 사냥하는 사냥꾼, 무기와 도구를 만드는 사람, 어린이를 키우는 여자들 사이의 분업 또한 철저하게 이뤄졌는데, 가장 특이한 존재는 바로 할머니, 할아버지라는 존재였다.

2004년 이상희 교수와 레이철 카스피라 교수가 다양한 인류 조상의 나이대별 유골을 조사 분석한 결과, 네안데르탈인의 할머니 세대인 성인(30세 이후)의 숫자는 젊은 층(15~30세)의 39퍼센트에 불과했던 반면, 현생인류의 할머니 세대 인구는 젊은 층보다 2배 이상 많았다. 결국 이 세대가 자손들을 돌볼 수 있는 환경을 조성해 자손들의 생존율을 높였으며, 아버지들이 도구 제작, 생존 방법, 문화, 예술 등에 대한 축적된 지식을 젊은 세대에게 전수해 준 덕분에 인류는 풍성한 생활을 이룰 수 있게 되었다.

나이가 들어서 출산과 사냥을 하지 못해서 도태될 수밖에 없었던 노년 세대에 대한 아래 세대의 보살핌(협력), 반대로 위 세대의 아래 세대 돌봄과 문화의 전수라는 상호 협력이 인류의 발전 핵심을 이룬 것이다. 또한 우리는 직계 가족뿐만 아니라 가족이 아닌 '낯선 이들'과의 협력을 위해 환경을 활용하고 진화의 방향성을 맞춰갔다.

게다가 동족인 인간을 넘어서 그 외의 존재와도 최초의 협력을 시도했다. 그것은 바로 지금 인간의 집에서 반려의 삶을 함께하고 있으면서 댕댕이(멍멍이)라는 친숙한 예명까지 가진 개다.

개들은 원래 유럽의 회색늑대였다. 인간이 이 늑대를 개로 길들이는 데 성공한 시기와 방법은 여러 설들로만 존재한다. 하지만 확실한 것 하나는 인류 역사상 최초로 가축화한 동물이라는 사실이다. 일부 과학자들은 '늑대와 함께 콤비를 이뤄 사냥을 한 것'이 현생인류가 지구상에서 유일한 인간 종으로 살아남게 된 비결이라고 말한다. 늑대와 협업한다는 것은 선사 시대의 사냥꾼들에게 생각보다 큰 이득을 가져다주었다. 이전보다 더 많은 사냥감을 획득했을 뿐만 아니라 더 넓은 지역에서 사냥할 수 있었다. 또한 늑대는 남자들이 사냥에 나가 있는 동안 여성과 아이들을 약탈자로부터 보호하는 역할도 가능했을 것이다. 외부 인간 종이나 야생 포식 동물에게서 여성과 아이들을 보호하는 것은 현생인류 번식을 위한 필수 조건이었다.

3만 년 전만 해도 늑대와 인간은 서로가 최상의 포식자였다. 현생 인류가 기원전 5만~4만 5천 년 전에 유라시아 생태계로 들어오면서 활동 범위가 겹쳤던 이 두 최상위 포식자는 동맹이 아니라 경쟁의 관계였다. 그런 상황에서 인간이 늑대를 개로 가축화하기는 어려웠을 것이다. 이전에 특정 동물을 가축으로 만든 적이 없었기에, 무언가를 길들인다는 것이 머릿속에 들어 있지 않은 시기였다.

인간이 특정 늑대 주거지를 소탕한 후에 남아 있는 새끼들을 키우기 시작한 것인지, 인간 주위를 맴돌던 일부 늑대가 인간의 곁에 온 것인지, 늑대가 개로 탈바꿈하는 계기는 명확히 확인된 바는 없다. 하지만 확실한 것은 인간이 경쟁자를 모조리 죽이는 대신 최초로 제3의 정체에게 손을 내밀어 그들이 가진 능력을 얻을 수 있었다는 것이다.

인류는 기존의 직계 가족을 넘어 타인으로까지 집단생활의 범위를 넓히고, 심지어 늑대까지 개로 길들여 협력을 통한 발전을 이루는 시스템을 구축했다. 하지만 이와 같은 협력의 강화는 하나의 반대급부를 낳았다. 바로 협력하지 않은 자에게 응당의 대가를 물리는 것이었다.

공동의 협력이 필수적이었던 인간에게는 집단생활 공동의 안녕과 그 속의 개인의 안녕을 방해하는 것들을 억제할 필요성이 자연스럽게 대두되었다. 이것들을 위협하는 부당 행위에는 반드시 대가가 따른다는 것을 보여주기 위해서 '앙갚음'이 필요했다. 그렇게 상호협력주의를 만들어냈던 것과 반대로 비협력적인 존재에 대해 타격을 가하는 '복수 시스템' 또한 만들어냈다.

사회는 사법 제도를 만들어, 범죄와 같은 반사회적 행동에 대한 복수를 국가가 대신하고 있다. 하지만 법으로 강제하지 못하는 상황에서의 협력적이지 않은 태도는 여전히 주위로부터 따돌림을 당하거나 외면받게 된다.

우리는 사회 조직 안에서 협력적이지 않은 개인이 어떠한 결말을 맞게 되는지를 살면서 지켜보고 경험해 왔다. 이는 신경질적인 모습으로 모두가 꺼리는 존재가 된 한 직원부터, 천부적인 신체 능력을 갖췄으나 동료들의 미움을 받아서 패스를 받지 못하는 운동선수까지 다양하다.

현대의 개인과 조직인의 협력

현대의 개인이라는 존재가 사회에서 성공적으로 관심을 받을 수 있느냐는 바로 주위와 얼마나 성공적으로 협력을 하고 살아가느냐에 달렸다.

대표적으로 회사라는 조직에서 누군가와 함께 일하게 될 때, 협력이 개인들의 필수적인 생존 덕목이란 것을 깨닫게 된다. 개인이 회사 안에서 '슬기로운 회사 생활'을 영위하기 위해서는 노동법과 회사의 취업 규칙을 지키는 것 외에 '주위 사람들과 원만히 잘 지내는 것'이 필요하다.

보통 사람들은 주위 사람들과 잘 지내는 방법으로, 상냥한 인사를 통해 '나는 협력적인 사람이다'라는 인식을 심어주고, 남들이 도움을 청할 때 이를 거절하지 않음으로써 그들과의 호혜적인 관계를 이룬다. 이를 통해 기본적인 평판을 만들면 향후에 도움받을 거라는 사실을 본능적으로 알고 있다.

그렇다면 특정 조직에서 일하는 조직원이 아니라 개인 관심 시장에서 혼자 일하는 1인 유튜버는 어떨까? 사회적 관계를 맺어야 하는 회사에서 일하는 조직원들과 달리, 관계 맺음이 필수가 아닌 유튜버들은 굳이 남의 협력 따위를 바라면서 살지 않아도 되는 걸까? 이들 또한 협력이라는 이름을 아예 버리고 살 수는 없다. 조직 생활과 같은 상하좌우 협력 체계 안의 인간관계에서는 자유로울 수 있지만, 대신 '그들의 고객'이라고 할 수 있는 구독자 혹은 팬들의 협력을 구하는 과정이 필요하다.

유튜버와 팬들의 관계는 회사 생활처럼 직접적으로 마주해야 하는 사회적 관계는 아니다. 이렇게 누군가와 가상의 랜선 관계를 이루고 접촉을 유지하는 것을 '준사회적 관계(Parasocial Interaction)'라고 부르는데, 이는 도널드 호튼과 리처드 울슨이 제시한 개념으로,[22] TV 안의 출연자와 멀리 떨어져 있는 시청자가 진짜 친구와 같은 유대감을 가진다는 것을 빗대어 표현한 것이다. 지금은 처음 의도와 다르게 그보다 더 깊은 유대감을 보이는 유튜버와 랜선 팬들 간의 관계를 설명하는 용어로 사용된다.

개인 유튜버들에게 실제 눈에 보이는 사회적 관계가 없어서 협력을 위해 노력할 부분이 많지 않아 보이지만, 실제는 랜선 너머에 있는 시청자들을 위한 협력적 노력이 더욱 필요하다. 이 부분은 보통 시청자와 유튜버 간의 소통이라고 표현되곤 한다.

중요한 점은 바로 개인 유튜버와 조직원 모두 협력의 중요성은 동일하지만, 협력이 성공적으로 진행되지 못했을 때의 반대급부는 서로 다르다는 것이다.

회사에서도 유기적인 소통이 부족하거나 업무에 비협조적인 직원이 존재할 수 있다. 하지만 그에 대한 동료들 간 혹은 사측의 피드백은 보통 '보이지 않는 수준에서 서서히' 진행된다. 예를 들어 매사 부정적인 태도를 갖고 있고 유관 부서 간 소통이 잘 되지 않는 신입 직원이 있다고 가정했을 때, 그에 대한 처벌 혹은 대응은 그리 즉각적이거나 크리티컬한 수준이 아니다. 협동적이지 않다는 이유로 당장 해고하는 게 아니라 그에게 먼저 조언이나 충고 수준의 피드백을 할 것이며, 이것이 잘 통하지 않는다는 판단이 선다면 정기 평가 때 낮은 점수를 주는 차원의 피드백으로 넘어갈 것이다.

하지만 즉각적 관심을 먹고 사는 1인 유튜버의 경우, 비협력적 행동에 가해지는 부정적인 피드백은 즉각적이고 치명적이다. 성의 없는 콘텐츠나 부정적인 태도, 혹은 구독자의 댓글에 무신경한 유튜버의 채널은 즉각적인 '구독 취소'로 반응되고, 이렇게 '빠'였다가 '까'가 된 팬들은 부정적인 정보를 주위에 옮기는 바이럴 행동까지 실천하기도 한다. 이미 유명해진 유튜버의 경우는 부정적 반응이 언론에 기사화되어 삽시간에 전 국민에게 퍼지는 위험성을 가지기도 한다.

즉, '조직 생활이 적합하지 않아서 유튜버가 되는 것'은 꽤 나쁘지 않은 선택이 될 수 있지만 '누군가의 말을 듣는 것이 싫어서 유튜버가 되는 것'은 결코 좋은 선택이 될 수 없다는 것을 의미한다.

실제로 많은 유튜버가 가장 큰 고충으로 멘털 관리를 꼽는다. 멘털 관리가 힘든 이유는 다음 창작물에 대한 고민, 그리고 생각만큼 늘지 않는 구독자에 대한 고민도 있겠지만, 그들의 멘털을 가장 크게 흔드는 것은 바로 구독자들의 악플이다.

실제로 유튜버들을 괴롭히는 것은 단순한 비방과, 밑도 끝도 없는 욕설과 악플뿐만이 아니다. 인신공격성 악플은 기분이 나쁘지만 무시할 수 있다. 하지만 유튜버의 결과물인 콘텐츠에 대해서 무엇이 잘못되었는지를 날카롭게 비판하거나, 선플을 가장해 교묘하게 비아냥을 섞은 악플이 더 큰 상처를 준다고 한다. 꼭 악플뿐만 아니라 누군가에게 24시간 평가받고 있다는 사실 또한 이들을 힘들게 하는 이유 중 하나다.

영화 리뷰를 하는 한 유튜버는 '유튜브를 하는 것은 곧 사람을 상대하는 일'이라고 표현한다. 그는 구독자가 적을 때는 댓글 달기를 통해 시청자들과의 개개인 소통이 가능하지만, 구독자가 많아지고 관심이 많아진 상황에서는 한 사람의 시청자에게 다는 댓글이 영상을 보는 시청자 전체에게 영향을 미치기 때문에 스트레스의 무게감이 커질 수밖에 없다고 말한다.[23]

개인적인 경험을 하나 고백하자면, 나도 아프리카TV BJ로 잠시 활동했던 시절이 있었다.[24] 2016년에 다니던 대학원에서 교수님들이 아프리카TV 플랫폼을 활용해 MBA 수업을 하곤 했는데, 언젠가 학생들도 학교 채널을 통해 BJ가 되어 방송을 할 수 있다는 공고가 나왔고, 나는 이때 지원해 '학생 BJ'라는 이름으로 방송을 진행했다.

공고에 지원한 것은 별풍선 후원 시스템의 작동 원리를 이해해보고 싶어서였다. 다르게 말하자면 별풍선에 돈을 쓰는 사람들의 심리를 알고 싶었다. 하지만 BJ 활동에서 가장 당황스러웠던 점은 내가 준비한 콘텐츠를 잘 전달하는 게 전부가 아니었다는 사실이었다. 시청자들의 댓글에 적절한 피드백을 해야 한다는 것 정도는 알고 있었지만, 실제로 별풍선을 받았을 때마다 "○○ 님 별풍선 100개 정말 감사합니다"와 같은 반응과 감사의 인사를 해야 한다는 것을 몰랐다. 물론 내가 스타 BJ처럼 많은 수의 별풍선을 받지는 않았지만 간혹 쏟아지는 별풍선에 큰 반응을 보이지 않았더니, 채팅창의 분위기가 험악해지고 중간에 나가버리는 시청자도 있었다. 이후 나름의 즐거운 리액션을 펼쳤지만 달갑지 않은 마음의 반응이 따라왔다.

회사에서 재미없는 상사의 농담을 들으며 미소를 지어야 하는 것보다 더 힘든 일이었다. 누군가의 마음에 들어가는 일은 원래부터 힘든 것이지만, 눈에 보이지 않는 누군가(시청자)를 위해서 계속해서 호의적인 반응을 보이는 것은 더욱더 쉽지 않은 일이었다.

물론 협력적인 반응을 보여야 하는 것은 별풍선에 대해서만이 아니었다. 그들이 지루해하지 않게 실시간으로 카메라 앞에서 지치지 않는 긍정적 말투를 유지해야 했고 "재미없다", "얼굴이 커 보인다" 혹은 "이게 대체 뭐 하는 방송이냐?" 같은, 긍정적이지 않고 무신경한 시청자의 반응을 빠르게 판단해 실시간으로 대응해야 했다. 그러고는 지치고 상처 입은 마음과는 관계없이, "다음 방송도 따스한 관심을 계속 가져주세요"라는 마무리 인사까지 해야 했다.

이와 같은 경험을 2달 정도 하고 나니, 유튜버와 BJ들이 결코 마음 편하게 활동하지 않는다는 사실을 알게 되었다. 많은 사람이 여전히 유튜버의 방송을 '놀면서 돈 버는 일' 정도로 치부하고 동시에 직장에서 받은 인간관계 스트레스에서 벗어나는 하나의 탈출구로 생각하는 경향이 있지만, 그와는 전혀 다른 새로운 협력을 해야 하는 과제가 있다는 사실을 알아야 할 것이다.

협력하면서 나만의 색을 잃어버리지 않는 법

우리는 사회적 동물로서 다양한 인간들과 상호작용을 맺으며, 일정 부분 협력적인 태도로 삶을 영위할 수밖에 없다. 회사원으로서 조직 생활을 하든, 아니면 작가 혹은 1인 유튜버와 같이 자신만의 콘텐츠를 만드는 삶을 영위하든지 상관없이 공통적이다. 단지 협력하고 살아야 하는 대상이 다를 뿐이다.

이 과정에서 누군가와 계속된 협력을 유지하면서 동시에 내가 가진 본연의 색을 잃지 않는 것은 쉽지 않은 일이다. 하지만 우리가 관심 추종자로서 성공적으로 관심을 획득하고자 한다면 '협력 중인 상황에서도 나만의 색을 유지하는 법'을 알고 알맞은 행동을 해야 한다.

간혹 조직 생활에서 협력적인 모습을 보이면서도 자신만의 색을 잃지 않는 개인들을 발견하게 된다. 소위 조직에서 잘나가는 리더 중에서 볼 수 있는데, 그들은 리더십 스타일에 관계없이 회사의 방침에 기본적으로 순응하면서 유관 부서에 협력적인 모습을 보여준다. 하지만 협력적인 모습과는 별개로 자신이 반드시 목소리를 내고자 하는 상황에서는 쉽사리 물러서지 않는 모습을 보여준다.

만약 어떤 리더가 협력적인 태도를 유지하기 위해, 회사의 잘못된 지시 사항을 팀원들이 따르기를 강요하거나, 유관 부서와의 갈등을 피하고자 자신의 목소리를 낮추는 데 집중한다면, 그는 조직 내에서 성공하지 못할뿐더러 부하 직원의 신뢰를 받지 못할 것이다.

그런데 고집스러운 협력성을 유지하는 리더는 어느 정도의 지위를 가지고 있으며, 이와 더불어 상사나 주위 사람들의 두터운 신뢰를 받고 있다.

애덤 그랜트는 자신의 저서《오리지널스》를 통해, 조직 생활에서 대담하게 자신의 소신을 피력하기 위해서는 먼저 기존 체제 안에서 지위를 확보해야 한다고 조언한다. '어느 정도 힘이 생기기 전까지는 나서지 말고 기다리라는 것'이다. 쉽게 풀어서 이야기하자면, 신입 직원이 회사 중역 앞에서 자신의 생각을 고집스럽게 주장하는 것은 효과적이지 못할뿐더러 위험하기까지 하다는 뜻이다.

물론 조직 내에서 개인이 고집스러운 색깔을 보일 수 있는 주장을 하는 것은 특정 지위에 올랐을 때가 아니라도 가능하다. 그것은 바로 특정 지위와 관계없이 업무 처리와 관련한 '절대적인 신뢰'를 받았을 때다. 하지만 조직 내에서 이러한 신뢰를 받기 위해서는 어느 정도의 시간을 두고 타이밍을 볼 수 있어야 한다.

하지만 유튜버와 같이 자신의 콘텐츠로 승부를 보고자 하는 경우는 조직원과는 다른 전략이 필요하다. 이들에게 필요한 것은 조직 생활에서와 같이 타이밍을 재는 것이 아니라, 처음부터 자신만의 원칙과 소신을 가지고 이를 지켜나가는 것이다.

회사원이 아닌 자영업자 혹은 개인사업자에 가까운 이들은 모든 것을 자신이 주도하고 그 결과를 혼자 감당해야 하는 운명에 처한다. 이 과정에서 무엇보다 중요한 것은 스스로가 무엇을 원하고 어떤 방향으로 가고 싶은지에 대한 고집을 세우는 것이다.

수많은 유튜버를 만나고 인터뷰한 내용을 묶어 《유튜버가 말하는 유튜버》를 출간한 김찬준 작가는 처음 유튜브를 시작하는 사람이 흔히 하는 실수가 바로 "내가 무엇을 원하는지가 아닌 남들이 무엇을 원하는지를 살피는 것"이라고 말한다.[26] 시청자가 무엇을 원하는지 아는 것은 중요한 일이지만, 스스로가 좋아하고 즐길 수 있는 주제가 중심이 아니라 시청자들의 관심 주제가 중심이 된다면 곤란하다는 것이다. 만약 스스로가 원하는 명확한 고집과 방향이 서 있지 않다면, 겉으로 보이는 유튜브 구독자 수는 허상이 되는 위기에 처할 수도 있다.

많은 유튜버가 구독자들과의 소통이 필수라고 생각한다. 그도 그럴 것이 인터넷 방송이 가지는 차별점이자 묘미가 쌍방향 소통이기 때문이다. 하지만 이 소통 과정에서 받게 되는 악플이나 다양한 시청자의 의견을 모조리 따라가다 보면 채널의 정체성을 잃어버릴 수 있다.

고집스러운 협력성을 유지하기 위해서는 자기중심의 좁은 생각에 집착해 다른 사람의 의견이나 입장을 고려하지 않는 아집적인 태도를 버려야 한다. 자신이 보는 시야는 아무래도 좁을 수밖에 없다. 자기가 하고 싶은 콘텐츠에만 갇혀서는 안 된다. 하지만 사람들의 의견을 곧이곧대로 따라서도 안 된다.

여기에서 필요한 것은 바로 균형이다. 내가 좋아하는 것들과 사람들이 좋아하는 것들을 여러 가지 시도해 보면서 그 안에서 스스로에게 가장 적절한 방식을 찾아 나서는 것이다.

나만의 색을 유지하는 법

대중의 관심은 항상 고정되어 있지 않고 변화하는 경향이 크다. 그렇기 때문에 특정 대상에 대한 부정적인 관심이 긍정적인 관심이 되기도 하고 이와 반대가 되기도 한다.

이러한 변동성이 큰 상황에서, 많은 관심 대상자는 대중의 관심 방향에 이리저리 휘둘리기 쉬운 상황에 빠진다. 가령 특정 이슈에 휘말렸을 때 자신이 잘못한 일이 아님에도 불구하고 사과로 위기를 탈출해야 할 것 같은 충동이 들기도 하고, 변화한 대중의 흐름에 맞춰 방향성과 맞지 않는 콘텐츠를 만들어야 할 것 같은 유혹에 빠지기도 한다.

여기에서는 '긍정적이지 않았던 관심을 이겨낸 사례'를 통해 어떻게 하면 대중 관심의 거센 흐름을 명확히 파악하고 지혜롭게 대응할 수 있는지 알아보고자 한다.

밈(MEME) 사례에서 언급한 비의 〈깡〉은 본격적으로 언론에 알려진 2020년에 갑자기 시작된 것이 아니라, 음원이 공개된 2017년부터 지속적으로 조롱의 대상이 되어왔다. 〈깡〉 뮤직비디오 댓글 창에서 댓글 놀이를 하던 사람들의 특징은, 가수 비를 연예계에서 추방하고자 하는 게 아니라 그저 반시대적인 가사와 뮤비를 통해 하나의 유희 거리를 찾은 것이다.

당사자인 가수 비에게는 크게 두 가지 선택지가 있었다. 첫 번째는 자신의 음악 세계를 이해하지 못하는 댓글들을 악플로 규정하고, 그중에 인신공격이 들어 있는 악플을 선정해 법적으로 대응할 방법을 찾는 것이었다. 두 번째는 그의 콘텐츠를 유희 거리로 삼고 있는 댓글들을 정제된 의견으로 인정하고, 이를 교훈으로 삼는 것이었다.

비는 첫 번째가 아닌 두 번째를 택했다. 만약 비가 자신을 조롱하는 댓글을 악플로 재단하고 고소를 진행했다면, 아마 이들의 단순 유희는 분노로 승화되었을 것이다. 하지만 비는 오히려 "나는 광대이다. 나를 가지고 놀아달라"[27]라는 의연하고도 담대한 대응을 내놓았다. 대중의 관심에 맞대응 대신 협력이라는 길을 택함으로써 오히려 조롱을 긍정적인 관심으로 바꾸는 역할을 했다.

이후 MBC 〈놀면 뭐하니?〉에 출연해 〈깡〉을 비판하는 대표적인 댓글인 '시무 20조'를 읽었다. 여기서 그는 무조건 네티즌의 의견을 따라서 자신을 바꾸겠다는 것이 아닌, 비판 중 일부는 개방적으로 받아들이되 자신의 핵심적인 부분은 버릴 수 없다는 뜻을 분명히 내비쳤다. '입술 깨물기'와 '소리 질러' 등을 자제하기로 약속했지만 '화려한 조명'과 '꾸러기 표정' 등 트레이드마크라고 생각하는 건 포기할 수 없다고 분명하게 말한 것이다. 비판을 받아들일 줄 아는 그의 태도는 대다수의 마음을 호감으로 반전시켰다. 또한 그의 퍼포먼스 능력과 이를 유지하는 노력도 재평가받았다.[28] 하지만 만약 '시무 20조'를 모두 인정하는 등 모든 네티즌의 평가를 옳다고 받아들이며 그의 속 모습까지 변화시켰다면 이러한 반응을 얻기 어려웠을 것이다.

가수 비의 대응을 통해서 다른 관심 추종자들이 본받고 활용할 수 있는 교훈은 세 가지다.

첫 번째, 정확히 어떤 일로 인해 관심의 이슈가 발생했는지 파악하는 것이다. 이것은 대중의 관심이 어떠한 방향을 향하고 있는지를 파악하는 것보다 중요하다. 이슈된 콘텐츠를 사람들이 유희 거리로 삼고 있는지, 아니면 단순히 극히 민감한 네티즌이 만들어낸 이슈가 커진 것인지에 대한 파악이 선행되어야 한다.

두 번째, 어떻게 대응할지 결정하는 것이다. 만약 정확한 비판이 아닌 거짓된 내용이 유통되고 있다면 바로잡아야 할 것이고, 악의적인 인신공격이 난무한다면 법적인 절차를 밟는 것이 더 현명할 것이다. 사람들은 정당하지 않은 비판에 대한 적절한 대응을 결코 문제 삼지 않는다.

세 번째, 집중된 관심을 향후 어떻게 활용할 수 있는지 보는 것이다. 야구 선수 박찬호의 경우, 2017년 처음 '투 머치 토커'로 알려졌을 당시에는 자신의 별명을 탐탁지 않게 여겼다.[29] 하지만 애정을 담은 가벼운 놀림이라는 걸 알고 자신의 성향을 긍정적으로 강화했을 뿐만 아니라 자신의 이미지를 활용한 다수의 광고에도 출연하게 되었다.

쿨한 협력을 통해 새로운 기회를 잡는 법

인터넷 음원이 생겨나기 이전인 1970~90년대에 음반 시장은 위기를 맞이했다. 위기의 근원은 가수의 콘서트장에 몰래 녹음기를 가지고 들어와서 노래를 녹음하고 마구잡이로 시장에 '해적판'으로 유통시켜 버리는 이들이었다. '긴 장화에 밀수품을 몰래 넣어 밀수를 하던 자'를 일컫는 '부트레거(Bootlegger)'라는 이름으로 불린 이들은 음반사와 아티스트들의 적이었다. 아티스트의 음원을 담은 정규 앨범을 공식 발매한 음반사들은 수익에 적신호가 켜졌고, 아티스트들 또한 수익의 타격 외에도 자신의 음원이 저질의 녹음 상태로 시중에 떠다니는 것을 원치 않았다. 아티스트들과 음반사는 콘서트에서 녹음을 하는 일을 적극적으로 금지했다.

그러던 중 이상한 록 밴드가 등장했다. 바로 전설적 록 밴드 중 하나로 꼽히는 그레이트풀 데드(Grateful Dead)로, 이들은 자신의 콘서트장에서 음악을 녹음하는 것을 허용했다. 오히려 이를 적극적으로 장려하는 '테이퍼스(tapers) 티켓'을 만들었다. 장비를 제대로 갖춰 오는 관객은 아예 사운드보드에 직접 마이크를 꽂아 쇼를 통째로 녹음해 갈 수 있도록 한 것이다.

많은 사람은 그들의 결정이 음반 판매와 공연 수익의 감소라는 비극적인 결말을 내놓을 거라고 예상했다. 하지만 결과는 그 반대였다. 녹음이 가능한 콘서트는 처음에 공짜를 좋아하는 히피들의 관심을 끌었고 나중에는 공짜 해적판을 좋아하는 사람들의 관심으로까지 이어졌다.

공연 티켓 판매 또한 줄어들지 않았다. '고음질'의 해적판을 들은 많은 사람이 팬이 되어 공연장을 찾았기 때문이다. 이 해적판 아이디어는 음악 애호가들의 관심을 얻는 데 효과적이었다. 비용이 들지 않으며 강압적이지 않은 방법이기 때문이다. 지적재산에 대한 반직관적이고 혁명적인 접근법으로 반골 기질을 가진 록 팬들에게 큰 호감을 살 수 있었고, 이 전략으로 그들의 주요 수입원인 라이브 콘서트에 활기를 불러일으켰다.

1995년 리더이자 싱어인 제리 가르시아가 죽었을 때, 그레이트 풀 데드는 역사상 라이브 공연을 통해 가장 많은 수입을 올린 밴드 반열에 올랐다. 그들이 30여 년간 연 2,350여 회 콘서트 중 약 2,200회가 녹음 및 녹화된 것으로 알려졌는데, 현재 온라인으로까지 발을 뻗은 음원 시장에서 그들의 부가가치는 밴드 해체 20년이 넘은 지금까지도 최고로 꼽힌다.

그들은 자신의 음악을 직접 유튜브에 올려 관객을 모으는 현 시대 음악가들의 선구자의 모양새이면서도, 새롭고 까다로운 대중의 관심을 얻을 수 있는 하나의 실마리를 알려주고 있다. 자신의 대중을 명확히 파악하고 그들에게 최적의 개방적 협력을 기대하는 방식이다.

3. 절대적인
진실성

성공적인 관심을 받고자 하는 관심 추종자의 세 번째 조건은 바로 '절대적인 진실성'이다.

절대적인 진실성이라는 말은 관심을 받는 데 거짓이나 조작, 그리고 말로만 하는 신뢰의 약속은 더 이상 통하지 않는다는 것을 의미한다. 절대적인 진실성을 지니고 있는 관심 추종자는 '자신이 가진 의도'를 사람들에게 별도로 설명할 필요를 느끼지 않는다. 왜냐하면 진실은 그 자체로 진실이기 때문이다.

문제는 관심 시장에는 '나를 진짜로 믿어달라는 외침'이 가득하다는 데 있다. 외치는 이들이 진짜인지 아닌지 알 수는 없다. 왜냐하면 사람들이 진위 여부를 검증하기도 어려울뿐더러, 그것을 일일이 검증하려는 시간과 생각도 없다. 이런 상황에서는 믿어달라는 외침 자체가 무의미할 뿐이다.

하지만 이 중에는 진실을 떠벌리지 않지만 모두가 진실임을 믿는 것들이 존재한다. 그것은 간혹 우리의 눈으로 볼 수 있는 누군가의 외관, 행동, 그리고 시스템에서 나온다.

진정성이 아닌 진실성을 이야기하는 이유

먼저, 내가 '진정성'이란 단어 대신 '진실성'이란 단어를 사용한 것에 주목하길 바란다.

얼핏 봐서는 진정성과 진실성이 똑같이 '참되고 바른 성질'을 나타내는 비슷한 단어 같다. 한 가지 차이점이 있다면, 진실성이라는 단어가 표준국어대사전에 등재되어 있는 반면, 진정성은 없다는 정도일 뿐이다. 하지만 우리가 주요하게 따져봐야 할 것은 둘 중에 어떤 단어가 사전에 올라와 있느냐가 아니라, 우리가 둘 중에 어떤 단어를 실생활에서 더 자주 사용하느냐다.

우리는 이 둘 중에서 진정성을 더 자주 사용한다. 그런데 그냥 자주 사용하는 것이 아니라 과도하게 많이 사용하고 있다. 진정성은 가짜와 인공적인 것들이 넘쳐나는 작금의 세상에서 유일한 대안이 됨과 동시에 가장 환영받는 단어다. 또한 그 어떤 단어에 붙여놔도 훌륭한 구문을 만들 수 있는 마법의 단어가 되었다.

사람들은 그냥 사과를 받고 싶은 것이 아니라 '진정성 있는 사과'를 받기를 원하며, 그냥 음악이 아닌 '진정성 있는 음악'을 듣고 싶어 한다. 이와 더불어 모든 사람은 남 앞에서 '진정성 있는 사람'으로 보이고 싶어 하며, 동시에 '진정성 있는 사람'과의 교류를 원한다. 또한 모든 상품과 서비스는 '진정성 있는 마케팅'이 있다면 환영받는다. 이렇게 우리 모두는 진정성에 대한 갈망을 가지고 있다. 하지만 정작 사람들에게 진정성이 대체 뭐라고 생각하느냐고 묻는다면, 대부분 즉각적인 답변을 내놓는 데 어려움을 겪을 것이다.

캐나다의 철학자 앤드류 포터는 '진정성을 선호한다고 말하는 것'과 '진정성이 무엇을 의미하는지 아는 것'은 완전히 다른 이야기라고 말한다. 2008년 미국에서 진정성과 관련한 설문조사를 한 결과, 대부분의 미국 사람 또한 진정성이 정확히 무엇을 의미하는지 모른다고 나왔다. 단지 '진정성이 없는 것'이 무엇인지를 대강 알고 있을 뿐이었다. 아무튼 사람들이 그것을 원하고 있는 것만은 확실했다.

문제는 정치인과 광고업자를 비롯한 세상의 모두가 이 단어를 이용해 자신들만이 진짜라고 우기고 있다는 사실이다. 특히 상품과 서비스를 제공하는 입장에서 '진정성을 추구'하는 태도를 보이는 것은 궁극의 마케팅 전략이 되었다. 하지만 모두가 진정성을 남발하고 세상에 뿌린 덕분에 '진짜 진정성'이 아닌 '위장된 진정성'이 판치는 세상이 되었다. 결국 '진짜 진정성'을 판별하는 일은 더욱 힘들어졌다. 진정성의 남발이 오히려 진정성을 위협하는 상황이 온 것이다.

위와 같은 이유로, 나는 관종의 조건 중 하나로 세상에 염가로 풀리는 진정성이라는 마법의 단어 대신 진실성이라는 단순한 단어를 활용하고자 한다. 여기서 말하는 진실성은 도덕적인 개념이 아닌 실용적인 개념에 가깝다. '진실한 척'을 의미하는 진실성이 아니라는 뜻이다.

여기에서 언급하는 진실성은 바로 열심히 한다는 말이 아닌 실제로 보여주는 실적, 나의 진정성을 믿어달라는 주장 대신 나를 자연스럽게 믿게 만들 수 있는 시스템의 구축을 예시로 사용할 것이다. 이 과정에서 진실성을 말하는 자에 대한 가치 판단은 필요 없을 것이다. 진짜는 진짜일 뿐이니까.

진정성 호소라는 약발이 먹혔던 과거

비교적 최근까지 우리 사회는 용서에 꽤나 관대했다. 대한민국을 포함한 일부 국가에만 존재하는 주취 감형이라는 제도를 이용해, 성범죄나 극악 범죄를 일으킨 자들은 만취 상태였다는 핑계를 댔고 실제로 많은 범죄자가 감형을 받았다. 그리고 사회적 문제를 일으킨 연예인들은 일정 기간 자숙 기간을 거치면 다시 TV 브라운관 앞에 설 수 있었다.

문제를 일으킨 유명인들은 언제나 카메라 앞에서 고개를 숙이며 진정성 있는 보답을 약속했다. 그런데 대부분은 자신의 본업을 통해 보답하겠다는 대답이 주를 이루었다. 음주 운전으로 문제를 일으킨 야구 선수는 '야구로 보답하겠다' 하고, 같은 사건으로 물의를 일으킨 영화배우는 '좋은 연기로 보답하겠다'라고 약속했다. 사실 이것들은 그들의 문제 포인트와는 전혀 관계없는 약속이다. 하지만 대중은 이들을 용서했고 많은 사람이 복귀 후 성공적으로 과거의 인기를 누리게 됐다. 음주 운전에 대한 법적 처벌이 약한 탓도 있었겠지만, 많은 사람이 진정성 있는 사과를 통해 용서받을 수 있었다.

음주 운전 사건에만 통하는 건 아니었다. 유명인의 병역 비리와 같은 초대형 사건에서도 일정 부분은 그대로 적용되었다. 2004년 당시 드라마에서 맹활약하던 유명 연예인들이 병역 비리 범죄를 일으킨 사건이 있었다. 이들은 병역 브로커를 통해 소변 검사를 조작했고 현역 면제 판정을 받았다. 이것은 개개인이 병역을 기피한 수준을 넘어서 조직적이고 계획적인 중범죄였다. 게다가 2002년 한 유명 가수의 병역 기피 사건의 파장이 가라앉지 않은 시점이었다. 그런데 이들은 공소시효가 지나서 법적인 처벌을 면하게 되었고, 관련 병역법에 따라 강제 입대가 결정되었다. 놀라운 건 이들은 '잘 못을 반성하고, 앞으로 좋은 모습을 보이겠다'는 사과로 지금까지도 활약을 이어오고 있다는 사실이다.

일부에서는 2002년 병역 기피에 연루된 유명 가수 또한 당시 진정한 반성과 함께 입대를 선택했다면, 지금과 같이 오랜 기간 국민적 공분의 대상이자 '용서받지 못한 자'가 되지는 않았을 것이라는 평가를 내리기도 한다. 법의 경중으로 따져봤을 땐, 병역 비리는 병역 기피에 비해서 결코 낮은 수준의 범죄가 아니다. 하지만 진정성 호소는 당시 대중의 용서를 받기도 했다.

그러나 이제 시대가 바뀌었다. 세상이 투명해지면서 대중은 진정성에 대한 호소를 듣기보다 진실과 팩트를 직접 보고자 하는 경향이 강해졌다.

이는 앞서 말했듯이 진정성이란 단어 자체가 너무도 흔해져 버린 이유도 있다. 과거 진정성이 비장의 무기가 된 이후 많은 사람이 진정성을 이용했다. 예전의 자필 사과문은 진정성을 밝혀주는 좋은 시도였으나, 논란을 일으킨 누구나 자필 사과문을 써놓고 시작하는 상황에 이르자 그 진정성이 빈약해진 것이다.

한국 프로야구에서 맹활약을 하다가 메이저리그로 진출해 성공적인 활약을 보였던 한 야구 선수는 2016년 음주 운전으로 적발된 후에 한 인터뷰에서 "죄송하고 앞으로 제가 뭐 야구로 보답할 일밖에 없을 것 같습니다"라는 때 묻은 (예전의) 모범답안을 펼쳤다. 하지만 이미 세 번의 음주 운전 전과가 있는 그에게 야구 선수로서의 보답을 받아줄 팬은 남아 있지 않았다. 4년의 자숙 기간이 지난 시점에도 그의 사과가 받아들여지지 않았다는 것 또한 이전과 확실하게 달라진 점이다. 그의 계속된 공개 사과 회견에도 대다수의 여론은 진정성 있는 사과가 아닌 쇼일 뿐이라는 냉담한 반응을 보였다. KBO와 구단이 복귀의 길을 열어주었음에도 불구하고 결국 대중의 용서를 이끌지 못한 그는 국내 야구 무대 복귀를 포기하게 되었다.

이러한 모습은 특별한 사례가 아니다. 이제 스포츠 선수뿐만 아니라 노래나 연기로 보답하겠다는 유명 연예인들 또한 마찬가지의 상황에 놓이게 되었다.

잘나가던 유튜버들이 나락으로 떨어지는 계기

대한민국에서 인터넷 스트리밍 생태계가 알려지는 데 지대한 공헌을 한 유튜버가 있다. 그의 주요 콘텐츠는 먹방이었다. 먹방이라는 트렌드를 선점한 초창기 BJ 출신인 그는 독보적인 존재감으로 전 세계에 'Mukbang'이라는 단어를 알렸다.

그는 방송 중 욕을 하지 않고, 리액션이 과하거나 일부러 높은 톤으로 시끄럽게 떠들지도 않는 태도 덕에 인기가 많았다. 특히 푸드 파이터로 알려질 만큼 많은 음식을 먹으면서도 '몸짱' 몸매를 유지하는 것으로 유명했다. 그는 몸매를 유지하는 이유로 먹는 만큼의 엄청난 운동 양을 언급했는데, 실제 방송 프로그램을 통해 그가 방송 전에 엄청난 양의 운동을 하고 있음을 보여줬다.

문제는 그가 회사를 차리고 2017년 다이어트 보조제를 판매하는 사업을 시작하면서 생겼다. 2017년 처음 본인 회사의 다이어트 보조제 제품을 홍보하면서 인지도를 이용해 팬들에게 장사를 한다는 비판에 시달렸으며, 2019년에는 판매하는 식품이 다이어트에 특효가 있는 것처럼 과장 광고한 혐의로 기소되어 1심에서 500만 원의 벌금형을 받았다.

그런데 진짜 문제는 이후에 일어났다. 해당 과대광고에 대한 벌금형은 성폭행, 음주 운전 등 파렴치하고 용서받지 못할 범죄로 받은 것이 아니었기 때문에 상대적으로 팬들의 용서를 받기 쉬운 편이었다. 하지만 그는 반성하는 태도를 보이지 않고, 오히려 '악플 읽기'라는 콘텐츠를 통해서 자신의 잘못을 방어하려고 하는 바람에 이미지에 결정적인 타격을 입었다.

이후 국내 시청자가 아닌 외국인을 타깃으로 방향을 선회하고 다시 국내 시청자 앞에 반성의 자세로 섰지만, 이미 기존 팬들의 마음은 떠난 후였다. 결국 거듭된 사과와 함께 머리를 바닥에 박는 모습까지 보이며 '전통적인 진정성을 강조한 반성의 행동'을 보였지만 이미 떠나간 구독자들의 마음을 되돌리기에는 늦었다.

구독자들이 원하는 것은 진정성 있는 호소가 아니었다. 실제 믿을 수 있는 행동이었다. 하지만 그는 반복된 반성의 자세와는 다르게 실제로는 콘텐츠 타깃을 바꾸고 수익을 놓치지 않기 위해 콘텐츠 업로드를 함으로써, 사과의 진실성 자체에 의문을 품게 만들고 비판받게 되었다.

이와 같은 진심 어린 사과가 예전처럼 효율적이지 않게 된 이유는 대다수의 국민이 '눈앞의 카메라 앞에서는 석고대죄하고 뒤에서는 진정한 반성을 하지 않는' 수위 '거짓 사과'에 대한 학습 효과가 있어서다. 하지만 그보다 방송 환경의 변화로 태도 논란을 일으킨 생방송 영상이 박제되어, 잊힐 권리가 사라졌기 때문이다.

2020년에 나락으로 떨어진 유튜버는 위에서 언급한 유튜버뿐만이 아니다. 부정적인 이슈 혹은 유튜브 생태계를 강타한 뒷광고 논란에 휩쓸린 유튜버들은 하나같이 '죄송합니다'라는 이름의 영상을 올리고 오랜 기간 자숙에 들어가거나 은퇴를 선언하는 상황에 처하게 되었다.

이와 같은 상황으로 사과 방송은 하나의 챌린지처럼 이어졌다. 유튜브 검색창에 '죄송합니다'를 검색하면 지금도 수많은 유튜버의 사과 영상을 확인할 수 있다. 심지어 그 방송을 모아놓은 영상이 있을 정도다. 하지만 모두가 서로 약속을 하듯이 공개 사과를 늘어놓는 것은 이제 더 이상 효과적이지도 그리고 효율적이지도 않다.

《사죄 없는 사과사회》의 저자 숀 오마라와 케리 쿠퍼는 이와 같이 사과가 남발되는 시대에는 사과의 의미가 상실되어 가고 있다고 지적한다. 이 책의 영문 제목 'Apology Impulse'는 '사과 충동'이라는 뜻으로, 현대 사회는 주위에서 사과를 강요하는 경향이 강해지면서 경솔하고도 전형적인 사과들은 대중의 마음을 돌릴 수 없게 되었다고 말한다.

유튜버들의 죄송합니다 영상도 공개 사과 방식의 약발이 떨어졌다는 것을 의미한다. 모두가 진정성을 외치는 시대에서 진짜 진정성을 찾기 어려운 것과 같이, 모두가 미안해하는 상황에서 아무도 미안해하지 않는다는 것이다. 사과도 진정성과 같이 365일 바겐세일을 한 탓에 가치가 떨어져 있다는 의미다.

《사죄 없는 사과사회》의 저자들은 부정적 관심의 대상이 되었을 때, 어떻게든 대응해야 한다는 생각에 사과부터 하고 시작하는 태도가 오히려 사태를 악화시킬 수 있으니, 이유 없이 사과해서는 안 된다고 강조한다. 이보다 선행해야 할 것은 스스로 미안해해야 할 일인지를 파악하고, 미안해해야 할 이유가 명확하면 사과의 말이 아니라 문제를 수습하고 재발을 방지할 대책을 내놓고 명확히 알리는 것이 중요하다고 조언했다.

만약 자신이 잘못한 일이 아니거나 누가 잘못했는지 불분명하다면 불필요한 사과를 하는 대신, 실제 사실을 밝히고 자신의 입장을 명확하게 하는 것으로 충분하다. 비록 이와 같은 대응만으로 일부 부정적인 댓글과 피드백을 막을 수는 없겠지만, 부정적인 피드백을 주는 이들이 대부분의 고객 혹은 시청자의 반응이 아닐 수 있다는 점을 알고 담대하게 나아가야 한다는 것이다.

실제로 미국의 미식축구 선수들이 인종 차별을 반대하기 위해 무릎을 꿇는 퍼포먼스를 감행했을 때, 미국의 대통령이 공개 비난을 하고 일부 보수 우파가 NFL 불매를 외쳤지만 NFL 리그는 여전히 건재하다.

끊임없는 주작의 유혹 그리고 주작의 결말

미국의 경제학자이자 노벨 경제학상 수상자인 로버트 머튼은 "개인의 욕망이 자신에게 주어진 합법적인 기회를 훨씬 넘어서면 개인은 불법적인 수단을 동원해서라도 자신의 욕망을 실현한다"라고 분석했다. 이를 관심의 세상에 적용하면, 관심을 받고자 하는 개인의 욕망이 자신에게 주어진 기회 이상으로 넘어설 때, 불법적인 행동을 통해서라도 관심을 받기 위한 행동을 한다는 것이다.

불법적인 행동에는 다양한 수준의 수많은 것이 있겠지만 오늘날 개인(특히 유튜버)들의 불법적인 행동은 살인과 강간 혹은 대형 사고와 같은 중범죄로 이어지지는 않는다. 가장 통상적이고 흔하게 일어나는 일은 바로 '일어나지도 않은 일을 실제로 일어난 것처럼 특정 상황을 조작하는 것'이다.

미국의 법학자인 대니얼 부어스틴은 이러한 사건들을 '가짜 사건(Pseudo-events)'이라고 명명했다. 여기서 접두사 'pseudo'는 거짓이나 고의로 속인다는 뜻의 그리스 말에서 파생된 것으로, 그는 정상적이고 자연스럽게 일어나는 '자발적 사건(Spontaneous event)'과 이 가짜 사건을 구분 지었다. 가짜 사건은 주로 다급한 목적을 위해 시행되기 때문에 '언론의 관심을 받을 수 있을 정도'의 강력한 파급력을 평가받는다고 했다.

최근 개인이 관심을 받기 위해 있지도 않은 사실을 고의적으로 꾸며내는 것을 '주작'이라고 부른다. 쉽게 말해 조작이라는 뜻으로, 이 단어를 비틀어 만들어낸 일종의 인터넷 밈의 영역이다.

모든 문제의 시작점은 과도한 경쟁이다. 한계가 정해져 있는 대중의 관심을 수많은 경쟁자에게 뺏기지 않으려면, 일상생활에서 나오기 어려운 특정한 상황이 필요했고 많은 사람이 거짓된 연출 유혹에서 빠져나오지 못했다. 이것이 가능했던 배경은 '일상적이지 않으면서도(unique) 과도한 주작 사례'에 대중과 언론이 많은 관심을 보였기 때문이다. 적당한 주작은 관심조차 받기 힘들었고 더 높은 관심을 얻기 위한 더 파격적인 주작이 필요했던 것이다.

2020년 국내 일부 유튜버가 공공장소에서 코로나19 감염자인 것처럼 연기하면서 주변 사람들에게 극도의 불안감을 조성하고 그 장면을 몰래 찍어 유튜브 콘텐츠로 활용해 논란을 일으킨 적이 있다. 누군가는 지하철에서 기침 소리를 내면서 감염된 척 연기를 해서 올리기도 했으며, 또 다른 사람은 KTX 기차역에서 방역복을 입은 남성들이 감염자로 의심되는 사람을 쫓는 것 같은 가짜 추격전을 연출함으로써 시민들에게 공포감을 불러일으켰다. 모두 '코로나19의 경각심을 알리기 위해서'라고 변명했지만, 모두 기소의견으로 재판에 넘겨지게 됐다.

자신이 특정 장애에 걸렸다며 거짓 투병 연기로 관심을 얻는 방법 또한 대표적인 주작으로 꼽힌다. 한 유튜버는 자신이 일명 '틱 장애'로 불리는 '투렛 증후군'을 앓고 있다며 관련된 다수의 콘텐츠를 게시했다. 하지만 사람들은 그의 작위적인 행동과, 관련 장애를 앓고 있다고 하기에는 부자연스러운 모습을 지적하며 꾸준히 진실성을 의심했고 결국 그는 자신의 행동이 거짓임을 밝혔다.

그의 거짓 행동으로 인해 진짜 투렛 증후군 환자들 또한 때 아닌 조작을 의심받게 되었고, 그의 과장된 행동을 따라 하는 일부 학생이 생기는 바람에 학교에서는 투렛 증후군을 장난으로 연기하지 말라는 공문이 나오기까지 이르렀다. 그는 나중에 채널 이름을 변경하고 신분 세탁을 꾀하는 행동을 하였으나, 여전히 사람들은 그의 이름을 잊지 않고 비난의 목소리를 보내고 있다.

마지막으로 주작 욕심으로 인해 선량한 타인에게 무차별적 타격을 입히는 경우가 있다. 한 유튜버는 특정 프랜차이즈에서 배달 주문한 음식을 배달원이 몰래 먹었다는 내용의 조작된 영상을 올렸고, 이후 폭로 전문 유튜버에게 조작 의혹이 제기되었다. 또한 해당 업체가 '그런 사실이 없다'며 민법 및 형법에 따라 대응하겠다고 밝히자 결국 주작을 시인했다. 그는 이 사건으로 인해 며칠 만에 수십만 명의 채널 구독자를 잃었다. 또한 이러한 행동에 겨우 1주일 방송 정지 처분을 내린 방송 플랫폼의 조치에 대해서 국회의원까지 나서, 해당 조작 행동에 대한 징계 수위가 낮다며 경고를 내리기까지 했다.

〈보겸TV〉 운영자 김보겸은 사람들이 진짜인지 주작인지를 구별하는 데 하루도 걸리지 않으며 한번 주작한 것을 들키면 떨어진 신뢰는 되돌릴 수 없기에 결코 주작이라는 유혹에 넘어가지 않기를 조언한다.[31] 꼭 그의 조언이 아니더라도 앞서 살펴본 수많은 주작 사건의 결말을 보면 상상하기 어려운 결과는 아니다.

이제 주작 사건을 일으킨 유튜버들은 '주작 유튜버'로 분류되어 별도로 게시되며, 주작 방송을 전문적으로 파고들어 방송 콘텐츠로 삼는 유튜버 또한 등장하고 있다.

개인 유튜버뿐만 아니라 방송국 콘텐츠의 많은 부분을 차지하는 관찰 예능의 경우 (누가 봐도 출연자의 일상이 아니라 작가들이 시나리오를 만들어 주는 것처럼 보이는) 조작된 상황으로 의심받는 경우도 많아지고 있다. 이 부분도 머지않아 진실을 요구하는 시청자들의 조직적인 저항이 있을 것으로 예상된다. 아마 그 저항은 보이지 않는 속도로 시청률로 나타날 것이다.

시대적 상황의 변화 탓에, 이제는 진정성을 기반으로 하는 관심의 호소 방식이 아닌 '진실을 기본으로 한 관심의 호소(Truth-Default Attention Seeking)'가 필요한 시점이다. 주작 사건을 만들지 말아야 한다는 것은 개인 유튜버에게 국한한 내용이 아니다. 회사에서 일하는 조직원, 제품을 만들어내는 기업, 그리고 국민의 관심을 갈구해야 하는 정부에도 마찬가지다.

더 이상 열심히 하는 건 필요 없고 실적을 보여주세요

조직에서는 소위 말빨이 좋거나 약삭빠른 사람이 인정받던 시절이 있었다. 이들은 조직에서 탁월한 실력을 갖추지는 못했지만 특유의 임기응변으로 빠른 대응을 할 수 있었고 간혹 실력자들을 넘어서 높은 자리를 차지하기도 하였다.

이런 사람들이 기존의 조직에서 득세할 수 있었던 데 여러 가지 이유가 있겠지만, 그중 하나는 과거의 비즈니스 환경에서는 개인이 회사의 성과에 실질적으로 기여하는 성과를 세부적으로 측정하기 어려웠기 때문이다. 실력과 능력을 모두 숫자로 표현할 수 없는 환경에서는 '말로 자신을 포장하는 능력'이 실제 능력보다 더 높은 평가를 받을 수 있는 기회를 제공했다.

하지만 이제 많은 기업의 비즈니스 환경이 변화했다. 당장의 매출과 영업이익만이 아닌 세부적인 관리 지표들이 발전했고, 첨단 IT 기술을 기반으로 직원들이 지금 어느 사이트에 접속했고 어떠한 행동을 하는지 실시간으로 트래킹할 수 있게 되었다. 또한 비즈니스 경쟁이 갈수록 격화되는 가운데 주 52시간 근로제 시행에 따라 초과 근무를 기반으로 한 직원들의 열정을 기다려줄 수 있는 여유 또한 사라졌다.

그 결과 기업은 더 이상 직원들의 노력이나 열정같이 수치적으로 평가하기 어려운 부분을 예전처럼 믿을 수 없었다. 대신 직원들에게 냉정하게 다음과 같은 문장을 내밀 것이다. "Show me the MONEY." 이는 영화 〈제리 맥과이어〉에서 나온 유명한 대사로, 직역한 '나에게 돈을 보여줘'라는 뜻보다는 "너의 능력을 내게 보여줘" 또는 "나에게 큰돈을 벌게 해줘"라는 뜻의 관용어다. 말로만 할 수 있다고 외치지 말고 실제로 돈이라는 실적을 가져오라는 상황에서 쓰였다.

기업의 진실이란 바로 기업의 수익 창출에 기여하는 능력과 실적을 말한다. 이제 기업에 근무하는 직원도 '말이라는 포장지로 싸인 능력'으로 평가받는 것이 아니라 '실제 눈으로 보여주는 능력'으로만 평가받는 환경에 놓여 있다.

당신의 업무 모든 부분이 매출 같은 실적과 연계된 것이 아니라면, 회사나 상사는 당신의 의견과 노력이 아닌 데이터를 요구할 것이다. 구글의 일상적 표어가 된 "의견은 접어두고 데이터로 말하라"는 대부분의 기업이 맞닥뜨려야 할 미래의 표어가 될 것이다.

진실이 담보된 시스템만이 해결할 수 있는 문제들

최근 일부 시민 단체에서 논란이 일고 있는 후원금 모금 및 운용에 대한 해명들이 대중에게 큰 신뢰를 얻기 힘든 것은 진실을 기반으로 한 시스템보다 힘이 약한 진정성에 기반한 해명이기 때문이다. 공적인 후원금을 사용하는 시민 단체 및 기부 단체는 그저 믿어달라는 진정성보다는 법에 맞춘 정기적인 외부 회계감사 진행과 회계 장부를 투명하게 공개하는 진실성이 더 필요하다.

매년 겨울 주요 도시에 '사랑의 온도탑'이 세워진다. 이 온도탑은 2000년 12월 1일 외환 위기의 칼바람이 매섭게 불어 자선의 손길마저 얼어붙었을 때 등장했다. 나눔의 불씨를 다시 지피기 위한 많은 고민 끝에 사람이 많이 다니는 곳에 눈길을 사로잡는 홍보물을 세우자는 사회복지공동모금회 직원의 아이디어로 생겨났다.[12]

하지만 최근 사랑의 온도탑은 빠르게 식어가는 추세다. 2018년 12월 공동모금회 17개 지회의 모금액은 2017년의 82퍼센트 수준으로 급감했다. 물론 매년 차이가 있을 수 있는 부분이지만, 지난 2013년 2,663억 원이던 공동모금회의 개인 모금액은 2017년 1,939억 원으로 27퍼센트 줄었다.[13]

사랑의 열매 사회복지공동모금회에서 2019년 11월 20일부터 2020년 1월 31일까지 진행한 '희망 2020 나눔 캠페인'에서, 부산의 사랑의 온도탑은 91도에서 멈췄으며, 서울의 온도탑은 마지막 날에 겨우 100도를 달성했다. 전년도와 비교했을 때 개인 기부금은 줄어든 반면 기업 기부금은 늘었다. 개인 기부금이 줄어드는 추세가 2020년에도 이어진 것이다. 해당 모금액 중 개인 기부금은 1,044억 원으로 전체의 25퍼센트를 차지했고, 법인 기부금은 3,123억 원으로 75퍼센트에 달했다. 전년도에는 개인 기부금이 전체의 29.1퍼센트였다. 매년 전체 기부액은 늘어나고 있지만 개인 기부금이 줄어든다는 사실은 매년 기업의 기부액으로 전체 기부금을 충당한다는 뜻이다. 점차 기업의 기부금에 더 많은 기대를 한다는 것은 그 재무의 뿌리가 약해지고 있다는 것을 의미하기도 한다. 실제로 최근 국정농단과 김영란법의 여파로 20대 기업의 기부금이 감소하고 있어 건전성이 취약해지고 있다는 것을 알 수 있다.

그렇다면 사랑의 온도탑은 어떻게 개인의 자발적인 관심을 받아 기부금을 늘릴 수 있을까? 매년 단체 운영의 진정성을 강조하고 따스한 관심과 기부를 요청해 봤자 지금의 하락 추세를 막을 수는 없다. 유일한 방법은 바로 앞서 언급한 진실성을 담보하는 시스템을 만들고 이를 알리는 것이다.

사람들은 굳이 공식적인 설문을 통해서 "더 이상 시민 단체나 기부 단체의 기부금을 믿을 수 없어요"라고 말하지 않는다. 하지만 지난 시간을 통해서 기부금을 횡령하고 기금을 사적으로 사용할 가능성을 다양한 사례로 마주한 사람들의 무의식에는 기부할 만한 (믿을 만한) 단체가 없다는 인식이 강하게 자리 잡았다.

일반인들의 기부금 비신뢰 형태는 사실상 미비한 관련 법 체계 때문이다. 2020년 상반기 현행 기부금법상에서는 기부금 사용 내역을 공개하라는 기부자의 요구를 받아들이지 않아도 제재할 근거가 없다.

2020년 정부는 기부금 모금액과 사용 내역 공개 의무를 강화하는 법안을 재입법했다.[46] '기부 금품의 모집 및 사용에 관한 법률 시행령' 개정안을 통해, 모집자가 게시한 사항만으로 기부금 모집 현황이나 사용 명세를 파악하기 어렵다고 판단하는 경우 추가 공개를 요청할 수 있고, 모집자는 14일 이내 기부자가 기부한 내역이 기재된 별도 공개 서식을 제공해야 한다고 명시했다. 하지만 뒤늦은 입법으로 국민의 마음을 돌리는 것은 어려울 따름이다.

개인이 기부 가능한 금액은 한계가 있다. 기부 의사가 줄어드는 현실에서 이를 가능하게 만드는 방법은 기부 단체에서 횡령이 불가능할 정도로 타이트하게 관리하고 있다는 인식뿐이다. 물론 기부 단체나 시민 단체는 홈페이지 등을 통해 나름의 경영공시와 회계감사보고서를 제시하고 있다. 단지 이러한 수준은 일반 대중의 기대에 부족하다. 법적인 공시를 다 했으니 문제없다는 이야기는 현실적으로 효과를 발휘하지 못한다. 물론 앞으로도 큰 문제는 없을 것이다. 모든 단체가 비슷한 수준이기 때문이다. 하지만 이러한 비등한 상황에서 신뢰성 인식을 높이는 소수의 단체는 개인의 자발적 기부를 받을 수 있는 기회가 주어질 것이다.

기부 단체는 매년 내부 기준과 적법한 구조에 따라서 자사로 기부를 유도하는 광고를 게재한다. 대표적인 것은 역시 매스미디어를 통한 광고다. 국내외 기부 단체의 광고에는 두 가지 공통점이 존재하는데, 첫 번째는 선한 이미지의 연예인이 등장해 안타까운 표정을 짓고 간곡하게 (나도 기부를 하고 있으니) 당신도 동참해 달라고 호소를 하는 것, 그리고 두 번째는 국내외에 있는 가장 안타까운 피기부자의 모습을 극적으로 보여주는 것이다. 대표적인 예로 기아에 허덕이며 뼈만 남은 아이, 도움이 필요한 장애인과 아이들의 모습을 보여주는 것이다. 문제는 이러한 구시대적 광고를 변화 없이 이어 받으며 대부분의 단체가 똑같은 방식을 취하고 있는 것이다.

단체의 자체 학습 효과로서 이 이상의 기부금 광고 방식은 없을지도 모르지만, 현재 인식이 변화한 대중에게는 해당 단체가 절대로 기부금을 횡령할 수 없는 시스템을 갖추고 있다는 메시지를 주는 것이 훨씬 더 효과적이다.

진실이 담보된 시스템이 적용되지 않아서 끊임없는 논란에 빠진 대표적인 사례는 서울 지하철에 설치되어 있는 '임산부 배려석'이다. 2013년 12월부터 서울시 여성정책의 일환으로 서울 시내버스, 전동차에 임신부를 위한 별도의 좌석을 만들었다. 티가 잘 안 나는 초기 임신부가 주변의 시선 등을 신경 쓰지 않고 앉아서 갈 수 있도록 한다는 취지에서 시작되었다. 실제로 기존 노약자석이라고 불리던 교통약자석 자리 민원 다툼은 2008년 62건에서 2011년 420건으로 약 7배 가까이 늘어났다. 대중교통 교통약자석이 세대 갈등의 화약고로 떠오른 상태에서 임신부를 배려한 조치였다. 하지만 좋은 취지로 시작한 정책인 것과는 별개로 7년 가까운 기간 동안 여전히 실제 임신부의 편의에는 도움을 주지 못한 채 갈등만을 불러일으키고 있다.

교통약자석에 앉지 못하는 임신부를 위해 설치한 배려석임에도 불구하고 여전히 눈치를 봐야 한다는 이유였다. 임산부 배려석은 강제성이 없고 교통약자석과는 달리 자리를 비워둬야 한다는 사회적 합의도 이루어지지 않아서, 다른 교통약자나 일반인들도 아무렇지 않게 이용한다. 결국 원래 취지를 살리지 못하게 되었다. 이 때문에 '임산부 배려석 비워두기' 캠페인이 나왔지만, 임신부가 타지도 않았는데 비워둬야 하느냐는 비판과, 교통약자석에 임신부 자리를 만들어 양보하자고 홍보하는 게 더 맞지 않느냐는 비판도 존재한다.

또한 새로운 남녀 갈등의 시발점이 되어, 임산부 배려석에 앉은 일부 남성을 촬영해 공격 대상으로 삼는 사례까지 등장했다. 그 결과 행정적 불합리성과 실효성 제로라는 좋지 않은 말을 남기면서 대표적인 탁상행정이자 유명무실한 사례로 남고 말았다.

이와 같은 문제 해결을 위한 진실이 담보된 시스템은 부산 지하철에서 이루어졌다. 부산시는 종합 광고 대행사 대홍기획과 함께 임신부들이 기존보다 쉽게 자리 양보를 받을 수 있도록 부산김해 경전철에 핑크 라이트 캠페인을 시행했다. 열쇠고리 모양의 비컨을 소지한 임신부가 접근하면, 임산부 배려석 옆에 부착된 핑크 라이트가 켜져 자리를 양보하게끔 만드는 캠페인이다. 이 캠페인은 2016년 5월 국제 광고제 뉴욕 페스티벌에서 파이널리스트에 선정되었으며, 2018년 제11회 두바이 국제모범사례상 우수작으로 선정되었다. 이후 일본 도쿄메트로에서도 벤치마킹하는 등 성공적인 성과를 거뒀다.

핑크 라이트 시스템을 서울 지하철에 적용하자는 의견이 청와대 청원과 관련 민원 신고로 늘어나고 있지만, 서울교통공사는 핑크 라이트 도입이 현재로서는 어렵다는 입장이다. 서울교통공사 측은 수도권 지하철은 혼잡도가 높으며 일반 승객과의 갈등 가능성과

예산 확보의 어려움으로 도입 계획이 없다는 의견을 전했다. 이후 2019년 12월 서울시 의회 의정모니터링 시민의견 심사회의에서 핑크 라이트를 통한 '지하철 내 임산부 전용석 개선' 의견이 선정되는 등 개선의 움직임이 일어나고는 있지만 여전히 가능성은 높지 않아 보인다.

핑크 라이트 시스템이 완벽하다거나 반드시 벤치마킹을 해야 할 사례라는 건 아니다. 다만 진실을 담보한 최소한의 시스템적 개선이 이루어지지 않는다면, 시민 의식 개선이라는 이름 아래 시민에게 공을 넘기는 지금의 문제는 영영 개선되기 어려울 것이다. 시스템을 뜯어고칠 생각이 없다면 지금이라도 이러한 행정 정책을 없애는 것이 차라리 더 도움 될지도 모른다.

수술실 CCTV 법안이 관심받는 이유

진실이 담보된 시스템이 대한민국의 모든 곳에서 요구받게 될 거라는 건 쉬이 예상된다. 특히나 수술실 CCTV 설치 관련 법안은 꾸준히 사람들의 관심을 받고 있다.

매년 의료사고가 증가하며 수술실 CCTV 설치 요구 목소리가 높아지고 있다. 환자가 의료인의 과실을 입증해야 하는 의료사고에서는 교통사고와 달리 사고에 대한 '제3의 목격자'가 존재하지 않기 때문에 사고를 입증할 객관적인 정황은 모두 병원이 독점하고 있다. 2000년대 중반에 한 해 약 50만 건의 의료사고가 발생하고 있다고 추정되었으나, 당시 의료사고(분쟁)를 공식적으로 집계·공개하는 전담 기관이 없었기에 정확한 통계 자료조차 없었다. 의료사고와 관련한 분쟁은 계속해서 늘어났고 2015년 수술실 CCTV 의무화 법안이 국회에 발의되었으나 결국 통과되지 못했다.

수술실 CCTV 설치와 관련해 최근 가장 활발하게 움직이는 곳은 경기도다. 지난 2018년 10월 전국 최초로 경기도의료원 안성병원 수술실에 CCTV가 설치되었으며, 2019년 5월에는 수원, 의정부, 파주, 이천, 포천 등 경기도의료원 산하 6개 병원 전체에 수술실 CCTV를 설치·운영하고 있다. 최근에는 민간 의료기관의 자발적 참여를 유도하기 위해 전국 최초로 민간 의료기관 수술실 CCTV 설치비 지원을 조건으로 참여 의료기관을 공모했다.

공공 병원에 이어 민간 병원에도 수술실 CCTV 도입을 추진 중인 이재명 경기도지사는 국회의원 300명에게 병원 수술실 CCTV 설치에 대해 적극적인 관심과 협력을 호소하는 편지를 보내기도 했는데, 해당 편지에는 "병원 수술실 CCTV 설치는 환자들이 안심하고 수술받을 수 있는 환경을 조성할 수 있는 최소한의 방안"이라며 "사업의 실효성을 확보하기 위해서는 수술실 CCTV 설치를 의무화하는 입법이 필요하다"고 강조했다. 이어 "병원 수술실에서의 대리 수술을 비롯한 불미스러운 사건들로 인해 환자와 병원 간 불신의 벽이 매우 높다"면서 "수술실 CCTV 설치는 환자들의 신뢰를 확보할 수 있어 결국 환자와 병원, 의료진 모두에게 이익이 되는 정책이다"라고 덧붙였다. 또한 "경기도는 현재 민간 의료기관의 수술실 CCTV의 설치·운영을 뒷받침하는 사업을 추진 중"이라며 "사업의 실효성을 확보하기 위해서는 수술실 CCTV 설치를 의무화하는 입법이 필요하다. 국민적 관심이 높은 사안인 만큼 의원님들이 관심

을 갖고 역할을 해주시길 당부드린다"라고 호소했다.[49]

수술실CCTV 설치에 대한 국민 여론은 대다수가 찬성이다. 2018년 여론조사 전문 기관인 한국사회여론연구소(KSOI)의 조사에서는 82.8퍼센트,[50] 2020년 TBS 의뢰로 여론조사 전문 기관 리얼미터가 진행한 조사에서는 73.8퍼센트가 찬성했다.[51]

대다수 국민의 찬성 여론과는 달리는 당사자인 의료인들은 적극적으로 반대하고 있다. 앞으로도 많은 반대의 양상을 보이겠지만 결국 향후 법제화를 위한 본격적인 변화가 진행될 것으로 보인다. 해당 법안은 여러 가지 논란에도 불구하고 기본적으로 진실이 담보된 시스템을 따르고 있기 때문이다. 전통적으로 신뢰를 요구받는 의료인들은 앞으로 진정성이 아닌 명확한 팩트가 담긴 영상기록물을 통한 진실 확인으로 신뢰를 증명해야만 할 것이다.

이러한 제도나 사회 여론의 변화는 수술실CCTV 설치만의 문제는 아니다. 이미 설치가 의무화된 어린이집CCTV 법안도 동일한 개인정보 문제 및 교사의 진정성 문제 등을 안고 있었지만, 결국 진실의 무게 쪽에 추가 기울어졌다. 그리고 언어 표현이 미숙한 유아들처럼 전신마취 환자도 무자격자 대리 수술, 성범죄 등의 불법적인 상황이 일어났을 경우 항거 불능 상태다. 계약 관계로만 보면 수술비를 내는 환자가 갑이지만, 수술실에서의 결정권은 의사가 갖는다는 점, 즉 계약과 실제 위력행사의 갑을 관계가 바뀐다는 점도 두 공간의 공통점이라는 평가 또한 있다.[52]

4. 감당받 수 있는 적정선

적정선을 넘어 타격을 입은 사람들

성공적인 관심을 받고자 하는 관심 추종자의 마지막 조건은 바로 '감당할 수 있는 적정선'이다. '적정선'은 쉽게 말해서 '선을 넘지 말라'는 것과 뜻을 함께한다. 봉준호 감독의 〈기생충〉이 아카데미 4관왕에 오르면서 유명해진 이 '선'은 관종의 조건 마지막 퍼즐이다.

보통 '정도가 알맞은 상태'에 대해 '적정하다' 혹은 '적당하다'라는 표현을 사용한다. 하지만 그 알맞고 바른 정도가 어느 정도인지를 아는 것, 즉 적정선을 맞추는 것은 쉽지 않다. 적정한 수준의 선은 개인과 상황에 따라 다르다. 단지 '관심을 받고자 하는 한계선'을 선정하는 데 하나의 지표가 되는 것은 바로 개인이 감당할 수 있는 수준이다.

오늘날 확실한 변화 중 하나는 바로 이 적정선을 넘어가는 일, 시쳇말로 선을 넘는 행동들이 다각도로 일어나고 있는 것이다. 관심의 주체가 감당할 수 없는 선을 넘어서이기도 하고, 결코 넘어서는 안 되는 절대 선을 넘어서이기도 하다. 하지만 이것의 대가는 크다. 선을 넘는 행동으로 논란이 되어 관심종자로 낙인이 찍히거나, 정부 단체와 기업의 경우는 돌이킬 수 없는 타격을 입는 일들이 자주 발생하고 있다.

'웃자고 한 말에 죽자고 달려든다'라는 표현이 있다. 웃고 즐기자는 지극히 선한 의도에서 한 말을 당사자 혹은 제삼자가 민감하게 반응하며 따진다는 이 표현은, 모두를 웃기는 농담을 다른 가치보다 더 높이 둔 것이다.

2010년 초 이전의 우리나라 TV 속 개그 프로그램에서 가장 흔하게 웃음을 자아낼 수 있는 방식은 바로 상대방의 약점을 꼬집어 비꼬거나 조롱하는 방식이었다. 작은 키, 체지방이 높은 체형부터 시작해서 탈모, 주요 신체 특징, 그리고 많은 나이와 특정 성별에 이르기까지 수많은 부분이 개그의 대상이 되었다. '땅딸보', '뚱땡이', '소 갈머리 없는 놈', '늙은 꼰대', '여자가 말이야~'에 이르기까지 나열할 수조차 없을 정도다. 꼭 TV 속 개그 프로그램에서만 일어나는 일은 아니었다. 우리 사회 속에도 모두 혹은 제삼자를 웃기기 위해 특정인을 희화하고 이를 받아들이는 데 관대했다.

조롱의 힘이 한 축을 담당하던 개그 프로그램이 TV에서 자취를 감추자, 유튜버로 대표되는 인터넷 방송으로 조롱의 영역이 옮겨졌다. 하지만 그러한 내용들은 날것 그대로 방송되지 않고, 영민한 모습으로 변경되어 (조롱의) 선을 아슬아슬하게 넘나드는 것으로 발전했다.

특히 스낵컬처로 소비되는 짧은 영상은 프로 편집자들의 기술이 가미되어, 선을 넘는 내용 직전에 입을 막는 행동 등으로 편집함으로써 사람들의 심리적 저항선을 건드리되 넘지는 않는 방식을 택한다. 물론 몇몇 사례를 제외하고는 이 방식 자체가 문제를 일으키지는 않는다. 애독자를 비롯한 신규 구독자들의 심리적 선은 이들이 가장 잘 알고 있기 때문이었다.

문제는 편집이 가미된 유튜브 영상으로 성장한 일명 선 넘기의 대가들이 라이브 방송으로 넘어오면서 이 둘 간의 차이점을 인지하지 못하고 똑같은 행동을 하면서 벌어진다.

유튜브의 한 인기 채널에서 깨알 같은 욕과 19금 발언 등을 통해 일명 '선 넘는 캐릭터'로 인기를 얻은 방송인은 정부에서 운영하는 채널의 라이브 인터뷰에서 성희롱 뉘앙스를 담은 발언 때문에 논란이 일었다. 결국 해당 영상은 삭제되었고 사과를 했음에도 대중은 그녀에게 다른 방송 또한 하차하라는 격한 반응을 보였다. 이런 상황에 이르게 된 핵심적 이유는 기존 캐릭터를 보전해 준 데 편집의 힘이 있었다는 점을 간과하고 평소와 같은 행동을 생방송으로 했다는 것이다.

생방송 BJ로 시작해 (편집 가능한) 유튜브 방송으로 영역을 확대한 BJ 출신 유튜버들은 두 방송 간에 명확한 차이가 있음을 인지하고 있다. 그래서 얼마 안 된 인터넷 방송인들이 생방송 스트리밍을 쉽게 생각하고 접근하는 부분에서 지양할 점을 강조하며, 이 두 방송 중 자신이 잘하거나 감당할 수 있는 영역을 분명히 따져 접근하기를 조언한다.

이 외에도 공식적으로 출입 금지인 곳에 입장하거나 공식적인 자리에서 욕설을 하는 등의 선을 넘는 행위는 유명인들의 브이로그에서 자주 나타난다.

관심 추종자로서 절대로 넘지 말아야 할 선은 지극히 당연한 것들이 대부분이다. 하지만 가장 최근에 등장하고 흔하게 일어나는 사례는 '일베(일간 베스트 저장소)'로 대표되는 극우 커뮤니티에서의 활동이다.[53]

2019년 전 세계에서 가장 빠르게 성장한 유튜브 채널 중 하나는 고 노무현 대통령을 비하하는 의미로 사용되는 단어를 자막으로 사용한 탓에 구독자 수와 조회수가 급감하는 타격을 입었다. 인터넷 밈을 폭넓게 이해하는 해당 기획자들이 일베에서 광범위하게 사용되는 용어를 모를 리가 없다는 것, 그리고 이전에도 일베 논란이 나타날 수 있는 사례를 다수 시도했다는 점이 이유였다.

이 외에 전통적으로 절대 금기시되는 선은 우리 민족의 상처와 관련된 부분이다. 특히 일본군 위안부 문제는 우리 민족과 여성들의 대표적인 상처 중 하나로, 가벼운 마음으로는 언급조차 어려운 문제다. 2004년 유명 여성 배우는 이 종군 위안부를 테마로 누드 화보집을 기획하고 작업했다가 위안부를 상술에 이용한다는 비난과 파문을 일으키며 사실상 연예계에서 퇴출되는 결과를 낳았다.

일반 유튜버들이 가장 흔하게 넘는 선은 대부분 법에 저촉되는 불법적인 행태 혹은 공공 영역 침범 등이 있다. 그중에서 공공 영역 침범에 해당하는 부분은 회사에서 동의를 얻지 않고 브이로그를 찍어 수익을 창출하는 식의 행동이다. 일반 시민들에게 동의를 구하지 않고 무작정 다가가서 헌팅을 시도하고 이를 업로드하는 행위도 해당한다.

어떻게 적정선을 지킬 수 있을 것인가

예능 프로그램에는 종종 'MSG 토크' 혹은 'MSG를 친다'라는 표현이 등장한다. 조미료의 대명사가 된 L-글루타민산나트륨을 빗대어, 예능 출연자가 자신 혹은 타인의 과거 에피소드를 각색하거나 거짓으로 꾸며대는 것을 의미하는 표현이다. 예능에서도 적당한 수준의 MSG는 재미로 인정받는 반면, 과도한 MSG는 '무리한 개그'로 인식되고 제지를 당한다.

예능 프로그램에만 등장하는 것은 아니다. 좋은 직장을 구하고자 하는 경쟁은 치열해지고 승자만이 살아남는 취업 시장에서도 마찬가지다. 많은 사람이 면접에서 MSG가 필수라고 생각한다. 간혹 철저한 면접 하드 트레이닝을 받은 면접자들은 MSG 차원을 넘어서 자신의 경력을 소설 수준의 픽션으로 재구성하기도 한다.

하지만 실제 면접 전문가들은 이러한 MSG가 거짓의 영역으로 들어가는 것을 경고한다. 취업 유튜버 '면접왕 이형'은 MSG를 자신의 의도를 더 제대로 드러내고 결과를 좀 더 잘 표현하기 위해서 불필요한 것을 가리거나 순서를 바꾸는 '경험의 재구성', 좋은 결과물이 있을 때 그 의도를 재해석하는 수준인 '경험의 재해석', 그리고 명확하지 않았던 구체적인 수치를 경험으로 채워 넣는 수준의 '각색 MSG'로 나누며, 이 세 가지 영역 안에서는 일부 MSG를 더하는 것이 가능하다고 말한다.

하지만 이를 넘어선 거짓말을 할 경우, 전문적으로 트레이닝된 면접관에게 단번에 포착돼서 초장부터 자멸하거나 '구조화된 역량 면접' 등에서는 꼬리에 꼬리를 무는 추가 질문에 결국 진실이 드러날 수 있다. 요리에 들어가는 적당한 MSG는 음식의 감칠맛을 더하지만, 과한 사용은 음식을 망치는 결과를 가져온다.

도발, 골칫거리 등의 뜻을 지닌 영단어 'aggravation'의 인터넷 속어인 어그로(Agro)도 활용 정도에 따라 효과적인 관심 획득의 도구가 되기도 하고, 반대로 적정선을 넘어 관심병자로 비판받을 단초를 제공하기도 한다. 즉, 대중의 관심을 받는 데 어느 정도의 어그로가 효과를 발휘할 수 있지만, 자신이 감당할 수 있는 수준에 한정해서 진행해야 한다는 것이다.

특히 유튜브에서는 영상 제목보다 섬네일이 중요한데, 어느 정도 관심을 유발할 수 있는 수준의 어그로성 섬네일을 만드는 것(예를 들어, 게임 승부를 펼친 것을 섬네일에서는 "○○랑 한판 붙었습니다"라고 표현하는 것 등)은 괜찮지만, 섬네일과 실제 내용이 다르면 진실성에 의구심을 불러일으킬 수 있다.

관종의 첫 번째 조건인 지속적인 가시성을 높이기 위한 시도는 좋지만 이 또한 특정 부분의 선을 넘지 않아야 한다. 예를 들어, 실력과 화제성을 겸비했다고 소개한 UFC 역대 최고 스타 코너 맥그리거도 메이웨더와 일전을 치러 승리한 후에 선을 넘는 행동으로 침체의 나락으로 떨어진 적이 있다.

맥그리거는 예전에도 독일인 상대 선수를 향해 '나치 드립'을 던지는 등 발언의 선을 위험하게 넘나들었다. 2018년 열린 하빕 누르마고메도프와의 라이트급 타이틀 전에 하빕이 타고 있던 버스를 습격해 부수고, 경기 전 인터뷰에서 그의 인종, 종교 및 국가에 대한 비난을 넘어 일명 패드립을 날리는 등 선을 넘어버렸다.

맥그리거는 이 경기에서도 압도적으로 패배했지만, 이 경기 후 하빕이 맥그리거 팀원의 도발에 응해 관중석으로 뛰어 들어가는 패싸움의 단초를 제공하고야 말았다. 화제성과 실력을 갖추고 있더라도 일정 이상의 사회·문화적 선을 넘어서는 안 된다는 점을 다시 한번 일깨워 주는 사례다.

3부

관중과 개인:
개인 차원의 관심 획득

1. 대중의 관심을
끌어당길 수 있는 개인

관심을 받고자 하는 주체의 성격에 따라 관심 추종 영역을 네 가지로 나누었다. 3부에서 말하는 '개인 차원'은 어떤 회사나 조직 안에서 한정된 인원의 관심을 끄는 것이 아니라, 불특정 대중의 관심을 받고 그들에게 영향력을 미치기를 바라는 차원의 개인을 의미한다.

특정 직업에 얽매이지 않고 순수하게 자신의 이름과 행적만으로 '유명인'이 된 사람들이 개인 차원에서 관심을 획득하는 대표적인 존재이며, 여기에는 1인 미디어 산업에 속한 유튜버나 SNS상에서 영향력을 미치고자 하는 인플루언서가 포함된다. 기존 방송계에서 활동한 연예인과 방송인 모두 개인 차원 영역에 해당한다.

개인들이 개별적으로 대중의 관심을 받고 그들에게 영향력을 미치기 위해서는 반드시 남들보다 뛰어나거나 남들과 다른 무언가가 필요하다.

매력 자본, 새로운 자본 개념의 등장

프랑스의 사회학자 부르디외는 개인이 남들보다 낫거나 남들과 다르기 위한 전제 조건에 자본이 있으며, 그 자본은 크게 경제 자본, 문화 자본, 사회 자본이라는 세 가지 형태로 나눌 수 있다고 봤다.[01]

첫 번째 경제 자본은 쉽게 말해서 '돈'을 말하는 것으로 부동산과 주식처럼 미래 재정적인 이득을 발생시키는 자원 모두를 포함하는 개념이다.

두 번째 사회 자본은 우리가 사회적 인간관계를 맺으면서 그 관계를 통해 얻을 수 있는 모든 공식·비공식적 자원 혹은 그 자원을 얻어내는 능력을 말한다.[02] 이는 일상적으로 말하는 혈연, 지연, 학연과 같은 인맥으로, 호혜적인 관점에서 도움을 교환하는 협력적인 의미를 가질 수도 있지만, 가끔 연고주의로 변질되어 적폐 청산의 대상이 되기도 한다.[03]

세 번째 문화 자본은 대학교 학사학위 같은 공식 취득한 자격, 혹은 음악, 미술, 문학과 같은 문화 예술적 교양에 대한 지식이나 취미 같이 누군가를 '기품 있는 사람'으로 만드는 미학 행위를 추구하는 역량 또는 능력을 의미한다.[04] 음악이나 미술에 대한 기술이나 지식이 남들과 달라 보이는 개인을 만들기도 한다. 그런데 우리나라에서는 특이하게 이러한 문화 예술보다 영어가 문화 자본으로 더 높은 위상을 나타낸다.[05] 단순한 소통 수단을 넘어서 그 자체가 '학력 지수'이자 '성공을 보장하는 하나의 능력'을 증명하는 특별한 문화 자본이 되었다.[06]

이 책에서는 매력 자본(Attraction Capital)[07]이라는 새로운 개념을 추가하고자 한다. 매력 자본이란 사람의 관심을 끌어당길 수 있는 개인적 매력의 총집합을 말하는데, 성격에 따라서 크게 '신체적 매력'과 '사회적 매력'으로 나눌 수 있다. 여기서 신체적 매력은 외모를 의미하며, 사회적 매력은 사회나 집단 안에서 타인의 호감이나 존경을 불러일으킬 수 있는 대인 매력을 의미한다.

매력 자본이 기존에 존재했던 세 가지 자본에 이어서 또 하나의 자본이라는 타이틀을 얻을 수 있었던 배경에는 관심이 현대 사회에서 측정하고 교환할 수 있는 화폐가 되었기 때문이다. 그리고 개인의 매력은 사람들의 관심을 이끌어내고 직접적으로 돈이라는 경제 자본으로 교환될 수 있기에, 독립된 자본으로 인정받을 수 있다.

기존의 자본과 매력 자본의 가치 교환

모든 자본 유형의 기초는 본질적으로 돈이다. 그렇기 때문에 모든 자본은 기본적으로 돈이라는 경제 자본으로 교환될 수 있어야 성립한다. 그런 의미에서 기존의 사회 자본과 문화 자본 그리고 새롭게 등장한 매력 자본은 모두 돈이라는 경제 자본으로 교환될 수 있는 성질을 지녔으며, 경제 자본 또한 나머지 자본들로 교환될 수 있는 성격을 지녔다.

단지 기존의 사회에서는 이러한 자본 간의 가치 교환이 대놓고 이뤄지지는 않는 편이었다. 왜냐하면 사람들이 사회에서 사람들을 만나서 인맥을 쌓고(사회 자본의 증진), 음악이나 미술 같은 예술을 공부하는 것(문화 자본의 증진)이 결국 '돈 때문'이라고 말하는 것을 결코 순수하지 못하다고 받아들였기 때문이다.

우리는 필요로 인해 사회에서 누군가를 만나 교류하고 그들에게 친절을 베풀더라도 '나는 언젠간 당신이라는 사람이 필요하기에 이건 일종의 투자요!'라는 식의 의도를 나타내지 말아야 했으며, 미술품을 고가로 되팔기 위한 마음만으로 미술품 투자에 나선 사람이라도 어쨌든 경매장 안팎에서는 미술품 애호가가 되어야 한다는 것을 알고 있다.

비록 '결국 모든 것은 돈을 벌기 위해서야'라는 식으로 직접적인 의도를 드러내지 않았지만, 기본적으로 모든 사회적 교환에서 경제적 요소의 이전이 수반된다.

이렇듯 경제 자본은 사회 자본과 문화 자본, 그리고 매력 자본 모두를 키우는 데 투자할 수 있다. 반대로 나머지 자본들은 장기적이고 지속적으로 그 돈을 버는 데 긍정적인 영향을 미칠 수 있다.

우리는 친해지고 싶은 사람의 생일에 기프티콘을 선물하거나 저녁 식사를 대접하는 방식으로도 친밀한 관계를 발전시킬 수 있다. 그 과정에서 양적 혹은 질적으로 증대된 사회 자본은 장기적으로 볼 때 이득(인맥 증가)을 가져다줄 것이다.

또한 사교육 등으로 문화 자본에 투자해 학위 등 공식 지위를 획득하고 문화 예술 지식을 얻음으로써, 잠재적으로 경제 자본을 공고히 하는 데 도움(문화 지위 획득)이 된다.

교육(문화 자본)과 인맥(사회 자본)에 대한 투자는 투자금 회수에 시간이 소요되지만, 장기적으로 투자했을 때 실패할 확률은 그리 크지 않다. 특히 자녀의 교육에 투자하는 경우, 자녀의 대학 입학이 좌절

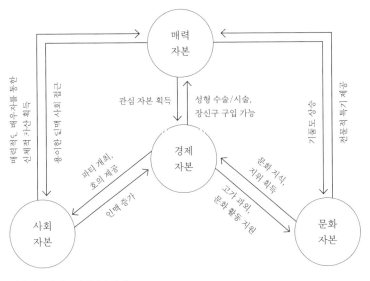

매력 자본과 기존 자본들의 관계

되면 시간과 돈이 더 들어갈 수 있지만 대부분은 투자한 만큼의 효과를 얻는다. 그래서 최소 12년이 걸리는 정규 교육과 사교육에 돈을 투자한다. 인맥에 대한 투자 또한 마찬가지다. 단기적으로 100퍼센트 투자금 회수는 어렵지만 장기적으로 구축한 인적 자본은 언젠가 큰 보답이 될 수 있다. 이것들이 가능하게 된 것은 돈으로 현대 사회의 촘촘한 네트워크를 구축할 수 있고, 교육으로 실력을 늘려 실력주의 사회 안에서 성공을 이룰 수 있다는 강렬한 믿음 덕분이었다.

한편, 경제 자본과 매력 자본의 관계는 기존 자본들과의 관계보다 밀접하다. 특히 투자수익률(ROI: Return of Investment)과 같은 투자 대비 효율 측면에서 보자면 매력 자본 투자만큼 즉각적으로 탁월한 효과를 보는 것은 없다.

인맥과 교육은 투자 후 회수 기간이 오래 걸리는 반면, 외모 투자는 단기간에 극적인 효과를 볼 수 있다는 장점이 있다. 가령 성형 수술의 비용이 비싸게 느껴질 수 있지만, 짧은 시간(짧게는 하루 혹은 1~2주) 안에 남보다 훨씬 높은 성취를 이루고 (성공적인 수술을 진행한 경우) 효과는 오랫동안 지속된다는 점에서 적은 비용으로 즉각적이고 탁월한 효과를 낼 수 있는 투자가 된다.

이에 대한 반대급부로 현대의 매력 자본은 '대중의 관심을 바로 돈으로 바꿀 수 있는 마력'을 품게 되었기 때문에, 직접적으로 돈을 벌어줄 수 있는 토대를 마련한다. 물론 인간의 모든 매력이 바로 돈이 된다는 말은 아니다. 하지만 개인이 무한 경쟁을 펼치는 현대 관심 시장에서 개인이 가진 매력 자본은 일종의 '캐시템(Cash Item)'과 같은 역할을 수행한다. 즉, 매력이 부족해도 관심 시장에서 경쟁에 나설 수 있지만, 월등한 매력 자본을 갖추고 있는 개인은 경쟁에서 이길 수 있는 더 빠른 지름길로 달려 나가는 메리트가 있다.

신체적이나 사회적으로 매력적인 개인은 사람들이 모이는 곳에서 환영을 받는 존재가 되기 때문에, 상대적으로 용이하게 인맥을 늘릴 토대(사회 자본 증가)를 마련할 수 있다. 또한 넓고 깊어진 사회 자본은 매력적인 배우자를 선택할 수 있는 기회를 제공함으로써 유전적인 형질을 후대에 전하는 매력 자본 증식의 기회가 주어진다.

문화 자본의 획득에서도 마찬가지다. 비록 매력 자본이 미술과 음악 지식의 실력을 직접적으로 증가시키지 못하더라도, 교양을 갖춘 개인들의 외면을 꾸며줌으로써 한층 더 '기품 있는 사람'으로 만들어준다. 반대로 문화 자본인 전문 지식 혹은 음악, 미술, 문학 분야의 취미 등은 하나의 전문적인 특기로서, 매력 자본 중 하나인 사회적 매력을 증진하는 요소로 활용될 수 있다.

이렇듯 현대 사회에서 개인 매력의 집합체인 매력 자본은 기존의 자본 요소와 상호적으로 얽혀 있어서 결코 떼려야 뗄 수 없는 관계가 되었다. 즉, 개인의 매력은 그 자체의 아름다움으로 끝나는 것이 아니라, 현대에서 돈을 비롯한 다양한 자본을 늘리는 동시에 개인을 한층 더 탁월한 존재로 만들어줄 수 있는 획기적인 기회를 제공하는 것으로 업그레이드된 것이다.

개인의 매력이 자본이 된 세상: 6가지 매력 자본

이와 같이 지금의 사회에서 한층 다른 차원의 기회를 제공하게 된 매력 자본은 세부적으로 다음과 같은 6가지 요소로 나눠볼 수 있다.

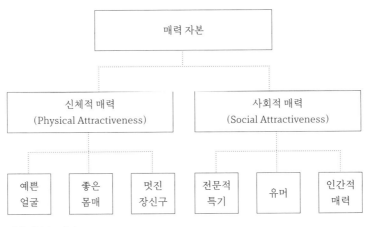

매력 자본의 6가지 요소

* 신체적 매력: 얼굴, 몸매, 장신구

보통 사람들에게 매력적인 사람을 머릿속으로 떠올리라고 하면, 가장 먼저 생각하는 건 바로 아름다운 외모일 것이다. 매력에 대한 학자들의 초기 연구 또한 아름다운 외모로 정의했다.[09]

아름다운 외모를 대표하는 것은 바로 얼굴이다. 얼굴은 매력 자본에 절대적인 영향력을 나타내는 중요한 요소다. 가령 배우 정우성은 큰 키와 다부진 몸매 그리고 배우로서의 카리스마와 적절한 유머 또한 갖추고 있지만, 사람들이 예전부터 지금까지 가장 많이 주목하는 것은 바로 그의 잘생긴 얼굴이다.

그가 한 연예 정보 프로그램에서 "잘생겼다는 말이 지겹냐?"라는 리포터의 질문에 "짜릿해, 늘 새로워. 잘생긴 게 최고야"라고 대답한 것은 원래 다소 진부해진 질문을 재치 넘치게 받아친 것이지만,[10] 그의 답변 의도와는 다르게 '최고의 매력은 역시 잘생긴 얼굴'을 의미하는 밈으로 쓰이게 되었다. 실제 사람들은 현실에서 멋진 옷으로 치장하는 사람보다 얼굴이 잘생긴 사람을 더 매력적인 사람으로 여긴다. 이 때문에 한때 유행했던 '옷이 날개'라는 말은 사그라지고 '패션의 완성은 얼굴이다'라는 말로 대체되었다. 물론 이 아름다움은 개인 취향에 따라 판단 기준이 다를 수 있으며, 국가·지역별로도 차이가 있다.

진화생물학자를 중심으로 여러 과학자들은 현대 사회에서 '공통된 미의 기준이 있는지'를 알아내고자 노력해 왔다. 연구 조사 결과 좌우 대칭적인 얼굴[11] 혹은 얼굴의 가로 세로가 황금 비율(1:1.618)[12]을 가진 사람이 선호되었다. 하지만 이러한 공통된 얼굴의 황금 비율을 통해 '황금 비율 마스크'를 만들어낸 미국의 성형외과 의사 스티븐 마쿼트는 얼굴이 대칭이라고 해서 항상 아름다운 것은 아니라는 견해를 밝혔다. 그러면서 아래와 같은 유명한 말을 남겼다. "못생긴 얼굴은 대칭적으로 만들어도 여전히 못생겼습니다. 즉, 대칭적으로 못생긴 거죠."[13]

결국 우리가 잘생긴 얼굴의 가치를 인정하는 것은 예나 지금이나 탁월한 외모를 가진 사람이 드물기 때문일 것이다.

그다음 신체적 매력 요소는 좋은 몸매다. 우리는 보통 미인, 미남을 말할 때 아름다운 얼굴 다음으로 좋은 몸매를 꼽는다. 좋은 몸매란 어느 정도는 성적 매력과 연결되어 있다. 남성의 경우 단련된 복근을 의미하는 식스팩, 여성의 경우는 잘록한 허리와 넓은 골반의 볼륨을 의미하는 S라인이 대표적이다.

태어날 때부터 생김새가 결정되는 얼굴과 달리 몸매는 후천적 노력으로 발전시킬 수 있다는 특징이 있다. 좋은 몸매는 개인의 매력을 증진할 수 있는 요소가 되며, 간혹 예쁜 얼굴의 절대적 중요성을 대체할 수 있는 요소가 되었다.

마지막으로 멋진 장신구는 우리가 액세서리라고 표현하는 목걸이, 귀걸이 같은 귀금속류와 핸드백, 지갑이나 가방 같은 패션 상품, 화장품, 헤어스타일 & 헤어용품, 네일아트 등 자신의 스타일을 표현하는 모든 외부적 용품을 뜻한다. 특히 최근 디지털 영상 기술 발전으로 가능해진 '사진 & 영상 필터'도 이 범주에 포함되는 것이 특징이다.

* 사회적 매력: 전문적 특기, 유머, 인간적 매력

사회적 매력은 쉽게 이야기하면 신체적 매력을 제외하고 한 인간이 보여줄 수 있는 모든 매력이다.

과거 매력 자본의 개념은 이성을 매혹하는 성적 매력에 국한해 설명되는 경향이 강했지만, 현대 사회에서는 이성을 매혹하는 좁은 뜻에서 벗어나 범위가 넓어지면서 신체적 매력과 사회적 매력 모두가 중요해졌다.

사회적 매력 중 하나인 전문적 특기는 재주나 지식 같은 특기적인 부분이다. 하지만 전문적 특기라고 해서 반드시 공인된 자격증이나 전문 학위를 가져야 한다는 뜻은 아니다.

물론 공인 자격증이나 특정 분야 박사학위 등을 토대로 인증된 전문성도 전문적 특기에 해당하지만, 남보다 음식을 빨리 그리고 많이 먹을 수 있는 소위 푸드 파이터로서의 자질이나, 애니메이션이나 기타 서브 컬처에 대한 해박한 지식 같은 것들도 이 전문적 특기에 포함된다.

하지만 이 전문적 특기가 사회적 매력의 범주에 들어가기 위해서는 반드시 남들이 하지 않거나, 남들보다 월등히 잘하거나, 남들과 조금은 달라야 한다. 자신과 같은 분야의 취미를 비슷한 수준으로 즐기는 타인에게 익숙함을 느낄 수는 있지만, 그 자체에 관심과 매력을 느낄 수는 없다. 하지만 남과 다른 새로운 것을 시도하고 탁월한 무언가를 보여주는 누군가에게 우리는 매력을 느낀다.

이러한 의미에서 전문적 특기가 매력이 되기 위해서는 우리가 보고 즐길 만한 관람 가치를 줄 수 있어야 한다. 적어도 유튜브에서 구독을 한다거나 인스타그램에서 좋아요를 누를 만한 가치가 있어야 한다는 뜻이다.

그다음 사회적 매력 요소는 유머다. 여기서 유머란 단순히 누군가를 웃기는 데 그치는 것이 아니라 '남에게 즐거움을 유발하는 것'을 뜻한다. 그런 의미에서 볼 때, 유머는 재치 있는 말이나 행동으로 상대방을 웃기는 능력일 수도 있고, 꼭 농담으로 타인에게 재미를 주지 않더라도 일부 정치인과 같이 사이다 같은 시원한 발언을 하거나 일부 종교 지도자와 같이 삶에 대한 확고한 희망을 주는 방식으로 사람들에게 통쾌함과 카타르시스를 전해주는 것일 수도 있다.

보통 사람들은 재미있는 사람 곁에 있고 싶어 하지, 소위 '노잼'인 사람들과 함께 시간을 보내려 하지 않는다. 또한 재미있는 사람은 엄격하고 근엄하고 진지한 분위기를 화기애애하게 만들어주는 역할을 하기 때문에, (상대방을 깎아내리는 방식의 개그를 취하는 일부 사람을 제외하고) 대체적으로 유머가 있는 사람은 배려심이 있다고 여기고 호감과 매력을 느낀다.

마지막 사회적 요소인 인간적 매력을 한 문장으로 정의하기는 어렵지만, 대체적으로 우리가 누군가에게 인간적 매력을 느낀다고 할 때는 자신보다 먼저 남을 배려하고, 남의 기분을 상하게 하는 언행을 하지 않으며, 남과 잘 협력하는 사람을 일컫는다. 남과 대화가 잘 통하거나 남의 이야기를 잘 들어주는 등의 방식으로 남을 편안하게 만드는 사람 또한 인간적 매력이 있다고 말한다.

매력 자본의 우선순위

앞서 6가지 매력 자본을 간략하게 소개했다. 한 사람이 6가지 자본 중 한두 가지를 소유할 수도 있고, 단 하나도 소유하지 않을 수 있다. 6가지 모두를 갖고 있는 '초인적 매력' 소유자도 간혹 볼 수 있다. 하지만 일반 사람이 이 모든 매력을 지니고 있기란 쉽지 않다.

만약 당신이 6가지 매력 자본 중에 단 하나만 선택할 수 있다면 어떤 요소를 선택할 것인가? 또한 개인 차원의 관심 영역에서 6가지 매력 자본 중 가장 큰 힘을 발휘하는 것은 무엇일까?

* 1순위, 누가 뭐래도 잘생긴 게 최고지

예쁜 얼굴	좋은 몸매	멋진 장신구	전문적 특기	유머	인간적 매력

6가지 매력 자본 중에서 가장 큰 힘을 발휘하는 것은 바로 예쁜 얼굴이나 멋진 몸매와 같은 아름다운 외모다.[14] 아름다운 외모를 가진 사람들은 다양한 면에서 이점을 안고 살아가지만, 그 효과가 가장 크게 발현되는 곳은 바로 관심 시장이다. 즉, 아름다운 외모가 유튜브 같은 영상 플랫폼이나 인스타그램 같은 SNS 안에서 가장 큰 빛을 발휘할 수 있다는 의미다.

관심 시장에서 성공한 이력을 가진 유튜버와 인플루언서들이 모두 하나같이 입을 모아 이야기하는 것도 동일하다. 특출하게 잘생기고 예쁜 외모를 가진 사람들은 이 시장에 진출하는 것 자체로 성공할 가능성이 높다.

보통 사람들은 SNS나 유튜브상에서 팔로워와 구독자를 늘리기가 매우 어렵지만, 출중한 외모나 멋진 몸매를 가진 사람들은 그들보다 적은 노력으로도 짧은 시간에 수만 명의 팔로워와 구독자를 채운다.

만약 당신이 예쁜 얼굴 혹은 멋진 몸매 같은 요소 중 하나를 이미 갖추고 있으면서 나머지 사회적 매력(전문적 특기, 유머, 인간적 매력) 중 하나를 추가로 갖추고 있다면, 그것이 바로 관심 시장에서 성공할 수 있는 금상첨화의 조건이 된다.

멋진 화장 기술을 가지고 있으면서 타고난 얼굴조차 예쁜 뷰티 유튜버, 서핑을 누구보다 잘하는 것은 물론이고 동시에 몸도 다부진 서핑 유튜버와 같은 존재는 타인으로부터 관심을 가져오기에 유리한 고지를 선점하고 있는 것과 같다.

심지어 방송에서 정량 이상의 음식을 섭취하는 먹방에서조차 '음식을 맛깔나게 잘 먹지만 체격이 크지 않은 사람'이 인기를 끌 가능성이 높다. 정상적인 몸무게를 유지하기 어려운 먹방 유튜브에서도 멋진 외견을 유지하는 사람의 인기가 높다는 점은 눈여겨볼 만한 현상이다.

과거에 아름다운 외모를 갖춘 사람들은 성격이 좋지 않거나 자기 잘난 맛에 사는 새침데기일 거라는 고전적인 오해를 받았다.

'어렸을 때부터 예뻤던 아이'는 계속해서 주위에서 칭찬만 듣고 자랐기 때문에 흔히 '자기가 잘난 줄 아는 건방진 아이'로 자라날 것으로 생각했다. 드라마와 소설 같은 창작물에서도 외적 아름다움을

갖춘 사람을 내적 아름다움을 등한시하는 존재로 그리기도 했다.[16]

하지만 심리학자들이 아름다운 사람들의 심성을 오랜 기간에 걸쳐 연구한 결과 현실은 정반대로 나타났다. 즉, 아름다운 외모를 가진 사람들이 일반적인 외모를 가진 사람들보다 실제로 더 긍정적이고 밝은 성품을 가지고 있다는 것이다.

아름다운 외모를 가진 이들이 따스한 마음씨를 가지게 되는 건 매우 자연스러웠다. 어렸을 때부터 부모님을 포함한 모두에게서 따스한 대접을 받았기 때문이었다. 그들은 자신이 특별하게 아름답거나 잘생겼다고 생각하지 않았다.[17] 단지 그들을 둘러싼 세상이 그들을 향해 미소를 보내고 있으니 그들도 그에 따라 미소를 지어 보였을 뿐이다. 이런 사람들은 부정적인 생각이 엄습하는 환경에서 살지 않았기에 우울증을 겪을 가능성도 낮았으며,[18] 보통 사람들보다 더 많은 친구를 사귀고 있는 것으로 나타났다.[19]

통상적으로 어린 시절에 형성된 성격은 성인이 되어도 변하지 않고 이어진다는 점에서, 아름다운 외모를 통해 따스한 어린 시절을 보낸 이들은 평생을 따스하고 친절한 사람으로 살아갈 수 있었다.[20]

최근에는 이러한 현실이 미디어 속 창작물에도 반영되어, 얼굴이 예쁜 사람들이 마음씨까지 착한 존재로 등장하는 경우가 늘어나고 있다.

하지만 현실에 너무 실망할 필요는 없다. 왜냐하면 이 아름다운 외모를 후천적으로 얻을 수 있는 외모 개조 기술이 나날이 발전하고 있고 기술적인 보조물 또한 증가하고 있기 때문이다.

외모 개조의 대표인 성형 수술 외에도 체중 조절을 위한 식이요

법 및 일대일 퍼스널 트레이닝 같은 운동 관리 기술, 모발 이식 및 가발, 경구용 탈모 치료제 같은 헤어 관리 기술, 치아 교정과 미백, 임플란트 같은 치아 관리 기술, 주름, 탄력 케어 및 선탠과 같은 피부 관리 기술, 그리고 제모와 체취 관련 관리까지, 관련 기술은 끊임없이 개선되고 관련 시장도 하루가 다르게 커지고 있다.

과거에는 성형 수술이나 외모 관리 사실 등을 감추고 부끄러워하는 풍토가 있었지만 이제는 변화된 시대의 흐름에 따라 이를 외모 관리를 위한 개인의 노력으로 받아들이는 경향이 강해졌다. 또한 영상 필터링 기술과 편집 기술이 점차 발전하면서 유튜브나 SNS 화면에서 보이는 모습들이 개인의 현재 모습을 100퍼센트 반영하지 않게 되었다는 점도 타고난 외적 미를 갖추지 못한 많은 사람에게 희망을 주고 있다.

* 2순위, 우리를 즐겁게 해주는 힘의 가치

예쁜 얼굴	좋은 몸매	멋진 장신구	전문적 특기	유머	인간적 매력

아름다운 외모 다음의 순서를 뽑는다면, 단연 사회적 매력 요소 중 하나인 유머를 뽑을 수 있다.

유머는 타인과 관계를 하는 모든 곳에서 긍정적인 힘을 발휘하지면, 유튜브와 같은 개인 관심 시장에서는 그 힘이 배가된다. 그 힘의 가중치가 높아지는 것은 유튜브로 대표되는 콘텐츠 시장에서 가장 중요한 요소는 재미이기 때문이다.

2019년 실시한 한 온라인 설문조사에 따르면 사람들이 '유튜브 영상을 선택하는 데 주로 고려하는 요인'으로 가장 많이 선택한 것은 바로 '재미(63.9퍼센트)'였다.[22]

'유튜브 영상을 보는 이유'로는 "내가 원하는 시간에 볼 수 있어서(1위/46.1퍼센트)"와 "내가 필요할 때 필요한 정보를 찾을 수 있어서(2위/43.3퍼센트)"에 이어서 "방송 자체가 재미있어서(3위/33.5퍼센트)"가 뽑혔다. 꼭 재미만을 위한 특정 코미디 콘텐츠가 아닌 정보나 다른 콘텐츠를 찾더라도 사람들 대부분 콘텐츠 안에서의 재미를 중요하게 여긴다.

그렇기 때문에 유머를 갖춘 개인은 개인 관심 시장에서 높은 위치를 차지할 가능성이 높다. 꼭 남을 웃기기 위한 내용이 아니라 전문적인 지식을 전달하는 내용 혹은 일상생활을 전달하는 내용으로 콘텐츠를 구성하더라도 시청자에게 재미를 줄 수 있으면 가능하다는 말이 된다.

하지만 반대로 설명하면, 정말로 유용한 전문 지식이나 괜찮은 기획으로 만들어진 콘텐츠라고 할지라도 재미 자체가 곁들여지지 않는다면 개인 관심 시장 안에서 관심받기 힘들다. 또한 전문적인 지식이나 괜찮은 기획과 아이디어는 추후 학습을 통해 충분히 습득 가능하고 때에 따라 타인에게 빌려 올 수 있는 반면, 이 재미를 끌어내는 능력은 단기간 학습하거나 타인에게서 빌려 올 수 없다. 개인의 매력 자본으로 볼 때 아름다운 외모를 제외하고는 가장 강력한 힘을 갖고 있다고 볼 수 있다.

* 3순위, 나만의 전문적 특기를 갖춘 사람들

예쁜 얼굴	좋은 몸매	멋진 장신구		유머	인간적 매력

전문적 특기에는 반드시 학위나 자격증 같은 독점적이고 인증된 전문성이 아닌, 개인의 쓸데없는 능력이나 잡학 지식 등도 포함될 수 있다.

사람들이 통상 생각하는 전문적 특기는 개인 관심 시장에서 가장 큰 효과를 발휘할 수 있는 매력 자본 중 하나다. 하지만 아름다운 외모와 유머의 다음에 위치한다.

예를 들어 IT 학과 교수가 전문적인 지식을 바탕으로 IT 신기술을 조목조목 설명하는 것보다, 잘생기거나 말을 잘하는 비IT 전공 출신 유튜버가 해당 IT 신기술의 요점을 간단하게 리뷰해 주는 영상이 시청자의 관심을 받을 가능성이 더 높다.

하지만 사람들이 유튜브 영상을 선택할 때 주로 고려하는 요인 중 재미(1위/63.9퍼센트) 다음 요소가 '진행자나 방송 내용의 전문성 수준(2위/33.9퍼센트)'이라는 것을 잊지 말자.

비록 전문적 특기가 외모나 말빨 등의 요소보다 중요도 가중치가 떨어진다고 할지라도, 누구도 따라 할 수 없는 전문적 특기는 그 무엇보다도 희소적인 가치를 지닐 수 있다.

2. 관심 시장에서
개인의 매력을 강화하는 방법

나와는 다른 존재, 부캐의 등장

최근 방송가에서 가장 이슈가 되는 용어는 바로 '부캐(부캐릭터)'다. 본래 부캐(Sub Character)란 게임에서 사용되는 용어로, 게임상에서 주로 사용하는 캐릭터 외에 새로 생성한 부계정을 뜻한다. 하지만 최근 SNS상의 일반인들 사이에서 '평소 내 모습이 아닌 새로운 모습'을 보이거나 '새로운 캐릭터처럼 별도로 행동하는 것'을 가리키는 말로 의미가 확대됐다.

방송 출연진이 캐릭터를 바꿔가면서 다른 페르소나를 보여주는 것이 새로운 일은 아니었다. 〈개그콘서트〉 같은 공개 코미디 프로그램에서는 한 개그맨이 코너별 캐릭터 역할에 따라서 그에 맞는 성격과 이미지를 창조했고, 〈무한도전〉 같은 리얼 버라이어티 프로그램에서도 출연진이 상황극(무한상사)에서 각자 정해진 캐릭터로 변신했다.[23] 이렇게 기존 예능에서 한 사람이 코너별로 다른 캐릭터 역할을 맡는 것을 편의상 '멀티 캐릭터'로 지칭하겠다.

하지만 2019년 유재석이 〈놀면 뭐하니?〉 '뽕포유' 편을 통해, 개그맨 유재석이 아닌 트로트 가수 유산슬로 데뷔한 이후 부캐라는 단어가 주목받았고, 이후에도 드러머 '유고스타', 하프 연주자 '유르페우스', 라면 요리 전문가 '라섹(라면 끓이는 섹시한 남자)' 등의 예명을 사용했다. 이후 이효리, 비와 함께 결성한 화제의 프로젝트 그룹 싹쓰리(SSAK3)에서는 부캐를 주된 소재로 삼으면서 전성시대를 열었다. 이후 개그우먼 김신영의 둘째 이모 김다비, 박나래의 조지나 등 다양한 부캐가 계속해서 쏟아지고 있다.

지금의 부캐와 그 이전의 멀티 캐릭터는 한 가지 큰 차이점이 있다. 지금의 부캐는 원래의 '본캐(본래의 캐릭터)'와 다른 사람이라는 것을 굳이 언급한다. 같은 세계 안에서 다른 역할을 한다는 인위성을 의도적으로 강하게 드러내는 것이다. 여기서 나오는 재미는 본캐와 부캐 각각의 정체를 알고 있는 대중이 이를 알고도 모른 척해준다는 데 있다.

또 하나의 인격이 탄생했을 때 일어날 수 있는 일

그렇다면 방송인이 아닌 일반인은 단 하나의 캐릭터로 살아갈까? 아니다. 우리도 일상생활 속에서 평상시 모습과 다른 가면을 쓰고 살아가기도 한다.

이를 가장 쉽게 찾아볼 수 있는 것은 직장에서의 모습과 퇴근 후의 모습이다. 잡코리아가 직장인 559명을 대상으로 '멀티 페르소나 트렌드'에 대한 설문조사를 진행한 결과, 응답자 중 77.6퍼센트가

'회사에서의 내 모습이 평상시와 다르다—회사에 맞는 가면을 쓰고 일한다'고 답했으며, 회사에 맞는 가면을 쓰고 평상시와 다른 모습으로 일하는 이유로 '회사에서 요구·기대하는 모습에 맞추기 위해(41.2퍼센트)', '개인적이고 일만 하는 조직문화 분위기 때문에(39.6퍼센트)', '회사 동료들에게 평소 내 모습을 보이기 싫어서(35.9퍼센트)' 등으로 다양했다.

이처럼 각자가 상황에 맞춰서 성격과 캐릭터를 바꿔가면서 활동하는 것은 꼭 방송과 같은 픽션의 세상이 아닌 일상에서도 쉽게 마주할 수 있는 요소 중 하나다.

회사에서 '평소의 나'와는 다른 가면을 쓰고 살았던 것은 상황에 알맞은 자연스러운 행동이라고 볼 수 있다. 대다수 직장인은 회사 안과 밖의 모습이 다르지만, '회사 안의 나'와 '회사 밖의 나'를 별도로 구분지어 생각하지 않는다. 회사 안과 밖의 모습이 다른 것은 사회생활 안에서 누구와 만나고 어떤 상황에 처해 있는지에 따른 자연스러운 처세다. 퇴근 후 비밀의 삶을 살고 있는 일부 사람을 제외하면 각각의 자아를 굳이 분리해서 볼 필요는 없다. 이것은 기존 방송에서 프로그램에 따라 다른 캐릭터 역할을 한 방송인이 굳이 '이것은 내 본래 성향하고는 완전 다른 거예요'라고 항변하지 않은 것과 동일하다.

그런데 우리가 온라인과 SNS라는 새로운 환경에 점차 익숙해지면서 전혀 새로운 차원의 캐릭터를 만들어내게 되었다. 그것은 바로 현실, 오프라인의 나와는 다른 차원의 온라인상 캐릭터였다. 온라인 세상에 구축해 놓은 이 새로운 부캐릭터는 기존에 회사를 다

녔을 때처럼 '상황 변화에 따라 자연스럽게 쓴 가면'과는 성격이 다르다.

SNS가 점차 '현실 속 오프라인 삶'을 반영하게 되면서, 온·오프라인의 경계가 겹쳐지기 시작했다. 여기서 중요한 것은 '온라인에서의 삶'이 나의 오프라인의 현실을 그대로 반영한 것이 아니었다는 데 있다.

많은 사람이 온라인상에 존재하는 자아가 자신의 오프라인 속 본캐의 모습을 그대로 담고 있다고 생각하지만 사실 그렇지 않다. SNS 속 사람들이 일상생활을 그대로 올린다고 하는 '일상짤(일상 영상)'은 사실 '타인에게 보이기 위해 1차적 편집'을 가한 편집본이다. 인스타그램과 유튜브의 브이로그 또한 우리의 진짜 일상이 아니다. 그 일상에는 절망과 좌절 그리고 불필요한 감정이 제거되어 있다. SNS 속 세상에서 내가 아닌 다른 사람 모두가 잘 살고 있는 것처럼 보이는 이유다.

SNS와 온라인의 공간에서 보내는 시간과 활용도가 높은 사람일수록, '온라인상의 나'와 '오프라인상의 나'를 분리해 생각하는 경향이 있다. SNS 사용에 상대적으로 익숙한 젊은 세대가 바로 이러한 경우에 해당한다.

아주대학교 심리학과 김경일 교수는 이러한 경향은 특히 지금의 새로운 세대에서 볼 수 있다고 한다. 그는 tvN 〈책 읽어드립니다〉에 출연해, 요즘 학생들에게 심리검사를 진행할 때 많은 학생이 "나는 ○○ 한 사람이다"라는 항목을 보고 "이거 어느 세상을 물어보는 거예요?"라고 묻는 것에 충격을 받았다고 전했다. 즉, 이제 누군가에

	연예인의 캐릭터 정체성	일반인의 캐릭터 정체성
본인의 주장	저(본캐)랑 재(부캐)는 다르거든요 본캐 ≠ 부캐 기존 연예인　새로운 캐릭터	저(오프라인)랑 재(온라인)는 다르거든요 본캐 ≠ 부캐 오프라인　온라인
대중의 인식	이미 같은 사람인 거 다 알고 있거든요 ㅋㅋㅋㅋㅋㅋ	당신의 본모습을 저희가 잘 몰라서요

게는 오프라인과 온라인의 개인을 구분해서 물어봐야 하는 시점이 온 것이다.

그런데 이것과 관련해 심각하게 발생하고 있는 문제가 하나 있다. 바로 온라인과 오프라인 사이에서 자신의 정체성에 혼란을 겪는 사람들이 등장한 것이다.

특히 유튜버나 인플루언서와 같이 온라인 플랫폼을 활용해 독자적 캐릭터를 만들고 이를 통해 관심 시장에 뛰어든 개인들에게서 자주 발생하고 있다. 이러한 일들이 발생하는 것은 '자신이 생각하는 자신'과 '남이 생각하는 자신' 사이에 괴리가 생겨서다.

예를 들어 한 일반인이 온라인상에 하나의 부캐릭터를 구축해 활동하고 있다고 가정해 보자. 그는 자신이 실제 삶과 부캐릭터의 삶이 완전히 같지 않다는 것을 알고 있다. 대중도 어느 정도 이를 알아주길 기대한다. 하지만 이 부캐릭터만 알고 있는 온라인상의 대중은 그의 본모습이 어떤지를 잘 알지 못할뿐더러 본모습에 대한 관심조차 없다. 이 상황에서 그는 자칫 정체성에 혼란을 겪을 수 있다.

부캐를 활용하는 연예인에게도 발생할 수 있는 문제다. 대중이 애써 모른 척해주고 있지만, 실제로는 연예인의 캐릭터를 서로 비교할 수 있다. 반면, 일반인의 경우는 대중이 본캐의 성격을 알지 못하기 때문에 스스로가 본캐와 부캐 사이에서 정체성을 잃어버릴 수 있다는 것이다.

실제로 많은 인플루언서와 유튜버가 이러한 고민에 빠져 있으며, 심지어 어떤 인플루언서는 '팔로워들이 환호하는 온라인상의 왜곡된 이미지'가 실제 자신이라고 철저하게 믿고 일상을 살아간다.

다중인격을 슬기롭게 활용하는 경우

관종을 다룬 넷플릭스 다큐멘터리 〈아메리칸 밈〉에서는 대중에게 특정한 캐릭터로 인정받는 각종 인물이 등장한다. 다큐멘터리에 등장하는 키릴 비추스키는 자신의 인격 외에 별도의 '슬럿 위스퍼러'라는 대중용 페르소나로 활동하는 대표적인 인물이다.

키릴은 나이트클럽에서 여성들에게 샴페인을 쏟아붓는 퍼포먼스로 유명한 인스타그램 스타다. 그는 샴페인을 여성들의 얼굴, 가슴 또는 엉덩이에 쏟는 이미지와 영상을 자신의 SNS에 업로드한다. 그런 그에 대한 대중과 매체의 호불호는 극명하게 나뉜다.

특별하고도 화려한 나이트 라이프를 바라는 이들에게는 꼭 한 번 겪어보고 싶은 퍼포먼스로 기억된다. 그가 다녀간 나이트클럽은 항상 '키릴이 여기 왔었어(Kirill was Here)'라는 문구를 남겨 명소가 되고 그는 이 문구를 자신의 티셔츠에 새긴다.

하지만 성적인 이미지와 과격한 퍼포먼스는 종종 SNS 플랫폼의 규정에 위반돼 계정 삭제를 당하기도 하고, 여성의 상의를 들어 올리고 샴페인을 붓는 행동을 불편해하는 인물들은 그에게 성차별주의자라는 저주 섞인 악플과 DM을 쏟아낸다.

그는 자신의 퍼포먼스가 모두를 기쁘게 해주지 않을 수 있다는 것을 인정하면서도, 자신의 역할이 추종자들에게는 의미 있으며 이를 멈출 생각이 없다고 밝혔다.

키릴은 조용하고 수줍음이 많았다고 스스로를 추억한다. 디즈니 만화를 그리고자 대학에 갔고 만화에 빠졌다. 하지만 너무 오랜 시간이 걸린다는 것을 깨닫고 자퇴한 뒤 스탠드업 코미디를 보기 시작했다. 코미디 클럽에서 시간을 보내며 코미디언들에게 도움이 되기 위해서 사진을 찍어서 나눠주는 포토그래퍼가 되었고 유명인의 사진을 찍어서 SNS에 올리는 일로 유명해졌다. 그러다 밤에 일어나는 파티 사진을 찍으며 멋진 사진이 될 것 같다는 생각에 여자들 입에 샴페인을 붓기 시작했다. 그의 사진에 대한 대중의 반응은 폭발적이었다. 그 이후 밤 생활을 떠나지 못하고 있다고 한다.

하지만 그의 삶을 알고 있는 부모님은 아들 키릴이 학창 시절 문제를 일으킨 적 없는 예의 바르고 다정한 아이였으며, 아들의 퍼포먼스가 인성을 보여주는 행동이 아니라 그냥 일이라고 말한다. 배우가 범죄자나 나쁜 역할을 맡기도 하지만 실제로는 범죄자가 아니듯이, 그 또한 독특한 무엇을 끄집어낼 뿐, 실제의 삶과는 다르다고 강조했다.

그는 관심병자로 사는 대중용 페르소나인 슬럿 위스퍼러가 자신을 잠식했고, 자신의 진짜 모습은 아니지만 다중인격으로 사는 방법을 배웠다는 고백으로 끝마친다.

사실 키릴은 본캐와 부캐 사이에서 정체성을 고민하고 있는 수많은 SNS 유명인 중 한 사람이다. 그는 다큐멘터리 상영 내내 조용한 본캐의 성격과는 달리, 계속해서 자극적으로 행동해야 하는 현실을 힘들어하는 모습을 나타냈다.

실제로 속으로는 타인의 관심을 받고 싶지만 겉으로는 이를 적극적으로 표출하지 않는 내적 관종 중에서 키릴과 같은 인지부조화를 나타내는 경우를 종종 볼 수 있다. 외향적인 캐릭터로 인기를 얻지만 실제로는 조용한 성격을 가진 이들이 여기에 해당한다. 만약 조용한 성격인 누군가가 낮에는 조직 생활을 하면서 밤에는 높은 텐션을 가진 유튜버로 활동하는 경우라면, 기존의 사회생활과 더불어 더 복잡하게 캐릭터 사이를 오가야 하는 상황에 처할 것이다.

이와 같은 상황에 대응하기 위한 한 가지 조언은 바로 '현명한 다중이'가 되는 것이다. 우리 사회에서 다중인격이나 이중인격이라는 단어는 곧 사회성이 떨어진다는 의미로 받아들여지기 때문에, 그 자체가 회피하고 싶은 단어로 통한다. 실제로 다중인격 은 한 사람 안에 둘 이상의 각기 다른 정체감을 지닌 인격이 존재해 행동에 전적인 영향을 끼치는 정신질환이다.

다중인격은 '둘 이상의 인격이 한 사람'에 존재한다는 특이한 특징 탓에 창작물의 소재로 자주 활용되었다. 특히 스릴러 영화에서 막판 반전을 일으키기에도 좋은 장치가 된다. 가장 유명한 다중인격 사례로는 약물로 인해 인격이 두 개로 나뉘게 되는 소설《지킬 박사와 하이드》의 '헨리 지킬 박사'를 꼽을 수 있으며, 무려 23개의 인격을 동시에 가진 인물을 그린 영화 〈23 아이덴티티〉도 있다. 지금껏 창작물 속에 등장한 다중인격자 대부분은 위험한 존재 혹은 불안한 존재로 그려졌다.

이 책에서 이야기하는 현명한 다중이는 다중인격자처럼 정신 장애 현상을 겪으라는 것이 아니라, '진짜로 두 개의 인격을 지니고 이를 페르소나의 변화에 따라 현명하게 활용하는 자'를 의미한다.

극히 외향적인 성격을 가지고 있다고 생각하는 방송인 중에서 실제로는 조용한 성격의 소유자들이 존재한다. 방송인 신동엽은 '섹 드립의 신'으로 유명할 정도로 그만의 절제된 드립이 유명하지만, 화면 밖에서는 과묵하다는 표현이 어울릴 정도로 평소 말수가 적다고 한다. 바로 내성적인 성격에서 나오는 낯가림 때문이다.[27] 카메라가 꺼지면 말이 없고 동종 업계 사람들과도 일정한 거리를 두는 탓에 종종 주변 사람들의 불만을 사기도 했다는 그는, 성격을 애써 개조하기보다는 평소 에너지를 아껴두고 목소리를 관리하는 방식으로 이용했다.

또한 〈SNL 코리아〉의 '여의도 텔레토비' 코너에서 '또'라는 욕쟁이 캐릭터로 인기를 끈 배우 김슬기는 다수의 인터뷰를 통해 실제로는 낯을 가리고 큰 소리를 못 내는 성격이라고 밝혔다. 욕을 해본 것도 〈SNL 코리아〉에서 거의 처음이었다고 고백했다.

그녀는 드라마에서도 본래 성격과는 다른 시끄러운 캐릭터를 맡는 일이 많았다. 보통의 사람이라면 실제 본캐와 유명한 부캐가 어긋난 상황에서 스트레스를 받을 것이다. 하지만 그녀는 자신과 다른 역할을 하면서 힘들어하기보다 애초에 수줍음이 많아 명랑하거나 쾌활한 역할을 할 때 더 짜릿한 기분을 느낀다고 했다.

위에서 설명한 두 방송인의 사례는 자신의 본캐와 부캐의 간극을 인정하고 활용하는 현명한 다중이의 모습이다. 대중의 관심을 받아야 하는 운명을 가진 관심 시장의 참가자들 또한 기존 방송인들의 현명한 대처 방식을 벤치마킹할 시점에 와 있다.

의외의 매력을 보여주는 법: 파격 활용법

매력 자본을 갖춘 이들이 유튜버나 SNS상의 유명인을 꿈꾸며 관심 시장에 뛰어드는 일이 많아지자, 자연스럽게 시장의 경쟁이 격화되었다. 그 결과 적당한 외모와 재미로는 관심을 얻기 힘들어졌다. 파격적인 무언가가 필요해진 것이다.

현대 사회에는 극적인 상황을 표현할 때 파격이라는 단어를 자주 사용한다. '파격 할인'이나 '파격 변신', '파격 기부'처럼 일상과 마케팅 등에서 너무 자주 사용되다 보니 대체 어느 정도 할인을 해야 '파격적'이 되는지 무뎌질 정도도. 하지만 파격이라는 단어가 '일정한 격식을 깨뜨림'이라는 의미를 가졌다고 생각해 보면 '일반적인 대중의 상식'을 생각하고 이를 깨뜨리는 것이 무엇인지를 따져보는 것이 수월할 것이다.

파격을 선도한 유명한 인물은 스티브 잡스와 마크 저커버그다. 스티브 잡스가 청바지와 검정 터틀넥 스웨터를 입고 뉴발란스 운동화를 신은 채 아이폰 출시를 발표하는 키노트의 모습은 잘 알려져 있다. 기존의 키노트에서 연사들이 말끔한 정장을 입고 정중한 발표를 하던 모습에 익숙했던 당시, 그의 모습은 파격이었다. 그리고 옷을 결정하는 데 들이는 시간이 아까워서 매일 똑같은 파란색 반팔 티셔츠만 입는다는 세계 최대 SNS 페이스북의 의장인 마크 저커버그가 맨발에 삼선 슬리퍼를 신고 다보스포럼에 등장했을 때도 사람들은 파격적이라는 반응을 내놓았다. 이 둘은 모두가 예상하는 CEO의 양복이나 넥타이 같은 고전적인 지위의 상징을 포기함으로써 오히려 더 지위를 높이고 관심을 집중시킬 수 있었다.[19]

《어떻게 능력을 보여줄 것인가》의 저자 잭 내셔는 정해진 관습과 불일치(nonconformity)하는 모습을 보일 때 오히려 능력이 높아 보일 수 있다고 말했다.[20] 파격이 오히려 품격이 될 수 있는 것이다. 하지만 그는 이러한 불일치의 기술이 통하는 것은 오직 어느 정도 존경받은 위치에 있는 이들뿐이라고 덧붙였다. 곧 자기 분야에서 의심의 여지가 없는 전문가나, 회사 CEO같이 높은 위치의 존재에게만 제한적으로 파격이 허용된다는 것이다.

하지만 개인 차원의 관심 시장 안에서는 꼭 존경받는 위치에 서 있지 않더라도 불일치 기술을 활용할 수 있다. 일반적인 생각을 조금만 비틀면 된다.

낚시꾼이라는 이미지를 떠올려보자. 대부분은 나이가 지긋한 남성이 강가나 바닷가에 여유롭게 앉아 있는 모습이 떠오를 것이다. 그렇다면 당신이 낚시 유튜버로서 파격을 보일 수 있는 방법은 무엇일까? 여성 낚시 유튜버가 되는 것이다. IT 리뷰는 보통 남자들이 한다는 선입견의 빈틈을 파고들어 성공한 주부 유튜버도 존재한다.

파격의 방식을 어렵게 생각할 필요는 없다. 난치병 환자 앞에서 마술사가 본업인 마술을 보여줄 때보다, 환자의 주치의가 마술을 보여줄 때 더 많은 관심을 받을 수 있다는 것, 단지 그 차이다.

하지만 파격을 시도하는 것은 양날의 검과 같다. 자격이 되는 일부 사람에게는 파격적인 모습이 지위를 높여주기도 하지만, 상황에 맞지 않게 무턱대고 격식을 깨뜨리려는 그 외 사람들의 시도는 환영받기 어렵다. 오히려 보는 이의 눈살을 찌푸리게 만들거나 치기 어린 행동으로 해석되기도 하며, 정상적이지 않은 기인의 이미지를 만들 수 있다.

나는 작가라는 본캐 외에, 전국빨간차연합회(이하 전빨련)의 회장이라는 부캐를 가지고 있다. 전빨련은 차 종류에 관계없이 전국의 빨간색 차들의 연합회로, '빨간 차에는 위아래가 없다'라는 캐치프레이즈 안에서 튀는 유색 차량에 대한 사회적 편견을 이겨내고 개인의 취향으로 차별받지 않기 위해 조직한 단체다.

특정 강의나 인터뷰에서 작가의 자격으로 주도한 모습을 충분히 인지시켰을 때 부캐(전빨련 회장)를 알리고 관련된 직함이 써 있는 명함을 나눈다. 이와 같은 부캐를 소개에 넣는 것은 강의나 인터뷰 후반 내용에 이 활동의 의의를 사람들에게 전달하고 싶어서다. 하지만 만약 처음 방문한 자동차 매장에서 상담을 받을 때나, 다른 일상생활 안에서 부캐를 중심으로 나를 소개한다면, 사람들은 나를 정신 나간 사람으로 인지할 것이다. 이럴 때는 파격이 파괴가 된다.

이렇듯 파격이라는 의외성의 힘을 이용할 때 주의해야 할 점은 바로 적정성을 지켜야 한다는 것, 즉 선을 넘지 않아야 한다는 것이다.

문신에 대한 반응도 같은 맥락에서 살펴볼 수 있다. 몸에 인위적으로 반영구적인 무언가를 새겨 넣는다는 것은 그 자체로 격식을 깨뜨리는 일이다. 많은 사람은 문신이 조폭과 같은 인상을 심어주는 파괴적인 행동이라고 여긴다. 하지만 문신에 대한 사회적 분위기도 조금씩 달라지고 있다. 오늘날 문신을 한 사람은 흔하게 찾아볼 수 있으며, 연예인이나 운동선수 같은 유명인들은 문신을 통해 자신만의 개성을 표현하기도 한다.

2018년 트렌드모니터에서 문신 관련 인식을 조사한 결과, '문신에 대한 인식이 과거보다 많이 관대해졌다'라는 답변이 전체의 70.9퍼센트를 차지했다.[11] 2014년 동일한 주제로 조사를 했을 때보다 2.1퍼센트 포인트가 늘어난 수치로, 문신에 대한 사회 전반적인 인식이 점차 긍정적으로 개선되고 있음을 보여준다.

하지만 인식의 변화보다 더 중요하게 봐야 할 것은 바로 사람들이 과연 '어느 정도'의 문신까지 관대하게 보는지를 파악하는 것이다.

과거에 비해 문신에 대한 인식이 관대해졌다고는 하지만 정작 '눈에 안 띌 정도의 작은 크기'의 문신이 적당하다고 응답한 비중이 높았다(2014년 37.4퍼센트, 2018년 38.7퍼센트). 또한 온몸을 덮는 이레즈미 문신처럼 크고 지우기 어려운 문신은 여전히 절대 하면 안 되는 문신으로 여겼다(이레즈미 문신 비호감도 91.9퍼센트). 결국 문신 또한 주어진 역할과 환경에 따라 활용하면 관심을 높일 도구가 될 수 있는 반면, 어설프거나 때에 맞지 않게 한다면 부작용만 높일 수 있다.

가령 미국의 현직 영화배우이자 전직 프로레슬러인 드웨인 존슨의 화려한 문신은 그의 강인함을 보여주는 표식이 되지만, 일반인들이 그와 같은 문신을 한다면 쉽게 비호감으로 인식될 수 있다.

특히 개인이 기업에 취업할 때도 문신은 긍정적인 반응을 이끌어 내지 못하는 것으로 확인됐다. 취업 포털 커리어가 2017년 인사 담당자 639명을 대상으로 한 '직장인의 타투' 설문조사 결과에 따르면, '채용 시 구직자의 타투 여부가 감점 및 탈락 요인이 되나'라는 질문에 응답자의 25.5퍼센트가 '매우 그렇다'고 답변했고 '약간 그렇다'고 답한 비율은 28.3퍼센트로 나타났다. 적어도 국내 절반 이상의 기업에서 문신이 긍정적인 반응을 이끌어내지 못한다는 것이다. 업계별로 차이가 있지만, 금융권이나 관광산업과 같이 고객을 대면 상대해야 하는 일부 업종은 여전히 문신에 부정적인 인식을 보이는 편으로 나타났다.

어떻게 더 유능하게 보일 수 있을까?

탁월한 진행 센스와 유머 감각으로 유명한 미국의 MC 코난 오브라이언은 2011년 다트머스대학교 졸업식 축사 영상으로 한국에 많이 알려졌다. 그는 엄중한 분위기에 빠지기 쉬운 졸업 축사를 유쾌하게 진행하면서도 교훈을 효과 있게 전달해 인상 깊은 졸업 축사를 완성했다. 가장 유명한 졸업식 연사로 남게 된 그는 연설 초반에 이런 말을 한다.

"저는 오늘 저의 임무를 진지하게 생각하고 있습니다. 2개월 전 축사자로 와달라는 전화를 받았을 때 저는 결심했습니다. 여러분이 중요한 기말 과제에 쏟는 만큼의 노력으로 축사를 준비해야겠다고 말이죠. 그래서 저는 어제 늦게서야 이 일을 시작했습니다."

그의 말처럼 축사를 하룻밤 안에 준비했을 가능성은 적다. 그런데도 왜 그는 굳이 이 축사를 하룻밤에 준비했다고 말했을까? 오히려 오랜 기간 정성 들여 준비했다고 말하는 게 사람들에게 더 깊은 감동을 주지 않았을까?

유능함과 관련해 사람들이 가장 흔하게 생각하는 것 중 하나가 '남에게 자신의 노력을 더 많이 드러낼수록 더 많은 인정을 받을 수 있다'라는 것이다. 특히 노력의 중요성을 중시해 온 우리나라에서는 성공한 이들을 만들어낸 오랜 노력이 강조되어 왔다. 하지만 유능함의 공식을 찾아내고자 했던 심리학자들의 실제 연구 결과에 따르면 정반대다.

미국의 심리학자 존 달리와 조지 고설스가 성공적인 결과를 만들어내는 요소를 연구한 결과, 사람들은 누군가가 '열악한 환경 속에서 어려운 일을 더 적은 노력으로' 해결할 때 그 사람을 유능하다고 평가한다. 어려운 과제를 열악한 환경에서 해결하는 것 또한 유능해 보이지만, 그 과제를 손쉽게 해결하는 모습을 보여주는 것이 더 유능해 보인다는 것이다. 결과를 이루기 위해 엄청난 노력을 했다고 사람들에게 알리는 게 유리할 것 같지만, 오히려 능력이 떨어져 보인다는 결과였다.

이 결과는 '맡을 일을 요령껏 쉽게 풀어내자'라는 의미가 아니다. 진실의 노력을 다하되, 타인에게 그 성과를 언급할 때에는 '무척 어렵고 상황도 여의치 않았지만, 나에게 이 정도는 쉬운 일'이라는 뉘앙스를 풍겨야 한다는 것이다.

이탈리아어 중에는 '스프레차투라(sprezzatura)'라는 말이 있다. 이탈리아 르네상스 거장 발데사르 카스틸리오네가 궁정 처세의 바이블로 뽑히는 《궁정론》에서 처음 사용한 단어로, '자기가 한 일을 마치 아무것도 아닌 듯 자연스럽고 편안하게 보이려는 것'을 의미한다. 누군가에게 잘 보이려고 작정하고 꾸민 사람보다 꾸민 듯 안 꾸민 듯 자연스러운 스타일을 연출한 사람에게 더 높은 매력을 느끼는 것과 마찬가지다. 무슨 일을 이뤄냈을 때, 힘든 노력을 강조하기보다 "생각보다 별거 아니었어"라고 이야기하는 편이 오히려 유능하고 매력적인 모습으로 보일 수 있다.

3. 빛과 어둠이 공존하는 유명인의 세계

셀럽이 된다는 것의 의미

현대 사회에서 대중은 셀럽이라는 이름으로 유명인들을 지칭한다. 유명인은 현대 사회에서 새롭게 나타난 범주는 아니다. 고대 이전의 사회에서도 유명인은 존재했다. 셀러브리티라는 단어가 생겨났을 초기, 이 범주는 왕족과 신권에 해당하지 않는 일반 유명인을 의미했다. 그래서 예전의 유명인은 대중에게 이름을 알린 무희나 악사로, 즐거움과 이야깃거리를 만드는 사람들이었다. 현대 사회에서는 배우와 가수가 사회적 이슈와 도덕에 대한 토론 재료를 제공하는 공인이 되어 대중과 언론의 관심을 받게 되었다.

유명인을 뜻하는 영어 단어인 셀러브리티의 어원은 '명성'과 '군중이 모여 있는'이라는 뜻을 함축하고 있는 라틴어 셀러브렘(celebrem)이다.[36] 그런데 이 단어는 '신속한'이란 뜻도 함께 가지고 있다. 즉 셀러브리티라는 단어는 '대중에게 명성을 얻은 존재'를 뜻

인류종의 조건

하는 동시에, 존재 자체가 '대중의 감정'에 따라 빠르게 생겨났다가 순식간에 사라질 수 있다는 의미를 내포하고 있다.

그런 의미에서 유명인들은 한 사람이라기보다는, 대중의 관심이 모여 만들어낸 주식과 같은 존재가 된다. 유명인들이 발행하는 주식의 수는 '대중의 관심의 크기'에 따라 정해지고, 가격은 '그들이 받는 관심의 긍정·부정 비율'에 따라 오르락내리락한다. 문제는 그들의 주식을 보유하고 있는 주주(대중)의 성향이 그리 온건하지 않다는 데 있다. 대중은 시장의 소문에 민감하고 다른 이들의 영향을 크게 받는다. 그리고 폭발적으로 값이 오른 종목은 숭배하는 수준으로 좋아하지만, 값어치가 떨어진 종목에는 비난의 선을 넘어서 저주를 퍼붓기도 한다.

이렇게 대중의 관심 속에서 태어난 유명인은 대중의 관심의 변화에 따라 관심의 밝은 면과 어두운 면을 동시에 경험하게 된다.

특히 현대 사회의 미디어 영향력이 확대됨에 따라 유명인들의 영향력도 동시에 커지게 되면서, 대중이 유명인들에게 공인이라는 지위를 부여하고 그들이 일상에서도 유명함에 걸맞은 책임 있는 자세를 가지기를 요구한다. 심지어 연예인은 (미디어 속 모습과 마찬가지로) 일상에서 항상 멋있고 예쁜 모습을 간직하고 있기를 요구받기도 한다.

이렇게 유명인의 모든 일상이 대중의 관심을 받게 되면서, 유명인이 받는 악플(또는 부정적인 여론) 또한 달갑지 않은 일상이 되었다. 많은 유명인이 이러한 유명세에 피로감을 느꼈고, 실제 스스로 유명인이라는 타이틀을 벗어 던진 이들도 있었다.

비틀스의 존 레넌은 1975년 둘째 아들이 태어난 뒤 가족과 시간을 보내기 위해 음반 녹음을 중단한 것으로 유명하며, 미국의 록 밴드 너바나의 커트 코베인은 1990년대 초 언론과 대중에게 무차별적인 비난을 받자 "나는 처음부터 대중의 관심과 주목을 원하지 않았다"고 불평하기도 했다.

국내의 래퍼 빈지노는 그의 노래 〈어쩌라고〉를 통해, '악플은 연예인이 내는 세금 같은 거'라는 친구의 말에 '왜 내가 버는 돈과 걔들이 내는 돈의 환율이 서로 다른 거냐'라는 가사를 통해 반발했고, 평소 래퍼 이외에 유명인으로 여겨지는 것에 공개적으로 반대 의사를 표시했던 도끼는 실제로 LA로 떠나는 선택을 하기도 했다.

적당히 유명해지기 힘든 그 세계의 아이러니

한편, 연예계를 떠나는 선택을 하기보다 적당히 유명해지는 방법을 찾아 나선 이들도 있다. 2013년 결혼 후 제주도에서의 삶을 시작하기로 한 가수 이효리는 자신의 블로그에 다음과 같은 글을 적었다. "그때의 나는 몹시 지쳐 있었다. 뭐든 할수록 더 많은 것이 필요했고 많은 것이 필요했지만 정말 내 것은 없었다"라고 밝혔다. 대중은 그녀가 사람들의 관심에서 벗어나 조용히 살고 싶어 한다고 인식했다.

하지만 그녀는 솔직한 내용의 글을 다시 올렸다. "유명하지만 조용히 살고 싶고 조용히 살지만 잊히긴 싫죠. 소박하지만 부유하고 부유하지만 다를 것도 없네요. 모순덩어리 제 삶을 고백합니다."

그렇게 몇 년간 활동을 중단했던 그녀는 2017년 JTBC 〈뉴스룸〉의 문화초대석에 출연해 이야기를 나누던 중, 손석희 앵커로부터 이러한 질문을 받는다. "유명하지만 조용히 살고 싶고, 조용히 살고 싶지만 잊히긴 싫다. 어떤 뜻인지 알겠는데, 가능하지 않은 얘기가 아닌가요?"

이효리는 "가능한 것만 꿈꾸는 건 아니잖아요?"라며 "그게 제 욕심인 것 같아요"라고 대답했다.

냉정하게 보자면 이효리의 답변은 분명 모순적이다. 하지만 많은 사람은 그녀의 이런 '욕심 넘치는' 답변에 공감했다. 손석희 앵커도 "질문한 사람을 굉장히 머쓱하게 만드시네요"라는 답변으로 공감하는 모습을 보였다.

앞서 살펴봤듯이, 유명인의 삶은 꼭 밝은 면만 있는 것은 아니다. 특히 지상파 방송에 출연해 유명해진 가수와 배우 같은 셀럽들은 대중교통을 이용하고 일반 식당에서 밥을 먹는 것조차 쉽지 않다. 또 갑작스럽게 인기를 얻은 라이징 스타가 드러나지 않았던 개인과 가족의 잘못(빚투 등)으로 인해 반짝 스타로 주저앉는 경우도 심심치 않게 생겨나고 있다. 많은 스타가 적당히 유명해지기를 원하고 있다.

팟캐스트계의 스타로 떠올라 지상파 방송까지 입성한 최욱은 〈라디오스타〉에 출연해, "스타가 될까 너무 걱정스럽다. (중략) 인생의 딜레마다. 너무 유명한 삶은 힘들어 보이더라"라고 발언했다. 그는 "너무 불안해 보이고 떨어질 때 아파 보였다. 하지만 한편으로는 내가 하는 방송을 한 명이라도 더 많은 사람이 들었으면 좋겠는 마음과 갈등이 있다"라고 이야기하며 정작 〈라디오스타〉의 섭외를 거절할 용기는 없었다는 모순된 답변을 했다. 가수 송가인과 정기고 또한 같은 프로그램에서 "유명 연예인들을 보면 너무 유명해서 자유로운 생활이 힘들기 때문에 불편한 점이 많겠더라"라며 "너무 유명해지고 싶지는 않다"라고 밝혔다.

MC가 "적당히 유명해지기가 더 힘들다"라는 답변으로 웃음을 남긴 것과 같이, 오늘날 유명인이라는 이름으로 적당히 유명해지기 란 무엇보다도 힘든 세상이다.

이것이 바로 많은 유명인이 가지고 있는 아이러니다. 과도한 관심은 부담스럽지만 돈이 된다. 관심이 사라지면 자유로운 생활은 가능해지겠지만, 곧 대중에게 잊히는 존재가 될 수 있다. 아무도 나를 모르고 돈이 엄청 많으면 좋겠지만, 그것은 유명인들에게는 하나의 꿈일 뿐이다.¹⁸ 많은 유명인이 적당한 관심을 받으면서 적당한 돈을 벌고자 하지만 그 적당한 길은 어렵기만 하다.

인터넷 유명인이 풀고 넘어가야 할 또 하나의 숙제

21세기에는 인기 배우나 가수뿐만 아니라 스포츠 스타 그리고 새롭게 등장한 플랫폼에서도 유명인이 될 수 있는 기회가 생겼다. 그런데 이 유튜버와 인플루언서 같은 소위 인터넷 유명인들도 풀어야 할 또 하나의 숙제가 생겼다. 바로 유명인으로 인정받을 만한 가치가 있는지를 스스로 증명하는 것이다.

누구나 유명해질 수 있는 시대가 되면서 대중이 접하는 유명인의 유형은 기존 연예인에서 일반인에 이르기까지 다양해졌고 그 수또한 증가했다. 점차 대중은 TV나 뉴스에 등장하는 인물을 유명 인사로 받아들이기에 앞서 "과연 저 사람이 유명할 만한 가치가 있을까?"를 판단해야 하는 상황에 처했다.

그러한 의미에서 현대 대중이 생각하는 유명인은 크게 두 가지로 나눌 수 있다.

먼저 실제 증명 가능한 객관적인 능력을 통해 유명인이 된 경우가 있다. 대중은 이를 '진짜 셀럽'으로 인식한다. 예를 들면 세계적인 영화제에서 수상한 업적을 통해서 유명해진 영화감독(혹은 천만 관객을 동원한 영화감독과 제작자), 자신이 쓴 작품을 통해 수많은 독자에게 사랑받고 모두가 다음 책을 기다리는 베스트셀러 작가, 국내를 넘어 수많은 해외 팬을 거느리고 있는 K-Pop 아이돌 그룹, 주요 연기상을 휩쓸며 출연한 작품 속에서 연기 하나만은 확실히 보증하는 영화배우 등과 같은 경우다.

이와 다르게 자신이 몸담고 있는 주력 분야에 대한 명확한 실적 없이 우연 혹은 특정한 이슈 몰이로 유명해져 이름 빼고는 드러낼 것이 없는, 고평가된 유명인이 있다. 사람들은 이를 '가짜 셀럽'으로 생각한다.

각종 사회적 문제를 일으키며 경찰서를 들락날락하는 등 악명을 떨친 힙합 서바이벌 프로그램 출연자, 리얼리티 프로그램으로 이슈가 되었지만 연기 실력은 검증받지 못한 배우 지망생, 그리고 간혹 연예인의 가족이라는 타이틀 하나로 인기를 얻고자 하는 부류가 이에 해당한다.

사람들은 기본적으로 첫 번째 부류, 즉 명확하게 검증된 실적이 있는 진짜 셀럽이 '유명한 것으로만 유명한' 가짜 셀럽보다 유명해지는 것이 더 바람직하고 합당하다고 생각한다. 반대로 가짜 셀럽들이 대중에게 주목을 받는 것은 바람직하지 않은 일이라고 생각하는 경향이 있다.

인터넷 유명인 대부분은 바로 이 진짜 셀럽과 가짜 셀럽의 경계에 서 있다. 대중은 그들이 핵심적인 역량을 지녀서 유명한 것인지, 아니면 유명해진 것 때문에 유명한지에 대한 판단을 내린다.

하지만 어느 유튜버가 공개적 성취가 없다고 할지라도 자신만의 특출한 매력을 가지고 있다고 판단된다면 유명인의 지위를 가질 수 있다. 가령 연예인 같은 외모를 지니고 있거나, 기존 개그맨을 뛰어넘는 재미를 선사하거나 혹은 자신만의 전문적 특기를 가지고 있다면 채널 바깥으로 영역을 확장할 수 있는 기회를 얻게 된다. 반대로 어떤 것으로도 유명한 이유를 증명하지 못한다면 그는 장기적으로 현재 가둬놓은 울타리 내의 팬덤 이상의 영향력을 낼 수 없게 된다.

이 과정에서 대중이 판단하는 것이 하나 더 있다. 바로 이 새로운 유명인의 사적인 영역이다. 기존에 연예인들이 인기를 얻기 되면서 일상이 대중에게 평가받았던 것과 같다.

실제로 단기간에 급격한 대중의 관심을 받으며 인터넷 유명인이 된 유튜버나 인플루언서 같은 이들이 이 유명인의 명과 암을 실전에서 경험하고 있다.

유튜브 콘텐츠 〈가짜 사나이〉를 통해서 여러 가지 유행어를 만들어내고, 밀려드는 광고와 방송 출연 요청을 받으면서 스타가 된 한 출연자는 사생활 논란에 휩싸이면서 방송 출연분이 모조리 삭제되고 대중의 비난을 받는 상황에 빠졌다. 또한 유튜브 뒷광고 논란으로 수많은 유튜버가 팬들의 비난에 시달렸으며, 몇몇 유튜버는 여기서 오는 스트레스를 이기지 못하고 수십만에서 수백만에 이르는 구독자로부터 오는 이득을 포기하고 인터넷 방송에서 은퇴하기도 했다.

인터넷 유명인의 잘못된 인성을 저격하고 과거의 잘못을 폭로하는 것을 하나의 콘텐츠로 삼는 유튜버들이 생겨나면서, 사실 관계가 확인되지 않은 일들 혹은 계획적으로 허위 사실을 폭로하는 경우도 생겨나고 있다. 대중이 굳이 알 필요가 없는 불필요한 논란이 생기기도 하는 것이다. 단순한 사생활 공개를 꺼리는 게 아니라, 차후 유명세에 따른 논란에서 벗어나기 위해서 처음부터 얼굴을 공개하지 않고 활동하는 유튜버도 늘어나고 있다.

관심 시장에서 관심이라는 자원을 획득하고자 하는 모든 사람의 궁극의 목표가 유명인이 되는 것이라고 단정 짓기는 어렵다. 하지만 현대의 관심 시장에서 타인의 관심을 받고 누군가에게 영향을 끼친다는 것은 유명세와 밀접한 영향이 있기 때문에 관심 시장에 뛰어들기 전에 먼저 어느 정도 수준까지 이 유명세를 받아들일 수 있는지 스스로 확인해야 한다. 그다음에는 기대 수준에 따라서 콘텐츠의 성격과 개인 정보를 어디까지 밝히고 진행할 것인지를 사전에 결정해야 한다.

마지막으로는 온라인 세상에서의 정체성을 혼동하지 않고, 향후 받는 명성 자체에 대한 중독을 피하는 것이 필요하다. 만약 자신의 정체성을 혼동해 일상생활에 지장을 받거나, 유명함에서 얻는 즐거움을 넘어서 더 큰 쾌감을 좇게 되는 경우에는 스스로 감당할 수 없는 선을 넘는 결과를 초래할 수 있다.

4부

관중과 조직: 조직 차원의 관심 획득

1. 관심받고 싶어 하는
그들의 조직 생활

조직 차원에서 개인의 매력 자본을 활용하는 법

관심 추종의 영역 중 두 번째 영역은 바로 '조직 차원'이다. 조직 차원이라는 말은 크게 두 가지 의미를 지니고 있는데, 하나는 한 개인이 회사와 학교 같은 조직 안에서 어떻게 관심을 획득할 수 있느냐에 대해서고, 또 하나는 반대로 그 조직이 어떻게 조직원 개개인의 관심을 조직이 원하는 방향으로 이끌 수 있느냐에 대해서다.

먼저 조직 안에서 개인이 어떻게 관심을 획득할 수 있는지 살펴보자. 이 부분을 논하는 데 중요한 것은 앞 장에서 다룬 개인 차원의 관심 획득법과의 공통점과 차이점을 명확히 구분하는 것이다.

한 개인이 가지고 있는 매력 자본은 변하지 않기 때문에 기본적으로 이 매력을 활용해 관심을 획득한다는 점은 개인과 조직 차원의 공통점이다.

한 사람이 가지고 있는 신체적 매력과 사회적 매력은 조직 안에서도 힘을 발휘한다. 하지만 세부적인 항목으로 따져봤을 때 어떤 항목이 더 효과적으로 힘을 발휘하는지는 분명한 차이를 보인다.

앞선 개인 차원의 관심 획득 영역에서 가장 효과적인 힘을 발휘하는 매력 자본으로 '아름다운 외모'를 꼽았고, 그다음으로는 사회적 매력인 '유머'를 꼽았다. 하지만 조직 차원의 관심 획득 영역에서 가장 큰 힘을 발휘하는 것은 바로 '인간적 매력'과 '전문적 특기'이다.

조직 생활에서 아름다운 외모와 유머가 유용하지 않다는 뜻은 아니다. 멋진 외견과 재미난 말솜씨를 가진 사람은 사회 전반에서 우대를 받으며 조직 차원에서도 예외가 아니다.

아름다운 외모를 가진 사람은 취업할 때 남보다 유리한 위치에 설 수 있고,[1] 승진에서도 이점으로 작용한다. 미국에서 뚱뚱한 사람이 승진하기 힘들다는 것은 이미 많이 알려진 사실이다.[1] 또한 재미있는 동료와 상사는 어느 팀에서든 환영을 받는다.

하지만 외모적 이점과 유머를 갖는다는 것이 취업과 조직 생활에서 절대적인 우위를 제공한다는 의미는 아니다. 특히 개인 차원의 관심 시장에서 절대적인 힘을 발휘했던 아름다운 외모는 조직 차원에서는 영향력이 덜한 편이다. 취업에서 멋진 외견이 유리하다고는 하지만, 면접관들은 단순히 피면접자의 외모만 보고 채용을 결정하는 것이 아니라 피면접자가 가진 인상, 태도, 자세, 표정 그리고 이미지를 종합적으로 판단한다. 아무리 '외모도 스펙'인 세상이라고 하지만, 그 스펙 하나로 합격이 되는 경우는 많지 않다. 이것이 바로 외견상 뛰어난 많은 피면접자가 최종 합격의 문턱을 넘어서지 못하는 이유다.

오히려 직장 생활에서 아름다운 외모가 불리하게 작용하기도 한다. 실제 외모가 성과 평가에 긍정적으로 작용하는지를 주제로 한 여러 연구에서 관리직 여성의 경우 '아름다운 외모가 오히려 성과 평가에 불리하게 작용한다'라는 결과가 나타났다.

반면, 개인 차원의 관심 획득에서 큰 효과를 내지 못한다고 평가받았던 인간적 매력은 조직 차원에서 가장 큰 힘을 발휘하는 요소가 된다.

조직 생활에서 인간적 매력이 중요하게 평가받는 이유는 단순히 사람이 좋다는 데서 나오는 게 아니다. 다른 사람과 효과적으로 협력하는 능력을 갖췄다는 점에서 나타난다. 이는 타인과의 협력을 통해 공동의 목표를 달성하고자 하는 조직의 기본 속성이 반영된 것이다. 차후 재택근무의 증가로 사람들이 직접 만나지 않아도 되는 비대면 비즈니스 환경이 조성되더라도, 조직의 공통 목표를 위한 협력을 이끌어내는 인간적 매력의 중요도는 퇴색되지 않을 것이다.

기존에 조직 생활을 했다가 자신만의 비즈니스로 성공한 한 유튜버는 개인이 독립적으로 돈을 벌 수 있는 환경이 도래했음을 설파하며 "대인관계가 좋은 사람만 성공할 수 있었던 과거에 비해 나 같은 조직 부적응자들도 혼자 장사할 수 있는 지금이 돈 벌기 좋은 시대”라고 말한 적이 있다. 개인이 새롭게 열린 관심 시장에서 독립적으로 돈을 벌 수 있는 시대가 왔다는 점에서 그의 해석은 결코 틀리지 않다. 하지만 역으로 해석하면, 대인관계가 좋지 못한 조직 부적응자들은 여전히 조직 차원에서 성공하기 힘들다는 현실을 의미한다.

인간적 매력과 함께 조직 차원에서 큰 효과를 발휘하는 것은 바로 전문적 특기다. 조직 생활에서의 전문적 특기란 개인 차원에서와 같이 특별한 재주나 지식이 될 수 있지만, 이보다는 회사 안에서의 전문적 업무 능력을 의미한다.

이는 조직에서 활동하는 개인이 타인과 협력하는 능력과 함께 기본적으로 갖추어야 할 능력으로 꼽힌다. 만약 이 둘 중에서 오로지 하나만 가지고 있다면, 조직 사회에서 오래 살아남기 힘든 운명에 처한다. 가령 누구보다 다른 사람과 협력을 잘하는 사람이라 하더라도 업무 능력이 부족하다면 문제가 될 수 있다. 반대로 아무리 실력이 뛰어난 사람일지라도 다른 이들과의 협력하는 데 언제나 문제를 일으킨다면 마찬가지의 문제에 처한다.

세계적인 경영 컨설턴트이자 펜실베이니아대학교 와튼스쿨 교수였던 조지 하워드는 한 사람이 조직 생활을 잘하는 방법에는 단 두 가지만이 존재한다고 말했다. 하나는 ‘누군가에게 영향을 미치는 것’이고, 나머지는 ‘다른 사람들과 잘 지내는 것’이다. 그가 말하는 영향력이란 바로 회사 업무를 성공적으로 수행하는 개인의 실력이다. 또한 다른 사람과의 관계는 협력하는 능력을 뜻한다.

실력과 협력이라는 두 가지 힘은 항상 조직에 있는 사람들에게 제일 중요한 요소로 작용해 왔다. 실력은 수직적인 벡터로 조직의 목표 달성을 돕는 생산성을 의미하고, 협력은 수평적인 벡터를 의미한다. 만약 조직 생활을 하는 개인이 이 둘을 함께 갖고 있다면 어느 조직에서든 성공할 수 있다. 비록 이 두 가지 모두를 완벽하게 충족하지 못했지만 이 중에서 하나의 매력 자본을 가지고 있다면, 적어도 주위 사람들의 호감을 획득할 수 있게 된다.

2020년 직장인 1,089명을 대상으로 직장에서 '호감을 느끼는 유형'과 '비호감을 느끼는 유형'을 조사한 결과, 가장 비호감을 느끼는 유형은 '오피스 빌런 유형'으로 '일을 하지 않고 휴게 시간, 노는 시간이 많아 보이는 동료/월급루팡형(13.2퍼센트)'과 '업무 요청 및 협조에 늦거나, 안 하는 동료와 상사/내일아님형(13.1퍼센트)'이 가장 높은 비율을 차지한 반면, '업무 요청, 질문에도 친절하게 응답해 주는 동료/친절왕형(19.7퍼센트)'과 '업무에서 실수 없이 정확하게 일 처리를 해내는 동료/알파고형(18.1퍼센트)'이 가장 큰 호감을 느끼는 '오피스 보살 유형'으로 뽑혔다.

조직 안에서는 근무 연수와 직급에 따라서 실력과 협력 능력의 중요도가 변화하기도 한다. 가령 조직 생활 초기에는 그 자체의 실력보다는 남과 협력하고 남에게 배우고자 하는 자세가 더 높은 평가를 받는 반면, 조직 적응 기간이 끝나면 숙련공으로서의 전문 업무 능력을 제대로 갖췄느냐가 더 높은 매력 요소로 작용한다.

그렇다면 한 조직에 입사하기 위해서는 업무 능력과 협력 능력

중 어느 것이 더 높은 평가를 받을까?

많은 기업 담당자는 면접 전형을 통해서 '지원자의 직무 전문성'을 확인하고자 하며, 실제로 면접에서 당락을 결정짓는 가장 중요한 항목도 바로 직무 역량이라고 대답했다.[07] 협력 능력보다 업무 능력을 더 높게 본다는 것이다. 그런데 과연 실제 면접에서도 직무 역량이 가장 중요한 당락 요인으로 작용할까?

워싱턴대학교의 채드 히긴스 교수와 플로리다대학교의 티머시 저지 교수가 속한 연구팀에서는 과연 어떤 사람이 기업의 최종 면접에 선발되는지 연구했다.[08] 연구팀에서는 3회에 걸쳐 지원자들의 자기소개를 받고 지원자와 회사가 서로 얼마나 적합한지 측정했다.

그 결과, 지원자의 학부 시절 성적(GPA)과 실제 업무 경험, 그리고 자신의 직무 적합도를 열심히 설명한 자기소개는 채용 여부에 영향을 미치지 못했던 반면, 호감을 주는 지원자의 행동은 최종 채용 결과에 영향을 미쳤다.

예상과는 다르게 직무 역량이 높은 지원자보다, 면접관 앞에서 활짝 웃고 인사를 잘하는 '좋은 태도'를 보인 지원자들이 채용된다는 것이다. 실제로도 이렇게 회사에서 더 높은 협력의 태도를 보일 것 같은 지원자들이 채용되었다.

왜 이러한 결과가 나타난 것일까? 그것은 '선택 모형 이론(Choice Model Theory)'에서 '공통 속성은 배제된다'는 가설로 설명할 수 있다. 면접에 올라간 지원자들은 직전 채용 과정인 서류 전형과 인적성 검사 등을 통해 최소한의 직무 역량이 확보된 사람들이다. 직무 역량이 좋다는 '공통 속성'을 확인한 상황에서 '더 나은 직무 역량'을 강조하기보다는 '내가 당신과 함께 일하기 좋은 사람'임을 보여주는 것이 더 좋은 선택의 대안을 제시하는 것이다. 그렇기 때문에 최종 면접 단계에서는 전문적 특기보다 인간적 매력을 어필하는 것이 더 좋은 전략이 될 수 있다.

'튀어 보이려다' 튀어나가는 관심 추종자들

살아남기 위해 남들보다 더 튀어야 하는 것이 핵심인 개인 차원의 관심 시장과 달리, 조직 차원에서는 이 튀는 것이 독이 되기도 한다.

많은 관심 추종자가 회사 면접에서 가장 흔하게 범할 수 있는 실수는 '남과 다르게 튀어야지 살 수 있다'라는 개인 차원의 믿음을 회사 면접 자리에서 실행하는 것이다.

면접에서 남들보다 눈에 띄기 위해서, 색다른 복장(가령 '은갈치'라고 일컫는 밝은 색 정장을 입는 행동)으로 포인트를 준다거나, 면접용 마술을 속성으로 배워서 추가 질문 시간에 보여주는 것을 예로 들 수 있다. 하지만 이 행동은 긍정적 효과를 내기보다는 오히려 해당 지원자를 재빨리 합격 명단에서 제외하는 데 도움을 준다.

튀는 복장과 속성 마스터한 면접용 마술과 같은 것들이 일순간 임팩트를 줄 수는 있겠지만, 정작 관심을 받아야 할 본질과는 거리가 멀다. 검정 정장 무리 속 은갈치색 정장은 오히려 '부정적인 관심의 대상'으로 전락할 가능성을 높여줄 수 있으며, 준프로급 실력이 아니었던 면접용 마술은 일하는 능력을 보여주는 데 방해가 된다. 아마 면접관들은 이렇게 말할 것이다. "아, 즐거운 마술쇼 잘 봤습니다. 자, 다음 사람 들어오세요."

이렇게 많은 관심 추종자는 누군가의 관심을 받거나 긍정적인 반응을 이끌어내야 하는 면접 등의 상황에서 소위 말하는 튀는 방식을 선택하곤 한다. 튀다는 것은 신선함을 나타내기도 하고 경쟁자를 압도하는 무엇을 만들어낼 수 있다는 전략을 만들기도 한다. 하지만 튀는 방식은 그들을 조직에서 튕겨나가게 만들 수도 있다.

튀는 행동의 가장 큰 원인은 바로 관심 추종자들이 개인 차원과 조직 차원의 관심 활용법을 혼동하는 것이다. 위의 예시처럼 남의 시선을 받을 수 있는 옷차림과 특기를 보여주는 것은 개인 차원에서는 최적의 전략일 수 있다. 하지만 조직 차원에서는 구직자들의 불확실성을 높일 수 있는 결과를 나타낸다.

많은 구직자가 면접에서 내가 '최적의 대안이 되어야 선택받을 수 있다'고 생각하지만, 현실은 정반대다. 사실 기업 면접관은 최적의 지원자를 뽑는 데 관심이 있는 것이 아니라, 최악의 지원자를 떨어뜨리는 데 관심이 있다. 왜냐하면 일 잘하는 신입 직원 한 명이 조직에 미치는 긍정적인 영향이 극히 제한적인 것에 반해, 문제가 되는 신입 직원 한 명이 조직 전체에 미치는 부정적인 효과가 엄청나다는 것을 알기 때문이다.

회사 입장에서는 유능한 지원자 한 명을 놓치는 것이, 치명적인 문제를 일으킬 수 있는, 불확실성이 높은 한 명을 뽑는 것보다 훨씬 더 유리하다. 압박 면접 등에서 면접관들이 지원자들에게 멘털이 흔들리는 질문을 던지고 실수를 유도하는 것도 바로 이 때문이다. 그 과정에서 면접관들이 무엇보다 앞서 찾고자 하는 것은 지원자들의 부정적인 정보다. 개인 관심 시장에서 뚜렷한 힘을 가진 사람들이 가장 빨리 눈에 띄어 추락의 운명을 맞이하는 이유다.

많은 조직 전문가는 회사에서 튀려고 노력하기보다는 일정 궤도 밖으로 튀어나가지 않는 것을 조언한다. 《언씽킹》의 저자인 해리 벡위드는 이렇게 말한다. "가장 좋은 선택지가 되려 하지 말고 당신을 나쁜 선택지로 만들 만한 모든 것을 없애라." 나쁜 선택지가 되지 않기 위해 가장 중요한 것은 '내가 실력도 부족하지 않지만, 무엇보다도 당신들과 함께 일하는 데 문제가 없다'라는 모습을 보여주는 것이다.

구글의 경우 사업 초기 '똑똑한 사람을 최대한 많이 뽑기'를 채용의 목표로 삼았던 적이 있다. 그에 따라 출신 대학과 학점을 중요한 평가 지표로 삼았으며, '전 세계 피아노 조율사는 몇 명일까?'와 같이 다소 엉뚱한 질문을 지원자에게 하기도 했다. 하지만 점차 채용 인력이 늘어나면서 지능지수만으로는 팀에 공헌하는 창의성 높은 인재를 선별하기 어렵다는 사실을 알아냈다. 대신 겸손하고 성실해 다른 사람의 성공을 도울 수 있고 역경을 극복하는 능력과 끈기를 갖춘 사람이 장기적으로 큰 성과를 만들어낸다는 것을 알게 됐다. 그 후로는 똑똑하기만 할 뿐 겸손과 성실을 겸비하지 않은 사람을 철저히 배제하기 위해 면접의 방식을 다양화하고 있으며, 동시에 실무자와 인사 담당자 중에서 단 한 명이라도 입사를 반대하면 해당 지원자를 탈락시키는 프로세스를 준수하고 있다.

넷플릭스 또한 업계에서 업무 능력이 가장 뛰어난 유능한 사람들을 회사로 끌어들이는 것을 최우선의 목표로 삼고 있지만, 일을 잘하더라도 능력적인 팀워크를 방해하는 소위 '똑똑한 왕재수'과 함께 일하는 것은 배제하고 있다.

이와 같은 트렌드가 지원자들의 직무 역량이 중요하지 않다는 것을 뜻하는 건 아니다. 핵심은 '회사에서 동료들과 함께 일하는 데 문제가 없는 사람'을 뽑고 싶어 한다는 것이다. 그러한 면에서 조직 차원의 관심을 받고자 하는 사람들은 인간적 매력을 절묘하게 활용할 수 있어야 한다.

2. 관종들의 슬기로운 조직 생활

회사와 개인의 관계와 관심사의 변화

조직 차원의 관심 추구에서의 조직이란 대부분 회사를 의미한다. 그렇기 때문에 조직 차원의 관심을 이해하기 위해서는 회사의 등장과 그 의미가 변화하는 과정을 살펴볼 필요가 있다.

* 18세기 이전: 개인의 창의성을 활용하던 시대

회사를 의미하는 영어 단어 'company'는 라틴어 'com(함께) + pane(빵) + ia(먹는 짓)'의 합성어로 '함께 빵을 나눠 먹는다'라는 뜻이다. 이와 같은 이름이 붙은 건 company가 회사를 의미하는 단어가 아니라 군인 집단을 의미하는 단어였기 때문이다.

1200년대 이전까지 유럽은 군대 중심의 사회였는데, 'compania'라는 라틴어는 중세기에 불어 'compagnie'로 넘어오면서 군인 집단을 뜻하게 되었다. 다 함께 행군하며 끼니를 나눠 먹는 집단이 바로 군인이었기 때문이다. 이 집단은 단순히 한솥밥을 먹는 사이가 아니었다. 명확한 위계관계가 존재했고, 그 위계관계 안에서 상관의 마음을 살펴야 했으며, 동료 군인들과 협력적인 관계를 구축하는 등의 슬기로운 조직 생활을 할 수 있어야 했다.

하지만 이때까지 밥을 나눠 먹을 필요가 없었던 일반인들은 조직원이 아닌 개별 존재였다. 이들은 농업이나 가내수공업 영역에 있으면서 주위 눈치를 보고 살 필요는 없었다. 일반인들은 자신이 생산하는 재화를 통해서 평가받고, 재화에서 얻는 부를 통해서 삶을 영위할 수 있었다. 그렇기 때문에 그들의 관심은 타인과 협력하는 것보다 자신의 재화를 더 창의적이고 매력적으로 만들어 지역 시장(local market)에서 더 잘 팔리게 하는 것에 집중됐다. 이러한 경향은 13세기 이후 도시 경제가 발전하고 중산 계급의 위치가 높아지는 18세기 산업혁명 초창기까지 이어졌다.

18세기 이후, 미국을 중심으로 회사라는 조직이 본격적으로 만들어졌다. 하지만 당시 노동자들이 회사에서 임금을 받는 방식은 지금과는 차이가 있었다. 일정 시간 노동력을 제공하고 일정한 보수를 받는 봉급 방식이 아니라, 자신이 생산한 물건이나 작업의 양만큼 수당을 받는 성과급 방식이었다. 노동자들의 관심은 지시를 내리는 윗사람이 아니라, 자신이 생산하는 물건이나 작업의 양에 있었다. 본격적인 회사와 조직이 시작되던 초기에도 그 안에서 개인의 창의성은 유지됐던 것이다. 이때까지만 해도 여전히 사람들의 목표는 창의적인 숙련공과 장인이 되는 것이었다.

* 19~20세기: 효율성의 시대

회사의 등장 초기, 조직이 개인의 작업량에 따라 성과급을 지급하는 임금 지급 방식은 기존의 가내수공업에 익숙했던 개인에게는 적합한 체계였지만 한 가지 문제점이 나타났다. 초기 노동자들이 생산성을 높였지만, 이에 대한 모든 대가를 지불하면 수지타산이 맞지 않았던 기업가들이 '작업당 수당'을 줄여버리는 방식으로 대응했다. 결국 일을 열심히 할수록 손해를 입는다는 것을 깨달은 노동자들은 적당한 수준에 맞춰 일을 마치고 그 이상의 일은 하지 않았다. 기업가와 노동자는 각자의 입장에 맞춰서 합리적인 선택을 한 셈이지만, 결과적으로는 제품의 원가가 높아지는 등 기업의 생산성에 악영향을 미쳤다.

이러한 모습을 보고 문제점을 느낀 사람이 있었는데, 그의 이름은 프레드릭 윈슬로 테일러다. 당시 생산 공장을 총괄하는 관리직으로 근무하던 테일러는 공장에서 일하는 노동자들이 기계를 일부러 작동시키지 않거나, 가능하면 일을 하지 않으려는 모습을 발견했다. 그리고 그 이유가 비합리적인 급여 제도에 있다는 것을 알고 기존의 성과급 제도 대신 차등 임금 제도를 도입했다.

이는 노동자 한 명이 하루에 생산할 수 있는 양을 결정해 급여로 계산하고, 열심히 일해 그 이상을 생산한 노동자에게는 급여의 50퍼센트에 해당하는 성과급을 주는 방식이었다. 이 방식을 실행하려면 노동자 한 명이 하루에 제품을 얼마나 생산할 수 있는지 정확한 기준을 측정해야 했다. 테일러는 스톱워치를 이용해 노동자의 일을 초 단위로 계산해 기준을 측정하기 시작했는데, 이것이 '테일러 시스템'이라고도 불리는 과학적 관리론의 시작이었다.

테일러의 과학적 관리론은 경영자의 직관에 의해 결정되는 비합리성과 비효율, 낮은 생산성이 반복되는 비극을 표준화라는 이름으로 방지할 수 있었다. 이러한 관점에서 노동을 과학적이고 객관적으로 접근한 최초의 혁신이라는 높은 평가를 받았다.

그런데 이 과학적 관리론의 핵심은 회사 안에서 노동자 개인의 능력보다 시스템을 우선으로 하는 것이었다. 시스템 안에서 노동자들은 창의적인 방식으로 일할 필요가 없었다. 그저 표준화된 매뉴얼을 따르기만 하면 충분했기 때문이다. 실제로 테일러는 자신만의 방식으로 일하려는 노동자를 최악 중에 최악이라고 여겼다. 그러한 면에서 테일러의 과학적 관리론은 노동자의 창의성과는 정면으로 배치되는 시스템이었다.

수많은 노동자의 관심은 자연스럽게 자신이 만든 생산품이 아니라 윗사람의 생각과 동료의 협력으로 넘어갔다. 명확한 위계관계 안에서 상관의 마음을 살펴야 했고 동료의 협력을 챙겨야 했던 기존의 군인 집단과 같은 관심사로 돌아간 것이다. 이것이 바로 현대적 회사의 시작이었다.

점차 기업의 규모가 커짐과 동시에 조직이 복잡해지면서, 생산 현장에서 직접 부딪쳐 일하는 사람뿐만 아니라 다른 계층과 조직이 등장하게 되었다. 바로 관리자와 지원 부서다.

사실 과학적 관리법이 본격화되기 이전의 기업들은 육체노동 없이 책상 앞에만 앉아 있는 직원들을 비생산적이며 불필요한 비용의 손실로 여겼다. 실제 현장에서 일은 하지 못하면서 기획 같은 일을 하는 사람을 고용하는 것은 어리석은 일이라고 생각했다. 하지만 조직의 규모가 점차 커지자 그 일손들을 지휘하고 지원할 인위이 필요하게 되었다. 그 결과 인사, 총무, 재무, 법무, 윤리, 전략기획, 정보보안, 회계, 구매, SCM, 손익관리, 경영지원 같은 스태프 부서가 등장했다. 이렇게 현장과 스태프 부서가 분리된 것 또한 조직이 효율성을 최우선으로 생각한 현대 회사의 특징이다.

　여기서 새롭게 등장한 문제점은 바로 생산과 영업같이 근무성과를 정확히 파악할 수 있는 일부 직무 외 부서의 생산력은 정확히 측정하기 쉽지 않다는 것이었다. 효율성을 관리하기 위해 생겨난 조직에서 새로운 비효율성이 등장한 것이다. 이들의 효율성 또한 중요하게 여긴 조직들은 나름의 직무별 핵심성과지표(KPI, Key Performance Indicator)를 만들어 모든 이들을 효율적으로 관리하려는 다양한 시도를 했지만, 일부 직원의 비효율을 잡아내기는 역부족이었다.

　특히 우리나라는 전 세계 최고 수준의 연간 근로시간에 비해 낮은 노동생산성을 보임에 따라 조직적인 비효율이 21세기 이전부터 지속적으로 제기되어 왔다. 하지만 20세기까지 비효율적 업무가 특별한 이슈화가 되지 못했는데 그 이유는 바로 고성장의 경제 상황에 있었다. 고성장은 근면성에 감춰진 비효율의 어둠을 밝히지 못했다.

* 21세기: 창의성과 효율성을 조율해야 하는 시대

21세기가 도래하면서 기업들은 새로운 경영 환경에 직면했다. 시장의 권력이 생산자에서 소비자에게 넘어가고, 기업 간 명확했던 경쟁의 영역이 무너졌다. 모든 산업이 한 시장 안에서 경쟁하는 무한 경쟁 시대가 열리면서, 기존에 있던 효율성을 강조하는 경영만으로는 새로운 시대에 적응하기 힘들어진 탓이다.

특히 규모의 경제를 통한 확실한 원가 경쟁력 확보와 자금력을 바탕으로 마케팅 믹스를 장악함으로써 시장의 주도권을 가져갔던 기존의 전략보다는 빠르게 변화하는 시대에 맞춘 번뜩이는 아이디어가 우위인 시대가 되었다. 효율성 뒤에 숨어 있었던 창의성이 고개를 들게 된 것이다. 기존 시대에서 창의성이 사라졌던 건 아니다. 단지 20세기 이전에는 창의적 아이디어를 가진 천재적인 소수가 전체의 조직을 책임질 수 있었다면, 지금은 창의적인 조직 문화 속에서 다수의 직원이 끊임없이 아이디어를 이끌어내야 하는 상황으로 변했을 뿐이다.

조직은 조직 내 창의성을 효율적으로 이끌어야 한다는 과제를 받게 되었다. 창의성과 효율성이 단독으로 존재하는 것이 아니라 함께 어울려야 성공할 수 있는 시대가 된 것이다.

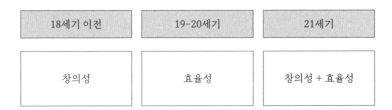

영국의 경영 컨설턴트이자 작가인 찰스 핸디는 그의 저서《코끼

리와 벼룩》에서, 거대한 기업 집단인 코끼리가 21세기 경영 환경의 변화에 성공적으로 적응하기 위해서는 "기업의 규모를 계속 키우면서도 소기업적·개인적 분위기를 간직하고, 창조성과 효율성을 잘 조합하는 과제를 성공적으로 풀어가야 한다"라고 말했다. 특히 창조성과 효율성의 성공적인 조합을 '21세기에 등장한 새로운 연금술'이라고 칭했다. 21세기의 수많은 회사는 금속에서 황금을 만들어내는 연금술, 즉 거의 불가능에 가까운 과제를 달성하기 위해 뛰어든 상태다.

하지만 조직에 속한 개인에게 새로운 시대의 도래가 그렇게 달갑지만은 않다. 서로 섞이기 어려운 창조성과 효율성을 조합하는 기적을 원하는 조직 안에서 예전과 같은 느슨한 태도를 보였다가는 순식간에 불순물 취급을 받을 수 있다.

고성장의 경제 상황 뒤에 숨어 있던 비효율도 누구나 볼 수 있는 양지로 올라오게 되면서, 근무 시간을 늘리며 '보여주기식' 업무 방식에 매달린 이들의 안전은 더 이상 보장받기 힘든 세상이 되었다. 또한 창의성을 가진 개인은 효율성을 갖춰야 하고, 효율적인 개인 또한 혁신이라는 이름의 창의성에 동참해야 한다는 새로운 과제를 받아 들게 되었다.

노동시간 단축과 재택근무의 아이러니: 노는 놈이 눈에 보인다

2004년 주 5일 근무제에 이어 2018년 주 52시간 근무제가 단계적으로 도입됨에 따라, 우리나라 근로자들은 제도적으로 기존의 장시간 노동에서 해방되었다.

근로시간 단축은 비효율이 제거될 수 있다는 점에서는 분명 환영할 만한 일이지만, 반대로 해석하면 이제 더 이상 비효율적인 제도 뒤에 숨을 수 없게 되었다는 뜻이 된다. 이제 모든 조직 안의 개인은 자신의 가치를 스스로 증명해야 하는 상황에 놓였다.

코로나19의 영향으로 재택근무가 점차 늘어나는 상황 또한 이와 같은 경향을 가중하고 있다. 과거에는 재택근무에 대해 '일하지 않고 논다'는 인식이 강했다. 얼굴을 보면서 일을 해야 한다는 대면 중심의 조직 문화 때문이었지만, 기업이 재택근무를 반대하는 가장 큰 이유는 재택근무가 기업 생산성 증가에 도움이 되지 않는다는 데 있었다.[14] 하지만 실제 재택근무가 실시되자 재택근무로 실제 생산성이 떨어지는 효과는 낮게 나타났고,[15] 오히려 대기업에서는 업무 효율 및 생산성 향상에 긍정적이라는 조사 결과도 등장했다.[16] 이러한 체험 효과를 통해서 재택근무를 늘리겠다는 기업 또한 늘어나고 있는 상황이다.

그런데 재택근무의 경험은 뜻하지 않은 또 하나의 효과를 가지고 왔다. 바로 '월급 루팡'[17]이라고 불리던 조직 내 무임승차자를 걸러낼 수 있게 된 것이다.

실제 재택근무가 진행되니 기존 사무실 내에 만연하던 습관적 야근과 업무 떠넘기기, 보여주기식 업무들이 자연스럽게 사라지고, 조직 내 관리자들이 업무 보고를 전체가 아닌 개별로 받으며 개개인과의 소통을 통해 업무 성과를 직접 확인하게 됐다. 누가 성과를 내고, 누가 실제 성과도 없이 월급만 받아가고 있는지를 가감 없이 확인할 수 있게 된 것이다. 쉽게 말해, 누가 하는 일 없이 놀고먹는지를 한눈에 볼 수 있게 되었다.

간혹 팀원이 아닌 팀장과 같은 관리자들이 재택근무 상황에서 월급만 축내는 월급 루팡으로 밝혀지기도 했다. 2019년 관련한 한 조사에서 '월급 루팡이 가장 많이 존재'한다고 조사된 직급은 바로 부장급(29.6퍼센트)이었으며, 이는 임원급(8.7퍼센트)에 비해 3배 넘게 나타났다. 재택근무를 통해서 가장 대표적인 비효율 업무였던 중간 보고가 사라지자, 월급 루팡이라는 의혹만 받았던 중간 관리자들의 민낯이 드러나게 되었다. 이제는 중간 관리자가 자신의 활용 가치를 스스로 증명해야 하는 현실에 직면하게 된 것이다.

21세기식 과학적 관리의 시작과 그 안의 개인

성장이 아닌 생존을 먼저 생각해야 하는 지금의 기업들에는 더 이상 고성장 시대처럼 불필요한 인력을 안고 갈 필요가 없어졌다. 그런데 불필요한 인력은 꼭 업무 효율성이 떨어지는 존재만을 의미하지 않는다. 창의성과 효율성을 조합해야 하는 새로운 시대의 조직에서는 '창의적 조직 문화' 구축에 방해가 되는 '독불장군'과 '혁신 역량'을 갖추지 못한 구시대적 사고의 소유자도 포함한다.

기업들은 더 이상 불필요한 인력이 수면 위로 떠오르기를 기다리지 않는다. 이제 기업은 인력 최초 채용부터 직원들의 일상 업무에 이르는 모든 곳을 타이트하게 관리하기 시작했다.

불필요한 인력이 생겨나는 것을 막는 최선의 선택으로는 직원 선발 단계를 강화해 처음부터 부적합한 인재를 방지하는 방법이 거론된다. 처음부터 역량과 태도가 적절하고 해당 조직에 어울리는 사람을 뽑는다면, 선발 이후에 별도의 교육 비용이 적게 들뿐더러 나중에 월급 루팡으로 변하는 위험조차 방지할 수 있다는 것이다.

이러한 최선의 방식은 실리콘밸리의 기업으로 대표되는 구글, 페이스북 등 글로벌 IT 기업의 선발 과정에서 나타난다. 다른 기업들처럼 1차 실무진 면접, 2차 임원진 면접으로 직원들을 선발하지 않고, 다소 오랜 시간이 걸리더라도 4~5차례의 면접을 통해 피면접자의 전문 지식과 업무 역량, 문제 해결 능력, 직무 적합도 그리고 동료와의 협업 능력 등을 종합적으로 평가한다. 이렇게 까다롭게 채용 과정을 설계하는 것은 결국 제대로 일할 사람을 뽑기 위해서다.

기존에 신입 직원이 회사에 적응하는 기간을 주는 개념으로 활용되던 인턴과 수습 제도도 이제는 조직에 맞지 않는 인재를 걸러내는 제도로 활용하기도 한다.

국내의 한 핀테크 스타트업 기업은 '3 month review'라는 3개월간의 수습 기간을 두고, 신규 입사자가 자사의 기업 문화, 일하는 방식에 적응하는 기간 동안 동료의 평가를 통해, 조직 문화에 맞지 않거나 신뢰가 쌓이지 않는다고 판단될 경우 퇴사 절차가 진행된다. 또한 기존 직원들도 '스트라이크 제도'를 통해서 함께 일하기 어려운 동료로 판단될 경우 피드백 후 경고(스트라이크)를 주고, 이 경고가 3회 누적되면 퇴사를 권고하는 제도를 운영하고 있다.

그리고 이제는 자체적인 '근무 관리 시스템'을 통해서 직원들의 근무 태만을 감시하고 실시간 성과를 관리하는 기업 또한 늘어나고 있다. 기존에도 특정 포털과 커뮤니티 같은 온라인 사이트에 접속하는 것을 관리·제한하고, 직원들의 사이트 접속 기록을 확인할 수 있는 시스템을 갖춘 기업은 상당수 존재했다. 지금은 직원의 온라인 족적을 확인하는 수준을 넘어서, 특정 시간(15분) 동안 키보드나 마우스의 움직임이 없으면 근무시간에서 제외하는 고강도의 인력 감시 프로그램을 적용하거나, 한 직원이 특정 작업에 들이는 시간을 체크하고 이를 회사 전체에 공유해 서로의 작업 효율을 직접 비교하거나, 직원의 아이디어를 동료들이 실시간으로 평가하는 시스템을 도입했다.

20세기 테일러의 과학적 관리론이 생산 현장 중심의 정해진 매뉴얼로 개인의 창의력을 막는 시스템이었다면, 21세기의 새로운 과학적 관리론은 스태프 직원을 포함한 모든 직원의 업무 효율성을 확인함과 동시에 그들의 창의적인 아이디어를 평가하는 방식의 시스템을 활용하는 것이 특징이다.

조직 안에서 개인은 어떤 존재가 되어야 하는가

그렇다면 21세기 새로운 비즈니스 환경 안에서 살아남기 위해 개인은 어떠한 행동 방침을 삼고 조직 생활에 임해야 하는 것일까?

그 점을 살펴보기 위해서, 아래의 질문을 먼저 생각해 보자.

Q. 회사 관리자 입장에서 다음 예시 중 가장 문제가 되는 사원은 누구라고 생각하는가?

A. 똑똑한 것 같기는 한데 잘난 척을 하는 사원

B. 문제는 없는 것 같지만 무슨 일을 하는지 도통 알 수 없는 사원

C. 일 욕심은 있지만 받쳐줄 능력이 부족해 실수를 반복하는 사원

D. 합리성을 핑계로 자기 것만 챙기려고 하는 사원

현재 그리고 앞으로의 회사에서 가장 문제가 될 수 있는 사원은 누구일까?

보기에 제시된 사원 모두는 하나 이상의 문제점을 가지고 있기 때문에 '가장 문제가 되는' 한 명을 선택하는 것은 쉽지 않다. 똑똑한 것 같기는 한데 잘난 척을 하는 A 사원은 실적을 낼 수는 있지만 팀워크에 방해가 될 수 있고, 특별히 문제는 없는 것 같지만 무슨 일을 하는지 도무지 알 수 없는 B 사원은 특출난 성과를 내지 못하거나 존재감이 없다. 일 욕심은 있지만 이를 받쳐줄 능력이 부족해서 실수를 반복하는 C 사원은 실제로 가지고 있는 능력에 비해서 욕심이 앞서서 문제를 일으키는 인물이다. 마지막으로 합리성을 핑계로 자기 것만 챙기려고 하는 D 사원은 개인주의 성향이 강한 인물로, 집단주의가 강한 조직이나 협력이 절대적으로 강조되는 부서에서 부정적인 평가를 받을 수 있다.

이 중에서 어떤 부류의 사원이 가장 문제가 될 수 있는지는 다음의 연구 결과를 보고 확인하자.

미국의 심리학자 존 코이와 케네스 다지는 1982년 '아동의 사회적 관계'[22]를 연구했다. 우리나라로 따지면 초등학생과 중학생에 해

당하는 학생을 대상으로 한 이 연구는 굉장히 단순한 실험으로 이뤄졌다. 바로 아이들에게 다음 두 가지 질문을 던진 것이다.

첫 번째는 "네가 가장 좋아하는 친구는 누구니?"였고, 두 번째는 "네가 가장 좋아하지 않는 친구는 누구니?"였다. 첫 번째는 '호감인 친구'를 묻는 것이었고, 두 번째는 '비호감인 친구'를 묻는 것이었다. 실험 참가자들은 각각의 질문에 생각나는 사람을 원하는 만큼 언급할 수 있었고, 각각의 질문에 같은 사람을 중복 응답할 수 있었다.

해당 연구팀은 단순한 두 개의 질문을 이용해 '다섯 개의 사회적 범주'를 만들어냈는데, 이것이 바로 인기의 다양한 측면을 생각할 때 토대가 되는 분류법 '사회관계 집단(Sociometric Groups)'이다.

사회관계 집단 매트릭스는 사분면으로 나타낼 수 있으며 호감은 세로축에, 비호감은 가로축에 표시된다. '가장 좋아하는 친구'로 지목될수록 표의 위쪽에, '가장 좋아하지 않는 친구'로 자주 지목될수록 오른쪽에 이름이 위치한다.

가장 확실하게 분류할 수 있는 것은 호감형과 비호감형 아이들이

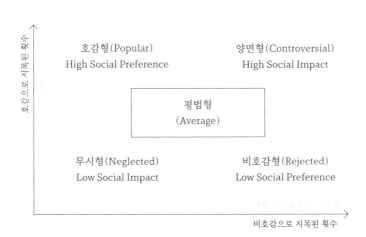

었다. 호감형에 속한 아이들은 좋아하는 친구로 많이 뽑히고, 좋아하지 않은 친구로는 거의 뽑힌 적이 없었다. 이와 반대로 비호감형에 속한 아이들은 학급에서 공통적으로 친구들이 싫어하는 아이들이었다.

그런데 호감형과 비호감형으로 명확하게 구분할 수 있는 두 집단 외에 약간 특이한 두 가지 유형의 집단이 있었다. 하나는 (비록 흔하게 발견되지는 않지만) '많은 친구가 좋아하지만' 그와 동시에 '많은 친구가 좋아하지 않는' 아이로 뽑히는 집단이다. 해당 연구에서는 이러한 부류의 아이들은 양면형이라 칭했다. 반면 '좋아하는 친구'와 '좋아하지 않는 친구' 둘 중 어디에도 잘 언급되지 않는, 유령과 같은 무시형 아이들이 있었다.

그리고 사분면으로 명확하게 구분하기 힘든 중간 지대에 위치한 아이들이 있었는데, 여기에 속하는 아이들은 모두가 좋아하거나 모두가 싫어하지도 않는 부류지만 또 완전 무시형은 아닌 적당한 수준의 집단이었다. 연구팀은 이들을 평범형으로 분류했는데, 단일 집단으로는 이 평범형 집단이 전체의 40퍼센트 수준으로 가장 많은 규모를 차지했다. 어찌 보면 평범한 사람들이 가장 많은 비율을 차지하고 있는 우리 사회와 크게 다르지 않은 결과였다.

아이들의 사회관계로 나눠본 이 사회관계 집단 분류법을 조직 생활을 하는 직장인으로 확대해 생각해 보자. 직장인들은 5가지 유형 중에서 어떤 분류의 인간형이 되어야 회사 혹은 전체적인 사회생활을 잘할 수 있을지 본능적으로 알고 있다.

자신을 좋아하는 사람이 많고 반대로 싫어하는 사람이 없는 호감형이 되는 것이다. 비호감형이 된다는 것은 모든 조직 생활에서 가장 경계해야 하는 모습일 것이다. 이러한 생각은 지극히 자연스럽다.

물론 대부분은 이상향과는 달리 평범형에 속한다. 가능하면 많은 사람이 '나'라는 사람을 좋아해 주면 좋겠지만, 현실적으로는 적대시하는 존재만 없어도 충분할 것이다. '원수는 외나무다리가 아니 회사에서 만난다'는 우스갯소리도 있지만, 많은 사람들은 사회생활에서 적을 만들지 않는 것이 최소한의 슬기로운 조직 생활이라고 생각한다.

회사라는 조직의 최상단에 위치하고 있는 최고경영자 혹은 임원 집단에 속한 사람을 두고 생각해 보자. 그중에서 우리 모두가 이상적으로 생각하는 호감형, 즉 많은 사람이 좋아하고 싫어하는 사람이 거의 없는 인물이 있는가? 아니, 적어도 우리가 생각하는 최소한의 슬기로운 조직 생활로 생각하는, 적이 없고 평범한 수준의 평판을 유지하는 사람이 있는가? 아마 많은 경우 그렇지 않을 것이다. 사회생활의 이상향에 따르면 호감형 리더가 조직에서 가장 높은 자리에 앉아 있는 것이 정상이겠지만, 현실은 반드시 그렇지 않다.

관련 연구 결과에 따르면, 지위가 높은 동시에 사람들에게서 많은 호감을 받은 사람은 35퍼센트밖에 되지 않는다. 나머지는 대부분 호감과 비호감을 동시에 받는 양면형이었다.

지위가 높은 사람들 중 양면형이 많은 것은, 양면형의 리더들은 조직 전체에 도움 되는 일이라면 조직원 개개인의 딱한 사정을 봐주거나 개인의 인기에 연연하지 않고 과감하고 냉정한 선택을 하기 때문이다. 도덕보다 조직의 대의와 이해관계에 집중하는 경향으로

피도 눈물도 없는 선택을 했기 때문에 이들은 간혹 마키아벨리적인 사람으로 묘사되기도 한다.

하지만 이 결과가 사회에서 마냥 착하기만 한 사람은 결코 성공하지 못한다는 말을 증명하는 것은 아니다. 우리가 중요하게 바라봐야 할 지점은, 가끔 논쟁적인 평가를 받을 수 있는 양면형 집단은 확실하게 해당 사회에서 가장 높은 영향력을 끼치는 부류(High Social Impact)에 속해 있다는 사실이다.

누군가가 나를 좋아한다는 '선호(preference)의 신호'를 싫어하는 사람은 없다. 사회생활에서도 누군가가 나를 싫어하지 않고 좋아한다는 것은 긍정적인 신호이며, 이와 같은 긍정적인 모습을 보이고자 하는 것 또한 자연스러운 반응일 것이다. 하지만 현실의 사회생활 안에서는 선호가 아닌 영향력(impact)이 더 큰 힘을 발휘한다.

그와 별개로 앞선 질문을 통해 짚고 넘어가고자 하는 것은 바로 회사 안 어디에서 무엇을 하고 있는지 전혀 알기 힘든, 낮은 수준의 영향력을 보이는 무시형의 분류다.

도대체 무슨 일을 하고 있는지 모르겠는 사람

조직에서 낮은 영향력을 보인다는 것은 한낱 취향의 문제가 아니다. 만약 '나'라는 인간 유형 자체가 단순히 무색무취의 존재여서 무시형에 속하는 거라면 크게 문제가 되지는 않을 것이다. 하지만 한 사람이 조직 내에서 낮은 영향력을 보인다는 것은 취향의 문제를 넘어선다.

무시형에 유령형이라는 수식어를 붙인 것은 바로 함께 일하는 동료들 사이에서 언급조차 되지 않아 실체가 없는 사람일 수 있기 때문이다. 우리가 흔히 "존재감이 없다"라고 말하는 사람이 바로 이 유형에 속한다.

그렇다면 앞선 등장했던, 회사 안에서 가장 문제가 되는 인물 중에서 어떠한 유형이 바로 이 무시형에 해당할까? '특별히 문제는 없는 것 같지만 무슨 일을 하는지 도무지 알 수 없는 B'가 무시형에 해당한다.

B 유형은 보기에 제시된 말처럼 지금까지 특별하게 문제 삼기 어려웠다. 왜냐하면 썩은 사과처럼 팀의 협력을 망치지 않았고, 회사 전체를 무너뜨릴 만큼 크리티컬한 부정적 영향을 끼치지도 않았기 때문이다.

하지만 앞으로 이렇게 조직에서 낮은 영향력을 보이는 사람들은 곧 불필요한 인물 중 하나로 지목될 것이다. 낮은 영향력을 보인다는 것은 눈에 보이지 않는다는 뜻이고, 앞으로 조직은 눈에 보이지 않는 이들과 굳이 함께할 필요성을 느끼지 않을 것이다.

또한 '특별하게 문제 삼을 수 없었던' 그들의 특징은 '특별하게 계속 함께 갈 필요성'조차 사그라뜨릴 특징이 될 것이며, 앞으로의 조직은 나쁜 성품을 보이는 직원보다 가시적 성과를 확인하기 힘든 직원을 더 빠르게 해고 명단에 올릴 수도 있다.

지금의 조직들은 미숙련 인력을 뽑아서 재교육을 통해 전력화를 이루기보다 이미 숙련된 인력을 바로 현장에 투입하고 싶어 하며, 이 과정에서 평범한 성과를 내는 인재보다 비범한 성과를 내는 이들만을 남기고 싶어 한다. 능력이 부족한 사람을 어르고 달래가며 성장시키기보다 능력이 부족하거나 눈에 띄지 않는 사람들을 빨리 내보내고, 그 자리에 알맞은 사람을 하루빨리 보충하고자 한다.

넷플릭스의 문화와 인사 원칙을 담고 있는 '컬처 데크(Culture Deck)' 중에는 '적당한 성과를 내는 직원은 두둑한 퇴직금을 주고 내보낸다'라는 내용이 있다. 이는 2001년 닷컴 버블이 터지고 많은 인터넷 기업이 위기를 겪던 시기, 넷플릭스 또한 3분의 1 직원을 해고하면서 얻은 교훈으로 만들어졌다. 넷플릭스는 3분의 1 직원을 해고하면서 특별히 문제가 된 직원뿐만 아니라 그저 평범한 성과를 내는 것에 만족하는 이들까지 함께 내보냈다. 그 이후 남은 직원들의 사기가 떨어지기보다 오히려 협력적 성과가 더 커진 것을 바탕으로 세운 원칙이다. 이후 비범한 능력을 보이는 소위 'A급 성과'를 내는 직원만을 남겨두는 인사 원칙을 이어나가고 있다.

꼭 넷플릭스에 한정된 이야기가 아니다. 글로벌 경쟁이 격해지고 산업 간의 경계가 사라지면서, 많은 수의 기업은 집단의 효율성과 창의성 향상에 큰 도움이 되지 않는 이들에게 언제든 이별의 편지를 던질 준비를 하고 있다.

기업의 비인간성을 드러내는 장면이 아니다. 단지 프로스포츠 구단의 운영과 같이 승리를 위한 선택을 할 수밖에 없는 냉정한 프로의 세계를 보여주고 있을 뿐이다.

능력을 빠르게 보여주지 못하는 선수는 벤치로 향하거나 방출당하기 마련이다. 조직 내에서 누군가가 그 부족함을 채워주지 않고 쫓겨나는 것이다. 쫓겨나기 싫다고? 그러면 이젠 유령에서 벗어나 확실한 존재감을 보여야 한다.

'존재감을 보여야 한다'라는 말은 자칫 조직 안에서 자신의 '외향성'을 적극적으로 어필해야 한다는 뜻으로 비칠 수 있다. 하지만 존재감을 보이는 것과, 외형적 혹은 내향적이라고 표현할 수 있는 개인의 성격은 전혀 관계가 없다. 또한 존재감을 보이라는 말이 단순히 '자기 홍보에 주력해야 한다'를 뜻하는 것도 아니다.

흔히 조직에서 존재감을 보여야 한다는 것을 조직에서 '자기 홍보'에 주력해야 한다는 것과 동일 선상으로 생각하는 것은, 지금까지 조직 내 적지 않은 이들이 보여주기식 업무와 성과 부풀리기 등을 통해서 소기의 성과를 이루는 모습을 봐왔기 때문이다.

회사에는 꼭 이렇게 자신을 홍보하기 위해서 인위적인 노력을 하는 사람이 있는 반면, 조용하고 묵묵하게 맡은 일을 수행하지만 그 성실함과 꼼꼼함으로 자신의 존재감을 알리는 구성원이 있다.

《콰이어트》의 저자 수전 케인은 지난 100년 동안 '성격의 문화'가 기존의 '인격의 문화'를 대체하면서, 내향성보다 외향성이 우위에 있다는 사회 분위기를 만들었다고 지적한다. 하지만 내향적 성격이 주는 깊이 있는 사색과 진중함, 몰입 능력이 현대 세상에서도 새로운 힘을 보여줄 수 있게 되었다고 말한다. 조직에서 성공하기 위해서 강제로 외향적인 사람이 되거나, 자신이 한 일을 소란스럽게 외칠 필요가 없다는 점을 말하는 것이다.

이 책에서는 '사람들에게 내가 한 일을 알아달라고 소란스럽게 외치는 법'을 이야기하지 않을 것이다. 이것은 '가짜 액션'에 해당한다. 이러한 가짜 액션이 아닌 '진짜 액션'을 통해서, 사람들이 자연스럽게 개인의 존재를 알게 되는 방안을 제시하고자 한다.

가짜 액션 연기자 '액션 가면' vs. 진짜 액션의 선구자 '액션 히어로'

대기업에서 기획 업무를 맡고 있는 12년 차 직장인 윤지상 씨(가명)는 지난 12년 근무 기간 동안 몇 차례 직무를 옮기면서 총 6명의 팀장과 함께 일했다. 그가 만난 6명의 팀장은 모두 각기 다른 유형의 리더였다. 이 중 그의 기억에 강렬하게 남은 두 명이 있었다.

첫 번째는 바로 직장 생활 초기에 영업 부서에서 만난 김 팀장이었다. 그를 생각했을 때 딱 떠오르는 단어 하나는 바로 '쇼잉(showing)'이다. 왜냐하면 김 팀장이 회사에서는 보여주기가 중요하다는 의미로 "쇼잉"을 입버릇처럼 달고 다녀서다.

김 팀장의 특기는 새벽 2시 회사 전체에 메일 보내기였다. 야근이 필요한 날이 간간이 있기도 했지만, 그는 빨리 끝낼 수 있는 일도 일찍 끝내지 않고 일부러 길게 늘어뜨려서 진행했다. 그러고는 항상 새벽 2시에 대표이사를 참조해 회사 전체에 메일 보고를 한 뒤에야 퇴근을 했다. 이 때문에 5명의 팀원들은 그의 '새벽 2시 메일 보고'에 들어갈 세부 자료를 꾸미기 위해 불필요한 야근을 계속해야만 했다.

그리고 그는 항상 보고서의 내용보다 형식과 외형을 중요하게 생각했다. 언제나 보고서를 파워포인트로 만들면서, 최대한 많은 정보를 도표와 그림을 곁들여 가져다줄 것을 요구했다. 팀원들은 내용을 간략하게 만들기보다 화려한 형식의 보고서를 만드는 데 모든 노력을 다해야만 했다.

또한 그가 중요하게 생각하는 것은 오로지 조직의 윗사람뿐이었다. 그는 임원이 이야기하는 모든 것을 일로 만들어서, 속히 팀원들에게 보고서 형태로 만들어올 것을 지시했다. 그렇게 만들어진 보고서에는 자신의 이름만을 올리고, 그 작업에 공헌한 실무자의 이름은 삭제했다. 그는 팀원들을 자신의 성공을 위해 이용했지만, 팀원들이 성장하는 데는 관심이 없는 것 같았다. 윤 씨는 결국 1년 만에, 사내 공모를 통해 다른 직무로 옮기면서 ㄱ에게서 벗어날 수 있었다.

이와 반대로 그의 기억에 남은 또 한 명의 팀장은 왕 팀장이었다. 김 팀장과 비슷하게 임원들에게 보고를 하는 일을 주로 해야 하는 전략팀 리더였지만 김 팀장과는 다른 행보를 보였다.

왕 팀장이 즐겨 쓰는 말은 '먼저 하면 성과, 나중에 하면 숙제'였다. 그는 팀에 맡겨진 보고성 업무를 빈틈없이 잘 해내는 것도 분명히 필요하지만, '보고를 위한 보고'를 만들어내길 바라지 않았다. 대신 '보고할 가치가 있는 일'을 만들어내는 것에 집중해서 '우리 팀만의 비범한 성과'로 이어지길 바랐다. 팀이 성취한 일을 누구보다 빨리 조직에 알려서 성과를 인정받아야 한다고 했다.

정기 임원 보고가 있는 날에는 부득이하게 야근을 했지만 잦은 편은 아니었다. 또한 보고는 최대한 간결하게 핵심만 짚어야 한다고 생각했기 때문에, 보고서 작성에 시간을 많이 들이기보다 간결한 보고서를 만들어오기를 주문했다. 그래서 윤 씨는 김 팀장과 일할 때 보고서의 외형 때문에 지적을 받았던 것과 다르게 보고 핵심을 잘못 짚은 점을 지적받았다.

왕 팀장은 윗사람의 지시를 충실하게 이행하는 편이지만, 무리한 일을 받아와서 팀원을 힘들게 하지 않았다. 그는 팀원들의 성장이 팀의 성장이라고 여겼다. 팀원들이 새로운 일에 도전할 때는 적극적으로 장려하고, 팀원들이 이룬 성과를 자신의 성과로 포장하지 않고 유관 부서 사람들에게 널리 알리는 데 주력했다.

윤 씨가 기억하는 두 명의 팀장 중 김 팀장은 업무적 성과에 집중하기보다 보여주기식 업무를 중요시하고 습관적인 야근을 강요하는 전형적인 구시대적 리더에 속한다. 반대로 왕 팀장은 보여주기식 보고 업무에 시간을 쓰기보다 뛰어난 업무적 성과를 내는 데 집중하기를 바랐다. '보고를 위한 보고'가 아니라 '보고할 만한 성과'를 내는 것이 그의 목표였다.

나는 김 팀장과 같이 진짜 성과를 내기보다 거짓된 보여주기식 액션으로 거짓된 존재감을 보이고자 하는 유형의 직장인을 '액션 가면(Actuion Mask)'으로 정의하고자 한다. 액션 가면의 의미는 실제 액션 없이 거짓된 가면만을 쓴 채로 조직에서 살아가는 유형의 사람들이다.

이와 반대로 왕 팀장과 같이 업무 성과를 내는 데 집중하고 여기에 적절한 액션(빠른 보고 & 성과 인정)을 가미해 성과의 효과를 배가하는 유형의 사람들은 '액션 히어로(Action Hero)'로 정의하겠다.

이 두 유형의 공통점은 모두 관심 추종자라는 것이다. 이들은 기본적으로 자신이 한 작업이 회사 내부의 관심을 획득해야 한다고 생각한다. 그래서 자신이 한 작업물을 뒤에 숨겨두지 않고, 조직 안의 사람들에게 보이기를 바란다.

하지만 이 둘은 관심을 받는 방식에서 큰 차이를 보인다. 앞서 살펴본 관종의 조건(가시성, 협력성, 진실성, 적절성)으로 비교해 보면 아래와 같다.

액션 가면의 핵심은 거짓 액션이다. 이들은 진짜 실적을 창출하기보다 보여주기식 행동을 통해 관심을 획득하고자 한다. 그들이 자주 쓰는 방식은 '자기가 하지 않은 일을 자기가 한 것처럼 포장하기', '의미 없는 중간 보고 남발하기', '늦은 시간에 이메일 보내기' 등이 있다. 이들의 방식은 과거에는 어느 정도의 효과를 발휘했지만 현대의 조직에서는 더 이상 효과를 발휘하기 힘들다.

그리고 이들은 거짓 액션을 위해 남과 진정한 협력을 이끌어내는 대신, 협력하는 척하면서 실제로는 타인의 성과를 가로채는 데 집

액션 가면(Action Mask)	vs.	액션 히어로(Action Hero)
진짜 성과를 내기보다 거짓된 액션 가면만을 쓴 채 살아가는 유형	정의	성과에 맞춘 적절한 액션을 취함으로써 성과의 효과를 배가하는 유형
'보여주기식 행동'을 주로 취함	가시성	실력을 바탕으로 진짜 성과를 보여줌
타인의 성과를 가로채고 윗사람의 의견에 무비판적으로 동조	협력성	동료들의 의견을 청취하고 협력하지만 때에 따라서는 자기 주장을 관철함
말로만 진실함	진실성	진실함을 행동으로 보여줌

중한다. 이들은 팀원 전체가 아닌 자신의 이익을 최우선에 둔다. 액션 가면이 협력하는 대상은 자기 자신과 윗사람뿐이다. 그들은 동료와 아랫사람들의 의견을 잘 받아들이지 않지만, 윗사람의 의견은 무비판적으로 받아들이는 예스맨이 대부분이다. 이 예스맨 때문에 피곤한 사람은 동료다. 액션 가면들이 걸러내지 못한 일은 동료들의 잔업이 된다.

또한 액션 가면 중에는 의외로 달변가가 많다. 과거 많은 사람이 액션 가면의 거짓 액션에 속아 넘어간 것은 그들의 언변 때문일 수도 있다. 대부분 액션 가면은 자신들의 행동이 진실하다고 말하지만, 그들이 보이는 행동에서는 진실성을 찾기 힘들다.

반면 액션 히어로의 핵심은 진짜 액션이다. 이들은 굳이 억지로 자신을 포장하려 애쓰지 않는다. 단지 알맞은 포장지가 내용물을 돋보이게 한다는 사실을 잘 알고 있을 뿐이다. 또한 자신이 만든 성과가 결코 과소평가되어야 한다고 생각하지 않기 때문에 타이밍에 맞는 보고가 필수라고 생각한다. 단지 일을 위한 보고를 하지, 보고를 위한 보고를 하지 않을 뿐이다. 그래서 액션 히어로들은 보고 때문이 아니라 성과 그 자체로 빛을 발한다.

이들은 자신이나 자신이 속해 있는 부서를 앞세우지 않는다. 유관 부서와 폭넓게 협력하면서 공동의 결과를 최선으로 생각한다. 또한 타인의 의견을 경청하지만 때에 따라서는 자신의 의지를 관철하기를 주저하지 않는다. 이들은 성실한 리더인 동시에 성실한 팔로워이기도 하다. 그 때문에 기본적으로 윗사람의 지시를 성실하게 이행하지만, 윗사람의 지시를 무조건 따르기보다는 명확한 부서의 목소리를 대변해 할 일과 하지 않아야 할 일을 따져본다.

　마지막으로 액션 히어로들은 스스로의 성과를 화려한 언변으로 대신하려 들지 않는다. 스스로 성과를 내세우지 않아도 이미 성과를 낸 그들의 행위 자체가 진실성을 대변하고 있기 때문이다.

3. 실력자가 액션 히어로가 되는 방법

액션 히어로로 거듭나는 방법

회사에서 액션 히어로가 되기 위해서는 무엇보다도 탁월한 업무 능력인 실력을 갖추는 것이 중요하다. 자신이 몸담은 분야와 관련한 실력 없이 누군가에게 관심받기를 바란다는 것은 액션 가면이 되길 바란다는 말과 크게 다를 바가 없다. 탁월한 업무 능력을 보인다는 것은 그리 어려운 일이 아니다. 그것은 바로 자신이 담당하고 있는 업무를 '빠르고 완벽하게 처리'하는 것을 의미한다.

탁월한 영업 실적을 올리는 영업 사원부터 자신이 맡은 브랜드의 단기적 성과와 장기적인 브랜드력을 함께 상승시키는 마케터, 고객의 클레임을 빠르게 처리하며 고객에게 칭찬의 소리까지 드는 텔레마케터, 절대 숫자 하나도 실수하지 않으면서 세무 처리 일정을 놓친 적 없는 경리 담당자, CEO의 일정을 세세하게 관리하고 효율적인 동선을 고려하는 비서까지. 바로 이들이 실력자다. 어떤 분야에서든 일의 속도와 완성도를 놓치지 않는 실력자들은 언제든 조직 안에서 눈에 띄기 마련이다.

조직에서 실력자들은 주변 동료들로부터 환영을 받는다. 환영받는 이유 하나는 그들이 업무에 실질적인 도움을 줄 수 있기 때문이며, 또 하나는 그의 업무 능력을 곁에서 보고 배울 수 있어서다. 동료들은 실력자들에게 '명망(reputation)'이라는 가치를 부여한다.

명망의 가치는 현대 조직에서 더 높아졌다. 과거 회사라는 조직이 군대처럼 철저한 위계 안에서 움직이던 시절에는 위계에서 나오는 권력이 절대적인 힘을 발휘했지만, 수평적인 구조로 변화하고 있는 지금 시점에서는 단순한 위계에서 나오는 권력의 힘이 약해지고 있는 반면, 실력자를 따르고자 하는 명망 심리가 이 권력 심리를 대체하고 있다.

하지만 안타깝게도 출중한 실력을 갖춘 이들 모두가 조직에서 액션 히어로가 되는 것은 아니다. 액션 히어로 모두가 실력자인 것은 맞지만, 실력자 모두가 액션 히어로인 것은 아니다. 즉, 실력만으로는 액션 히어로가 되기에 무언가 부족하다는 것이다. 그렇다면 부족한 건 무엇일까?

실력은 있지만 관심받는 방법을 모른다는 점에서는 부족하다. 회사에서 조용히 내가 할 일만 마치면 된다고 생각하는 많은 실력자는 높은 영향력을 끼칠 수 있는 기회를 놓치고 있다. 이는 2부 '꺼지지 않는 가시성'에서 살펴봤던 대로 지속적인 관심을 받는 모형을 적용할 수 있다.

진정한 액션 히어로가 되기 위해서는 실력를 겸비함과 동시에 관

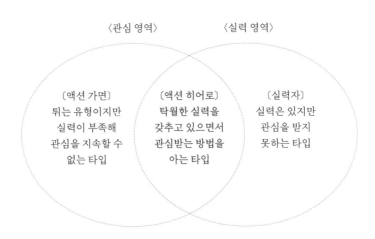

〈관심 영역〉　　　　　〈실력 영역〉

〔액션 가면〕
튀는 유형이지만
실력이 부족해
관심을 지속할 수
없는 타입

〔액션 히어로〕
탁월한 실력을
갖추고 있으면서
관심받는 방법을
아는 타입

〔실력자〕
실력은 있지만
관심을 받지
못하는 타입

심받을 방법을 알고 이를 활용할 수 있어야 한다.

만약 관심의 힘을 제대로 활용하지 못한다면, 실력은 출중하지만 조직에서 인정받지 못했던 웹툰 〈미생〉의 오상식 과장과 같은 존재로 머물 수가 있다.

윤태호 작가의 웹툰 〈미생〉은 바둑이 인생의 모든 것이었던 장그래가 프로 입단에 실패한 후 냉혹한 현실에 던져지면서 벌어지는 이야기를 담고 있으며, 현대 직장 생활의 모습을 생생하고 사실적으로 묘사하고 있는 명작으로 꼽힌다.

〈미생〉의 주요 무대인 원 인터내셔널에서 우리가 가장 빨리 실력자로 인지할 수 있는 인물은 바로 영업3팀의 오상식 과장(드라마에서 배우 이성민 역)이다.

주인공 장그래가 팀에 합류하기 전까지, 영업3팀은 단 2명(과장 1명, 대리 1명)의 인력으로 운영되던 작은 팀이었다. 그 안에서 오상식 과장은 7년 차 만년 과장으로 등장한다. 오상식 과장은 항상 격무에 시달린다. 그 때문에 항상 눈은 빨갛게 충혈되어 있으며, 코피를 흘리는 일은 일상다반사이고 회사에서 졸도한 적도 있을 정도다. 하지만 그가 일을 잘 못하기 때문에 격무에 시달리는 것은 아니다. 극중에서 그는 어느 누구보다도 일을 잘 처리하고, 사내에서의 평판 또한 나쁘지 않다. 그는 같은 팀원뿐만 아니라 다른 팀에서 근무하는 동료들로부터 두터운 명망을 받고 있다. 비록 말투 하나하나가 친절하지는 않지만, 자신의 책임을 아랫사람에게 떠넘기는 일이 없고 상황에 따라 아랫사람의 마음을 잘 어루만져 준다.

하지만 명망 넘치는 실력자인 오상식 과장은 회사에서 승진이라는 과실을 얻지 못하고, 커리어에 도움 되지 않는 영업3팀이라는 조직에서 격무에 시달리며 알맹이 없는 조직 생활을 영위할 뿐이다. 7년 차 과장으로서 팀에 인력을 충원해 달라고 목소리를 높여도, 회사는 1년이 넘게 그의 말을 들어주지 않았다. 결국 그가 참지 못하고 무단결근을 하고 나서야 회사는 1명을 충원해 주는데, 그 인물이 바로 회사 업무 경력이 전무한 장그래였다.

오상식은 회사에서 자신의 기량과 업무량에 맞는 평가를 받고 있지 못하다. 하지만 그와 같은 존재를 현실에서 발견하기란 그리 어렵지 않다. 우리 주위에는 실력이 뛰어나고 명망이 높지만 조직에서 인정을 받지 못하는 회사원이 수없이 많다.

회사 안에서 그 어느 때보다 명망의 가치가 높아진 상태라고 할지라도, 회사가 알아서 실력자들의 가치를 높여주지는 않는다. 실력이 있으면 언젠가 회사에서 알아줄 거라는 믿음은 사람들이 가장 흔하게 범하는 실수 중 하나다.

관종의 조건 중 첫 번째 가시성에서 '실력은 있지만 관심을 받지 못하는 재야형'이 아니라 '기본 실력을 갖추면서 관심받는 방법을 아는 톱스타형'이 되어야 한다는 주장을 다시 되새기게 만든다.

영향력을 높이기 위해서는 실력을 갖추는 것 외에 자신의 실력을 어떻게 하면 보여줄 수 있을지에 대한 고민을 높여야 한다. 지금 당장 사내 정치에 입문하라는 이야기가 아니다. 이것은 타이밍에 대한 이야기다. 자신이 이룬 성과를 그대로 두는 것이 아니라 적절한 액션을 취함으로써 그 성과를 더욱 빛나게 하는 것이다. 그리고 쓸데 있는 일을 어떻게 더 쓸모 있게 만드느냐의 문제다. 이 타이밍을 명확히 알고 있는 존재들이 바로 액션 히어로들이다. 그들은 tvN의 미스터리 음악쇼 〈너의 목소리가 보여〉에서 연예인 판정단의 선택을 기다리는 실력자들과는 다르다. 액션 히어로들은 남의 판단을 기다리지 않고 스스로 나서 실력자임을 드러낸다.

액션 히어로들의 전략적인 비겸손

액션 히어로들은 자신이 실력자임을 알리기 위해서 무리수를 두지는 않는다. 단지 그들에게 주어진 기회를 결코 놓치지 않을 뿐이다.

진정한 실력자인 액션 히어로에게 주어진 기회란 특별한 기회가 아니라 일상의 조직 생활에서 매일같이 떨어지는 과제들이다. 그들은 자신의 실력을 보여줄 수 있는 일상의 과제들 앞에서 뒤로 빼는 모습을 보이지 않는다. 또한 일상 과제의 질과 양을 스스로 통제할 수 없지만, 과제의 기대는 스스로 통제할 수 있다. 이것이 바로 액션 히어로의 액션 포인트다. 일상 과제를 처리할 때 언제나 기대치를 높게 잡고 상사와 유관 부서에 자신(혹은 자신의 부서)이 성공적인 결과를 낼 수 있다고 말한다.

지금까지 우리가 알고 있던 기대 관리 이론과는 다소 차이가 있다는 것을 눈치챘을 것이다. 직장 생활 혹은 사회생활 전반에서 상대방의 기대치가 낮은 상황에서 반전된 성과를 보여주는 방식이 성과를 더 크게 보여준다고 알았을 것이다. "약속을 지키는 최고의 방법은 약속을 하지 않는 것"이라는 나폴레옹의 격언처럼 말이다.

직장 내 기대 관리 이론은 마케팅 이론 중 하나인 '기대 불일치 이론(Expectancy Disconfirmation Theory)'에 근거한다. 1965년 카르도주가 처음 제시하고 올리버가 확장한 이 이론의 핵심은 특정 제품이나 서비스를 개인의 기대보다 성과를 높게 평가할 경우(기대 〈 성과) 긍정적인 불일치가 발생해 만족을 증가할 수 있지만, 반대로 개인의 기대보다 성과가 낮게 평가될 경우(기대 〉 성과) 부정적 불일치가 발생해 제품과 서비스에 대한 불만족이 증가할 수 있다는 것이다.

소비자 입장에서는 실전에 적용하는 데 큰 무리가 없어 보인다. 우리는 이제까지 기대가 높았던 제품에 얼마나 많은 실망을 했던가. 그런데 과연 회사 생활에도 이 이론이 그대로 적용되는 데 문제가 없을까?

미국의 심리학자인 배리 슐랭커와 마크 리어리는 '당사자가 내놓은 기대치에 따른 성과 평가'가 결과에 영향을 미칠 수 있는지 연구했다. 실험 참가자들은 각자 하나씩의 과제를 맡게 되는데, 작업 수행 전 자신의 성과 기대치를 내놓아야 했다. 그리고 관찰자는 각 실험 참가자가 내보인 기대치를 알고 있는 상태에서 실제 성과가 나온 후에 각 참가자의 능력을 평가했다.

이 실험의 결과는 어땠을까? 좋은 성과를 냈을 때 낮은 기대치를 냈던 참가자의 능력이 높이 평가(긍정적 불일치)받고, 반대로 낮은 성과를 나타냈을 때는 높은 기대치를 냈던 사람이 더 낮게 평가(부정적 불일치)되었을까?

실제 성과 기대치	매우 좋음	좋음	보통	나쁨	매우 나쁨
매우 좋음	8.1	7.6	5.6	4.3	4.5
좋음	7.9	7.6	5.9	4.5	4.3
보통	7.4	6.9	5.7	4.3	3.9
나쁨	6.5	6.4	5.0	3.0	2.7
매우 나쁨	7.0	6.5	4.8	3.0	2.7

실제 실험 결과는 예상과 정반대였다. 실제 성과가 가장 좋은 경우(매우 좋음)에 기대치를 낮게 설정했던 참가자의 능력이 7.0으로 평가받았던 반면, 기대치를 높게 설정했던 참가자의 능력은 이보다 높은 8.1의 평가를 받았던 것이다. 반대로 실제 성과가 가장 나쁜 경우(매우 나쁨)에도 기대치를 높게 설정했던 참가자에 대한 평가(4.5점)가 기대치를 낮게 설정한 참가자에 대한 평가(2.7점)보다 높았다. 결과적으로 성과 평가가 좋든 좋지 않든 상관없이, 사전에 기대치를 높이 설정한 실험자가 더 유능하다는 평가를 받은 것이다.

결론적으로 과제를 수행하기 전 기대하는 결과를 긍정적으로 이야기하는 태도가 더 도움 된다. 성공적인 결과를 낸다면 더 유능하다는 평가를 받을 수 있으며, 혹시 부족한 결과를 내더라도 무능하다는 평가를 덜 받을 수 있다.

보통 겸손은 오만이나 자만 같은 부정적인 단어의 반대되는 말로 쓰인다. "벼는 익을수록 고개를 숙이다"라는 격언처럼 실력자를 넘어서 인간 모두가 갖추어야 하는 필수 덕목이 되어왔다.

인생 전반에서 겸손한 삶의 태도는 중요하고 앞으로도 그 중요도는 떨어지지 않을 것이다. 하지만 이제는 '일상생활의 겸손함'과 '직업적인 겸손함'을 분명하게 구분해야 한다. 일상에서 자신을 낮추는 모습은 인간적인 면모를 보여주는 지표가 될 수 있지만, 프로의 세계에서 자신을 낮추는 행동은 자신이 가지고 있는 실력을 스스로 깎아내리는 것에 지나지 않는다.

액션 히어로들은 이 지점을 누구보다 잘 알고 있다. 자신이 몸담고 있는 분야에서는 함부로 자신을 낮춰서 말하지 않는다. 오히려 자신의 업무에는 전략적으로 비겸손한 태도를 보인다.

또한 누군가에게 칭찬의 말을 들었을 때 "아, 제가 뭐라고" 혹은 "가당치도 않은 말씀입니다"와 같은 대답을 하지 않는다. 그들은 칭찬을 듣는 상황에서 단지 고마움을 표한다. 오히려 "역시 저밖에 없죠?"와 같은 대답을 하면서, 다수의 사람이 보이는 과도한 겸손함을 역으로 이용하기도 한다.

액션 히어로들은 실패가 명백하게 보이는 일이 아니라면 한번 나서서 해보겠다는 자신감을 보인다. 실제로 회사 업무를 수행하기 전에 그 업무를 수행하기 어려운 여러 가지 이유를 들면서 상사의 기대치를 낮추려고 하는 사람이 많다. 하지만 해당 업무를 평가하는 상사들은 이를 참작하기보다는 오히려 일을 맡기 싫어한다는 인상을 받는다. 그리고 그들의 겸손함을 '실패에 대비한 방어'라고 생각하며, 불확실함, 비겁함과 동일시하기도 한다.

그래서 많은 경영자는 일이 되지 않는 수백 가지 이유를 찾는 직원보다 일이 되는 한 가지 이유에 집중해 해결책을 찾고자 하는 직원을 더 높이 평가한다.

하지만 만약 노력해도 안 된다면? 이 또한 상관없다. 그 상사는 실패의 문제점을 들추기보다 개인의 노력을 더 높이 평가할 것이다. 물론 상사의 기분을 맞추고자 애초에 되지도 않는 일을 무리해서 할 수 있다고 말하는 객기를 응원하는 것은 아니다. 의지와 객기는 다르다. 다만 상사들이 생각보다 개인의 말과 행동을 재빨리 잊어버린다는 사실을 잊지 말자. 상사는 당신이 불러일으킨 긍정적인 감정만큼은 절대 잊지 않을 것이다.

액션 히어로가 남과 협력하는 방법

조직 생활에서 독보적인 실력을 갖추는 것이 효과적인 액션을 보이는 길이라지만, "혼자서는 장군이 될 수 없다"라는 말처럼 아무리 실력이 뛰어난 개인이라도 타인의 협력이 없다면 결코 조직 사회에서 특정 목표를 이룰 수 없다.

그렇다면 조직에서 타인의 협력을 받을 수 있는 방법은 무엇일까? 이 책의 초반에 남을 배려하고, 남의 기분을 나쁘게 만드는 언행을 하지 않으며, 타인과 잘 협력하는 인간적 매력은 조직 생활과 개인에게 필수적인 매력 요소라고 말한 바 있다. 이는 코난 오브라이언이 NBC 〈투나잇쇼〉 마지막 방송 클로징 멘트로 한 "여러분이 정말로 열심히 일하고 친절하다면 반드시 놀라운 일이 일어날 것입니다"와 동일한 맥락이다.

하지만 단순히 친절하고 남을 잘 배려하며 타인과 잘 협력하는 성향만으로는 성공적인 액션 히어로가 되기에 충분하다고 말할 수 없다. 회사 안에서 좋은 사람이 되는 것을 넘어서기 위해서는 자신의 협력 성향을 능동적으로 보여줄 필요가 있다. 이를 쉽게 표현하자면, 누군가에게 도움받고 싶다면 먼저 도움을 주라는 것이다.

데일 카네기는 그의 유명한 책 《인간관계론》에서 어디에서나 환영받는 사람이 되는 방법을 소개했다. 그는 누군가에게 특별한 관심을 받고 싶다면, 먼저 상대방에게 특별한 관심을 갖는 것이 하나의 방법이라고 했다.

이 방법은 모두가 누군가로부터 관심을 받고 싶어 하는 자연스럽고 인간적인 심리를 역으로 이용하는 것이다. 진심으로 누군가에게 관심을 보이면 그들도 자연스럽게 상대에게 진심이 담긴 관심을 전달한다. 이 방법은 카네기가 새롭게 발견한 진리는 아니다. 로마에 살았던 시인 푸블릴리우스 시루스도 지금으로부터 2천 년 전에 "다른 사람이 우리에게 관심을 가질 때 우리는 비로소 그들에게 관심을 가진다"라는 말을 한 적이 있다.[32]

그렇다면 조직 안에서 내가 먼저 남을 도울 수 있는 방법은 어떤 것이 있을까? 조직 생활의 단계별로 요구되는 '핵심 협력 능력'에 맞춰 도움을 제공하는 것이다.

단계	주니어급 실무자	시니어급 실무자	관리자
직급	사원	대리-과장	차장-부장-임원
핵심 능력	팔로워십 (Followership)	셀프 리더십 (Self-Leafership)	리더십 (Leadership)
개념	윗사람을 돕는다	스스로를 돕는다	아랫사람을 돕는다

먼저 회사 생활의 가장 첫 단계인 주니어급 실무자에게 가장 필요한 능력은 해당 조직의 공동 목표와 리더에게 적합한 팔로워십을 발휘하는 것이다. 팔로워십의 핵심은 단순히 리더를 따르는 데 있지 않다. 조직이 주니어급 실무자에게 기대하는 보조적 역할을 명확히 이해하고 독립적으로 업무를 수행할 수 있는 역할을 갖추기 전에 맡겨진 업무를 성실히 수행하면서 기본기를 습득하는 것이다.

조직 내에 유입된 많은 관심 추종자는 입사 초기부터 빠르게 성과를 보이고 이를 통해서 주위의 관심을 획득하고자 한다. 하지만 이 단계에서 가장 쉽게 범할 수 있는 오류는 초기 단계에서 습득해야 하는 지식과 경험을 쌓는 것보다 자신이 가지고 있는 능력을 보여주려 한다는 것이다.

타고난 능력을 바탕으로 초기부터 업무 능력이 기대 수준을 넘어서는 슈퍼 루키를 제외하고는 신입 직원 대다수는 기본기가 부족하고 조직 내 필요한 역량을 완벽하기 이해하기 어렵다. 이러한 기본기와 역량은 단기간에 만들어낼 수 없다.

주니어급 실무자에게 우선시되는 것은 핵심 협력 능력으로, 조직 안에서 요구하는 것을 빠르게 팔로우하고 그 안에서 역량을 보이는 것이다. 아무리 뛰어난 자신만의 아이디어가 있다고 하더라도, 회사에서 요구하는 시장 분석의 틀을 먼저 갖추어야 한다. 조직이 요구하는 역량과 기본기를 먼저 갖추지 않고 자신의 기량만을 내세우는 행동은 협력적이지 않은 태도로 해석될 수 있다.

관심 추종자들이 자신의 역량을 마음껏 뵈일 수 있는 단계는 대리와 과장과 같은 시니어급 실무자로 올라섰을 때다. 이 단계에서는 혼자 무리 없이 직무를 담당할 수 있는 수준으로 성장해 타인의 표상이 되는 셀프 리더십 이 핵심이 된다. 그리고 이 단계에서 하나 더 필요한 협력은 수직적인 협력보다 유관 부서의 지지를 받는 수평적인 협력이다.

마지막 단계는 실무자를 넘어서 관리자로 성장했을 때다. 조직에서 직급이 높아지고 점차 영향력이 커질수록 더 넓은 범위의 리더십이 요구된다. 관리자 이상의 리더십 핵심은 자신이 성장하는 셀프 리더십 외에도 하급 조직원들의 동기 부여와 성장까지 책임진다는 것이다. 이것이 바로 관리자들에게 필요한 핵심 협력 능력이다.

이 책에서 액신 히어로노 등상한 왕 팀장이 바로 이러한 관리자의 핵심 협력 능력을 잘 이해하고 있는 대표적인 인물이다. 그는 팀원들의 성장이 곧 팀의 성장이라고 생각하며, 그들이 일을 통해서 동기 부여를 받고 성장하는 데 중점을 두고 있다. 그는 팀원들에게 정해진 일뿐만 아니라 팀원만이 할 수 있는 일을 찾아내서 성과를 낼 기회를 제공하고, 팀원들의 성과를 회사에 널리 알려서 그가 더 성장하는 발판을 만들어주고자 한다. 또한 이러한 성과를 계속 팀에 쌓으면서 팀원들이 더욱 열정적으로 일에 매진할 수 있는 환경을 조성한다.

하지만 이와 반대로, 액션 가면으로 뽑힌 김 팀장에게 중요한 것은 자기 자신뿐이다. 팀원들의 성장과 동기 부여 같은 것에는 관심이 없다. 팀원들의 성장은 그들이 알아서 해야 한다고 생각하고 있으며, 단지 처세술이 좋은 자신의 모습을 보고 따라오기만을 바란다. 그는 도전적인 일을 통한 실제 성과가 아니라 하나의 일을 길게 늘어뜨리는 보여주기식 업무에 집중하기 때문에 팀원들이 일을 통해 성장할 수 있는 기회 또한 박탈하고 있다.

《멀티플라이어》의 저자 리즈 와이즈먼의 분류에 따르면, 팀원들의 재능을 알아보고 활용하며 더욱 성장시키는 왕 팀장은 '멀티플라이어'이고, 그와 반대로 팀원들이 가진 재능을 잠식시키는 김 팀장은 '디미니셔'에 해당한다.

관리자가 팀원들과 협력해야 할 부분은 단순한 업무에 그치지 않는다. 관리자의 협력 범위는 팀원들의 지식과 실력을 적절하게 전달하고 권한을 위임하는 것부터 팀원들의 개인적 고충을 처리하는 것까지 광범위하다. 이것이 바로 관리자로서 리더십을 발휘하기 힘들다는 평가가 나오는 이유이기도 하다.

흔히 고위 관리직으로 승진한 이들이 전문적인 문제보다 직원들의 고충을 처리하는 데 자기 시간의 절반을 할애한다고 불평하는 건, 그 역할 자체가 관리자에게 요구되는 핵심 협력 능력이라는 사실을 깨닫지 못하기 때문에 일어나는 일이다.

현대 사회 조직에서는 특정 성별과 세대가 따로 떨어져서 일하는 것이 아니라, 남녀 그리고 다양한 세대 집단이 하나의 팀을 이뤄 함께 일하는 사례가 많아졌다. 조직의 글로벌화가 진행됨에 따라 종종 우리나라 문화에 익숙하지 않은 외국인들과 함께 팀을 이뤄 일을 하게 될 수도 있다.

현대의 사회적 변화는 관리자들에게, 다양한 계층의 특수성을 이해하고, 각각의 개인에게 적합한 동기 부여를 고민해야 하며, 누군가에게 차별적이지 않은 언행을 갖춰야 한다는 쉽지 않은 과제를 안겨주었다. 이러한 변화 안에서 이전의 상명하복식 조직 문화는 먼 과거의 일이 되었다.

평등한 조직 문화 안에서 조직원의 각기 다른 고충을 이해하고 관리하면서 공통의 목표를 달성해야 하는 일은 자연스럽게 관리자의 몫이 됐다. 리더십이 아랫사람에게 일을 시키고 성과를 내는 것이 아니라, 고도의 사회적 기술을 발휘해 조직 전체의 문제를 해결해야 하는 것을 의미하게 된 것이다.

아부가 아닌 '현명한 리스펙트'를 보내는 방법

다른 사람의 환심을 사거나 비위를 맞추기 위해서 알랑거리는 사람들을 '아첨꾼'이나 '아부쟁이'라고 낮잡아 부르곤 했다. 이들이 잘 보이려는 것은 보통 특정한 목적을 비합법적인 방법으로 이루기 위해서였다. 남의 비위를 맞춰서 공정한 경쟁에서 벗어나 무언가를 얻어내거나 자기만 혼자 살아남는 길을 찾아냈기 때문에 주변에서는 아첨꾼들을 좋게 생각하지 않았다. 하지만 이러한 주변의 부정적인 평가와는 반대로 타이밍 좋게 아부를 잘 떠는 사람들은 결국 회사에서 살아남는다는 믿음 또한 존재해 왔다.

심리학에서는 이러한 고전적인 비위 맞추기 방식이 어느 정도는 효과를 발휘한다는 사실을 밝혀냈다. 누군가에게 칭찬의 소리를 들은 당사자는 그 칭찬이 사실이든 아니든 칭찬한 사람에게 호감을 느낀다. 그의 환심을 사기 위해 비위를 맞추고 있다는 것이 분명히 눈에 보임에도 말이다.

누군가 나에게 아부를 떨면 기분이 좋지만, 내가 누군가에게 아부를 해야 할 때는 기분이 떨떠름한 이중적인 모습을 갖고 있다. 또한 자신의 아부는 훌륭한 처세술이 될 수 있는 반면, 남의 아부는 비열하고 더러운 행위로 보인다.

《아부의 기술》의 저자 리처드 스텐절은 아부를 '전략적인 칭찬, 즉 특별한 목적을 추구하는 수단으로서의 칭찬'이라고 정의하고, 아부가 '자기 자신이 유리한 입장에 놓일 수 있도록 다른 사람을 높이는 일종의 현실에 대한 조작'이기 때문에, 진심으로 하는 칭찬마저도 아부가 될 수 있다고 했다. 그러면서 21세기 현대인에게 이 아부 능력은 또 하나의 능력이자 자본이 될 수 있다고 주장했다.

그렇다면 조직에서 전략적인 선택을 활용하는 액션 히어로들은 아부를 어떻게 처세로 활용할까? 명쾌한 답은 액션 히어로는 절대로 아부를 하지 않는다는 것이다. 적어도 액션 히어로 당사자들은 그렇게 생각하고 있다. 단지 그들은 직장에서 누군가를 '리스펙트(respect)'하는 일은 놓치지 않는다.

말장난이냐고 생각할지 모르겠지만, 아부와 리스펙트는 분명히 다르다. 존경을 의미하는 respect는 라틴어 'respicere(레스피세레)'에서 온 말로, '반복'을 뜻하는 're'와 '보다'를 의미하는 'spect'가 합쳐서 어떤 대상을 '다시 본다'라는 의미다.

액션 히어로들이 누군가에게 칭찬의 말을 건네는 건 상대방의 마음을 조작해서 유리한 거래를 이끌고자 하는 협상가의 마음이 아니다. 단지 상대를 '다시 바라보고' 있을 뿐이다. 액션 히어로들은 이러한 방식으로 다른 사람에게서 배울 만한 점을 찾아낸다.

또한 그들의 칭찬 방식은 현명하다. 결코 아부가 아닌 리스펙트를 하기 때문에, 다른 아부쟁이들처럼 상사 면전에서 그를 칭찬하지 않는다. 단지 상사의 특별한 점 혹은 배울 만한 점을 발견하고, 상사가 아닌 다른 동료에게 상사의 특별한 점을 다시 바라보기(respect)를 제안할 뿐이다.

액션 히어로인 왕 팀장은 이러한 리스펙트를 실천하는 사람이다. 그는 결코 임원 앞에서 아부를 한 적이 없다. 단지 팀원들에게 가끔 '그래도 저 상무님이 일을 밀어붙이는 추진력 하나는 본받아야 해' 정도의 말을 할 뿐이다.

왕 팀장의 이러한 리스펙트는 잠재적인 이점 두 가지가 있다. 첫 번째는 직장 안에서 아부를 부정적으로 보고 있다는 것이다. 2018년 미국에서는 '상사에게 아부하는 직장인일수록 업무를 소홀히 할 가능성이 높고, 앞으로 상사가 이를 인지해야 한다'라는 연구 결과가 나왔다. 왕 팀장은 적어도 자기 일을 소홀히 하고 있다는 평가는 피할 수 있을 것이다.

다른 한 가지는 상대방이 보이지 않는 곳에서 행해지는 리스펙트를 담은 말은 상대방의 면전에서 이루어지는 아부보다 더 강력한 효과를 낸다는 데 있다. 그것은 '정보 원천 신뢰도 이론(source credibility theory)'[36]에 따라, 다른 사람들에게 영향을 미치려는 의도를 가지지 않은 순수한 말이 오히려 더 높은 영향력을 갖기 때문이다.

창작 작품에서 '현명한 리스펙트'를 사용하는 대표 인물은 곽백수 작가의 웹툰 〈가우스 전자〉의 주인공 고득점이다. 고득점은 직장의 누군가가 간혹 '사내 메신저에서 상사 욕을 했다가 들켜서 비극적인 상황'에 놓이는 것과 반대로, 사내 메신저에서 상사를 칭찬한 것이 들켜버리는 에피소드[37] 등을 통해 상사에게 높은 점수를 획득하는 캐릭터로 그려진다. 하지만 그는 작품 내 동료나 웹툰을 보는 독자들에게 아부로 욕을 먹지 않는다. 다소 의도가 섞여 있는 행동 안에서도 남에게 피해를 주거나 대놓고 아부를 하는 모습이 아니라 리스펙트에 근거한 활동이기 때문이다.

사회생활 초년을 보내는 주니어급 실무자들에게는 상사나 동료에게 진지한 충고와 조언을 구하는 방법이 효과적이고 현명한 리스펙트 방법이다. 상대방의 지식과 경험을 구하는 행동은 상대방의 지식과 경험을 인정하고 공경한다는 뜻이기 때문에 분명 아부를 하지 않고도 상대방의 호감과 관심을 이끌어낼 수 있다.

물론 인터넷에 떠돌아다니는 '신입 사원이 딜레마에 빠지는 뫼비우스의 띠'[38] 도식과 같이 물어보면 "넌 아직도 그것도 모르냐?"라고 혼나고, 안 묻고 일하면 "모르면 좀 물어봐!"라고 혼난다는 우스갯소리도 존재한다.

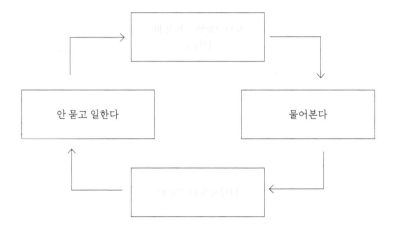

　　하지만 조직 내 액션 히어로를 꿈꾸고 있는 관심 추종자라면 무조건 질문해야 한다. 타이밍 좋은 질문에는 늘 좋은 결과가 따라온다. 타이밍 좋은 질문을 던진 순간 이미 상대방은 지식과 경험을 인정하고 공경을 받았다는 사실을 인지하기 때문이다.

4. 조직은 어떻게 개인의 관심을 가져갈 수 있는가

관종의 관심을 하나로 모아야 하는 조직의 고민

조직 안에서 개인이 관심을 획득하는 것도 중요하지만, 반대로 조직이 개인의 관심을 어떻게 가져갈 수 있느냐도 중요한 시대다.

회사라는 조직과 개인은 근로 계약으로 이뤄지는 임시적인 관계다. 회사와 개인은 계약에 따라서 임금, 근로시간 등 핵심 조건을 정하고, 회사는 노동자에게 임금을 주고 노동을 전담시키는 분업 체계로 운영된다.

개인이 회사에 노동을 제공하는 관계지만 (일부를 제외하고) 소유자는 아니기 때문에 회사에서 정해진 근로 계약 이상의 책임을 질 필요가 없다는 특징이 있다.

결국 회사는 미국의 작가 앰브로스 비어스의 말대로 '개인이 책임을 지지 않아도 돈을 벌 수 있는 훌륭한 구조'를 갖게 되었다. 하지만 이 구조는 개인에게는 훌륭하지만 회사에는 연약한 구조를 제공한다. 현대 회사의 시스템은 일을 게을리하는 조직원이 생겨날 수 있다는 태생적인 문제점이 있는 것이다. 작업 능률을 의도적으로 떨어뜨리는 태업(slowdown)은 노동자들의 집단 노동 쟁위 중 하나지만, 조직 내 개인의 일상 업무에서도 언제든 일어날 수 있는 위험 요소였다.

이러한 태생적 한계 때문에 프레드릭 테일러를 비롯한 수많은 경영자와 경영학자는 회사 안에서 개인의 업무를 어떻게 최적화하고 업무 동기를 부여할 것인지 다양한 방법을 고민해 왔다. 이 고민의 핵심은 개인의 관심을 어떻게 회사의 의도에 따라 하나로 모을 수 있느냐에 맞춰졌다.

20세기 말까지 우리나라의 기업 환경은 개인의 관심을 하나로 모으는 데 상대적으로 수월한 편이었다. 매년 고성장을 이루는 환경 덕에 조직이 이루는 과실은 개인의 이득으로 이어졌고, 회사와 개인은 하나라는 일체감을 제공함으로써 회사의 목표와 관심이 개인의 목표와 관심으로까지 이어졌다.

하지만 오늘날 조직과 개인의 일체감을 기대하기란 점차 어려워지고 있다.

우리나라는 1997년 IMF 위기 때의 대량 실직과 2008년 글로벌 금융 위기 때의 상시적 구조조정이 이뤄지면서, 기존 조직에 있었던 '회사와의 일체감이 개인의 과실로 돌아온다는 믿음의 구조'가 붕괴되었다.

조직에 대한 믿음의 붕괴는 점점 더 개인의 각자도생을 가속화하고 있다. 직장인 10명 중 7명은 지금의 한 가지 직업을 믿고 집중하기보다는 'N잡러'가 되기를 바라고,[39] 성인 남녀 10명 중 6명이 유튜버가 되기를 꿈꾸고 있는 게 현실이다.[40]

또 하나의 문제는 모두의 각자도생 방식이 같지 않다는 데 있다. 조직의 누군가는 빨리 회사를 떠나 유튜버로 독립하는 것만이 자신의 살길이라고 생각하지만, 누군가는 조직의 목표 달성에 기여하는 것이 자신의 살길이라고 생각하면서 서로 간의 갈등이 늘어난다. 이러한 갈등은 보통 기존 직원과 신규 직원 사이에서 일어난다. 개인의 관심사와 갈등의 양상이 다양해지는 만큼 조직 관리의 어려움은 늘어나는 추세다.

이러한 상황에서 개인의 관심을 하나로 모으기 위해서 조직은 어떤 선택을 할 수 있을까?

누구 하나만이 아닌 모두를 위한 조직 문화

회사 조직이 개인의 관심을 모으기 위해서 가장 먼저 시행해야 하는 것은 (특정 세대와 직급에 예외를 두지 않는) 평등한 조직 원칙과 문화를 만드는 것이다. 새로운 시대에 맞는 조직 문화를 만드는 것은 옳은 일이지만, 밀레니얼 세대를 위한 조직 문화를 만드는 것은 옳지 않다. 특정 세대나 직급을 위한 원칙과 문화는 다른 세대에게 소외감을 주고 조직 내 분리감을 높인다. 누구만을 위한 조직 문화가 아닌, 모두를 위한 조직 문화를 만들어내는 것이 중요한 이유가 바로 여기에 있다.

강의 등으로 기업 현장을 찾을 때마다 중간 관리자나 최고 경영진에게 가장 많이 듣는 질문은 "《90년생이 온다》를 내셨으니,《60

년생이 온다》,《70년생이 온다》는 어떠세요?"라는 것이었다. 이런 질문이나 요청의 이면에는 특정 세대 혹은 직급의 소외감이 있다. 그저 환경에 맞춰 최선의 선택을 해온 사람들이지만 너무나도 빨리 변한 세상에서 '당신들이 변해야 한다'라는 조직의 목소리는 자칫 그들에게 적응만을 강요한다는 느낌을 줄 수 있다.

투명한 세상에 필요한 것은 투명한 조직 문화와 원칙이다. 만약 근무 시간 외에 지시를 내리는 것이 불법이고, 신입 사원에게 주말에 카톡으로 업무를 지시하는 것이 안 된다면, 그와 똑같이 중간 관리자에게도 주말 업무 지시를 내려서는 안 된다. 조직 원칙을 모두에게 똑같이 적용하고 이를 조직의 DNA로 뿌리내리게 하는 것이 조직이 나아가야 할 길이다.

21세기의 조직에는 창조성과 효율성을 잘 조합해야 한다는 과제가 주어져 있지만, 이 말이 꼭 창조성과 효율성을 한 사람의 능력으로 조합해야 한다는 의미는 아니다. '창조성을 갖춘 개인'과 '효율성을 가진 개인'을 하나의 원칙 안에서 잘 움직이게 만드는 것 또한 하나의 방법이다. 창조성과 효율성을 갖춘 개인을 하나로 묶는 방법은 명확한 조직 원칙을 만들고 이행하는 길뿐이다.

직장 재직 중에 유튜버와 같은 1인 미디어 활동을 하는 것과 같이, 겸업 허용과 관련한 조직의 원칙을 생각해 보자. 회사는 조직 안의 개인에게 퇴근 후 유튜브 투잡을 허용해야 할까, 허용하지 말아야 할까? 정답은 바로 '회사마다 다르다'이다. 퇴근 후에 유튜브를 하고자 하는 사람이 늘어가는 트렌드와 회사에서 유튜브 투잡을 허용해야 하느냐는 다른 문제다. 회사의 '겸업 금지 조항'과 '보안에 따르는 위험' 등에 따라서 유튜브 활동을 금지할 수도 있고, '창의적인 조직 문화 활성화' 등의 이유로 유튜브를 장려하는 회사가 있을수도 있다. 해당 사항을 규칙으로 적용하는 것은 회사의 고유 권한이다.

하지만 문제는 대부분 회사가 직원의 유튜브 투잡과 관련한 명확한 취업 규칙 혹은 가이드라인 자체를 가지고 있지 않다는 데 있다. 만약 유튜브 투잡을 금지한다면 이를 명확하게 고지하고 이행해야하며, 허용한다면 세부적으로 어떠한 조건으로 허용하고 어떠한 원칙을 위반하면 제한할지를 제시해야 한다. 이에 대한 명확한 가이드라인이 없거나, 있더라도 이행되지 않는다는 것은 '유튜브를 할의향이 있는 조직원'과 '유튜브에 관심이 없는 조직원' 모두에게 불확실성을 준다.

명확하게 정의된 하나의 조직 원칙이 약속대로 시행될 때 불필요한 갈등의 요소가 줄어들고 조직 안 개인들에게 안정감을 높여줄수 있다.

몰입에 대한 연구로 우리에게 잘 알려진 심리학자 미하이 칙센트미하이는 개인의 몰입은 기본적으로 '개인의 역량'과 '과업의 난이도'에 의해 결정되지만, '한 그룹의 몰입'은 상호 보완적이기 때문에 그룹원 모두가 공동된 목표와 단계에 동의하고 서로에 대한 신뢰를 보낼 때 '소셜 플로우(Social Flow)'라고 하는 그룹의 결속과 몰입의 효과가 나타난다고 했다. 이러한 신뢰 흐름을 만드는 것을 조직원 개인들 간의 문제로 치부하지 않고 조직은 여기에 맞는 원칙을 만들어줘야 한다.

기크와 슈링크가 함께 일할 때 일어나는 일

미국 노동부 장관을 지냈던 경제학자 로버트 라이시는 그의 저서 《부유한 노예》에서 21세기의 새로운 조직 인간상으로 기크(Geek) 와 슈링크(Shrink)를 제시했다.

기크란 예술가 혹은 아티스트의 기질을 가진 사람을 의미한다. 이들은 단어 그대로 괴짜 혹은 '오타쿠'라고 불리기도 한다. 기크는 특정 분야에서 새로운 가능성을 보는 능력이 있고 그러한 가능성을 찾고 개발하는 데서 희열을 느끼는 사람들이다. 그 분야는 컴퓨터 소프트웨어나 금융과 같이 고도의 기술과 관련 있을 수도 있고, 미술처럼 변화의 여지가 많은 경우도 있다. 이들은 해당 분야의 영역을 최대한 확장하고 그 한계를 시험하며, 그 안에서 새로운 문제를 발견하고 해결하는 데서 즐거움을 찾는다. 이들은 혁신이 필요한 상황에서 기막힌 아이디어를 가지고 오곤 한다.

단, 새로운 가능성을 만들어낼 때 다른 일은 눈에 들어오지 않을 수 있으며, 루틴한 일에 쉽게 지루함을 느낄 수 있다. 자신이 좋아하는 일은 곧잘 해내지만 좋아하지 않는 일에는 금방 흥미를 잃곤 한다.

슈링크는 비록 기크와 같은 창의성은 낮지만 약간 다른 독창성이 있다. 한 분야에 파고들어 새로운 무언가를 찾아내는 특기를 가지고 있기보다 사람들이 무엇을 원하는지, 잠재의식 속에 어떤 욕망을 가지고 있는지 알아내는 데 그 독창성을 발휘한다. 당사자조차도 미처 알지 못하는 욕망, 그리고 아직 존재하지도 않는 상품에 대한 욕망을 알아내는 것이다.

이들의 독창성은 그들의 성향뿐 아니라 그들이 가지고 있는 경험에서도 나온다. 그들은 다양한 아이디어를 효율적으로 조합해 고객에게 필요한 것으로 만들 수 있는 전문 지식이 있다. 기크처럼 자신의 일에 몰두하지만 특정 분야가 아닌 사람들이 원하는 것을 발견하는 데 깊게 몰두한다.

이를 요약해 보면, 기크가 전문적인 기술로 하나를 파고드는 집념과 분석력을 가진 연구자라면, 슈링크는 상황에 따른 고객의 마음을 읽고 새로운 가능성을 제시할 줄 아는 기획자다. 슈링크가 기크만큼 기가 막힌 아이디어를 만들어낼 수 없을지 모르지만, 기크들이 만들어낸 '기똥차지만 가끔은 개똥 같기도 한 아이디어'를 매력적인 비즈니스 모델로 만들어낼 수 있는 비즈니스 감각을 지니고 있다.

이 둘을 세대로 나누거나 두 개의 집단으로 양분하기는 어렵지만, 기크처럼 괴짜의 모습으로 새로운 일에 흥미를 가지고 창의적인 아이디어를 제시하는 모습은 조직 내 젊은 세대의 특징이다. 슈링크는 아이디어 조합 능력에 많은 경험이 필요하다는 필요조건으로 볼 때 경험이 많은 직급에서 나타날 가능성이 높다.

만약 특정 조직에서 이 기크와 슈링크가 서로를 혐오하고 협력하기를 거부한다면 해당 조직의 혁신과 성장 동력은 한 발자국 더 나아가기 어려울 것이다. 로버트 라이시는 21세기의 혁신이 일어나기 위해서는 기크와 슈링크 서로가 서로에게 배워야 한다고 조언한다.

두 가지 특징을 잘 조합해 성공적인 결과를 낸 대표적인 예는 바로 구글이다. 구글의 공동 창업자인 래리 페이지와 세르게이 브린은 구글 검색의 핵심인 '페이지 랭크 알고리즘'을 만든 천재 프로그래머들이다. 이들이 아마 전형적인 기크에 해당하는 괴짜형 천재에 가까울지도 모른다. 하지만 이들은 독특한 성격을 가지고 있기도 했는데, 비엔지니어가 엔지니어를 관리하면 안 된다는 생각에 매니저 전부를 해고하려 한 것이다. 이 때문에 CEO로서는 불안하다는 투자자들의 요구에 따라 조직 관리 경험이 많은 에릭 슈미트를 새로운 CEO로 들이게 된다. 2001년 에릭 슈미트는 구글 합류에 고민했지만 두 공동 창업자의 발칙한 사고와 통찰력에 감탄해 두 창업자와 성공 스토리를 써 내려갔다.

에릭 슈미트 또한 컴퓨터과학 전공자로 관련 박사학위까지 가진 최고 기술 개발자였지만, 그보다는 20여 년의 풍부한 경험을 가지고 있는 슈링크에 더 가까운 인물이다. 그는 가끔 튀어나갈지 모르지만 창의적이고 도전적인 두 창업자와 함께 구글을 지금의 알파벳으로 성장시키는 성공을 이뤘다.

물론 이러한 기크와 슈링크의 성공적인 조합이 최고경영자에서만 일어나는 일은 아니다. 실무진 사이에서 조합이 일어난 국내 사례도 있다.

1989년 LG전자는 충격에 빠졌다. 1969년 한국 최초의 세탁기를 내놓은 이래 한 번도 놓쳐본 적이 없었던 세탁기 시장점유율 1위를 라이벌 삼성전자에 빼앗긴 것이다. LG전자는 이 위기를 타개하기 위해서 'F프로젝트'라는 새로운 TF팀을 구성하게 된다. F프로젝트 팀은 박사급 출신 연구원과 설계자, 그리고 고졸인 연구실 설계자와 현장 작업자들로 구성되었는데, 팀의 팀장으로 박사 출신 연구원이 아니라 고졸 출신의 현장 감독자가 뽑혔다. 바로 나중에 LG전자 CEO에 오르게 되는 조성진 기정(技正, 과장급)이다. 그는 숙련 노동자를 중심으로 연구실과 현장이 서로의 지식과 경험을 상호 교환하게 했는데, 그 핵심은 제대로 된 조사를 통해 제품 구상 단계에서부터 제조 라인의 인력을 참여시킨 것이다. 새로운 시도로 제조 과정에서 불만스럽거나 비효율적인 부분을 처음부터 배제할 수 있었다. 제조 라인의 노하우를 설계 단계에 적용하니 품질도 높아졌다. 이렇게 F프로젝트 팀은 1990년에 세척력이 뛰어나고 소음과 진동은 적은 인공지능 세탁기를 내놓을 수 있었고 다시 세탁기 1등 기업으로 올라설 수 있었다.

월급 루팡 탓만 하고 있을 텐가? 무임승차자를 막는 법

공동 책임은 무책임이라는 말이 있다. 앞서 말한 기업은 태생적으로 이 무책임이라는 함정에 빠질 수 있는 시스템을 가지고 있다는 것과 동일한 의미다. 이렇게 책임감이 분산되는 현상이 조직에서 나타나는 것을 '사회적 태만(social loafing)'이라고 부른다.

이 현상을 최초로 학문으로 접근한 사람은 프랑스의 농공학 교수 막시밀리앙 링겔만이었다. 사회학자가 아닌 농공학자가 이러한 사회적 태만 현상을 발견한 것이다. 당시 링겔만은 농업에 도움이 되는 말의 능력 연구를 하고 있었는데, 수레를 끄는 말 두 마리의 능력의 합이 말 한 마리 능력의 2배가 되지 못한다는 사실을 발견했다.

결과에 놀란 링겔만은 사람들을 대상으로 밧줄 실험을 했다. 서로 밧줄을 잡아당기게 하고 그 힘을 측정한 것이다. 사람도 말과 다를 바 없었다. 두 사람이 같이 밧줄을 끈 경우에 그들은 평균적으로 혼자 밧줄을 끌 때 사용한 힘의 93퍼센트밖에 쓰지 않았다. 4명일 땐 77퍼센트, 여덟 명일 땐 49퍼센트에 불과했다. 여덟 명이 밧줄을 끄는 데 4명이 끄는 것보다 낮은 힘을 보인 것이다.

특히 집단의 구성원 수가 증가할수록 개개인이 집단의 과업 수행에 기여하는 정도는 감소하는 것으로 나타났다. 즉, 집단 과업을 수행할 때 개인의 공헌도가 분명히 드러나지 않는 상황이나 과업의 결과에 대한 책임감이 분명하지 않은 상황에서는 이와 같은 사회적 태만이 발생하기 더 용이해진다는 것이다. 이후 사람들 간 협력이 시너지가 아닌 마이너스가 되는 현상을 가리켜 '링겔만 효과(Ringelmann effect)'라고 부르게 되었다.

그렇다면 회사라는 조직에서는 사회적 태만이 지극히 자연스러운 일이며 이를 막을 방법이 없다는 뜻일까? 그렇지는 않다. 크래비츠와 마틴 박사가 링겔만 효과라는 사회적 태만이 일어나는 78건의 연구를 모아서 분석했는데, 회사에서 월급 루팡 같은 사회적 태만이 발생하는 경우는 크게 3가지로 분석됐다.

첫 번째는 개인 업무의 의미가 발견되지 않을 때다. 쉽게 말하면 의미 없는 일을 할 때는 업무에 집중할 동력이 사라지기 때문에 사회적 태만을 보인다는 것이다. 두 번째는 회사 안에서의 개인의 기여도가 명확히 구분되지 않을 때다. 이런 상황에서는 개인이 아무리 노력해도 드러나지 않고 팀과 회사의 성과로만 보인다. 그 때문에 노력이 쓸모없어지는 것이다. 마지막은 타인과의 친밀도가 높지 않을 때다. 친하지도 않은 사람들 사이에서 열심히 노력해서 공동의 목표를 이룰 필요가 없다는 뜻으로 해석된다.

우리는 이와 같은 결과를 역으로 활용해 조직에서 무임승차를 막기 위한 방법을 생각할 수 있다.

가장 먼저 적용할 수 있는 방식은 바로 첫 번째 이유를 활용해 개인이 업무에서 의미를 찾도록 하는 것이다. 사실 조직원의 동기 부여를 위해 일에 의미를 부여한다는 솔루션은 지금까지 많은 실용서에서도 언급된 개념이다. 그런데 대부분 책에서 언급하는, 일에 의미를 주는 방법은 회사 전체 차원에서 '우리가 이 일을 해야 하는 목적(What)'과 '이 일을 해야 하는 이유(Why)'를 제시해 조직원의 동기 부여를 이끌어내는 방식이다.

조직의 명료한 비전(Vision/What)과 미션(Mission/Why)을 제시하라는 식의 조언이 보기에는 이상적이지만, 실제로 조직 내 개개인에게 일의 의미를 부여하기에는 실용적이지 않을뿐더러 조금 거창해 보이는 지점도 있다. 이보다 현실적인 방식은 조직원들에게 당장 진행할 수 있고 지금 해야 하는 일이 어떤 맥락에서 시작되었고 어떤 목표를 가지고 움직이고 있는지 흐름(일의 맥락)을 알려주는 것이다. 그것만으로도 무임승차 부작용을 어느 정도 피할 수 있다.

두 번째, 개인의 기여도가 명확하지 않은 부분 또한 공동의 목표를 이룬다는 대의를 내세우기보다, 개인 간의 성과를 명확하게 구분해 보상하는 것이 필요하다. 공동의 성취를 개인 성과로 나누고자 하는 인식의 차이는 개인의 성장 환경의 차이에서 나타날 수 있다. 고도의 경쟁 환경 안에서 성장해 학우들과 경쟁하는 일에 익숙하고, 과제 팀플레이에서 무임승차자들에게 피해를 입은 경험이 있는 세대일수록, 개인의 기여도에 따라 명확하게 성과를 나누는 일이 공정하다고 느낄 가능성이 높다. 이를 해결하기 위해서 조직은 분명한 개인 성과 영역뿐만 아니라 '공동의 업무 영역'까지도 가능한 한 평등하게 분배하는 소통의 시간을 늘리는 것이 필요하다.

예를 들어 각자의 브랜드를 총괄하는 마케터들이 모인 팀에서 발생하는 공통 업무의 경우, 일이 생길 때마다 사람들에게 적당히 나눠주기보다, 가능한 한 모두가 모인 자리에서 상호 합의를 통해 일을 나누는 것이다. 이것이 바로 지금 사회에서 새롭게 요구되는 '개인의 기여도를 명확히 하는 부분'에 도움 되는 행동 양식이다.

마지막으로 조직 내 친밀도를 높이기 위해서는 어떻게 해야 할까? 가장 좋은 방안은 주위에 있는 사람들을 모두 일도 잘하고 협력도 잘하는 A급 인재로만 채우는 방법이다. 실제로도 넷플릭스와 같은 회사가 A급 인재만을 남기고 나머지를 모조리 쫓아내는 방식으로 인재 밀도를 높이는 방식을 사용하고 있다. 하지만 이와 같은 방식을 고용 유연성이 낮은 국내 기업 환경에서 적용하리란 결코 쉽지 않을 것이다.

이 문제에 다른 대안을 제시하기 위해서는 먼저 '친밀하다'라는 개념을 재정립할 필요가 있다. 과거 조직에서는 친밀하다는 개념이 이 동료들과 허물없이 가깝게 지내 막역하다는 뜻으로 통했다. 하지만 현대 사회 조직에서 친밀하다는 말의 의미는 꼭 누군가와 사적으로 친하고 서로 동료애를 느낀다는 의미보다, 각자 주어진 일을 성공적으로 완료함으로써 서로에게 업무적으로 피해를 주지 않는 수준의 것으로 생각할 필요가 있다.

작가 유호현은 본인의 저서《이기적 직원들이 만드는 최고의 회사》에서 가장 지위가 높은 사람이 모든 것을 결정하고 아랫사람이 그 명령을 빠르게 시행하는 기존의 대기업과 같은 '위계 조직(Rank-driven organization)'과 달리, 각자의 역할에 따라 책임을 지고 의사결정을 하며 업무를 수행하는 실리콘밸리의 기업 조직인 '역할조직(Role-driven organization)' 안에서는 조직원이 동료와 사적으로 친밀하지 않다 하더라도 이기적으로 자신이 맡은 미션을 성공적으로 수행하는 것만으로 충분하다고 지적한다. 물론 현대의 모든 조직이 실리콘밸리 기업처럼 철저하게 자신이 맡은 일을 책임지는 것만으로 조직이 원활하게 움직이는 형태는 아닐 것이다. 하지만 현재 국내 많은 기업이 위계적 구조 안에서 개인의 역할과 책임을 강화하는 형태로 변화하고 있다.

기존의 수직적인 조직 문화가 빠르게 해체되는 과정에서 우리는 친밀함의 개념을 가족과 같은 끈끈한 관계로 생각하는 수준을 넘어야 한다. 일이라는 굴레 안에서 본인이 맡은 일을 철저히 수행하고, 업무적으로 서로 간의 협력을 놓치지 않는 형태로 나아가는 것이 필요하다. 그러한 과정에서 무임승차자는 자연스럽게 도태되게 될 것이다.

5. 조직 탈출을 갈망하는 개인의 전략

언젠가 떠나야 하는 회사원의 운명

우리는 앞선 내용을 통해서, 개인이 개인 차원과 조직 차원에서 각각 관심을 받고 이를 강화하는 방법에 대해서 알아보았다. 하지만 문제는 대부분 사람이 개인 차원과 조직 차원의 양 끝단에 존재하는 것이 아니라 그 중간인 교집합에 위치하고 있다는 것이다.

2019년 통계청에서 발표한 경제활동인구조사에 따르면, 취업자 2,716만 명 중 고용자로부터 일정한 급여를 받는 임금근로자는 전체의 76.2퍼센트인 2,069만 명이다. 쉽게 말해서 10명 중 약 8명이 직장인이다.

문제는 이 직장인들 스스로 오랫동안 회사 생활을 할 수 있다고 생각하는 비율이 점차 낮아지고 있다는 데 있다. 2020년 직장인을 대상으로 '현실적인 상황을 고려할 때 몇 세까지 직장 생활을 할 수 있을 것이라 생각하는가'라고 질문한 결과, 직장인들이 생각하는

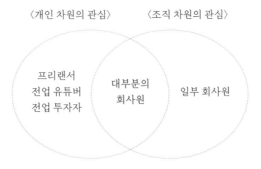

〈개인 차원의 관심〉　　〈조직 차원의 관심〉

프리랜서
전업 유튜버
전업 투자자

대부분의
회사원

일부 회사원

자신의 퇴직 연령은 평균 49.7세로 법정 정년(60세)에 비해 10년 정도 이른 것으로 조사되었으며, 이는 4년 전인 2016년 동일 조사 결과 50.9세에 비해 1.2세 낮아진 것이다. 반면 '정년퇴직 이후(노후)에도 계속 일하고 싶은가'라는 물음에는 '정년퇴직 후에는 일하고 싶지 않다'는 직장인은 13.6퍼센트로 나타났고, 나머지는 정기적으로든 비정기적으로든 계속 일을 하고 싶다고 했다.[16]

회사 안에서 조직 차원의 관심을 영위하고 있는 직장인도 중장기적으로는 개인 차원 시장에 대한 관심을 아예 놓고 살 수 없다는 것을 의미한다. 이것이 바로 수많은 직장인이 겪고 있는 아이러니이기도 하다. 직장 생활이 그리 달갑지만은 않지만 회사라는 전쟁터 밖은 지옥인 것을 알고 있다. 개인은 언젠가 그 지옥으로 떨어져야 한다.

그러면 이렇게 중장기적으로 조직에서 벗어나야 하는 (가혹한) 운명에 빠져 있는 개인은 어떠한 전략을 가지고 조직 생활을 영위해야 할까?

조직형 인간과 독립형 인간: 빠른 판단과 빠른 포기

가장 먼저 수행해야 할 일은 스스로가 조직 생활에 적합한 '조직형 인간'인지, 아니면 독립 생활에 적합한 '독립형 인간'인지 파악하는 것이다.

조직 생활을 좋아하는 사람이 어디 있느냐고 반문할지는 모르겠지만, 일사불란한 조직 안에서 안정감을 느끼는 사람이 의외로 많다. 반대로 일반적인 사람들보다 조직 내 인간관계나 서열 문화에 스트레스를 심하게 느끼는 사람도 존재하기 마련이다.

문제는 내가 조직 생활에 어울리는지, 아니면 독립 생활에 어울리는지는 해보지 않고서는 모른다는 것이다. 그런데 의외로 자신이 속해보지 않은 세상을 쉽게 예단하고 실제 경험하기를 주저하는 사람이 많다.

쉽게 말해서 직장에 다니고 있는 조직 생활자들은 유튜버의 독립적 삶을 갈망만 하고 있지, 손쉽게 경험할 수 있는 유튜브 콘텐츠 제작 자체를 시도하는 사람은 많지 않다. 그와 반대로, 조직 생활을 해보지 않은 독립 생활자는 언론이나 떠돌아다니는 정보를 통해서 조직 생활에 대한 어려움을 인지만 하고 있을 뿐, 실제로 대기업 혹은 중소기업의 일자리를 경험하지 않고 '나는 조직 생활에 어울리지 않아'라는 예단으로 조직에서의 커리어를 포기하는 경우도 있다.

하지만 실제로 생각만 하고 경험하지 않은 길과 실제 얕게라도 경험해 보고 생각하는 것은 큰 차이가 있다. 많은 사람들이 1인 미디어 창작자의 길을 쉽게 생각하지만, 실제로 경험해 본 사람들은 결코 장밋빛만 가득하지 않다는 것을 알게 된다. 짧은 영상을 제작하기 위해 들어가는 수많은 공수, 그리고 시청자들과의 소통에서 오는 스트레스, 그리고 콘텐츠 자체에 대한 개인의 책임까지 말이다. 반대로 조직 생활이 맞지 않는다고 줄곧 생각해 왔던 개인이 회사에서 자신의 숨겨진 재능을 마음껏 발휘하는 경우도 있다.

20대 대부분 기간 동안 유튜버만 꿈꿔왔던 지인은 우연한 기회에 MCN 회사 관리직으로 입사해 유튜버가 아니라 유튜버의 일정과 광고 스케줄을 조율하는 관리자가 되었다. 이런 경우는 조직 생활 문제가 아니라 자신의 재능이 구체적으로 어느 조직과 직무에 쓰이는지 잘 알지 못해서다.

그래서 추천하는 방식은 짧게나마 자신이 원하는 부문의 영역을 직접 경험해 보는 것이다. 보통은 1~2년의 기간을 추천하지만 그보다 짧아도 상관없다. 그다음 비로소 자신이 '조직형'과 '독립형' 중에서 어느 쪽에 좀 더 가까운지 그 평가에 도달할 수 있다. 그러면 자신이 조직 안에서 '액션 히어로'를 목표로 해야 할지, 조직 밖에서 '나만의 매력'을 발산해야 할지 가늠할 수 있다.

바벨 전략의 현실 적용

위와 같은 상황 판단을 통해 내가 천생 직장인에 속한다면 조직 차원의 관심 획득 활동에 집중하고, 개인 활동에 대한 열망이 더 크다면 개인 차원의 관심 획득 활동에 집중하는 것이 옳다. 하지만 상황 제약으로 한 극단을 포기하기 어려운 상황에서는 좀 더 현실적인 전략이 필요해 보인다.

나는 이 현실적인 전략의 제안을 위해, 나심 니콜라스 탈레브가 제안한 '바벨 전략(barbell strategy)'을 현실에 적용하는 방법을 안내하고자 한다.

탈레브는 본인의 저서 《안티프래질》을 통해 바벨 전략의 핵심은 '중간을 제외한 극단적인 양 끝단의 조합을 통해 불확실성을 제거하는 것'이라고 말했다.

원래 바벨 전략은 채권 투자에서 수익률이 낮은 단기 채권과 수익률이 높은 장기 채권을 보유함으로써 수익을 꾀하는 전략을 의미했다. 이러한 투자 구조가 바벨이 양쪽에 걸려 있는 역기와 비슷하다는 의미로 바벨 전략이라 불렸다.

그는 이러한 극단의 전략을 활용하는 몇 가지 예시로 오랫동안 걷기 운동을 하는 것보다 고중량 웨이트 운동을 통해 운동 효과를 극대화하는 방법, 안정적이지만 대박 확률이 낮은 직업과 불안정적이지만 대박 확률이 높은 직업을 함께 갖는 것을 예로 들었다.

이 바벨 전략을 개인의 관심 활용법에 적용하자면, 먼저 안정적인 조직 차원의 관심을 유지한 채로 불안정적인 개인 활동을 동시에 영위하는 것이다. 많은 유튜버가 추천하는 방법이기도 하다. 성공한 유튜버들은 자신과 같이 유튜버로 성공하길 바라는 '꿈나무'들에게, 회사를 그만두고 유튜브 활동에 올인하는 방식보다 낮에는 회사 생활을 하고 퇴근 후 남는 시간을 활용해 파트타임처럼 유튜브를 하는 방식을 택하라고 조언한다. 매일 퇴근 후 3시간 그리고 주말에 8시간씩 투자하면 일주일에 30시간 이상이 생긴다. 결코 적지 않은 시간이다.

많은 사람이 위와 같은 내용을 알고 있으면서도 실제 생활에 적용하지 못하는 것은 바로 본업인 회사 생활 자체가 너무 힘들기 때문이다. 회사에서 격무에 시달리면 퇴근길에는 이미 녹초가 되어 있고 주말에는 부족한 수면 시간을 채우기 바쁜 현대인들에게는 성공의 이론을 실천할 수 없는 경우가 발생한다.

바벨 전략의 이론으로 말하자면 이와 같은 상황은 한쪽 바벨이 너무 무거워서 역기를 들어 올리지 못하는 경우에 해당한다. 바벨이 반드시 대칭일 필요는 없지만 어느 정도의 균형이 필요하다는 점에서 보면 과중한 회사 본업은 성공적인 부업 활동을 방해한다.

이에 탈레브는 유럽 작가들을 예를 든다. 그들은 스트레스가 많고 고도의 집중력을 요구하는 작품 활동에 집중하기 위해, 퇴근 후에 더 이상 일에 대해 신경 쓸 필요 없는 공무원 같은 직업을 찾는 경향이 있다고 전한다. 회사에서의 조직 생활과 회사 밖의 작가 생활 모두를 100퍼센트 만족시킨다는 것은 어렵게 잡은 두 마리 토끼 모두를 놓치는 결과를 만드는 셈이다.

이러한 바벨 전략을 현실 세계에 적용할 수 있는 방법은 시간의 여유를 줄 수 있는 직장이나 조금은 더 편한 팀으로 이동하는 것이다.

여기서 개인의 속내를 모조리 드러내지 않는 것도 중요하다. 실제로 행정고시에 합격해 정부 중앙부처의 5급 사무관으로 임용된 공무원이 상사에게 좀 더 편한 부처로 이동하고 싶다는 의사를 밝힌 적이 있었다. 상사가 "지금 팀이 커리어 쌓기 좋은 기회인데 왜 부서를 옮겨달라고 하는가?"라고 물었다. 그 사무관은 다음과 같은 대답을 내놨다. "빨리 퇴근하고 글 써서 작가의 길을 걷고 싶습니다"라고 말이다.

과도한 솔직함이 정직한 인격 향상에는 도움이 될 수 있지만, 개인 차원의 성공에는 도움을 주지 못할 가능성이 높다. 심지어 조직 안에서조차 부정적인 관심을 불러일으킬 수 있다는 점에서 그리 추천할 만한 방법은 아니다. 거짓말을 할 필요는 없지만, 개인 플랜을 조직 안에 모조리 꺼내놓는 것은 현명하지 않다. 실제로 많은 직장인 유튜버가 회사에서 허락되지 않은 브이로그 촬영을 감행해 회사와 원치 않은 갈등을 빚고 있다. 자신이 원하는 목표가 달성되지 않는 시점에 어설프게 자신의 정체를 회사 안에서 알리는 것(혹은 알려지게 하는 것)은 지양해야 한다.

마지막으로 성공적인 바벨 전략을 이루기 위해서는 최소한의 평판을 유지해야 한다. 직장인 유튜버가 평소 직장 업무를 엉망으로 처리하고 주위 사람을 무시해 왔다면 향후 성공적인 독립을 이루더라도 언젠가 논란이 터져 앞날이 막막해질 수 있다.

덧붙여 바벨 전략과 같은 이원화 전략은 자칫하면 양쪽 모두를 망가뜨릴 수 있다는 점에서 고도의 액션 플랜이 요구되는 작업이라는 점을 잊지 말기를 바란다.

5부

관종과 마케팅: 시대의 관심을 저격한 이들의 비밀

1. 관심과 마케팅
그리고 시장의 변화

우리는 지금까지 앞의 내용을 통해서 개인이 조직이라는 그룹 안과 밖에서 관심을 어떻게 활용할 수 있는지 살펴보았다. 이제는 개인의 영역을 넘어서 우리 삶에서 주요한 의미를 차지하고 있는 상품과 서비스에서 관심을 어떻게 활용할 수 있을지 알아보겠다.

관심 추종자들이 관심받고 싶다는 욕망을 대놓고 드러낸 것은 비교적 최근의 일이다. 하지만 이 세상에 존재하는 모든 종류의 상품과 서비스는 시장에서 매매되는 최초의 시작점부터 관심이 필요하다는 의도를 애써 숨기지 않았다.

그런 의미에서 기업에서 생산하는 모든 상품과 서비스는 모두 태생이 관종인 셈이다. 관심을 얻는 데 관심이 없을 수 있는 개인과 달리, 기업이 만든 상품과 서비스는 애초에 소비자의 관심 없이는 존립 자체가 어렵다.

물론 기업의 목적은 이윤 창출에 있었지만, 소비자의 관심이 선행되지 않은 기업의 이윤은 존재하지 않았다. 그렇기 때문에 기업들은 실질적인 기업의 이윤을 뒷받침할 수 있는 소비자의 관심을 끌어모으는 방법을 연구하기 시작했다. 이 '소비자의 관심을 받는 방법'을 연구한 것이 바로 마케팅이다.

지금까지 '마케팅이란 무엇인가?'라는 물음에 대해서 각 나라의 마케팅 협회와 학자들은 저마다 다른 답을 내놓고 있다. 그만큼 마케팅에 대한 정의는 다양하고 복잡하다.

하지만 '마케팅의 정의'가 아닌 '마케팅의 목적'을 물어본다면 조금 더 수월한 답변을 들을 수 있을 것이다. 마케팅을 결국 기업의 목표를 달성하기 위한 과정이라고 봤을 때, 마케팅의 목적은 이윤 창출을 위한 소비자의 관심을 얻는 것이다. 그러한 면에서 세스 고딘은 마케팅을 '사람들의 관심을 이끌어내기 위한 콘테스트'라고 정의한 바 있다. 결국 성공적인 마케팅이란 소비자의 관심을 얻는 것이며, 그것은 기업의 상품과 서비스가 성공적인 관심 추종자가 되는 것이다.

이 장에서는 상품과 서비스가 지금 시대에 어떻게 성공적으로 소비자의 관심을 끌 수 있는지 알아보고자 한다. 하지만 방안을 제시하기 전에 기존의 시장에서 소비자의 관심을 받는 마케팅이 어떠한 변화를 겪어왔는지 확인하는 것이 필요하다.

마케팅은 가내수공업 단계나 산업혁명 초창기에는 존재하지 않았던 단어다. 마케팅은 말 그대로 시장(market)이라는 단어에 현재진행형인 접미사(~ing)를 붙여 만들어진 단어로, 19세기 말 미국에서 생겨났다. 이 시기 마케팅이 새로운 단어로 등장하게 된 배경은

관종의 조건

'소비자의 관심을 받아 선택을 받을 수 있는 체계적인 방법'에 대한 연구가 필요해졌기 때문이다.

물론 이전에도 시장과 판매(Sales)라는 개념은 존재했다. 하지만 가정에서 제품을 만들어 시장에 내다 팔던 전통적인 가내수공업 안에서는 시장에 공급되는 제품이 부족했기 때문에, 사람들은 시장에 나와 있는 한정된 제품을 정해진 가격에 구매할 뿐이었다. 이렇게 수요가 공급보다 많은 시장을 '판매자 중심 시장(Sellers' Market)'이라고 부르는데, 이러한 시장 상황에서 기업은 소비자의 이목을 끄는 것보다는 생산량을 늘리는 데 관심을 더 둘 수밖에 없었다. 이러한 흐름은 산업혁명이 일어난 이후인 19세기 후반까지 이어졌다.

하지만 20세기에 접어들면서 대량생산, 대량소비의 틀이 완성되고 기존과 다르게 제품의 공급이 시장의 수요를 넘어서게 되자 판매자들의 경쟁이 격화됐다. 이제 소비자의 선택을 받기 위해서는 그들의 관심을 끌고, 소비자에게 경쟁사보다 우선적으로 선택될 수 있는 활동이 필요해졌다. 이것이 바로 마케팅이 시작되는 순간이었다.

처음에는 환영받지 못했던 홍보 기법

소비자의 관심을 받기 위해 가장 먼저 할 수 있는 방법은 제품과 서비스를 누군가에게 알리는 일이었다. 그래서 마케팅 기법으로 가장 먼저 태동한 것이 바로 광고와 홍보였다.

하지만 20세기 초만 하더라도 산업 현장의 리더들은 광고와 홍보라는 새로운 기법을 들고 자신을 찾아온 이들을 탐탁하게 여기지 않았다. 그들은 대중에게 관심받기 위해 시끄럽게 소리를 쳐가며 우리 제품을 알리는 행동이 전국을 돌며 서커스 쇼를 펼치는 유랑 극단에서나 필요하다고 생각했으며, 이를 기업 대신 해주겠다고 나선 홍보, 광고 대행인들을 사기꾼으로 여겼다. 미국의 언어학자이자 철학자인 놈 촘스키가 이러한 20세기 초반 상황을 두고 '홍보 전문가들은 있었지만 홍보 산업은 없었다'라고 평가했던 것처럼 이때까지 홍보는 하나의 산업으로 성장하지도 못했을뿐더러, 그 효율성에 대한 시장의 의문을 풀기에는 역부족이었다.

하지만 사기꾼의 말장난 정도로 치부되던 광고·홍보 영역은 제1차 세계대전(1914~1918)을 겪으며 거대한 산업으로 다시 태어나게 된다. 제1차 세계대전에 참전하게 된 미국이 전쟁에 대한 국민의 관심을 극대화하기 위해 '프로파간다(Propaganda)'라는 선전·선동 기법을 동원해 대성공을 거뒀기 때문이다.

연합국의 일원이었던 미국은 국민의 열렬한 지지를 끌어들이기 위해 '독일인은 늘 거짓말을 일삼는 야만인이다'를 귀에 못이 박히도록 반복했다. 그런 여론을 조작하기 위해서 만들어진 연방공보위원회는 이를 체계적이고 철저하게 수행했다. 그 결과, 이전까지 대서양 건너편 전쟁에 관심이 없었던 미국 국민에게 독일인은 순식간에 철천지원수가 되었고 미국인은 평화의 중재자에서 전쟁의 화신으로 변신했다.

제1차 세계대전은 대중을 설득하는 분야에서 일하는 사람들의 지위를 단숨에 격상시켰다. 미국의 많은 기업인은 대중의 마음을 한순간에 조종할 수 있다는 것을 깨닫게 되었고, 전쟁에서 효율적으로 활용된 체계적 선전 기법을 자신들의 제품을 광고 홍보하는

1917년 제1차 세계대전 때 지원병을 모집하기 위해 발행된 포스터로, 이 한 장의 포스터 덕분에 지원병이 급격히 늘어났다.

기법으로 적용하고자 했다.

이렇게 새롭게 태어난 '홍보의 시대'를 이끈 인물은 당대 최고의 홍보 전문가이자 향후 PR의 아버지로 불리게 되는 에드워드 버네이스였다.

정신분석학의 아버지라고 불리는 지그문트 프로이트의 조카인 버네이스는 심리학을 통해 소비자의 심리를 조종할 수 있음을 알고 있었다. 그는 인간의 동기를 유발하는 모든 것을 과학적으로 알 수 없지만, 적어도 차량 운전자가 연료의 흐름을 조작하는 방법으로 자동차의 속도를 조절하는 것처럼 '특정한 기제를 작동할 경우 여론을 의도하는 방향으로 돌려놓을 수 있다'고 확신했다.

그는 제품과 서비스를 팔기 위해서는 특정 상품에 대한 구매를 직접 부추기기보다는 감정의 기류를 뒤흔들 환경을 조성해야 한다고 강조했는데, 예를 들어 피아노를 많이 팔기 위해서는 피아노에 대한 직접적인 광고를 하기보다, 가정 음악실이라는 개념을 대중에게 알리는 데 초점을 맞춰야 한다고 설명했다. '피아노를 사세요'라고 말하는 것이 기존의 상술이었다면, 이와 반대로 '피아노를 저한테 파세요'라는 말이 고객의 입에서 나오도록 유도하는 것이 건전한 심리학에 근거한 새로운 선전(New Propaganda)이었다.

그는 새로운 선전 기법을 이용해 당시 남성의 전유물이었던 담배를 여성이 피우게 만드는 데까지 성공했다. 1920년대 후반 아메리칸 타바코로부터 '여성에게 담배를 팔 수 있는 방법'을 의뢰받은 그는 여자들이 진짜로 원하는 건 담배 자체가 아니라 남자들과 똑같이 일할 수 있는 자유라는 것을 알아냈다.

버네이스는 1929년, 여성의 공공장소 흡연을 여성 권익 신장의 상징으로 만들기 위해 '자유의 횃불 퍼레이드'를 구상한다. 1929년 3월 31일, 뉴욕 부활절 퍼레이드 기간에 10명의 젊고 매력적인 여성들이 나들이옷을 입고 버네이스의 신호에 맞춰 럭키 스트라이크 담배에 일제히 불을 붙이고 행진한 것이다. 신문들은 이 행진을 보도하기 위해 1면을 아낌없이 할애했다. 이어 버네이스는 보스턴, 디트로이트, 샌프란시스코 등에서도 같은 퍼레이드를 연출했다.

그는 결국 퍼레이드를 문화적 사건으로 만드는 데 성공했다. 럭키 스트라이크는 당시 섹스 심벌로 유명했던 영화배우 진 할로를 비롯해 유명한 연예인과 운동선수 등을 광고에 내세워 담배가 날씬한 몸매를 유지하는 데 도움 된다고 광고함으로써 여성들의 흡연율을 크게 높이고 매출을 극대화했다.

버네이스는 여성에게 직접 담배를 피우라고 이야기하지 않았다. 단지 여성이 담배를 마음 놓고 피울 수 있는 환경을 조성했다. 여성이 남성과 똑같이 담배를 피울 수 있는 권리가 생기고 날씬한 몸매도 유지할 수 있다면 '나에게 담배를 파세요'라고 할 수 있는 것이었다.

버네이스 자신은 선전 기법을 사람들의 동의를 이끌어내는 과학적인 설득이라고 정의 내린 반면, 누군가는 제2차 세계대전 당시 나치 정권의 악행에 앞장선 독일의 괴벨스같이 거짓된 진실로 대중의 심리를 조종한 선동가와 다를 바가 없다고 평가했다. 이 때문에 버네이스는 'PR의 아버지'라는 이름과 함께 '조작의 아버지(The Father of Spin)'라는 명칭을 얻었다.

마케팅의 시대: 중요한 것은 진리가 아닌 소비자의 인식

에드워드 버네이스가 경제 영역인 마케팅에 심리학을 적용해 큰 성공을 거둔 이후, 심리학이 본격적으로 마케팅에 접목되기 시작했다. 1950년 이후 본격적인 마케팅 시대가 열렸고, 마케팅 기법의 핵심은 소비자들에게 진리(truth)를 말해주는 것이 아니라 인식(perception)을 심어주는 것이 되었다.

특히 크리에이티브의 제왕이라고 불린 데이비드 오길비는 소비자가 느끼는 차별화란 제품의 실질적 특성에서 나오는 것이 아니라, 소비자가 특정 브랜드에 대해 지닌 주관적 인상(impression)에서 비롯된다고 주장했다. 그에 따라 소비자의 마음속에 브랜드 인상을 강하게 남겨 차별화를 꾀하는 '브랜드 이미지 전략(brand image strategy)'을 만들어냈다. "모든 광고는 브랜드 이미지 확립을 위한 장기 투자다"라고 한 그의 말에서 알 수 있듯이, 이 전략의 핵심은 광고를 통해 소비자의 마음속에 독특한 브랜드 이미지를 확립시키는 데 있었다.

브랜드 광고가 제품의 구체적 기능과 차이점을 설명하는 대신 감성적인 특징을 제시하면서 가장 주안점을 둔 것은 브랜드와 목표 소비자의 자아를 일치시키는 것이었다.[09] 그들은 지속적인 브랜드 광고를 통해, 해당 브랜드 제품을 떠올리게 만드는 것만으로도 '소비자의 성취감, 정서적 만족감'이 전해지기를 바랐다.[10] 브랜드 전략은 점점 고도화되어 개인의 자존감과 허영심, 그리고 도덕심에 이르는 감정에 호소하며 크나큰 성공에 다다랐다.

이와 같은 방식의 성공은 이미 존재하는 고객의 욕구를 충족시켜 판매 목표를 달성하는 것이 아니라 고객이 가지고 있는 욕망을 이용해 없는 소비도 만들어낼 수 있다는 놀라운 사실을 기업에 알려주었다. 심지어 기업의 마케팅은 여자아이들은 분홍색을 좋아하고 남자아이들은 파란색을 좋아한다는 고정관념까지 만들기에 이르렀다.[11]

이런 식으로 기업 광고의 영향력이 커진 것은 전 세계 공통적으로 TV가 보급되면서부터다. 1950년 이후 미국 그리고 1980년대 한국에 컬러 TV가 본격적으로 보급되면서 TV 광고는 대중에게 절대적인 영향력을 행사하기 시작했다. 지금까지도 사람들이 '마케팅이 곧 광고'라고 이해하고 있는 이유도 바로 여기 있다.

국내에서 TV 광고의 거대한 영향력을 보여주는 촌극이 펼쳐지기도 했는데, 1990년대 에이스침대의 '침대는 가구가 아닙니다. 과학입니다'라는 광고 슬로건이 대박을 터뜨렸을 때였다. 광고 슬로건이 유행어처럼 사용되다 보니 저학년 어린이들의 상식에 영향을 미친 것이었다. 1990년대 초 한 초등학교의 저학년 시험에 "다음 중 가구가 아닌 것은? ①식탁 ②침대 ③자동차 ④옷장"이라는 문제가 나왔을 때, 많은 학생이 자동차가 아니라 침대를 선택한 것이다. 2001년 KT가 초고속 인터넷 메가패스 광고에 '광화문에 세워진 이순신 장군'을 활용했을 때도, 많은 어린이가 이순신 장군 동상을 '메가패스 장군'이라고 불렀던 일화도 유명하다.

새로운 세상의 도래, 마케팅 환경의 지각 변동

우리가 지금 마주하고 있는 21세기 시장은 20세기 중후반의 마케팅 시대와는 사뭇 다른 모습을 하고 있다.

미디어 환경의 변화에 따라 TV와 같은 매스미디어 광고는 더 이상 절대적 영향력을 나타내지 못하고 있다. 이에 따라 브랜드 이미지 광고를 통해서 사람들의 원초적인 욕망을 조작하려는 시도 또한 예전만큼 신통치 않다. 이미 모든 브랜드가 소비자의 감정에 소구하고 있고, 수많은 경쟁자가 소비자 인식의 사다리의 끝에 올라서

기 위해 안간힘을 쓰고 있는 상태이기 때문이다.

이렇게 기업들이 뜻하는 대로 소비자의 집단 심리를 조종해 브랜드 인식을 심어주고 관심받기 힘들어진 이유는 이전 시대에 비해서 광고의 힘이 약해지고 경쟁의 강도가 심해진 탓도 있지만, 그들이 더 이상 새로운 무언가를 만들지 못하는 데 있다.

실제로 모든 기업이 작은 제품 단위나 큰 브랜드, 기업 단위로 차별화를 이루고자 부단하게 노력하고 있지만 제품 간의 차이점은 점차 줄어들고 있다.

《디퍼런트》의 저자 문영미는 "하나의 제품 카테고리가 성숙해짐에 따라 제품 간 차이의 경계가 점점 더 희미해진다"고 지적한다. 기업들이 치열하게 경쟁을 추구하면 차별화가 이뤄진다고 생각하지만, 실제 상황은 그와 정반대라는 것이다. 실제로 기업들 간 제품과 서비스는 점점 비슷해지고 있다. 그는 이와 같은 현상이 일어나는 것은 '기업들이 서로의 꼬리를 잡는 놀이'에 빠져 있기 때문이라고 평가했다. 예를 들어 한 항공사가 마일리지 프로그램을 실시해 업계 선두로 치고 나가면, 동종 업계에 속한 기업 대부분이 이를 모방한다. 또한 한 호텔이 손님들을 위해 실시한 무료 드라이클리닝 서비스가 소비자의 호평을 받았다면 다른 경쟁 업체는 이에 필적하는 서비스를 제공해야 한다는 압박에 시달리게 된다. 그렇게 기업 간 서비스의 차별점은 점차 사라지는 것이다.

마트에 진열되어 있는 소비재의 경우도 마찬가지다. 한 카테고리에서 경쟁자가 늘어나게 되자, 기업들은 소비자들의 새로운 특정 요구(1인용 제품을 별도로 만들어주세요, 새로운 기능을 추가해 주세요)를 발견하고, 이를 충족시킬 수 있는 신제품을 만들어낸다. 그 결과, 매대에는 큰 차이가 없는 제품이 넘쳐나게 된다. 그는 이러한 치열한 경쟁 환경이 동일함과 유사성을 낳았고 결국 '서로 다른 제품들(이종)'이 동일 카테고리 내에서 '같은 제품(동종)'으로 진화한다는 의미로 이를 '이종적 동종(heteogeneous homogeneity)'이란 용어로 지칭했다.

《핑크펭귄》의 저자 빌 비숍도 이와 같은 생각을 더 넓은 범위에 적용했다. 그는 이렇게 '차별점이 희석되는 문제'가 제품이나 서비스의 특징뿐만 아니라, 그들이 전하고자 하는 스토리와 브랜드 이미지에도 동일하게 적용된다고 보았다. 그는 이를 '펭귄 문제(Penguin Problem)'라고 불렀는데, 기업이 같은 종류의 제품이나 서비스를 팔며 같은 부류의 스토리를 전하고 같은 유형의 행동 방식을 보인 결과, 시장과 잠재 고객의 눈에는 그들이 한 무리의 펭귄처럼 보일 뿐이라는 것이다.

이런 상황에서 '차별화'를 이뤘다고 생각하는 것은 오로지 그 제품이나 서비스를 만든 마케팅 담당자뿐이다. 자기만족을 하는 마케터는 늘어나고 있는 반면, 괄목할 만한 성과를 내는 신제품은 점차 줄어들고 있다. 이렇게 마케팅 담당자와 실제 소비자들 생각에 간극이 일어나는 것은, 바로 마케터들이 긍정성을 갖도록 훈련받았기 때문이다.

프랑스 광고회사 퍼블리시스의 사장 마르셀 블뤼스탕 블랑셰는 "제품을 광고하려면 먼저 그 제품을 믿어야 한다. 다른 사람에게 확신을 심어주려면 먼저 스스로가 확신을 가져야 한다"라고 자기 확신을 격려했다. 그러나 '과도한 긍정성'은 오히려 '작은 차이를 큰 차별성'으로 인식하는 오류를 일으키게 만들었다.

스웨덴의 비즈니스 구루인 요나스 리더스트럴러와 첼 노스트롬은 오늘날의 사회를 '과잉 사회'라고 명명하며 다음과 같이 말했다. "과잉 사회에서는 비슷한 회사들의 과잉이 나타난다. 비슷한 교육을 받은 비슷한 사람들이 비슷한 회사에서 일하며, 비슷한 생각을 갖고 비슷한 가격으로 비슷한 품질의 비슷한 서비스를 제공한다." 비슷한 교육을 받은 모두가 '비슷한 제품과 서비스'를 만들어낼 수밖에 없는 운명을 타고난 것처럼 느껴지기도 한다.

하지만 우리는 모두가 비슷해지는 환경 속에서도 여전히 소비자들의 특별한 관심을 받는 일부 제품과 서비스가 존재한다는 사실을 알고 있다. 가령 현재 스마트폰 시장에 출시되어 있는 대부분 제품이 속도와 기능 면에서 모두 나쁘지 않은 성능을 내고 있는 와중에 소비자의 관심과 사랑을 받는 제품은 극히 일부 제품에 국한된다. 이러한 현상은 자동차 시장과 기타 상품 시장 모든 곳에서 동일하게 나타나고 있다.

그렇다면 이렇게 '소비자들에게 많은 관심과 사랑을 받고 있는 제품'과 '보통 제품'의 차이는 어디서 나타나는 것일까? 또한 그 차이는 어떻게 만들어지는 것일까?

2. 고객의 진짜 관심을 받는 법

고객이 진정으로 원하는 최상의 이득 파악하기

새로운 시대에서는 고객들의 관심을 위해 그들의 심리를 은밀하게 조작하거나, 진짜가 아닌 인식을 강요하는 방식은 더 이상 힘을 발휘하지 못한다. 고객에게 진짜 관심을 받기 위해서는 가짜로 무언가를 꾸미는 것이 아니라 그를 위해 '진짜' 무언가를 해야만 한다.

가장 먼저 수행해야 할 것은 내 산업의 고객들이 바라는 것이 무엇인지를 정확하게 아는 것이다.

《핑크펭귄》의 저자 빌 비숍은 고객들이 진정으로 바라는 것을 '최상의 이득(Peak benefit)'이라고 표현했다. 이 최상의 이득은 겉으로 보이는 '표면적 이득' 안에 숨어 있는 본연적인 이득이다.

예를 들어 금융 서비스를 받는 고객이 표면적으로 바라는 이득은 돈을 버는 것이지만, 진정으로 바라는 최상의 이득은 바로 꿈꾸는 삶을 실현하는 것이다. 그리고 미용실의 커트 서비스를 받는 고객들의 표면적 이득은 머리카락을 자르는 것이지만, 진정으로 바라는 최상의 이득은 바로 멋진 헤어 스타일을 제공받는 것이다.

수많은 비즈니스 사업자는 아직까지도 고객이 겉으로 바라는 표면적 이득을 그들이 원하는 것이라 여긴다. 그런 생각 안에서 차별화를 꾀하다 보니 결국 모두와 똑같아지고, 결국 탁월한 결과를 이끌지 못하는 것이다. 빌 비숍은 고객이 원하는 최상의 이득을 정확히 찾아내는 것이 모두가 비슷해 보이는 펭귄 무리에서 탈출할 수 있는 비상구라고 설명했다.

이렇게 고객이 진정으로 바라는 것을 찾고자 하는 움직임은 '업의 본질'을 찾고자 하는 일과도 결부된다.

이와 관련해 삼성의 고 이건희 회장의 유명한 일화가 있다. 그가 삼성그룹에 신경영을 선포하기 이전인 1980년대 후반이었다. 이건희 회장이 신라호텔의 한 임원에게 "호텔 사업의 본질이 무엇이라고 생각합니까?"라고 물었고 그 임원은 서비스업이라고 답했다. 이 회장은 임원의 대답에 만족하지 못했는데, 호텔 사업의 본질은 장치 산업이라고 생각했기 때문이다. 호텔의 핵심은 단순히 고객을 친절하게 모시는 것이 아니라 새로운 시설을 통해 손님을 끌어와야 한다는 것이었다. 경영진에게 항상 사업의 본질을 이해하라고 말한 이 회장은 이외에도 반도체 산업을 시간 산업이라 강조하면서 경쟁사보다 한발 앞설 것을 강조했다.

고객이 원하는 최상의 이득을 정확히 찾아내는 것은 남과 다른 차별화를 이룰 수 있는 기틀이 되기도 하지만, 빠르게 변화하는 비즈니스 환경에서 살아남기 위한 단서를 마련해 주기도 한다.

하버드대학교 경영대학원의 교수이자 미국의 경제학자였던 시어도어 레빗은 그의 저서 《마케팅 상상력》에서, 고객 관점에서 최상의 이득이자 업의 본질을 제대로 찾아낸다면 기존의 산업이 전반적으로 쇠퇴하는 상황에서도 새로운 기회를 찾아낼 수 있다고 강조했다.

그는 채찍 산업을 예로 들었다. 사업자는 채찍이라는 제품 개선에 모든 노력을 다했지만 결국 마차 산업의 쇠퇴라는 사형 선고에서 벗어날 수 없었다. 하지만 채찍을 만드는 사업자들이 채찍 산업의 목적을 단순히 말을 때려서 달리게 하는 도구가 아니라 에너지의 자극과 촉매를 제공하는 산업 수준으로 정의했다면, 자동차의 팬 벨트를 만드는 기업으로 변신하는 등의 기회를 잡을 수 있었을 거라고 주장했다. 채찍 산업 스스로가 단순히 말을 때려서 달리게 하는 도구라는 표면적 이득을 벗어나지 못한 결과 결국 쇠퇴해 버렸고, 현대에 와서는 SM 플레이와 같은 변태적인 행위에 사용되는 고문 도구 정도로 편향되게 인식되는 결과를 낳았다.

매매 기반의 경제에서 벗어나기

그런데 몇몇 사업자는 고객을 위한 최상의 이득을 파악하는 데 성공하더라도 그에 걸맞은 상품과 서비스를 제공하는 일에 실패하곤 한다. 왜 그럴까? 그것은 바로 그들의 사업 자체가 '매매 기반의 비즈니스 모델'로 세팅되어 있기 때문이다. 매매 기반의 비즈니스 모델이란 기본적으로 자신이 만든 제품과 서비스를 최종적으로 고객에게 팔아넘겼을 때만 고객의 이득을 높일 수 있다는 것을 의미한다.

수많은 사업자가 겉으로는 오로지 고객 입장에 서서 그들에게 필요한 무언가를 제공하라고 외치지만, 실제로는 '오로지 나의 상품을 넘기는 순간'에만 고객의 입장에 서게 된다.

사업자들의 진정성 자체는 문제가 없을 것이다. 그들은 진짜로 소비자의 만족을 원한다. 하지만 문제점은 그들의 마음이 아니라 그들의 시스템에 있다. 그들이 고객의 만족을 취하는 조건은 결국 판매 시스템 안에서 움직이기 때문이다.

예를 들어서 금융의 자산관리를 생각해 보자. 자산관리의 본질은 고객의 자산이 늘어나는 것이다. 대부분의 자산관리사는 실제로도 고객의 자산이 늘어나서 풍요로운 삶을 이루게 하는 데 최선을 다한다. 단지 그 최선의 범위는 '내가 속한 회사'의 이득이 되는 범위에서만 움직인다는 것이다. 그들은 자사의 상품만을 팔거나, 자사가 수수료를 챙길 수 있는 금융 서비스만을 거래한다.

주식 거래를 담당하는 트레이더 또한 자신이 담당하는 고객이 주식을 싼 가격에 사서 비싼 가격에 팔기를 원한다. 하지만 그것 또한 결국 자신이 속한 회사 시스템을 통해서 거래가 이루어져야 한다. 거래를 통한 수수료 취득이 내가 속한 회사의 비즈니스 모델이기 때문이다.

대부분의 경제는 이러한 매매 기반의 비즈니스 안에서 움직이기 때문에 그 문제점을 알아차리기는 어렵다. 하지만 이러한 시스템 안에서 진짜로 소비자를 위한 행동을 취하는 것은 더욱 어려운 일이 된다.

빌 비숍은 매매에 기초하는 구경제가 더 이상 쓸모없어졌다고 단언한다. 그가 단언하는 이유는 이런 방식이 궁극적으로 고객들에게 최상의 이득을 제공하지 못한다는 점이다. 하지만 나는 이런 매매 기반의 비즈니스 모델이 쓸모없다고 생각하지 않는다. 단지 이러한 방식들이 전처럼 효력을 발휘하기 힘들기 때문에 거기서 얻는 이득이 점차 줄어들고 경쟁은 점점 더 강해질 뿐이다.

이제 고객을 위해서 움직이고 싶다면 매매 기반의 비즈니스 모델에서 벗어나, 고객들이 원하는 최상의 이득을 통해 목표를 달성할 수 있도록 돕는 변혁의 프로세스를 갖춰야 한다. 당장의 수익 창출이라는 근시안에서 벗어나 고객이 원하는 모습으로 변혁의 완성을 돕는다면, 결과적으로 고객이 상품이나 서비스를 제공받고 돈을 주는 형태가 아니라, 고객이 돈을 줄 테니 상품이나 서비스를 내놓으라는 형태로 진화할 수 있을 것이다. 이 시스템을 넘어서는 소수만이 고객들의 꺼지지 않는 관심을 받을 수 있을 것이다.

주위에 있는 피트니스 센터(헬스장)의 비즈니스를 생각해 보자. 새롭게 헬스장에 다니고자 마음먹은 사람들이 바라는 표면적 이득과 최상의 이득은 무엇일까? 표면적 이득은 명확하다. 바로 운동이다. 반면 최상의 이득은 헬스장을 다니는 사람마다 다르다.

결혼식을 앞둔 신부의 경우 어떻게든 원하는 수준까지 살을 빼고 결혼식에서 그 누구보다 빛나는 것이 최상의 이득일 것이다. 경찰 체력 시험을 앞둔 누군가에게는 최적의 근력과 지구력을 만들어 체력 검정을 통과하는 것일 테고, 노년에 접어든 어떤 이에게는 갈수록 줄어드는 근육과 체력을 유지해 아프지 않고 오래 사는 것이 최상의 이득일 것이다.

하지만 지금까지 수많은 헬스장은 회원들이 원하는 표면적 이득인 운동조차 제대로 제공하지 못했다. 헬스장 안에 있는 열정적인 트레이너들이 빠지지 않고 나오라는 말로 회원을 독려하는 경우도 있지만, 헬스장의 입장에서는 회원들이 헬스장에 나오든지 말든지 별 상관이 없다. 헬스장에 등록하는 회원들은 통상적으로 짧게는 3개월에서 길게는 1년까지의 기간제 회원권을 끊기 때문에 회원들이 출석하지 않더라도 이미 헬스장의 수익은 발생해 있다.

오히려 기존의 헬스장 비즈니스는 이러한 회원들의 게으름을 암묵적으로 이용해 왔다. 헬스장을 이용하는 대부분 사람은 작심삼일이라는 함정에 빠져 운동 등록 초반에만 출석하는 공동의 행동 패턴을 보여왔다. 헬스장 입장에서는 최대 등록 정원수가 정해져 있지 않는 상황에서 많은 회원이 등록만 하고 나오지 않는 것이 더 많은 이득이다.

이처럼 소비자가 사용 한도액을 다 쓰지 않아 남기는 액수만큼 회사가 벌어들이는 수입을 '낙전 수입'이라고 하는데, 언젠가부터 낙전 수입이 헬스장의 주 수입원이 되었다. 또한 이 때문에 이와 같은 행태를 악용해 현금 결제와 장기 할인을 유도한 뒤 영업을 중단해 버리는 소위 헬스장 먹튀가 일어나기도 했다.

하지만 2010년도 초부터 퍼스널 트레이닝(이하 PT) 시장이 급속도로 성장하면서, 개별 회원에게 맞춤형 운동을 제안하고 돕는 비즈니스 모델이 생겨났다. 하지만 PT가 기존 헬스장의 문제점을 해결한 것은 아니다. PT 또한 기존의 매매 기반의 비즈니스 모델에서 벗어나지 못했기 때문이다. PT로 효과를 볼 수 있는 사람은 고가의 추가 PT 비용을 부담할 수 있는 극소수에 불과했다. 많은 헬스장이 고수익을 낼 수 있는 PT 서비스에 집중하면서, PT를 신청하지 않으면 트레이너에게 적절한 코칭을 요구하기 힘든 새로운 부작용을 발생시켰다. 몇몇 헬스장이 저렴한 PT를 내세웠지만, 이 또한 기존의 프로세스 안에서 이뤄지는 점은 동일했기 때문에 큰 효과를 거두기 어려웠다.

2020년 많은 헬스장이 운영에 어려움을 겪게 된 것은 코로나19의 유행에 있지만, 이면을 살펴보면 기존의 매매 기반 비즈니스 모델에서 벗어나지 못한 데서 그 이유를 찾을 수 있다.

한편 헬스장에서 일어나기 쉬운 기간제 회원권의 맹점을 해결하기 위해 나선 스타트업이 있었다. 이 업체는 이용 횟수 단위(PASS)로 금액을 결제하면 전국에 제휴된 운동 시설을 자유롭게 이용할 수 있다는 점을 핵심으로 사업을 전개했다. 헬스장 한 곳에 기간제로 등록하고 몇 번 가지 못해서 돈이 아까웠던 기존의 문제점을 해결해 주는 좋은 모델로 보였다. 해당 서비스는 곧 유망 스타트업이 되어 다양한 투자를 받았고, 유명 배우를 모델로 기용하면서 탄탄대로를 걸을 것만 같았다.

하지만 문제는 있었다. 아무리 전국 수천 개의 제휴 업장이 있다고 하더라도 사람의 동선이 한정되는 탓에 실제로 운동을 할 수 있는 곳은 한두 군데에 불과했다. 익숙하지 않은 헬스장을 편하게 들를 수 있는 고객도 많지 않았다. 한 군데의 헬스장에서 이용한다고 했을 때는 해당 헬스장의 기존 기간제보다 저렴하지도 않았다. 또한 제휴 헬스장 운영자 입장에서는 해당 서비스로 입장한 사람이 자주 본 사이도 아니고 PT 서비스를 받으면서 추가적인 매출을 일으키지 않는다는 걸 알기 때문에 큰 관심과 애정을 쏟을 필요도 없었다.

비즈니스 모델상의 문제점도 있었다. 해당 서비스는 고객이 결제한 이용 단위 정기권 쿠폰의 결제금 중 일부(10퍼센트)를 수수료로 챙기는 모델이었지만, 쿠폰제 특성상 소비자가 사용하지 않아서 모이는 돈을 챙기는 비즈니스는 기존의 헬스장과 크게 다르지 않았다. 낙전 수입을 잘 활용하면 추가 수익이 발생할 수 있다는 장점이 있지만, 크지 않은 금액이 고이고 현금 순환이 잘 이루어지지 않으면 경영 리스크가 된다. 해당 서비스는 이 단점에서 벗어나지 못한 채 점차 제휴사들에 사용 금액을 미납하는 사례가 늘어나게 되었다. 제휴사가 줄어들고 고객 불만이 늘어나는 악순환에 빠진 이 업체는 결국 파산했다.

그렇다면 앞으로 헬스장 비즈니스는 어떻게 변신해야 하는가?

가장 먼저 해야 할 일은 소비자들의 게으름에 의지하고 있는 현재의 비즈니스 모델에서 벗어나는 것이다. 소비자들에게 최소 3개월 이상의 장기 계약을 유도하고, 실제 이용하지 않은 이용자의 행태를 통해서 낙전 수입을 얻는 지금의 비즈니스 모델 말이다.

한국소비자원이 2014년 '소비자들의 헬스장을 중심으로 한 대중 체육시설의 등록 기간'을 조사한 결과, 전체 소비자의 88퍼센트가 3개월 이상 장기 등록했고, 그러한 등록 기간을 충분히 이용하지 못했다고 응답한 비율은 61.9퍼센트에 달했다.[16] 많은 사람이 장기 이용에 대한 할인 혜택을 받고 중장기적인 신체 관리를 계획하지만, 충분한 헬스장 이용으로 실제 이득을 보는 사람은 적다는 것을 의미한다. 물론 장기 등록에 따른 혜택이 잘못됐다는 건 아니다. 다만 헬스장 비즈니스가 장기적으로 실패하지 않고 관심을 지속적으로 받기 위해서는, 단발적으로 회원을 장기 등록시키는 것이 중요한 게 아니라 실제적으로 시설 이용률을 높임으로써 이용자 개개인이 가지고 있는 최상의 이득을 얻을 수 있도록 도와야 한다는 것이다.

이를 위해 헬스장을 찾은 회원들의 최상의 이득을 파악하는 것부터 시작해야 한다. 반드시 PT를 받거나 장기 회원권을 끊지 않더라도 개인들이 '운동을 해야 하는 이유'를 명확하게 파악하고 그에 맞춘 상담과 운동 방식 제안이 가능한 수준으로 만들어야 한다.

지금도 많은 헬스장에서 초기 상담을 제공하고 있지만, 개인의 헬스장 이용을 파악하는 데 목적이 있는 것이 아니라 PT를 받도록 유도하는 장치로 활용하고 있다는 데 문제가 있다. 이제는 상담을 통해서 PT를 받는 회원과 PT를 받지 않는 회원으로 구분하는 것이 아니라, 개인이 잡아놓은 목표에 따라 헬스장이 무료로 제공할 수 있는 단체 강습과 서킷 프로그램 등을 활용하게 하는 방향으로 문턱을 낮춰주는 것이 핵심이다.

여기에 추가적으로 운동이라는 단순한 개념을 넓혀서 회원들에게 새로운 삶의 방식을 제안할 수 있어야 한다. 사람의 몸이 변하기 위해서는 단순히 운동만 필요한 것이 아니라 적절한 식습관과 건강한 생활 습관이 필요하다. 헬스장에서 단순히 운동을 도와주기보다 개인의 삶 전반에 영향을 미칠 수 있는 토털 솔루션을 제안한다면 '단순히 운동을 하고자 하는 고객' 외에 새로운 고객을 창출할 수 있을 것이다. 만약 단계적 프로그램 진행 중에 별도의 개인 수업이 필요한 고객들에게 맞춤 솔루션을 제공할 수 있다면, 그들의 이득을 제공함과 동시에 비즈니스 목표를 달성할 수 있는 토대가 마련될 것이다. 이를 위해서는 1개월 미만의 단기로 등록하더라도 장기로 등록할 때보다 손해를 보지 않는 방식으로 전환해야 한다. 활용할 수 있는 하나의 방식은 넷플릭스와 같이 월별 사용에 따라 가격이 부과되는 멤버십 프로그램을 제공하는 것이다.

멤버십은 가능한 한 차등화된 프로그램으로 제공해야 한다. 핵심은 가장 기본적인 멤버십을 선택하더라도 헬스장 이용에 불편이 없게 하면서, 단계별 멤버십을 어느 소비자가 선택하는지를 확인하고 그들이 원하는 운동 목표를 파악하는 방식으로 활용해야 한다는 점이다. 만일 이러한 멤버십을 통해 그들의 목표가 지속적으로 달성된다면, 기존의 장기 등록 방식보다 더 지속 가능한 성장을 담보할 수 있을 것이다.

회원의 최상의 이득을 파악하고 단계적 프로그램을 제안한 후에 중요하게 해야 할 것이 하나 더 있다. 그것은 바로 회원들이 헬스장이란 공간을 계속해서 찾게 하는 것이다.

사람들이 헬스장을 등록만 하고 실제로 찾지 않는 이유는 여러 가지가 있겠지만, 그중 하나는 헬스장에 일종의 두려움을 느낀다는 것이다. 운동에 익숙한 다른 회원을 보면서 느끼는 중압감부터 누군가에게 나의 비루한 몸과 낮은 운동 능력을 보여주기 창피한 것까지 다양할 것이다.

미국의 피트니스 체인인 플래닛 피트니스(Planet Fitness)는 헬스장을 뜻하는 '짐(GYM)'과 두려움을 뜻하는 '인티미데이션(intimidation)'의 합성어인 '짐티미데이션(gymtimidation)'이라는 단어를 통해 회원들의 두려움을 표현했으며, 두려움과 부담을 가질 필요 없이 이용이 가능한 장소를 구현하고자 노력했다. 그들은 먼저 피트니스 센터 이용 가격을 낮추고, 개인 트레이너를 두지 않아도 언제든 스태프를 통해서 기구의 사용법을 안내받을 수 있는 환경을 조성했다. 그리고 개개인 신체에 맞는 운동 루틴을 만들어주는 1시간짜리 무료 수업을 제공했으며, 운동이 처음인 사람들이 어떤 기구를 얼마나 사용해야 하는지 모르는 점을 감안해 'PF 익스프레스 존'이란 곳을 만들어 20개의 운동 기구를 차례로 이동하면서 이용하는 것만으로도 30분 전신 운동이 가능하도록 설계했다.

플래닛 피트니스의 CEO인 크리스 론도는 자신들의 서비스를 고객 누구나 부담 없이 방문할 수 있고 어디서든 똑같이 받을 수 있다는 점에서 '빅맥 접근 방식(Big Mac approach)'이라 부르며, 자신들의 목표도 피트니스계의 맥도날드가 되는 것으로 잡고 있다고 설명했다.

시대와 상황에 따라 변하는 최상의 이득

하나의 비즈니스에서 받을 수 있는 최상의 이득이 단 하나로 고정되어 변하지 않는 것은 아니다. 고객이 느끼는 최상의 이득은 시대와 상황에 따라 변화를 겪는다.

대형 마트의 경우가 대표적이다. 1993년 11월 신세계그룹이 국내 최초의 대형 할인점 이마트 1호점을 서울 창동에 개점하면서 할인점의 시대를 열었다. 이후 경쟁 업체들이 등장하며 대형 마트의 전성기가 시작됐다.

국내 고객이 할인점을 찾으면서 바라는 표면적 이득은 가장 싼 제품을 사는 것이지만, 최상의 이득은 가족이 함께 쇼핑을 포함한 다양한 콘텐츠를 즐기는 것이었다. 이는 2000년대 초까지 가족 단위로 즐길 만한 엔터테인먼트 시설이 부족했던 국내의 환경도 한몫을 했다.

이 때문에 과거 대형 마트는 가장 싸게 물건을 제공하는 동시에, 매장을 찾는 고객에게 최대한 많은 볼거리와 즐길 거리를 제공하는 '리테일테인먼트(retail+entertainment)' 공간으로 진화했다.[18] 많은 대형 마트가 점차 영화관과 서점 등을 포함한 복합 쇼핑몰에 입점한 것도 바로 이 이유다.

대형 마트들은 외적으로 재미 요소를 가미하는 노력과 함께, 매장 내에서 고객들이 더 많은 시간을 보내고 더 많이 구매하도록 유도할 수 있는 요소를 추가했다.

고객이 보통 미리 구매를 결정하고 오는 제품들, 예를 들어 술이나 생수, 우유 같은 제품은 매장 가장 안쪽에 놓고 매장 평면도를 통해 해당 위치를 세세하게 안내하지 않음으로써, 고객의 동선을 최대한 길게 만들어 다른 제품을 함께 둘러볼 수 있게 설계하는 것이 대표적인 방식이었다.[19] 고객 입장에서는 친절한 방식은 아니었지만 사람들이 대형 마트를 찾는 최상의 이득, 즉 쇼핑을 즐기는 것이기 때문에 적절한 효과를 발휘했다.

하지만 시간이 흘러 온라인 중심으로 쇼핑 시장이 개편되고 대형 마트 외에도 즐길 수 있는 엔터테인먼트 공간들이 늘어나면서 대형 마트를 찾는 고객들의 최상의 이득에도 변화가 일어나기 시작했다.

대형 마트 브랜드들은 온라인의 저가 공세 속에서도 연중 최저가 정책(Every Day Low Price, 흔히 EDLP라고 부른다)을 핵심 전략으로 활용하고 있기 때문에, 주요 일상용품은 온라인보다 싸거나 동등한 수준의 가격을 유지하고 있다. 마트를 찾는 고객들이 가지고 있는 표면적 이득은 달라지지 않은 것이다.

여전히 사람들은 가장 싼 제품을 사기 위해서 대형 마트에 들른다. 하지만 기존과 달라진 것이 있다면, 사람들이 쇼핑에 투자할 시간이 줄어들었다는 것이다. 이제 사람들은 이전처럼 매장을 돌면서 '원래 필요하지 않았던 물건'을 둘러보기보다, 필요한 상품을 빠르게 구매하고 싶어 한다. 하지만 대부분 대형 마트는 사람들이 매장 안에서 더 많은 시간을 보내도록 만들어놓은 기존의 매장 설계 방식에서 크게 달라지지 않기 때문에 고객의 변화를 따라잡지 못하고 있다. 같은 제품을 비슷한 가격에 구매할 수 있다면 대형 마트가 아닌 온라인에서 선택하는 것이다.

예전에 비해 즐길 것들이 많아지고 다양해진 상황에서 사람들은 더 이상 즐거움을 충족시키는 목적으로 대형 마트를 찾지 않는다. 여전히 사람들은 대형 마트가 입점한 복합 쇼핑몰을 찾고 있지만 대형 마트에 가기 위해 복합 쇼핑몰을 들른 것이 아니라, 쇼핑몰을 찾았다가 겸사겸사 대형 마트를 들르는 것이 주된 행동 패턴으로 자리 잡았다.

하지만 위와 같은 이유로 어려움을 겪고 있다고 해서, 대형 마트를 포함한 오프라인 쇼핑 공간 모두가 몰락의 길을 걷는 것은 아니다. 오프라인 쇼핑 공간은 여전히 사람들에게 중요한 공간이다. 단지 그 매장의 역할이 달라졌을 뿐이다.

물론 대형 마트가 향후 큰 폭의 구조조정을 겪게 될 것은 분명하지만, 이 과정을 통해서 대형 마트는 고객들의 새로운 최상의 이득을 충족시키는 모습으로 진화할 것이다.

고객들이 대형 마트에서 얻고자 하는 최상의 이득 핵심에는 '온라인 쇼핑에서 얻을 수 없는 무엇'이 숨어 있다. 바로 '즉시성'과 '직접성'이다.

먼저 즉시성이란 원하는 것을 바로바로 얻고 싶어 하는 욕망을 의미한다. 당일 배송 서비스와 같이 빠른 배송을 자랑하는 온라인 쇼핑이 충족시켜 줄 것 같지만, 아무리 빠르다 하더라도 즉시 원하는 상품을 얻게 할 수는 없다. 특히 신선 제품의 경우 아무리 새벽 배송이 빠르더라도 대형 매장에서 보고 직접 구매하는 것보다 신선도가 떨어질 수밖에 없다. 그렇기 때문에 직접 보고 신선한 제품을 선택하고자 하는 소비자를 공략한다면 새로운 최상의 이득을 주는 방식이 될 수 있다.

또한 앞으로의 오프라인 매장들은 온라인 쇼핑의 즉시성을 높여 줄 도우미가 될 수도 있다. 가령 전국에 퍼져 있는 대형 매장을 물류 거점으로 활용함으로써 새로운 e커머스 업체보다 더 빠르게 배송할 여건을 조성할 수 있다. 물론 이 부분은 유통산업발전법과 같은 기존 매장의 운영 시간 규제가 개선될 때 가능하다.

또 하나의 이득인 직접성은 직접 보고 만질 수 있는 것에 만족감을 느끼는 고객들의 본성을 이야기한다. 예를 들어 온라인을 통해 상품을 주문한 고객이 가장 큰 만족도를 느끼는 순간은 상품의 결제 버튼을 눌렀을 때가 아니라 실제 택배 박스를 받았을 때다.

오프라인 매장은 온라인상에서 쉽게 찾아볼 수 없는 새로운 상품이나 직접 체험하고 구매해야 하는 상품을 제안하는 방법으로 이러한 직접성을 충족시킬 수 있다. 이는 온라인 서점을 통한 책의 구매가 더 싸고 간편하지만 여전히 오프라인 서점에서 책을 살펴보고 구매를 결정하는 소비자군이 존재한다는 것과 동일한 이치다.

기존과 같이 카테고리에 맞춰 상품을 진열하는 방식에서 벗어나 고객들의 구매 목적에 따른 진열 방식으로 변경하는 방법도 있다. 예를 들어 다이어트식을 찾기 위해 대형 마트를 찾은 고객의 경우, 신선 코너에서 달걀을 찾고, 정육 코너에서 닭가슴살을 찾고, 음료 코너에서 탄산수를 찾아야 했다. 하지만 다이어트식을 찾는 고객들을 위한 최적의 조합을 하나의 진열 매대 안에서 구현할 수 있는 사업체는 필요 고객을 위한 새로운 최상의 이득을 제안하게 될 것이다.

나를 돋보이게 만들거나, 특별한 경험을 주거나

특정 산업과 제품 카테고리가 각각 하나의 최상의 이득을 가지고 있다면, 특정 산업과 제품에 관계없이 지금 세상 사람들이 공통적으로 생각하는 최상의 이득 한 가지가 있다. 그것은 바로 '나를 돋보이게 만드는 것'이다. 그러므로 '나를 돋보이게 만들어주는 모든 것'은 그 자체만으로 가치가 있다.

개인이 가장 돋보이게 만들 수 있는 공간은 바로 인스타그램으로 대표되는 SNS상의 공간이다. 그와 같은 현상을 표현하는 단어가 바로 '인스타그래머블(instagramable)'이다. 인스타그램과 '~할 수 있는'이라는 의미의 접미사 '-able'의 합성어인 인스타그래머블은 '인스타그램에 찍어 올릴 만한'이라는 뜻의 신조어다. 그런데 이 문장에서 방점은 '인스타그램'이 아닌 '찍어 올릴 만한'에 찍혀 있다.

실제로 인스타그램을 사용하지 않더라도, 찍어서 올릴 만한 가치가 있다는 것은 '나를 돋보이게 해줄 만한 것'이라는 뜻을 포함한다. 그 범위는 특정 상품이나 서비스부터 공간, 사람, 경험 그리고 생각까지 다양하지만, 공통적인 특징은 시각적으로 남의 눈에 띄어야 한다는 데 있다. 이는 관종의 특징 중 하나인 '가시성'과 일맥상통한다. 맛집에서 음식을 먹기 전에 '인증샷'을 찍는 사람 모두가 SNS에 올리기 위해서는 아니다. 단지 나를 돋보이게 해줄 특별한 경험, 그 순간이 사라지기 전에 스마트폰 안에 저장해 두는 것 자체가 바로 스스로가 돋보이는 순간이 된다.

내가 가장 돋보이는 것들에는 여러 가지 기준이 있겠지만, 남들이 경험하지 못하는 '유니크함'이 무엇보다도 중요하다.

국보 1호 숭례문은 국가에서 공식적으로 인정한 가장 가치가 높은 것이지만 '나'에게 희귀한 가치를 주지 않는다. 그 때문에 찍어 올릴 만한 가치를 전혀 주지 못한다. 하지만 새롭게 떠오르는 핫한 맛집에서 찍은 와플 사진 한 장은 나를 돋보이게 해줄 수 있다. 찍어 올릴 만한 가치가 있는 것이다.

이처럼 유니크함은 새로운 관람 가치를 줌으로써 나를 돋보이게 만든다. 이것이 바로 인싸(인사이더)로 만들어주는 '인싸템(인사이더 아이템)'이 소비자들의 관심을 받는 이유다. 전통 밀가루 브랜드 대한제분의 '곰표'가 밀맥주를 비롯한 다양한 제품군과 컬래버레이션을 시도하는 부분 또한 관람 가치를 가져다줌으로써 인기를 끌 수 있었다.

한 인터넷 커뮤니티에 '서울 촌놈이 보는 한국 지도'라는 제목의 게시물이 올라왔다. 해당 게시물은 서울을 제외한 모든 지역을 지방으로 인식하는 소위 '서울부심'을 유머로 승화시키고 있는데, 그 중에서 몇몇 지역은 단순히 지방이라는 타이틀에 묶이지 않고 특별한 이름을 얻었다. 예를 들어 독도는 '우리 땅'이고, 제주도는 '감귤'이며, 여수는 '밤 바다', 부산은 '해운대'라고 쓰였다. 이와 함께 지도 중앙에 '빵집'이라고 표현되어 있는 곳이 어딜까? 이곳은 대전에 있는 유명한 빵집 '성심당'을 뜻한다.

사실 대전의 성심당 외에도 전국 곳곳 유명한 빵집은 많다. 그런데 왜 대전의 성심당만이 이 정도의 특별한 대우를 받을 수 있는 것일까? 성심당은 오로지 대전에만 있기 때문이다. 다른 유명한 지역 빵집들이 서울과 같은 지역에 체인점 형태의 분점을 가지고 있는 것과 차이를 보인다.

성심당은 타 지역에 체인점을 내지 않으면서 전체 매출에서 손해를 봤을지 모른다. 하지만 그 덕분에 대전이라는 대표 타이틀 하나만은 잃지 않았다. 성심당이 스스로를 '대전의 문화'라고 소개하고 있는 만큼 향토 기업임을 강조하고 있는 데 영향을 받은 것이기도

```
            지방지방지방지방
          공항서울근교지방지방
          위성도시지방지방지방
        지방지방지방지방지방지방          우리 땅
         지방지방빵집지방지방지방
          지방지방지방지방지방지방
          지방지방지방지방지방지방
          지방지방지방지방지방지방
        지방지방밤바다지방해운대
          지방지방


            감귤
```

서울 촌놈이 보는 한국 지도.jpg

하지만, 그러한 유니크한 결정이 중장기적으로 성심당의 특별한 가
치를 지켜준 것이다. 반대로 체인점 형태를 선택한 기업들은 매출
에서 이득이 있었겠지만 특별함은 사라지게 된다.

　이와 같은 유형은 빵집뿐만 아니라 다른 맛집에서도 나타난다.
그중 가장 대표적인 곳은 SBS 〈백종원의 골목식당〉에서 백종원이
'우리나라 돈가스 끝판왕'이라고 소개해 유명해진 홍은동 포방터
시장의 '연돈'(원래 '돈카2014'에서 변경되었다)이다. 연돈은 해당 프로그램
에 등장해 유명해진 1년 후에 제주도로 옮겨서 장사를 이어가는데,
서울에 있을 때나 제주도에 있을 때나 여전히 밤을 새울 정도로 오
래 기다려야 맛볼 수 있는 곳이다.

대전 성심당과는 다르게 지역을 옮기기는 했지만, 여전히 사람들이 오랫동안 기다려서 이 돈가스 맛을 보고자 하는 이유는 같다. 바로 최상의 이득이 동일하기 때문이다.

사람들은 단순히 맛있고 값싼 돈가스를 먹기 위해 연돈을 찾는 것이 아니다. 그것은 단지 표면적 이득에 불과하다. 이곳에서 얻는 최상의 이득은 '이곳을 방문하지 않으면 먹지 못하는 돈가스를 맛볼 수 있다는 것'이다. 이러한 경험을 할 수 있다는 것은 한 개인을 다른 사람과 다르게 특별하게 만들어준다. 돈가스 맛이 기대 이상이거나 그와 반대로 실망스럽다는 건 크게 중요하지 않다. 중요한 것은 그 유니크한 경험이다.

이와 비슷한 최상의 이득을 주었던 것이 2010년대 중반 대한민국을 열광시켰던 '허니버터칩'이다. 허니버터칩의 최상의 이득은 유니크한 맛이 아니라, 일반 과자임에도 불구하고 쉽게 맛볼 수 없다는 것이었다. 이 때문에 정가가 정해져 있는 과자에 뜻밖의 웃돈이 붙어 팔리기도 했고, 진열하기도 전에 사라져서 편의점 사장이 공급된 물량을 숨겨놓는 해프닝이 일어나기도 했다.

이와 같은 품귀 현상으로 인해 공급사는 지속적으로 제품 증산의 압박을 받게 되었다. 결국 고심 끝에 제품 증산을 결정했으나, 매출은 그대로지만 열풍과 같은 인기는 사라지고 말았다. 유니크함이라는 최상의 이득이 사라졌기 때문이다. 이와 동일한 현상은 2011년 꼬꼬면 열풍이 사그라드는 과정에서도 나타난 바 있다.

공급량을 무조건 제한하는 결정이 무조건 옳다고 평가하는 것은 무리다. 유니크함을 강조하기 위해서 생산량을 극단적으로 제한한다면, 특별함은 높아지겠지만 매출은 초라할 만큼 작을 것이다. 그렇기 때문에 유니크함을 최상의 이득으로 삼고 있는 사업과 상품은 '희소성 유지'와 '매출 확대' 사이의 최적 지점을 찾아내고 양쪽의 균형을 지속적으로 유지할 수 있도록 운영되어야 한다.

관종의 조건 4가지를 만족하는 브랜드

새로운 시대 고객의 진짜 관심을 받기 위해서는 꼭 새롭고 남다른 해법만 필요한 건 아니다. 이 책에서 제시한 '관종의 조건 4가지'를 통해 개별 제품과 서비스 혹은 그보다 넓은 개념인 브랜드가 소비자에게 지속적으로 관심받을 수 있는지 없는지를 평가할 수 있다.

관종의 조건 4가지에 포함되는 '꺼지지 않는 가시성', '고집스러운 협력성', '절대적인 진실성' 그리고 '감당할 수 있는 적정선'은 사람을 비롯해 관심을 받고자 하는 제품과 서비스 모든 곳에 적용이 가능하다. 이제 관종의 조건 4가지를 충족시킴으로써 결국 성공적인 관심을 이끌어내고 있는 브랜드를 살펴보고, 이 조건들이 상품 시장에서 어떻게 작용하는지 살펴보자.

2020년 국내 유명 아나운서 부부가 타고 있던 차량이 고속도로에서 중앙선을 침범한 2.5톤 화물차와 정면충돌하는 사고가 발생했다. 2.5톤 화물차 음주 운전자의 역주행으로 인해 발생한 사고였다. 그런데 이 아나운서 부부와 동승한 10대 자녀 두 명은 경미한 부상만을 입었고 오히려 화물차 운전자가 중상을 입었다.

사고 이후 아나운서 부부가 타고 있었던 자동차에 관심이 쏠렸고, 그 자동차의 이름이 포털 검색어 1위에 오르기도 했다. 그 차는 바로 볼보(Volvo)의 플래그십 SUV 'XC90'였다. 사람들의 반응은 '의외다'가 아니라 '역시'로 모였다. '안전한 자동차'라고 했을 때 이미 수많은 사람이 볼보라는 브랜드를 떠올렸기 때문이다.

볼보는 최근 몇 년간 국내 프로그램 간접광고(PPL)를 통해 성공적인 대중 인식 강화를 이끌어냈다. 또한 일명 '토르의 망치'라고 불리는 헤드라이트를 비롯해 다양한 디자인 개선으로 차의 브랜드 가치를 크게 높였다. 하지만 여전히 볼보 하면 가장 먼저 떠오르는 인식은 단연코 안전이다.

안전의 대명사로 꼽히는 볼보는 관종의 조건 4가지를 모두 충족하면서 소비자들의 관심을 오랜 기간 유지하고 있다.

첫 번째, 볼보가 소비자의 뇌리에 안전이라는 이미지로 박힌 것은 1927년 설립 시기부터 지금까지 줄곧 '안전 혁신의 전통(Safety Heritage)'을 빼놓지 않고 이어가고 있어서다. 이것은 바로 '꺼지지 않는 가시성'에 해당한다.

볼보는 1927년 스웨덴에서 아서 가브리엘슨과 구스타프 라르손이 설립했다. 당시 SKF라는 볼베어링 회사에서 함께 근무한 두 사람이 식사 중에 바닥에 떨어뜨린 바닷가재가 깨지지 않고 멀쩡한 것을 보고, 구스타프 라르손이 "가재처럼 튼튼한 차를 만들어보는 것은 어떨까?"라고 제안했고 이에 볼보자동차가 탄생했다. 유치해 보이는 이 일화는 볼보의 안전에 대한 집념이 꺼지지 않고 나타나는 이유와 볼보라는 브랜드의 정체성을 그대로 담고 있다. 이후에도 안전과 관련한 다양한 발명과 혁신을 통해서 브랜드 정체성을 실제로 다듬고 발전시켜 나가고 있다.

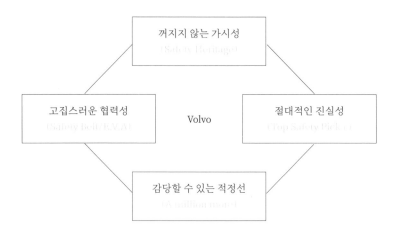

두 번째, 볼보는 안전 하나만을 고집스럽게 밀어붙이고 있지만 볼보를 탄 운전자만을 안전하게 만들지 않고 다른 경쟁사들과 협력의 길을 모색했다.

오늘날 자동차에 필수적으로 탑재되어 있는 3점식 안전벨트(3 Point Safety Seat Belt)는 볼보에서 처음으로 개발한 것이다. 볼보는 1959년 발명한 이 안전 기술로 특허를 신청해 큰돈을 벌 기회를 맞이했으나, 사람의 안전을 위한 일에 특허를 낼 수 없다며 이 기술을 모든 자동차 회사에 무료로 배포했다. 3점식 안전벨트 적용 후 자동차 충돌 사고 생존율이 거의 99퍼센트까지 올랐다. 볼보가 아니었다면 우리의 기본적인 자동차 생활 안전을 장담하기 힘들었을 수 있다.

또한 볼보는 2019년 E.V.A(Equal Vehicles for All) 이니셔티브 발표를 통해, 1970년에 구성된 볼보 교통사고 조사팀이 연구한 사고 사례의 기록 및 분석 데이터를 자사뿐만 아니라 대중과 경쟁사 모두에게 공유하기로 했다.[24] 이는 40년 동안 총 4만 대의 차와 7만 명의 탑

승자 데이터를 수집·분석한 자료로 볼보뿐만 아니라 타사의 안전 기술 개발에 도움을 줄 수 있다고 평가된다. 자동차 산업 전체의 안전 수준을 높이고자 하는 볼보의 이러한 협력은 실질적 도움과 동시에 볼보의 안전성을 대중에게 다시 한번 각인시켜 주는 효과를 냈다.

세 번째, 볼보는 안전과 관련한 진실성을 말이 아니라 실제 성과로 보여줌으로써 '안전이란 이름으로 관심받기에 부족함이 없음'을 행동으로 입증했다.

볼보의 시그니처 모델인 대형 SUV XC90의 경우 영국에서 2002년 출시 이후 2018년까지 16년간 사고로 인한 사망자가 단 한 명도 없는 것으로 나타났으며, 해당 모델은 2020년 미국 고속도로 안전보험협회(IIHS) 안정성 평가에서 가장 안전하다고 인정된 차만 선정되는 'Top Safety Pick+'에도 선정됐다. 또한 앞서 언급한 '2.5톤 트럭과의 고속도로 충돌 사고'에서 실제로도 안전하다는 것을 모든 사람에게 입증했다.

마지막으로 볼보는 지속적으로 안전을 강조하지만 자사가 감당할 수 있는 선을 넘지는 않는다. 만약 볼보가 안전을 극적으로 강조하기 위해서 '우리 차를 타면 절대로 죽지 않습니다'라고 약속한다면 이것이 바로 선을 넘는 행동일 것이다. 하지만 볼보는 'A million more(백만 명을 더)'라는 캠페인을 통해, 최고 속도를 시속 180킬로미터로 낮추는 등의 대책으로 사망자를 줄이는 메시지를 전달할 뿐, 지키기 어려운 약속을 함부로 하지 않는다.

중요하게 봐야 할 것은, 오늘날 많은 자동차 브랜드 대부분이 일정 이상의 안전성을 확보한 상황 에서도 사람들이 볼보만을 안전한 차량으로 생각한다는 것이다. 이러한 결과는 단순한 지속적인 광고 노출을 통해 가공된 인식을 심어주는 데 성공한 것이 아니다. 안전이라는 하나의 가치를 꿋꿋하게 밀고 나가고, 다른 이들과의 협력을 멈추지 않으며, 말이 아닌 행동으로 안전이라는 가치를 증명하고, 도를 넘지 않는 행동으로 긍정적 관심을 지속할 수 있는 토대를 만든 것이다.

또 하나의 사례로는 아웃도어 브랜드 '파타고니아(Patagonia)'를 들 수 있다. 파타고니아는 대표적인 친환경 브랜드로 알려져 있다. 이는 파타고니아의 경영철학인 '우리는 우리의 터전, 지구를 되살리기 위해 사업을 합니다(We're in business to save our home planet)'에 담겨 있으며, 실제 모든 면제품에 100퍼센트 유기농 면 혹은 재활용 소재만을 사용하고, 협력사를 선정할 때도 환경 기준을 엄격히 적용하는 등 모든 밸류 체인에 친환경적 요소를 반영하고 있다. 또한 '지구를 위한 1퍼센트(1% For The Planet®)' 프로그램을 설립해 이를 통해 매년 매출 1퍼센트를 '지구에 내는 세금' 명목으로 풀뿌리 환경단체 등에 지원하고 있으며, 1985년부터 환경 단체에 지원한 금액은 7,600만 달러(한화로 약 912억 원)에 이른다.

하지만 소비자들이 파타고니아에 계속된 관심을 보내며 이 회사의 제품을 선택하는 것이 단순히 이 회사가 지구를 위한 착한 일을 하고 있기 때문이라고 생각하는 것은 큰 오산이다. 소비자들이 파타고니아의 제품을 선택하는 가장 큰 이유는 품질이 뛰어나기 때문이다. 특히 내구성이 뛰어난 것으로 알려져 있는데, 파타고니아는

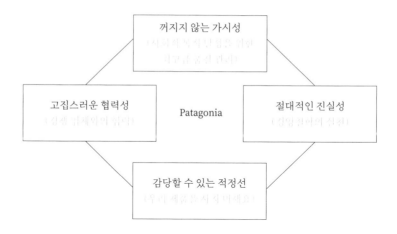

좋은 품질의 제품을 생산해 소비자가 제품을 오랫동안 사용하는 것이 환경 피해를 최소화하는 첫걸음이라고 생각하기 때문이다. 이 때문에 설립 초기부터 지금까지 그들이 지키고자 하는 핵심 가치는 바로 '최고의 제품을 만드는 것(Build the best products)'이다.

또한 파타고니아는 자신들의 신념을 지키기 위해서라면 경쟁 업체와 협력을 하는 일도 마다하지 않는다. 특히 친환경 원단을 공급받는 데 나이키와 아디다스와 같은 거대 스포츠 브랜드 등과 협력하고 있는데, 자신들만의 물량으로는 친환경 공급망을 지속 가능하게 변화시키기 어렵다는 것을 알기 때문이다. 이 때문에 시장에서 경쟁하고 있는 대형 브랜드의 참여를 꾸준히 설득해 나가며 더 나은 친환경 생태계를 구축하고 있다.

물론 친환경을 내세우고 있는 브랜드는 파타고니아뿐만이 아니다. 하지만 수많은 기업이 실제로는 친환경 경영을 실천하지 않으면서 마케팅 효과를 내기 위해 녹색 경영을 표방하듯 홍보하고 있는 것과는 다르다. 파타고니아는 자신들의 친환경적 경영철학을 단순한 마케팅 캠페인으로 이용하는 것이 아니라 모든 경영 활동에 적용하는 등의 실천적 행동에 나섬으로써 진실성을 확보하고 있다.

하지만 파타고니아는 지구를 도울 수 있는 유일한 길은 자신들의 제품을 사야 하는 것이라는 말을 하지 않는다. 오히려 반대로 자신들의 제품을 사지 말라고 이야기한다. 실제로 파타고니아의 플리스(Fleece) 조끼가 미국 월스트리트 금융권 종사자들 사이에서 핫한 캐주얼 복장으로 유행을 타며 '월가의 교복'이라는 별명이 생길 정도로 인기를 얻자, 파타고니아는 2019년 기업체를 대상으로 한 조끼 판매를 제한하고 '이 재킷을 사지 마세요(Don't Buy This Jacket)'라는 메시지를 담은 광고를 내보냈다. 또한 이베이와 협약해 소비자가 구글에서 파타고니아 제품을 검색하면 이베이에 등록된 중고품이 노출되게 만듦으로써, 파타고니아의 신제품을 사는 대신 중고품을 재활용하게 만드는 캠페인을 펼쳐나기도 하였다.

위에서 언급한 두 브랜드를 포함해, 관종의 4가지 조건을 만족시키는 브랜드의 핵심은 바로 '소비자를 조종할 수 있다는 과거의 믿음'에서 벗어나, 자신들이 세운 핵심 가치를 진솔한 방식으로 꾸준히 추진하며 소비자의 마음을 얻는 것이다.

이제 탁월한 선전 기법을 통해서 집단의 믿음을 조종하는 일은 점차 힘을 잃어가고 있다. 앞으로 소비자들의 지속적인 관심을 받기 위해서는 브랜드만의 색깔을 통해 실질적인 효용을 보여주어야 한다.

3. 새로운 시대,
피해야 할 4가지 믿음

반복된 노출로 관심받을 수 있다는 믿음

누군가의 관심을 잃지 않기 위해서 무언가를 하는 것보다 무언가를 하지 않는 것이 더 중요할 때가 있다. 이것은 새로운 시대에서 새로운 가치가 주목받을 수 있는 반면, 기존에 확실한 효과를 보장했던 방법들의 가치가 떨어질 수도 있다는 의미이기도 하다.

그와 관련해 기존에는 확실한 효과를 낼 수 있다는 믿음을 주었지만 이제는 효용성이 떨어져서 피해야 하는 4가지를 안내하고자 한다.

전통 비즈니스 경쟁 시장에서의 소비자의 관심을 받을 수 있는 방법으로 가장 선호된 것은 '고객들의 눈에 자주 보이는 것'이었다.

특정 대상에 대한 반복적인 노출이 결국 그 대상에 대한 호감도 상승으로 이어진다는 단순 노출 효과(mere exposure effect)는 단순히 남녀의 연애 상황에서만 나타나는 것이 아니라, 기업이 제공하는 상품과 서비스에도 동일하게 적용되었다. 그래서 소비자의 눈에 띄는 곳에 반복해서 노출시키는 전략은 전통적으로 힘을 발휘했다.

관련 연구에 의하면, 단순 노출 전략이 가장 효율적으로 작용하는 시장은 선택하는 데 많은 시간과 노력을 기울이는 고관여 제품(High-involvement Product)이 아니라, 가격대가 낮고 습관적으로 소비하는 제품군인 저관여 제품(low-involvement product)이었다.[28] 그렇기 때문에 지금까지 단순 노출 효과가 가장 활발하게 나타난 영역은 대표적인 저관여 제품이 모여 있는 일상용품 시장이었다.[29]

일상용품에 대한 단순 노출 전략 중 하나는 대규모 TV 광고를 통해 이뤄지기도 했지만, 그에 못지않게 활용되어 온 것은 오프라인 매장의 진열 전략이었다. 이 진열 전략의 기본은 고객에 맞춰서 자사의 상품을 눈에 띄게 배치하는 일이었다. 눈에 띄게 배치하는 대표적인 방법은 고객의 시선이 가장 먼저 닿는 황금라인(Golden Line)에 제품을 배치하는 전략과, 고객 동선에 맞춰서 제품을 진열하는 방식이었다.

이러한 기본적인 전략과 더불어 고객의 관심을 더 쉽게 끌 수 있는 광고물과 연결 구매를 할 수 있도록 연관 상품군(예를 들어 맥주 옆에 땅콩, 우유 옆에 시리얼 등)을 진열하는 것이 추가되었다. 이러한 마케팅 활동은 매장 안에서 이뤄진다는 의미로 인스토어 프로모션(in-store marketing)이라 불린다.

이러한 진열 전략은 '고객의 시선과 행동의 분석이 이뤄지는 점'에서 꽤 과학적인 마케팅 전략처럼 보인다. 비약적인 혁신을 이루지는 못했지만 매장 전체 혹은 한 카테고리 내에서 판매 효율을 극대화하는 기법(Category Management)으로 발전을 이뤄왔다. 하지만 우리나라에서 더 높은 효과를 나타낸 것은 이보다 더 원초적이고 직관적인 방법이었다.

그 방식은 바로 진열대에서 경쟁사 제품을 밀어내고 자사 상품을 더 많이 진열하거나, 아예 경쟁사 제품이 매장에 들어오는 것을 막아버리는 전략이었다. 원시적일지 모르는 이 방법은 거창한 마케팅 방식보다 더 높은 효과를 발휘했다. 왜냐면 고객이 아무리 광고를 보고 오프라인 매장에서 특정 상품을 사려고 해도, 그 상품이 없다면 구입 자체가 불가능하기 때문이다.

경쟁사를 밀어내는 전략은 크게 두 가지 방식으로 이뤄졌다. 첫 번째는 제조사 영업사원이 매장 내 진열을 선점해 버리고 경쟁사의 진열을 막아내는 방식이었다. 하지만 경쟁사도 똑같은 방식으로 할 수 있었고 이 전략이 적극적으로 시행되던 1960~70년대에는 영업 사원들 간의 경쟁이 격화되어 폭력 사건도 빈번하게 발생했다.[30]

두 번째 방식은 바로 푸시 전략이라고 불리는 밀어내기 방법이다. 일상용품 시장에서는 통상적으로 사용된 전략 중 하나였다. 제조사에서 유통사로 이어지는 밀어내기는 '유통사와 제조사의 상호 이득'이라는 프로세스 위에서 이뤄져 왔다.

통상적인 밀어내기 전략은 순환 구조를 지닌다. 먼저 제조사는 특정 상품의 대량 입고를 제안함과 동시에 평균 공급가보다 낮은 가격을 제시한다. 통상적으로 입고량이 많을수록 할인율이 커지는데, 무엇보다 소비자들에게 낮은 가격을 제시하는 것이 유리한 유통사에는 이런 제안이 나쁘지 않다. 하지만 제품이 대량으로 들어

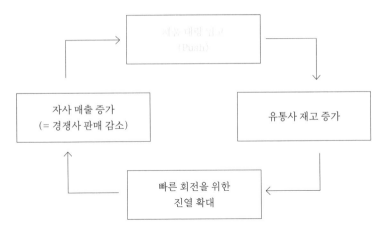

일상용품 시장에서의 밀어내기 전략

오면 유통사는 당연히 그 재고를 계속해서 줄이기 위해 진열을 확대할 수밖에 없는 이유가 생겨난다. 이를 통해 제조사는 추가 비용 없이 진열을 확대해 실제 판매가 증가하는 효과와 동시에 경쟁사 제품의 판매를 감소시키는 효과를 얻을 수 있게 된다. 이와 같은 단계가 계속 진행된다는 것은 일상품 제조사 입장에서는 더할 나위 없이 좋은 전략이었기 때문에 최고의 영업 전략 중 하나로 꼽혔다.

적어도 2000년대 중반까지만 최고의 효율을 발휘했다. 하지만 2010년대로 넘어가면서 유통사가 자체 진열도(P.O.G, Planogram)를 점포 차원이 아닌 본사 차원에서 타이트하게 관리했고 매장 자체적으로 제조사가 진열도에 미치는 영향이 극도로 약화되었다. 밀어내기 전략 또한 매장별 적정 재고량을 본사에서 관리하는 시스템으로 확대되면서 타격을 입었다.

비즈니스 상황의 변화에 따라 일상용품 제조사가 매장별로 단순 노출 진열 전략을 내세우기 힘들어졌고 매장 관리 영업사원 자체를 없애는 등의 변화가 일어났다.

이와 같은 단순 노출 전략 활용은 꼭 오프라인 중심의 일상용품 시장에서만 일어났던 것은 아니었다. 온라인 시장에서도 서비스 이용자의 눈에 가장 먼저 띄는 것을 가장 중요한 비즈니스 전략 중 하나로 여겼다.

사용자들이 가장 많이 이용하는 포털 사이트나 쇼핑 사이트부터 앱스토어 그리고 음악 스트리밍 서비스에 이르기까지, 사용자가 처음 접속했을 때 가장 첫 화면 혹은 가장 상단에 콘텐츠가 위치하는 것이 무엇보다 중요했다. 첫 번째 화면이나 최상단에 올라갔을 때와, 두 번째 화면 혹은 스크롤을 내려야 확인될 때의 콘텐츠 파급력은 하늘과 땅 차이였다. 그렇기 때문에 모든 온라인 콘텐츠 공급자는 기를 쓰고 최상단에 자리 잡아 사용자의 관심을 독점하기를 바랐다.

하지만 이와 같은 온라인상의 경쟁은 종종 상도에 어긋나는 활동 등을 낳기도 했다. 검색 도구를 적극적으로 활용해 특정 웹사이트 방문을 유도하는 '검색엔진 마케팅(Search Engine Marketing)'의 경우, 정상적인 검색엔진 최적화(SEO)를 넘어서 불법적인 매크로 프로그램을 활용하거나, 검색 결과에 영향을 미칠 수 있는 개인의 블로그를 매매 혹은 대여해 활용하는 등의 불법적인 방식이 늘어났다.

특히 가장 최근 이슈가 된 것은 온라인 음원 스트리밍 서비스 안에서 일어난 불법 음원 사재기(음반 유통질서 비확립 행위) 논란이다.

음원 사재기는 과거의 음반 사재기가 진화한 것이다. 차이점이 있다면 기존의 음반 사재기가 판매량을 올리기 위해 대량의 음반을 구입하는 고전적이고 단순한 수준에서 진행된 것에 반해, 음원 사재기는 조작 전문 브로커를 고용해 불법 프로그램과 수천 건의 가짜 계정 등을 통해 고도로 은밀하게 특정 가수의 음원 순위를 조작한다는 것이다.

음원 사재기는 2010년대에 시작됐지만 법적인 방안이 나오지 않아 매년 논란이 되고 있었는데, 2019년 말 한 보이 그룹의 멤버가 자신의 SNS에 음원 사재기라고 확신하는 가수의 실명을 폭로하는 사건이 터지고 나서 이에 대한 고소·고발이 진행되고 법적 다툼으로 사건이 넘어가면서 전국적인 관심을 받게 되었다.

하지만 지금까지 이러한 사재기가 사라지지 않는 것은 시스템과 플랫폼의 설계가 잘못되어 있는 상황에서 업계의 자정을 촉구하는 것이 문제였다. 음원 사재기 논란에 가수 윤종신이 "판이 잘못된 걸 애꿎은 뮤지션들끼리 싸우지 말자"고 말했고 자신의 인스타그램에 "매시간 차트 봐서 뭐하나"라며 "No Stats in Platform(플랫폼에는 통계가 없다). 플랫폼은 '나'에게 신경 써달라"라고 말했다. 그리고 음원 사이트 첫 페이지가 개인별로 자동 큐레이션 돼야 한다며 음원 차트 '톱 10' 전체 재생 버튼을 없애는 방안을 제안하기도 했다.[31]

이에 화답이라도 하듯이, 국내 음원 플랫폼 업계가 추락한 음원 차트의 신뢰 회복에 칼을 빼 들었다. 음원 사재기를 미연에 방지하고자 직접 차트 손보기에 나선 것이다. 플로(SK텔레콤)와 바이브(네이버)는 차트 산정, 수익 배분 방식 변경 등을 대책으로 내놓았으며,[32] 국내 1위 업체 멜론은 음원 사재기 논란을 부추긴다는 지적을 받아

왔던 실시간 차트를 폐지하는 등 시스템 변화를 시도했다.

　물론 온라인 플랫폼 사업자들의 시스템 변화가 기존의 단순 노출 전략을 단숨에 무력화하지는 못할 것이다. 하지만 오프라인을 비롯해 온라인 생태계에서도 단순 노출을 인위적으로 증가시키고 이를 통해서 이득을 꾀하는 기존의 방식은 단계적으로 몰락할 것이 분명해 보인다.

몰래 입소문 마케팅을 진행할 수 있다는 믿음

2020년 인터넷을 가장 뜨겁게 달궜던 이슈 중 하나는 바로 '유튜브 뒷광고 논란'이었다. 한 인터넷 방송인이 "여러 유튜버들이 비밀리에 돈을 받고 유료 광고 포함 표시나 어떤 경로로도 광고라는 것을 알리지 않은 채 제품을 홍보했다"라고 폭로하면서 시작된 해당 논란은 여러 분야의 유튜버가 사과문을 올리거나 방송 활동을 그만두는 등 큰 파장이 일으켰다.

　여기서 '뒷광고'란 유튜버를 포함한 인플루언서가 특정 업체로부터 대가를 받고 유튜브 등에 업로드할 콘텐츠를 제작한 후 유료 광고임을 표기하지 않는 것을 말하는데, 특히 '내돈내산('내 돈 주고 내가 산 물건'을 뜻하는 신조어)'이라는 타이틀을 걸고 리뷰의 진정성을 입혔던 유명한 인플루언서들의 영상이 사실은 홍보료를 받고 찍었다는 것이 밝혀지며 큰 논란을 일으켰다. 이와 같은 논란을 통해 공정거래위원회는 2020년 9월부터 '추천·보증 등에 관한 표시·광고 심사 지침' 개정안의 시행을 통해 뒷광고를 처벌할 수 있는 법 조항을 만들었고, 이를 강화하는 입법들도 진행될 예정이다.

하지만 뒷광고 논란이 유튜브라는 특정 매체에서만 나타난 특별한 논란이나 기현상은 아니다. 사실 이와 같은 논란의 시발점은 2011년에 일어난 네이버 파워 블로그 사건이었다.

2011년 7월 당시 회원 130만 명을 보유한 네이버 파워 블로거가 안정성 논란이 있는 다기능 살균 세척기 3,000여 대의 공동구매를 진행하면서 2억 원 상당의 수수료를 받은 것이 알려졌다. 그 이후 파워 블로거의 직·간접적인 상품 판매를 관리, 규제해야 한다는 목소리가 커졌다. 지금처럼 뒷광고라고 지칭하지 않았을 뿐, 해당 사건 또한 '뒷거래'를 통한 불법적 광고 미표기였다. 이후 네이버라는 강력한 플랫폼의 블로거로 기세 등등했던 그들은 '파워 블로거지' 등과 같은 조롱과 함께 불법 광고에 대한 경종을 울리는 듯했다.

하지만 이후 급부상한 1인 미디어 시장에서 뭇매를 맞았던 인플루언서의 광고 문제가 플랫폼만 바뀐 채 그대로 반복되고 있다. 2011년 네이버 파워 블로거가 지금의 인스타그램과 유튜버상의 인플루언서로 바뀌었을 뿐이라는 지적이다.

이렇게 계속해서 플랫폼만 바꿔가며 논란이 일어나는 것은 바로 조작된 '버즈 마케팅'이 숨어 있어서다. 버즈 마케팅은 소비자들이 자발적으로 메시지를 만들어서 상품에 대한 긍정적인 입소문을 내게 하는 마케팅 기법이다. 꿀벌이 윙윙거리는(buzz) 것처럼 소비자들이 상품에 대해 말하는 것을 마케팅으로 삼는 것으로, 입소문 마케팅 또는 구전 마케팅(word of mouth)이라고도 한다.

입소문 마케팅이 다른 마케팅 기법에 비해서 강력한 힘을 발휘할 수 있었던 것은 바로 자발성이라는 신뢰가 있었기 때문이다. 인적

네트워크를 통해 상품과 서비스의 소문이 퍼져나가는 중심에는 '내가 모르는 사람'이 아니라 '내가 신뢰라는 가치를 줄 수 있는 가까운 누군가'가 있었다. 보통 어떤 영화를 볼지 고민할 때, 관람을 고려하고 있는 영화를 본 지인에게 영화의 재미를 먼저 물어보고 관람 여부를 선택했던 것을 기억하면 이해하기 쉽다.

문제는 21세기 들어 (신뢰할 만한) 입소문이 강력한 힘을 발휘하기 시작하면서다. 기업들이 이 '자발적이어야 할' 입소문을 조작하고 싶다는 유혹에 빠지면서 문제점이 하나씩 늘어난 것이다. 기업은 상품과 서비스의 리뷰와 댓글을 조금씩 잠식하기 시작했다. 소위 '댓글 알바'라는 조직이 점단위로 움직였지만 이를 잡아내거나 '알바'라는 의혹을 확정짓기 힘들다는 점이 점차 조작된 입소문 마케팅이 늘어나는 환경을 제공해 주었다.

기업이 인플루언서를 활용한 마케팅 대부분은 뒷광고가 전제였다. 뒷광고를 하는 일부 비도덕한 인플루언서의 문제이기 전에 애초에 모든 인플루언서 마케팅이 뒷광고였던 것이다. 광고주들은 인플루언서들이 TV 속 광고 모델이 아닌 '내 친구', '내 멘토'이자 '내 아이돌'과 같은 존재라는 특수성을 이용했다. 유튜브 시청자들이 유튜버 개인이 추천하고 보증하는 브랜드를 더 좋게 생각하는 것도 바로 이런 이유에서다.

하지만 파비안 괴벨을 비롯한 독일의 사회학자들은 이러한 '은밀한 광고(Convert Advertising)'들이 더 이상 소셜미디어상에서 힘을 발휘하지 못할 것이라는 연구 결과를 내놓았다. 유튜버와 같은 인플루언서를 활용한 은밀한 광고는 소셜미디어 초기 일정 부분 효과를 발휘했지만, 시간이 지나며 시청자가 진실을 판단하는 능력이 증가함에 따라 이러한 형식의 광고는 비효율적일 뿐만 아니라 오히려 광고주의 브랜드에 부정적인 영향을 끼칠 수 있다는 것이다. 결과적으로 이제 기업은 은밀한 광고와 같은 브랜드 커뮤니케이션을 중단하고, 광고를 명확하게 알린 상태에서 브랜드 커뮤니케이션을 진행해야 한다는 것을 의미한다.

유튜브 뒷광고 논란은 소위 인플루언서의 일탈뿐만 아니라 미디어 업계 전반에 깔려 있는 조작된 버즈 마케팅의 문제점을 수면 위로 끌어내 줄 것이다. 또한 앞으로 조작된 버즈 마케팅을 잡아내는 것은 법적인 규제 자체가 아니라[36] 인플루언서에게 관심을 주는 네티즌의 부정적 관심의 확대일 것이다. 2020년 유튜브 뒷광고 논란이 일어났을 때 수많은 유튜버가 고개를 숙인 이유는 법적 규제를 통한 벌금이 아니라 기존 팬들이 안티로 돌아선 것의 영향이 컸다. 이처럼 앞으로 은밀한 뒷광고보다는 재미와 같은 본질로 승부하는 형식의 커뮤니케이션이 더욱더 늘어날 것이다.

법의 공백 상태를 악용해 지상파 방송이 홈쇼핑 방송과 연계해 상품을 소개하고, 연계된 홈쇼핑 방송 채널을 통해서 해당 제품을 판매하는 소위 '연계 편성'을 통한 뒤편성·은폐 광고·기만 광고 이슈뿐만 아니라[37] 기존 지상파의 맛집 방송 중 상당수가 협찬을 받고 소개를 하는 등의 이슈가 있었던 점에 비춰 봤을 때,[38] 앞으로 비자발적인 버즈 마케팅은 전반적으로 새로운 위기에 봉착할 것이다.

착하다는 이유만으로 선택받을 수 있다는 믿음

새로운 시대, 명백하게 거스를 수 없는 트렌드로 인정받는 하나의 흐름이 있다. 그것은 바로 '착한 가치'와 관련한 소비 트렌드다.

젊은 세대를 위주로 '가치의 소비', '환경 중심 소비' 등의 착한 가치를 소비에서 중요하게 여기는 흐름이 분명히게 나타나고 있다. 분명 밀레니얼 세대를 비롯한 전 세계의 젊은 세대는 합리적인 소비와 함께 착한 가치 소비를 지향한다. 하지만 착한 것만으로도 충분하다는 단순한 가정은 위험하다.

새로운 시대의 소비에는 '나쁘지 않다'가 더 적합한 표현이다. 착한 소비는 좋은 것이지만, 영리 법인이 생산하는 제품과 서비스의 소비에 반드시 좋은 의미가 필요한 것은 아니다. 단지 개인의 소비가 '나쁜 의도'에 보탬이 되지 않게 하고 사회적으로 나쁜 기업의 소비를 꺼릴 뿐이다.

단순히 착한 소비를 지향하고 있다고 해서 소비자들이 무조건 지갑을 열어줄 것이라고 여기는 것 또한 큰 착각이다. 착한 소비가 소비에 필요조건은 될 수 있으나 충분조건은 될 수 없다.

《리:스토어》의 저자 황지영은 '우리는 환경을 소중하게 생각한다'라는 기업의 메시지에 소비자들이 구매로 답할 것이라는 기대는 금물이라고 말한다. 사람들이 친환경과 지속 가능성을 중요하게 여기는 것은 분명하지만 그렇다고 그것 하나만으로 친환경 브랜드를 구매하지는 않는다는 이야기다.

소비자들에게 착한 소비에 대해 돈을 얼마나 더 낼 수 있는지를 질문한 결과, 획기적으로 많은 금액을 더 낼 의사는 없는 것으로 나타났다. 윤리적 소비의 대표라고 볼 수 있는 공정 무역 커피에 대한 프리미엄 지불 의사와 관련한 연구에서, 공정 무역 커피에 대한 추가적인 가격 프리미엄 지불 의사는 10퍼센트 수준에 불과한 것으로 나타났다. 이는 해외 소비자[29]와 국내 소비자[29] 사이에 큰 차이가 나타나지 않았다.

새로운 세대가 친환경 브랜드에 더 많은 비용을 낼 것이라는 믿음이 존재하지만 이 또한 정확히 현실을 반영한 것은 아니라는 조사 결과도 나타나고 있다. 미국 경영 컨설팅 회사 A.T. 커니의 2019년 조사에서는 미국의 Z세대는 사회적, 환경적 의식을 중요시하지만 이러한 제품에 더 많은 비용을 지불하고 싶어 하지는 않는다는 결과가 나왔다.[30]

* 스타벅스의 종이 빨대가 외면받지 않은 이유

국내에서 절대적인 인기를 구가하고 있는 스타벅스가 2018년 7월 친환경 캠페인 '그리너(Greener) 스타벅스 코리아'를 시행했다.

더 푸른 스타벅스를 가꿔가겠다는 의미로 제품(Greener Product), 사람(Greener People), 매장(Greener Place) 등 세 가지 분야에서 진행되는 해당 캠페인은 스타벅스의 친환경 경영 의지를 표명하고 고객들의 적극적인 이해와 동참을 이끌어내는 것이 목표였다.

친환경 캠페인에서 가장 눈에 띄는 변화는 스타벅스의 전 세계 78개 진출국 중 처음이자 국내 커피 프랜차이즈 업계 최초로 종이 빨대를 선보인 것이다.

표면적으로 보면 국내 젊은 소비자를 필두로 '지구의 플라스틱

사용 절감'에 도움이 된다는 궁극적인 의미에서 반긴다고 보일 수
는 있으나 100퍼센트 정답은 아니다.

먼저 아무리 친환경이 대세라고 할지라도 종이 빨대는 일정 시간
사용하면 눅눅해지고 망가진다는 단점이 있다. 이 부분은 스타벅스
측도 알고 있었다. 종이 빨대 사용 관련 인터뷰에서 정윤조 스타벅
스코리아 구매물류 팀장은 "불편하죠. 알고 있습니다. 하지만 이를
감수하더라도 필요하기 때문에 종이 빨대를 쓰기로 했습니다. 미래
와 지구를 위한 일이니까요. (중략) 고객이 원하는 만큼 플라스틱 빨
대와 일회용 컵을 제공하면 단가도 싸고 매장 파트너들도 편합니다.
반대로 다회용 컵과 종이 빨대를 사용하면 모두가 조금 불편해지죠.
하지만 환경을 위해 우리 모두가 겪어야 할 '작은 불편함의 시작'으
로 생각해 주셨으면 합니다"라고 대답했다.

하지만 스타벅스는 이런 작은 불편함을 고객들에게 계속해서 강
요하지 않았다. 그들의 기준에서 기존 대비의 불편을 '작은 불편'이
라고 외치는 것이 아니라 불편함을 최소화하기 위해 노력했다.

2019년 스타벅스는 제공해 온 기본 종이 빨대를 개선했다. 친환
경 코팅제를 사용해 종이 빨대의 약점이던 내구성을 강화하고, 흰
색 대신 천연 펄프색을 사용해 커피 색깔과 자연스럽게 어울리도록
바꾼 것이다. 소비자들에게 '조금 불편하지? 그래도 환경을 위해서
참아'가 아니라 '불편한 부분을 개선하겠습니다. 하지만 친환경을
버리지는 않겠습니다. 부디 저희의 뜻에 동참해 주시길 바라겠습니
다!'라고 말하는 것이다. 스타벅스 외에도 커피계의 애플이라고 불
리는 블루 보틀 커피(Blue Bottle Coffee) 또한 플라스틱 빨대 제공 정책

을 폐기했는데, 이들은 개선된 종이 빨대가 아니라 대나무 섬유 빨대를 제공하고 있다. 철저한 사전 테스트를 통해 선정된 이 대나무 섬유 빨대는 친환경과 내구성을 동시에 이어갈 수 있다는 평가를 받는다.

만약 스타벅스가 기존의 플라스틱 빨대에서 종이 빨대로 바꾸는 과정에서 원가가 높아지자 '모두가 살아가는 지구의 환경을 정화하고자 하는 착한 의미에서 진행하니 넓은 마음으로 동참해 주세요'라며 제품 가격을 10퍼센트 인상했다고 가정해 보자. 그러면 사람들이 좋은 의미를 받아들이고 가치 소비를 긍정적으로 받아들였을까? 절대 아니다. 원가 상승의 비용을 소비자들에게 전가하지 않았다는 것이 중요하다.

이를 정확히 캐치하지 못하고, 지구를 위해서 좋은 일이니 스타벅스를 무조건 따라 하는 비즈니스 전략은 결코 지혜로운 선택이 되지 못한다.

착한 의도를 가진 기업에 소비자들이 지갑을 여는 조건은 동종 업계의 경쟁사들보다 최소한 비슷한 가격에 비슷한 품질을 담보했을 때 나타난다. 하지만 이보다 강력한 최선의 선택은 착한 소비를 이루면서 동시에 가격까지 낮출 때다.

2020년 대한민국 환경부와 환경산업기술원 등이 공동 연구해, 집에서 사용 중인 플라스틱 용기를 들고 마트에 가면 세탁세제와 섬유유연제를 싼값에 리필해 주는 기구를 개발했다. 이 프로젝트를 환경부에서 시작한 이유는 버려지는 플라스틱 용기나 비닐 백의 양을 줄이고자 한 데 있다. 하지만 이 세제 리필 기구가 단지 기존의 리필 전용 세제 제품과 같은 수준의 가격으로 제공됐다면 환영받지 못했을 것이다. 이 서비스는 원래 가격보다 35~39퍼센트 할인된 가격이라는 이점이 있었으며, 그 결과 11,000명의 소비자를 대상으로 설문 조사한 결과 그중 86퍼센트가 이 같은 리필 제품이 나오면 구매하겠다고 응답했다.

* 밀레니얼의 신발이라고 불리던 탐스슈즈의 몰락

소비자가 한 켤레의 신발을 구입하면 한 켤레를 전 세계 불우한 아이들에게 전달하는 '원포원(One for One)'으로 유명한 미국의 신발 브랜드 탐스슈즈(TOMS)는 착한 기업의 상징이자 21세기 밀레니얼 세대의 감성을 제대로 터치해 성공한 사례로 지난 10년간 회자되었다. 탐스는 CSR(기업의 사회적 책임)을 넘어 CSV(공유 가치 창출)까지 모든 부분의 총아가 되는 것 같았다.

탐스는 미국의 사업가였던 블레이크 마이코스키가 설립한 회사다. 2006년 아르헨티나로 여행을 떠난 마이코스키는 신발을 신지 않고 맨발로 생활하는 수많은 어린이를 만나게 됐다. 마이코스키는 당시 "이들에게 신발을 주고 싶다. 신발을 계속 줄 방법이 없을까?"라는 생각을 하다가 고객이 신발을 한 켤레 구매할 때마다 한 켤레의 신발을 신발이 필요한 아이들에게 전달하는 사업을 시작했다. 탐스라는 이름도 '내일을 위한 신발(Tomorrow's Shoes)'이란 뜻에서 착안했다.

탐스의 첫 출시작이자 가장 유명한 모델인 알파르가타는 아르헨티나의 전통 신발에서 영감을 얻어 제작된 신발이다. 짚으로 된 밑창을 고무로 바꾸고, 캔버스를 이용해 다양한 색을 입혀 현대적인 신발로 만들었다. 탐스가 단기간에 성공을 거둘 수 있었던 건 단순하고 편한 디자인도 한몫을 했다는 평가가 따라온다. 마이코스키는 설립 당시 200켤레 기부를 목표로 했다. 하지만 탐스의 취지에 공감한 할리우드 스타들이 탐스를 신기 시작하면서 입소문을 탔고, 출시 6개월 만에 1만 켤레의 신발이 판매됐다. 출시 4년 만에 100만 켤레를 돌파, 2018년까지 기부된 신발만 8,800만 켤레에 달했다.

탐스는 기부를 목표로 설립된 회사였고, 그 목표에 도달한 뒤에도 지속 가능한 기부를 위해 노력했다. 초심을 잃지 않는 기업이라는 평가도 이어졌다. 2015년에는 기업의 사회적 책임과 관련한 소비자 조사에서 적십자, 그린피스 등을 제치고 1위를 기록하기도 했다.

그러나 착한 기업의 대표였던 탐스는 계속해서 착할지는 모르지만 더 이상 건강한 기업으로는 부를 수 없는 상태가 되었다. 2019년 말 탐스는 약 3억 달러의 빚을 지고 기업의 소유권을 채권단에게 넘긴, 파산한 상태라고 말할 수 있다.[44] 갑자기 무슨 일이 생겨서 파산에 이른 것은 아니었다. 표면적으로는 2014년 사모펀드인 베인캐피털로부터 탐스 자산을 담보로 3억 6,650만 달러를 받은 것이 문제였다고 나타나 있지만, 더 근본적인 문제는 2012년 이후 계속된 실적 악화였다.

착한 마케팅의 성공으로 2012년 매출 무려 5억 달러(한화 약 6천억 원)로 성장한 탐스는 그 이후 지속적인 실적 악화로 2014년 베인캐피털에 지분 50퍼센트를 넘겼으며, 이후에도 실적이 개선되지 않았다. 2017년에는 매출이 3억 5,400만 달러까지 하락했으며 그해 신용평가기관 무디스로부터 투자부적격 신용등급인 Caa3를 받아 이미 '파산할 소매업체' 리스트에 이름을 올렸다. 이후에도 핵심적인 착한 마케팅 기조를 이어갔으나, 기업의 기본인 수익 창출로 연계하지는 못했다.

이 사례의 교훈은 착한 마케팅으로 좋은 기업 이미지와 제품을 만들었다고 하더라도 지속적인 기업 혁신 없이는 기업의 지속적인 발전(이 책에서 말하는 꺼지지 않는 가시성)을 이루기 어렵다는 것이다.

탐스슈즈는 출시 당시 새로운 디자인과 기부 내용을 통해 긍정적인 관심을 받고, 할리우드 셀럽 등의 자발적인 홍보 효과가 어우러져 패션 신드롬을 일으키며 소위 핫한 아이템으로 폭발적인 신장을 이뤘다. 하지만 문제는 이후 새로운 신발 개발에 힘쓰지 않아 신상품에서 매출 신장을 이루지 못하고 히트 상품이 알파르가타뿐이었다는 데 있다. 한때는 매출의 96퍼센트가 이 모델일 정도였다.

2018년 글로벌 신용평가사 S&P 글로벌 레이팅스의 연구원 다이앤 샌드는 탐스를 사실상 제품이 하나뿐인 원 프러덕트 회사(Toms basically was a one-product company)로 평가했으며 소매 업계에서는 이를 재앙의 레시피(Recipe for disaster)라고 불렀다.

물론 탐스가 하나의 히트 상품만 있었다고 해서 모든 재앙의 시초라고 말하는 것은 무리가 있을 것이다. 계속 그 제품을 잘 팔면 되니까 말이다.

사람들이 그 기부에 동참할 정도의 가치가 제품에 있었다면 계속 신었을 것이다. 하지만 탐스는 새로운 제품을 성공시키지 못한 것이 핵심이 아니라, 기존 제품의 약한 내구성 등 가격 대비 떨어지는 품질이 문제였다.

2013년 전성기에 한국 시장에서 570억 원을 판매할 만큼 탐스는 핫한 인기 아이템이었다. 하지만 그 시기부터 온라인 커뮤니티에서는 '왜 이렇게 내구성이 약하고 비싸냐?'라는 불만이 들끓었다. 편한 바닥과 깔창은 좋았으나 밑창이 쉽게 떨어져 버리는 문제가 계속 발견되었던 것이다. 좋은 의미로 한 번은 2개 가격을 지불한다고 할지라도 2~3개 구매로 4~6개 값을 지불하는 걸 착한 의미의 기부라고 여기는 사람은 없었다.

20대 시절 10켤레가 넘는 탐스슈즈를 신었다는 최모 씨(84년생)는 탐스슈즈가 2010년대 당시 핫한 패션 아이템으로 열렬한 사랑을 보냈지만, 1년 이상 신지 못하는 내구성으로 인해 시즌성 상품처럼 소비했다고 한다. 하지만 1년만 신고 신발을 바꾸는 일부 소비자들을 제외하고는 약한 내구성을 받아들일 수는 없었을 것이다.

게다가 1+1 기부 모델은 탐스가 특허를 걸 수도 없는, 누구든 그냥 따라 하기만 되는 비즈니스 모델이었다. 실제로 스케처스는 탐스를 모방한 밥스(BOBS)를 출시했고 기부 시스템도 똑같이 따라 했다. 이 외에도 타겟, 페이리스 슈 소스 등 대형 할인 매장을 비롯한 전 세계 업체들도 비슷한 디자인의 제품을 출시하고 있었다. 또한 이 제품은 가격도 싸고 내구성도 좋았다.

결국 착한 기업의 상징이었던 탐스슈즈는 더 이상 착하지 않아서 몰락한 것이 아니다. 착한 것과는 상관없이 유행에 따른 신상품 도입과 최소한의 제품 내구성 유지 등의 기본적인 패션 비즈니스의 본질을 지키지 못해서 몰락했다고 보는 편이 더 옳다.

'좋은 콘셉트'가 모든 문제를 해결해 줄 것이라는 믿음

콘셉트는 비즈니스 관련자, 특히 마케터에게는 떼려야 뗄 수 없는, 벗어날 수 없는 단어 중 하나다. 근래 '컨셉질', '컨셉종자' 등과 같은 단어가 유명해지면서 블로그, 트위터, 페이스북, 인스타그램 등으로 대표되는 SNS상이나 온라인 게임, 패키지 게임 멀티플레이상에서 자신만의 독특한 설정을 세우고 행동하는 사람들을 일컫는 단어로 인식되었다. 이는 연예인들이 방송용으로 설정하는 캐릭터를 콘셉트라고 부르던 데서 유래하였으며, 책 《트렌드 코리아 2019》에서는 이를 '컨셉팅'으로 변형해 핵심적인 국내 트렌드 중 하나로 소개하기도 했다.

하지만 마케팅에서는 콘셉트를 '특정 제품이나 서비스에서 주로 드러내려고 하는 생각 혹은 그 특징'으로 정의할 수 있다. 실제 마케팅에서 콘셉트는 제품의 개발과 마케팅 믹스 전 과정에 상대적으로 힘이 강하며 간혹 절대적인 힘을 발휘하기도 한다. 또한 경쟁사 제품과 자사 제품의 명확한 차별성을 나타내는 요소로 사용되며, 날카로운 콘셉트를 잡은 경우에는 변화가 어려울 것으로 예상됐던 시장을 뒤집기도 한다.

특히 일반 소비자들의 입맛을 바꾸기 힘든 시장으로 대표되는 일상품 시장에서는 이러한 변혁이 간혹 일어나기도 한다. 기본적으로 시장의 선도자가 아닌 추격자가 좋은 콘셉트를 발굴하기 위해 필요했던 것은 기존 시장의 '빈틈'을 찾아내는 일이었다. 미원으로 대표되었던 조미료 시장에 후발 주자로 뛰어들어 고전하다 1975년 '천연'이라는 새로운 콘셉트의 다시다를 선보여 시장을 뒤집은 CJ제일제당의 사례나 광동제약 비타 500 등의 사례가 대표적이다.

기존에 큰 효과를 발휘했던 콘셉트는 재개념화(Reconceptualization) 과정에서 탄생했다. 유명한 에이스침대의 광고 문구인 '침대는 가구가 아닙니다. 과학입니다'도 이러한 성공적인 재개념화의 과정을 거친 결과물이다. 미국의 아웃도어 회사인 노스페이스가 '멈추지 않는 탐험(Never stop exploring)'이라는 브랜드 슬로건을 내걸고, 자사는 아웃도어 도구를 파는 것이 아니라 '한계에 도전하는 탐험'이라는 신념을 판다는 개념을 소비자에게 인지시킨 것도 이러한 재개념화의 좋은 예시로 사용된다.

하지만 재개념화 또한 한계에 도달했다. 세상에는 이미 신념을 판다고 나서는 회사가 넘쳐나고, 단순 경쟁에서 벗어나기 위한 말장난에 지나지 않는 재개념화 또한 증가하고 있다. 재개념화를 이용하는 것은 쉽다. 예를 들어 '우리는 전기 자전거가 아닙니다. 차세대 친환경 이동 머신입니다'와 같은 말을 창조하는 것은 누구나 쉽게 할 수 있다. 하지만 그를 통해서 소비자의 큰 반향을 기대하는 일은 점차 힘들어지고 있다.

"모든 것이 콘셉트 하나로 해결될 수 있다"라는 문장은 점차 진실이 아닌 신화에 불과하다는 사실을 드러내고 있다. 소비자들은 더 이상 혁신적인 기술을 기반으로 하거나 나에게 최상의 이득을 선사해 주는 제품이 아닌 상태에서 단순히 날카로운 콘셉트만을 내세우는 제품을 선호하지 않는다.

특히 제품 기획 단계부터 적용되는 '제품 본연의 콘셉트'가 아니라, 이미 만들어놓은 제품의 광고 제작 단계에서 새로운 콘셉트를 부여하는 '크리에이티브 콘셉트' 같은 경우는 앞으로 파급력이 약해질 것이다.

수많은 제품이 시장에서 실패하고 사라진 상황에서 여전히 그 제품의 콘셉트와 관련 광고가 성공했다고 생각하는 것은 그 광고를 대행한 광고 기획자들뿐일 가능성이 높다. 그 제품은 이미 우리의 기억에서 지워졌다. 단지 광고 기획자들의 포트폴리오에 남아 있을 뿐이다.

우리는 콘셉트의 강력한 힘을 받아들이는 대신, 콘셉트가 모든 것을 해결할 수 있다는 함정에서 벗어날 필요가 있다. 좋은 콘셉트를 만들어내기 이전에 '진짜 기술적 혁신'과 고객에게 줄 수 있는 '최상의 이득'을 고민하는 것, 그것이 없다면 고객 자체가 돋보이게 할 수 있는 개념을 생각하는 것이 선행되어야 한다.

애플의 아이폰을 생각해 보자. 사람들이 여전히 아이폰을 혁신의 아이템으로 인지하는 것은 애플이 사람들에게 혁신적이라고 설파해서가 아니다. 아이폰은 그 자체가 혁신이기 때문에 사람들이 혁신적이라고 받아들이는 것이다. 아이폰은 결코 혁신을 광고하지 않는다.

아이폰은 새로운 시리즈가 나올 때마다 새로운 슬로건으로 시장에 나온다. 시리즈가 등장할 때마다 해당 신제품의 특징을 담은 콘셉트를 광고 슬로건에 담아 내놓는 것이다. 아이폰3의 경우는 '당신이 기다리던 아이폰', 아이폰4의 경우 '다시 한 번, 모든 것이 변하기 시작했다'였다. 2013년 이후에는 출시되는 모델별로 별도의 슬로건을 내놓고 있다. 2020년에 등장한 아이폰12의 슬로건은 '스피드 그 이상의 스피드(Blast past fast)'이며, 아이폰12 Pro는 '도약의 시간 (It's a leap year)'이다.

매년 콘셉트와 광고 슬로건은 달라지지만, 사람들은 그 문장 하나로 구매를 결정하지 않는다. 단지 아이폰이 계속해서 고객을 연구하고 개선한 결과를 받아들일 뿐이다.

6부

관중과
사회의 미래

1. 사회적 관심을 어떻게 제어할 수 있는가

기존 개인, 조직, 마케팅 관점에서의 핵심은 바로 어떻게 관심을 획득할 수 있느냐이지만, 사회 관점에서는 어떻게 사회 안의 떠도는 관심을 관리하고 적절한 곳에 할당하며 조절해 나갈 수 있느냐가 핵심이다. 관심이 중요한 사회적 자원이 되었기 때문이다.

가령 돈이라는 자원을 대할 때 개인과 기업 차원에서는 어떻게 하면 획득할 수 있을지 고민하는 데 반해, 정부나 사회 차원에서는 적절한 통화정책과 재정정책을 통해 돈이라는 자원으로 국가 경제 전체를 안정적으로 부양하고 예산이 필요한 곳을 평가해 적절한 예산을 배정할 수 있을지 생각한다.

관심이 화폐가 되고 사회를 움직이는 하나의 자원이 되었다는 점에서, 사회 차원에서 중요한 것은 누군가의 관심을 획득한다는 것이 아니라, 이와 같은 관심을 적절히 관리하고 활용해 사회를 올바른 방향으로 나아가도록 돕는 것이 되었다. 또한 사회적 관심을 부적절한 방향으로 움직이게 하거나 거짓된 방향으로 여론을 호도하는 개인이나 기업에 대해서는 법이라는 규범을 통해서 행동의 자유를 제한하는 등의 강제적인 구속력을 행사할 수도 있다. 그리고 사회 차원의 관심을 움직이는 데 정부뿐만 아니라 국가를 구성하는 개인도 중요한 영향력을 행사할 수 있다. 사회적으로 문제를 일으키는 극단적 관심병자 집단에 적절하게 대처하고, 관심받기 위해 거짓된 여론을 선동하는 무리에 휩쓸리지 않는 것은 개인의 안녕뿐만 아니라 사회적 안녕을 지킬 수 있는 길인 것이다.

이와 관련해 이번 장에서는 사회와 정부가 사회적 관심을 어떻게 효과적으로 제어하고 올바른 방향으로 유도할 수 있는지 알아보고, 새로운 사회적 변화에 따라 발생하는 관심 문제들을 어떻게 모두가 힘을 합쳐 대응할 수 있는지 찾아보고자 한다.

정부가 대중의 관심을 제어할 수 있는 2가지 방법

개인의 관심이 모인다는 것을 경제적으로 접근하면 돈을 벌 기회가 열렸다고 볼 수 있다. 하지만 사회적으로 봤을 때, 개인의 관심은 여론을 움직이고 사회적인 관심 어젠다를 이끌 수 있는 힘의 원천이 되기도 한다.

20세기 초중반 국가를 운영하던 정치 권력자들은 대중 매체를 이용해 대중의 감정을 부채질하는 방식으로, 자기 의도대로 대중의 관심을 조종하고 행동을 교묘하게 유도하는 데 성공했다. 제1차 세계대전에서 연방공보위원회를 설치해 대중을 선동한 연합국의 방식은 이후 제2차 세계대전을 일으킨 독일의 괴벨스와 나치 정권에 전달되고 발전되었다.

하지만 국가가 대중의 여론을 한 방향으로 조작하는 방식은 현대 민주주의 사회에서 큰 효과를 발휘하지 못하게 됐다. 현대 사회에서 이데올로기 대립이 힘을 잃은 탓도 있지만, 그보다 큰 이유는 사회 전체가 다원화되고 복잡해지면서 변동성이 많은 환경이 되었다는 점이다. 이런 사회 안에서는 국민의 관심을 단 하나로 모아서 이끌기는 사실상 불가능하다.

이제는 국가와 사회가 정상적인 흐름 안에서 움직이기 위해서는 국민들의 관심을 얻는 것이 필요하다. 국가가 사회를 움직이는 주요한 정책을 알리고 계획대로 시행하기 위해서는 국민들의 관심이 필수이기 때문이다.

또한 국가가 가지고 있는 예산과 자원은 한정되어 있어서 이를 적재적소에 사용하기 위해서는 사회적으로 가장 중요한 곳에 국민의 관심이 집중될 수 있도록 유도해야만 한다. 정책은 대중의 관심에 영향을 받으므로, 만약 대중의 관심이 잘못된 곳에 집중된다면 국가의 정책이 잘못된 방향으로 역행할 수도 있기 때문이다. 정부가 대중의 관심을 적절하게 제어하고 올바른 길로 유도하는 일은 더 이상 선택의 문제가 아니게 되었다.

문제는 대중의 관심을 어떻게 제어하고 할당할 수 있느냐다. 가장 먼저 할 수 있는 것은 법의 활용이다. 정부는 기업과 같이 대중의 관심을 사고팔 수 없지만, 관심을 강제할 수 있는 법안과 공적인 정책을 만들어 운영할 수 있다.

사회 안의 법과 규칙은 사람들의 관심과 행동의 기준선이 되어 개인의 선택 과정에 영향을 미친다. 상해와 폭행죄에 정해진 형벌로 인해 사람들이 주먹 대신 대화로 의견을 나누고, 부동산법과 정책에 따라서 개인이 집을 살지 팔지 결정하는 것과 같이 말이다.

또한 정부와 사회는 이러한 법을 강화하거나 완화하는 방식으로 국민의 관심을 조절할 수 있다. 음주 운전 처벌 기준을 강화하고 단속 횟수를 늘림으로써 개인의 음주 운전 행위를 방지하는 효과를 볼 수 있는 것과 같다.

하지만 정부가 사회 안의 모든 관심 사항을 법으로 제어할 수 있는 것은 아니다. 예를 들어 법적으로 음주 운전 처벌 기준을 강화해 음주 운전을 막는 시도를 할 수는 있지만, 음주를 하는 행위 자체를 법으로 막을 수는 없다. 그래서 정부는 법의 활용 외에 또 하나의 방식을 사용하게 되었다. 그것은 사람들의 삶의 질 향상과 공공의 안전을 지킬 수 있는 한도 내에서 국민의 선택과 행동을 의도한 방향으로 바꾸는 의식적인 노력을 가하는 것이다.

리처드 H. 세일러와 캐스 R. 선스타인이 '자유주의적 개입주의'라고 명명한 이 방법은, 법과 원칙으로 누군가의 선택을 강제하는 것이 아니라 '사람들이 결정을 내리는 배경이 되는 정황이나 맥락'을 특정 방식으로 설계함으로써 그들의 행동 방식에 영향을 미치는 것이다. 그들은 사람들의 선택을 유도하는 부드러운 개입 방식에 '넛지(nudge)'라는 이름을 붙였다.

이러한 넛지의 대표적인 예시는 고속도로에 그려진 '노면 색깔 유도선'을 들 수 있다. 고속도로 분기점에서 자주 일어나는 추돌 사고를 예방하기 위한 대책을 고민하던 도로교통공사 윤석덕 차장은 고속도로 위 분기점에 분홍색과 초록색의 구분된 유도선을 도입함으로써 관련 사고를 대폭적으로 줄일 수 있었다.[01] 이와 같은 개선은 운전자들의 움직임을 법적으로 강제하는 것이 아니라 올바른 선택을 하도록 유도하는 하나의 방법이 되었다.

정부는 사회적 관심이 올바른 방향으로 흘러갈 수 있도록 위에서 제시한 방법과 넛지라는 두 가지 방식을 활용할 수 있다. 물론 내가 새롭게 제시하는 아이디어는 아니다. 단지 빠르게 변하는 지금의 세상에서는 이전과 다르게 이 두 가지 방식을 조금 더 기민하게 활용해 근본적인 해결책을 내놓아야 한다.

현재의 법 체계 자체에 문제가 없더라도, 빠르게 변하는 세상의 속도를 법의 변화 속도가 따라가지 못한다면 문제가 일어날 수 있다. 최근 급속도로 증가한 배달 오토바이(이륜차) 사고를 줄일 수 있는 방안을 생각해 보자. 대한민국 도로 위를 휘젓고 다니는 오토바이 문제가 어제오늘 일은 아니지만, 코로나19 장기화로 배달량이 증가하면서 이륜차 교통사고 위협은 더 큰 문제로 다가오고 있다.

2016~2018년 1년 평균 1만 8,000건 안팎이었던 이륜차 교통사고는 2019년 2만 898건으로 급속도로 증가했으며, 2020년에는 8월까지 1만 3,664건이 집계되어 전년 같은 기간보다 더 많은 사고량을 보여준다. 게다가 이륜차 사고 사망자 비율 또한 급속하게 증가(2017년 13.4퍼센트, 2019년 14.8퍼센트)하고 있다.[02]

2020년 한국교통안전공단이 발표한 '배달 라이더 위험 주행행태 설문조사' 결과에 따르면, 아파트 주민 중 73퍼센트가 배달 오토바이 주행에 위험을 느낀다고 답했으며, 아파트 주민 33퍼센트는 배달 라이더로 인해 교통사고를 경험하거나 사고가 날 뻔한 것으로 드러났다.[03] 즉, 배달 오토바이로 인해 더 많은 사고가 일어날 수 있었다는 것을 의미한다.

그렇다면 이와 같은 문제를 해결하기 위해 정부와 사회가 취할 수 있는 방안에는 어떤 것이 있을까? 가장 먼저 생각해 볼 수 있는 것은 배달 종사자들에게 도로교통법을 준수하도록 의식 계몽 운동을 진행하거나, 전국적으로 배달 이륜차에 대한 대대적인 단속을 벌이는 것이다. 이와 같은 대응은 단기적인 성과를 이룰 수 있지만, 배달 오토바이 사고를 만들어내는 구조적인 문제를 개선하지 못한다. 근본적인 해결책이 될 수 없는 것이다.[04]

배달 오토바이 사고가 늘어날 수밖에 없는 이유는 배달 앱을 통해 배달 업무를 하는 라이더들이 배달 건수를 통해 임금을 받는, 즉 빠른 배달이 곧 돈이 되는 구조의 문제다. 또한 배달 플랫폼 기업의 알고리즘이 정해놓은 최적 배송 시간도 문제다. 경쟁사보다 더 빠르게 배달해야 하는 배달 플랫폼 기업들은 고객 만족을 높이기 위한 최적의 배달 시간 알고리즘을 정해두었다.[05] 이 알고리즘 기준은 라이더들에게 교통법규 위반을 감내하고 죽음으로 이끄는 채찍과 같은 역할을 하게 되었다. 실제 앱을 이용한 배달이 늘어나고 있는 중국 상하이에서는 이러한 배달 앱의 최적 배송 시간 알고리즘을 맞추다가 사망하는 라이더가 2.5일에 1명꼴로 나타났다.[06]

위와 같은 새로운 구조적 문제는 정부와 사회가 정해놓은 도로교통법으로는 근본적인 문제 해결을 이룰 수 없다는 것을 의미한다.

그렇기 때문에 플랫폼 기업의 알고리즘 구성을 확인하고 이를 적정 수준으로 강제할 수 있는 새로운 법안과 문화의 변화를 도입하고, 무조건 빠른 배달이 아니라 '안전하게 배달할 수 있는' 새로운 선택지를 배달 앱 안에 디폴트(기본값)로 구현하도록 사회적 관심을 이끌어야 한다.

과거 팬데믹에서 배운 것과 또 하나 배워야 할 것

2020년 세상의 모든 뉴스에는 코로나19라는 이름이 도배했다. 우리의 세계는 코로나19라는 바이러스를 앞에 두고 지금까지의 모든 연결과 공유의 삶을 시험받고 있으며, 생활 전반에 공포와 불확실성을 새기고 있다. 이러한 과정을 극복하는 것에도 정부와 사회는 대중의 관심을 올바른 방향으로 이끌 수 있는 방안을 제시해야 한다.

우리나라가 세계에서 가장 슬기롭게 코로나19에 대처했다고 평가받는 이유 중 하나는 과거 팬데믹에서 얻었던 교훈을 차분히 실천에 옮겨서다. 전염병이 돌 때는 공공장소에서 필수적으로 마스크를 써야 한다는 사실을 알고 전 국민이 실천했다. 이는 20세기 초 전 세계를 강타하고 수천만 명을 죽였던 스페인 독감이라 불린 인플루엔자 바이러스 대유행을 겪으면서 인류가 얻은 교훈이었다.

마스크를 대개 변장이나 방한의 용도로 한정적으로 쓰였던 것에 반해, 20세기 초 인플루엔자 바이러스가 대유행하면서 마스크를 착용하는 것이 감염병 확산 방지에 가장 효율적이란 것이 확인되면서, 미국은 1918년 10월 캘리포니아를 시작으로 마스크 착용을 법적으로 강제했다.

하지만 2020년 코로나19 유행 초기, 미국을 포함한 서방 국가는 마스크 착용을 꺼려 대규모 집단 반발로 번지게 되었다. 미국 CNN은 이처럼 미국이 마스크 착용을 주저했던 것은 지난 100년 사이 미국과 유럽에서 감염병 창궐이 드물어서 마스크 착용 문화가 자리 잡지 않았던 반면, 아시아권에서는 지난 100년간 주기적으로 다수의 집단 감염병을 경험함으로써 '마스크 착용'이라는 교훈을 실천에 옮길 수 있었기 때문이라고 분석했다.[07] 특히 한국은 2003년 사스, 2009년 신종플루, 그리고 2015년 메르스와 같은 집단 감염을 자주 겪으면서 마스크 착용에 익숙해졌다.

또한 가장 자연스러운 감염병 방지를 위한 활동 준칙인 '사회적 거리 두기(Social Distancing)'를 실천에 옮긴 것이다. 2005년 미국 부시 대통령은 일어날지 모를 팬데믹을 사전에 대비하고자 전문가들에게 획기적인 해결책을 의뢰했다. 이때 전문가들이 가져온 비책이 바로 사회적 거리 두기였다. 당시 이 해결책은 비웃음을 샀지만[08] 결국 미국의 감염병 해결 준칙이 되었고 지금 우리에게는 당연한 대책이 되었다. 이 또한 1918년 스페인 독감이 유행했던 시절 얻은 교훈 중 하나였다. 미국의 전문가들은 1918년 당시 미국의 도시별 방역의 성공 여부와 감염병 확산을 따졌고, 사회적 거리 두기를 진행했는지 여부로 핵심적인 성패가 갈린다는 걸 알아냈다.

우리는 과거 팬데믹에서 배운 두 가지 교훈을 철저하게 행동으로 옮김으로써 이를 실천에 옮기지 않았던 다른 나라들과 다르게 성공적으로 코로나19에 대처할 수 있었다.

하지만 여기서 반드시 유념해야 하는 상황이 한 가지 더 있다. 바

Thursday, November 7th, 1918

CORPORATION OF THE CITY OF KELOWNA

PUBLIC NOTICE

Notice is hereby given that, in order to prevent the spread of Spanish Influenza, all Schools, public and private, Churches, Theatres, Moving Picture Halls, Pool Rooms and other places of amusement, and Lodge meetings, are to be closed until further notice.

All public gatherings consisting of ten or more are prohibited.

D. W. SUTHERLAND,
Mayor.

Kelowna, B.C.,
19th October, 1918.

로 이러한 팬데믹 상황이 언제든 또다시 나타날 수 있다는 것이다.

위의 글은 한 공공 게시판 내용이다. 게시물은 "바이러스의 확산을 막기 위해서 학교와 미술관 그리고 10명 이상이 모이는 모든 공공기관의 문을 닫는다"라는 내용이다. 외국에서 코로나19의 확산을 막기 위해 붙여놓은 공고문처럼 보이지만 지금의 것이 아니라 바로 1918년 스페인 독감 당시의 게시물이다.

즉, 100년 전 스페인 독감 당시와 지금의 대응 모습이 근본적으로 별반 달라지지 않았다는 것을 의미한다. 비록 사회적 거리 두기가 검증된 방식이라고 할지라도 왜 우리의 세상은 100년이 지나도록 더 나은 구조와 시스템을 갖추지 못했을까?

여기서 얻을 수 있는 뼈아픈 교훈은 바로 이제 사회적 거리 두기와 마스크 쓰기 이상의 대응 방식을 만들어야 한다는 것이다. 만약 사회적으로 근본적인 해결책을 마련하지 않는다면 또 다른 감염병이 터졌을 때, 지금과 같이 각자의 문을 걸어 잠그고 사회적 고립을 택하는 방식 외에는 다른 진보를 이루지 못할 것이다.

여기에는 2015년 메르스 사태 이후 향후 발생할 전염병 사태에 대한 ICT(정보통신기술) 기반 대응 방안을 제시했던 고 이만희 벤처기업협회 명예회장의 말을 다시 새겨볼 필요가 있다. 이만희 회장은 감염병 발생 이후 공공보건 대응은 "소 잃고 외양간 고치기" 식의 사후 대책이 아니라 사전 예방이 필요함을 강조하며 ICT 기반 기술로 가능한 몇 가지를 제안했다.[01]

감염병은 공통적으로 체열 상승을 동반한다는 점을 지적하며, 체열 진단 기술을 국가 전략 산업화해 공항에서 볼 수 있는 적외선 체열 감시기를 CCTV처럼 보급하고 24시간 체열 감시 체계를 갖추자고 제안했다. 지금처럼 공항이나 공공기관 입구에서만 적외선 검사를 간헐적으로 진행하는 상황에서, 일부 개인 정보와 관련한 법적 이슈를 슬기롭게 넘는다면 향후에도 충분히 적용할 수 있는 제안이 될 것이다.

또한 개인의 진료 기록을 특정 의료기관에서 보관하는 것이 아니라 클라우드 형태로 보관해 권한이 있는 어디에서나 확인할 수 있는 '클라우드 PHR(Personal Health Record)'을 도입해 환자가 여러 병원을 방문하는 위험을 줄이자고 제안했다. 동시에 국가적 편익과 비용의 균형을 맞추는 원격 진료의 도입을 제안했다.

마지막으로 응급실에 사물인터넷(IoT)을 설치해 처리 시간 및 의료사고를 줄인 아산서울병원의 사례를 예로 들며, 응급센터의 대응 시간을 획기적으로 줄이라는 제안도 함께했다.

물론 그의 제안은 실제 의료 현장과 정책적 판단이 추가로 필요할 것이다. 하지만 현재 중국이 첨단 ICT 기술을 활용해 코로나19 위기를 기회로 적용하며 새로운 이니셔티브를 개척하고 있다.

우리 정부와 사회 또한 이러한 근본적인 구조의 개선과 제도적인 보완을 통해서, 또 다른 감염병 위험에 접어들었을 때 이를 대응하지 않고 넘어설 수 있는 방안을 강구해야 할 것이다.

'지독한 감기'라는 표현이 변해야 할 때

바이러스가 창궐해 새로운 팬데믹이 일어날 것이라는 경고는 수년 전부터 이어져 왔다. 빌 게이츠 전 마이크로소프트 회장이 팬데믹에 관심을 가지고 몇 년 전부터 기금을 지원하고 있다는 사실만 봐도 알 수 있다. 그런데 한 가지 특이한 점은 빌 게이츠를 포함해 팬데믹을 경고한 전문가들은 지금과 같은 코로나 바이러스를 경고한 것이 아니라는 것이다. 그들이 공통적으로 강력한 위험을 경고한 것은 코로나가 아니라 바로 '인플루엔자'였다.[10]

대부분 사람이 인플루엔자를 독감이라는 이름으로 부른다. 문제는 사람들이 독감이라는 단어를 조금 지독한 감기로 인식한다는 데 있다. 독감에 대한 영어 표현은 Bad Cold가 아니라 Deadly Flu이다.

단순 번역으로 독감이라는 뜻에 문제는 없겠지만, 실제로 감기와 인플루엔자는 전혀 다른 차원의 질병이다.

먼저 인플루엔자와 감기는 발생 원인부터 다르다. 둘 다 바이러스에 의한 감염증이라는 점은 일치하나 인플루엔자는 인플루엔자라는 특정한 바이러스에 의해 유발되는 반면, 감기는 비강, 인두, 후두, 기관, 기관지 등에 급성 염증이 일어나는 병으로, 인플루엔자 바이러스를 제외한 매우 다양한 바이러스에 의해 유발된다.[11]

그럼에도 일반인들은 인플루엔자와 감기를 구별 없이 혼용한다. 이러한 모호성으로 인해 독감이라는 병명은 일찍감치 전문적인 의학용어에서 배제되었다. 실제 질병관리본부(KCDC)의 정책정보 관련 웹사이트에도 인플루엔자(Influenza)는 공식 영문명으로만 사용되고 있음을 확인할 수 있으며,[12] 대한의사협회가 펴내는 〈의학용어집〉에도 표제어 Influenza의 역어로는 인플루엔자만 실려 있다.

그런데 표준국어대사전에서는 독감을 일반적인 시각으로 반영해 1)지독한 감기, 2)유행성 감기로 두 가지 뜻을 병기하고 있다. 하지만 지독한 감기와 유행성 감기가 의미하는 인플루엔자가 분명히 다른 질병이라는 걸 감안하면 여전히 혼란을 가중하는 병기로 보인다. 특히 국립국어원조차 독감의 어원을 명확히 설명하는 자료가 없다.[13]

우리나라의 연간 인플루엔자 사망자 수는 얼마나 될까?

통계청이 집계하는 사망원인 통계로 봤을 때, 인플루엔자(독감)가 근원적 사망 원인으로 판단되는 건은 연간 200명 수준(2009~2019년 2,126명)이다.[14] 하지만 인플루엔자를 원인으로 하는 폐렴으로 인한 사망 사례가 포함되지 않은 수치로, 인플루엔자 사망 수치라고 해석하는 데 무리가 있다.

질병관리청과 감염학회 등은 인플루엔자가 합병증을 일으켜 사망에 이르는 수준을 포함했을 때 매년 국내에서 3,000여 명이 인플루엔자로 사망을 한다고 추정한다. 실제로 한국보건연구원이 국제적으로 통용되고 있는 방법론을 적용해 국내 최초로 인플루엔자 관련 사망과 질병 부담 연구를 수행한 결과, 우리나라의 계절 인플루엔자 사망자 수(기여사망자 수)는 평균적으로 2,370명으로 우리나라 전체 사망자(연 평균 24만 5,035명)의 약 1퍼센트에 해당하는 것으로 나타났다.[15]

질병관리본부에서도 인플루엔자를 "매년 겨울철에 유행해 건강인에서 업무상의 차질을 일으키고 노인, 만성질환자, 영유아, 임신부 등 고위험군에서 이환율 및 사망률의 증가를 초래해 막대한 사회경제적 손실을 유발하는 질환임"이라고 설명하고 있다.

전 세계적으로는 매년 약 40만 명이 인플루엔자 사망으로 추정되며,[16] 미국에서도 2018~2019년 유행 시즌에만 34,200명이, 그 전년인 2017~2018년 유행 시즌에는 무려 61,099명이 사망했다.[17]

참고로 1918년 인플루엔자 스페인 독감(H1N1) 유행 시절에는 적게는 5천만 명에서 최대 1억 명까지의 사망자가 있다고 알려져 있다. 보수적으로 계산해서 미국의 과학 저널리스트인 지나 콜라타의 저서 《독감》에 적힌 수치대로 2천만 명이 사망했다고 하더라도, 당시 세계 추정 인구 18억 명이라는 전제에 따르면 약 1.1퍼센트가 이 병으로 사망했다는 결론에 도달한다. 이를 체감할 수 있게 1918

년의 상황을 2020년 현재에 단순 대입해 보자. 2020년 현재 전 세계 인구는 77억 9천만여 명[18]으로 100년 전에 비해 4배 이상 늘어났다. 2020년 현재 인플루엔자 유행으로 전 세계 인구의 1.1퍼센트에 해당하는 8천 5백만여 명이 부국과 빈국을 가리지 않고 전 세계 곳곳에서 갑자기 죽어 나갔다면? 아마 지구상에 생지옥이 펼쳐지리라 예상할 수 있을 것이다.

그런데 독감이라고 부르는 인플루엔자로 인한 사망자가 코로나19 사망자보다 많더라도, 의사들과 심리학자들은 일반 사람들이 코로나19 바이러스에 더 큰 공포를 느끼게 된다고 말한다. 인간의 뇌는 매일 직면하는 위험보다 미지의 것을 훨씬 더 두려워하게끔 연결되어 있기 때문이다.

이는 크고 작은 위험으로 가득한 이 세상에 생존하기 위해서, 우리의 뇌가 일종의 정신적 지름길(Psychological Shortcuts)을 사용해 위험을 측정하는 본능 때문에 일어나는 것이다. 코로나19처럼 새롭고 불확실한 위협에 맞닥뜨렸을 경우, 우리 뇌에서는 과거 경험에 대한 빠른 검색을 수행한다. 그리고 이에 대한 수행이 여의치 않은 경우 최악의 시나리오에 집착해 위험이 더 커보이게 하기도 한다.[19] 오리건대학교의 심리학과 교수 폴 슬로빅은 이를 우리 뇌에서 비합리적 공포를 불러일으킨다는 의미로 이른바 '위기 감지 비상 버튼을 누른다(hitting all of the hot buttons)'라고 표현했다.[20]

하지만 반대로 인간이 본연적으로 가지고 있는 이러한 위험 본능을 역으로 활용할 수 있다면, 지금보다 더 효과적인 전염병 대응이 가능할 것이다.

이를 위한 가장 확실한 방법은 용어를 바꾸는 것이다. 용어를 바꾸면 인식이 바뀌고, 인식이 바뀌면 집단행동의 변화를 불러올 수 있다.

우리 사회가 실질적으로 새로운 팬데믹의 위협에서 벗어나기 위해서는 먼저 일반인들 사이에서 인플루엔자라는 공식 용어 대신 사용되는 '독감'이라는 용어를 완전 배제하고 새로운 용어로 대체하자고 제안한다.

인플루엔자가 주기적으로 유행하는 풍토병인 '엔데믹(Endemic)' 상태임을 감안했을 때, 매년 유행하는 인플루엔자의 이름을 달리하는 것이 가장 효율적인 방안일 것이다. 가령 2009년 많은 사람을 공포에 빠뜨렸던 신종플루는 A형 독감이라고 불리는 인플루엔자 A형의 H1N1 바이러스 한 종류였다. 새로운 형태로 변형되어 신종플루라는 이름이 붙었지만, 매년 변형되는 바이러스의 특성상 완전히 새로운 질병은 아니었다. 하지만 새로운 용어가 등장하게 되자 사람들은 위기 감지 버튼을 작동시켜 심리적 방어를 높일 수 있었다. 앞선 상황을 감안해 2021년에 새롭게 유행할 인플루엔자를 '2021 신종플루' 혹은 '2021년 신종 인플루엔자'로 이름 붙여서, 백신 접종률을 높일 수 있는 방안으로 활용해야 한다. 실제로 매년 유행하는 인플루엔자의 종류가 달라진다는 점을 참고했을 때 진실을 속이는 거짓 작명법에 속하지 않는다.

인류가 전염병을 막아내기 위해서 만들어낸 가장 강력한 방패는 백신이다. 인류는 이 백신을 통해서, 1만 년 이상 인류를 괴롭히고

6부. 판중과 숙취의 미래

역사상 가장 많은 사람을 죽음으로 이끈 천연두[21]를 완전 박멸하는데 성공했다. 이제는 천연두 다음으로 많은 인간을 죽음으로 이끈인플루엔자를 효율적으로 막아낼 차례다.

우리는 인류가 천연두 백신을 발명하고 이를 통해서 천연두를 박멸한 것은 아니라는 점을 분명히 인지해야 한다. 영국의 의사 에드워드 제너가 천신만고 끝에 천연두 백신에 발명해 연구 성과를 발표한 것은 1798년이었지만, 세계보건기구(WHO)가 공식적으로 천연두를 지구상에서 완전히 박멸했다고 선포한 것은 1980년이었다. 백신의 발명에서 완전 박멸까지 거의 200년이라는 시간이 걸린 것이다.

사회적으로 하나의 집단행동이 이뤄지기 위해서는 오랜 시간과 노력이 필요하다. 이를 위해서는 인과관계가 확인되지 않은 부작용을 토대로 백신의 위험성을 과대하거나, 비과학적인 유언비어를 토대로 백신의 접종을 막는 백신 반대 운동(Anti-Vaccination Movement)의 확산을 막아야 한다. 팩트에 기반한 안전성을 알리고 적합한 용어를 제시해 구조적으로 관심을 유도함으로써 집단의 올바른 행동을 이끌 수 있어야 한다.

2. 진실과 거짓 사이

유명인의 말이라고 전해지는 가짜 명언들

나는 비즈니스 세상에서 성공의 끝을 보았다. 타인의 눈에 내 인생은 성공의 상징이다.

I reached the pinnacle of success in the business world. In others' eyes, my life is an epitome of success.

하지만 일터를 떠나면 내 삶에 즐거움은 많지 않다. 결국 부는 내 삶의 일부가 되어버린 하나의 익숙한 사실일 뿐이다.

However, aside from work, I have little joy. In the end, wealth is only a fact of life that I am accustomed to.

지금 병들어 누워 과거 삶을 회상하는 이 순간, 나는 깨닫는다. 정말 자부심 가졌던 사회적 인정과 부는 결국 닥쳐올 죽음 앞에 희미해지고 의미 없어져 간다는 것을.

At this moment, lying on the sick bed and recalling my whole life, I realize that all the recognition and wealth that I took so much pride in, have paled and become meaningless in the face of impending death.

이제야 나는 깨달았다. 생을 유지할 적당한 부를 쌓았다면 그 이후 우리는 부와 무관한 것을 추구해야 한다는 것을….

Now I know, when we have accumulated sufficient wealth to last our lifetime, we should pursue other matters that are unrelated to wealth….

가족 간의 사랑을 소중히 하라. 배우자를 사랑하라. 친구들을 사랑하라. 너 자신을 잘 대하라. 그리고 다른 사람을 아껴라.

Treasure Love for your family, love for your spouse, love for your friends. Treat yourself well. Cherish others

-애플 창업자, 고 스티브 잡스(1955~2011)의 유언

글로벌 IT 기업 애플의 공동 창업주인 스티브 잡스는 자신이 이룩한 비즈니스의 성과를 통해 대중의 관심을 받고 세상을 혁신하기

를 바랐지만, 오랜 투병 생활 끝에서는 관심을 받고 부를 이루기보다 자신과 타인의 사랑을 더 강조했다. 좋은 말처럼 보이지만, 스티브 잡스의 고언을 받아들일 생각이 전혀 없다. 실제로 스티브 잡스는 위와 같은 유언을 한 적이 없기 때문이다. 즉 위의 유언은 가짜다.

스티브 잡스 사망 후 2015년부터 위와 같은 가짜 '스티브 잡스의 마지막 유언'이 SNS와 커뮤니티, 인터넷 검색 채널 등을 통해 삽시간에 국내를 포함한 전 세계에 퍼졌다. 이 글이 퍼졌을 당시 국내 네티즌은 "스티브 잡스가 이런 말을 하다니, 역시 현재가 중요해" 같은 유의 교훈 섞인 반응을 보였다. 한글과 영어가 병기된 글에 스티브 잡스의 야윈 사진까지 더해진 글은 사람들에게 의심의 여지를 주지 않았다. 수많은 사람이 이 글을 퍼다 날랐다. 오래지 않아 일부 언론과 네티즌이 해당 유언이 출처조차 불명확한 가짜 글임을 알게 되었지만, 이미 수많은 곳에 퍼진 상태였다. 이 가짜 유언은 잊힐 만하다가도 다시 새 생명을 얻어 사람들에게 끊임없이 회자되었다.

스티브 잡스의 거짓 유언 말고도 유명인이 말한 것으로 알려진 거짓 명언은 셀 수 없을 만큼 많다. 가짜 명언(Fake Quote)은 국내뿐만 아니라 전 세계적으로 범람하지만 '유명한 사람이 직접 말했다'라는 데 신뢰를 얻어 진위 확인 없이 널리 퍼지는 성격이 있다.

그중에서 가장 유명하고 자주 쓰이는 말은 바로 앤디 워홀이 말했다고 전해지는 "일단 유명해져라. 그러면 당신이 똥을 싸더라도 사람들이 박수를 쳐줄 것이다(Be famous and they will give you tremendous applause when you are actually pooping)"이다.

많은 관심병자가 자신의 '유명해지고자 하는 과격한 행위'를 정당화할 때 대표적으로 사용하는 이 말은, 공신력 있는 미디어를 포함해 여러 곳에서 인용된 바 있지만 분명 가짜 명언이다.

한 예로, 유명 가수 지드래곤이 현대 미술 작가들과 협업해 전시회를 열자 이를 두고 "똥을 싸도 박수 받는 지드래곤"이라는 제목으로 취재수첩 형식의 기사가 실린 적이 있으며,[22] 이후 지드래곤은 빅뱅의 노래 〈쩔어〉에서 "막 똥을 싸도 박수갈채를 받지 (Yes, I'm famous)"라는 가사로 위 기사를 되받기도 했다. 워낙 유명한 말이라 "일단 똥을 싸라, 그럼 유명해질 것이다"라든지 "유명해지면 박수를 쳐도 똥을 쌀 것이다"와 같은 얼토당토않은 유머 글로 다양하게 변형해 패러디되었다.

현대 시대에서 명성의 중요성을 확인하는 문장과 똥이라는 다소 자극적인 단어가 섞이기는 했으나, 미국 팝아트의 거장이자 예술시장의 선도자였던 앤디 워홀이라면 파격적인 말을 할 수도 있겠다는 생각이 합쳐져 믿을 만한 명언이 되었다. 하지만 결론적으로 말하면 앤드 워홀은 실제로 이런 말을 한 적이 없을뿐더러, 외국에서는 이런 가짜 인용이 퍼진 적이 없다. 오로지 우리나라에서만 유명한 말이다.[23]

가짜 명언을 예시로 드는 건 결코 이 글을 빌려서 잘못된 사실을 바로잡고자 하는 게 아니다. 다만 언제든 평소에 듣고 사용하는 명언과 같은 정보에서 우리가 진실이 아닌 정보를 무비판적으로 쉽게 수용하고 있는지 모른다는 사실을 직시해야 한다는 데 있다.[24]

관심을 얻기 위한 인간의 진실과 거짓의 연대기

동물의 세계에서 다른 개체의 관심을 얻는 일반적인 방법은 대부분 폭력적이고 강제적으로 이루어졌지만, 선사 시대부터 공동생활 방식을 이룬 인류는 타인의 협력을 이끌어내는 방식으로 전환했다. 그런데 개인이 집단 내의 누군가와 어떤 수준의 협력을 이루는지를 판단하기 위해서는 집단 내 권력의 크기와 구성원들의 움직임을 파악하고 예측해야만 했다. 집단 내 우두머리의 힘을 파악하지 못하고 섣불리 대장 행세를 하거나 집단의 암묵적인 룰을 따르지 않았을 경우 집단 내 따돌림을 당하거나 추방당할 수 있었으며, 심지어는 처참하게 처형당할 수도 있었다.

개미와 벌과 같은 곤충계 협력의 강자들이 서로가 화학물질을 내뿜고 이를 주고받는 자동화 협력 시스템을 구축한 반면, 그런 자동화 시스템을 만들어내지 못한 인류는 사회적 특성을 파악하고 그 안의 관계를 추적하기 위해 개별적 지능 향상을 꾀하게 된다.[25] 하지만 이러한 인간 지능의 향상은 단순히 상대방의 마음을 헤아리는 눈치가 늘어나는 것으로 끝나지 않았다. 똑똑해진 인간은 동료 집단을 이해하기보다 이용하는 것이 더 효과적이라는 것을 깨달았기 때문이다. 인간은 고의적인 속임수인 거짓말을 발명했고 이를 효과적인 생존의 도구로 활용했다.

이후 인류의 진화사에서 거짓말 기술의 향상은 상대방의 거짓말을 알아내는 능력 향상과 비례해 왔다. 내가 거짓말을 일삼지 않더라도 적어도 인간의 무리에서 사회생활을 하기 위해서는 다른 사람이 자신을 속이는 것을 알아챌 정도의 지능이 필요했던 것이다.

유발 하라리는 인간 사회의 거짓말은 인간 개개인이 속고 속이는 단순한 투쟁을 넘어 인류 전체가 언제나 탈진실(post-truth) 속에서 살아왔다고 주장했다. 현생 인류인 호모 사피엔스가 지구를 정복할 수 있었던 진정한 이유는 무엇보다 허구의 이야기를 창조하고 퍼트리는 독특한 능력이라고 보았다.[26]

그가 이야기하는 허구의 이야기 속에는 선사 시대 이후의 신화와 종교부터 근대의 이데올로기, 그리고 현대 사회의 브랜딩에 이르기까지 인간이 만들어낸 대부분이 포함된다.

이러한 허구는 이 책에서 말하는 인간의 집단적인 믿음인 상징을 뜻한다. 우리는 상징이라는 집단적인 믿음을 통해 이전에 없었던 인간만의 대규모 협력의 토대를 이루었다. 허구의 이야기가 주로 이용된 것은, 인간 무리를 효과적으로 조직하고 단결시키기 위해서는 순수한 현실을 말하는 것보다 효과적이기 때문이다.

우리는 왜 속을까?

이쯤에서 떠오르는 질문 하나는 '이성적이라고 자부하는 인간들은 왜 거짓말에 속을까?'이다. 단순히 속이려는 사람의 지능 수준이 언제나 상대방을 압도하기 때문일까? 아니면 원래 거짓말이라는 창은 진실이라는 방패를 뚫기 마련인 것일까?

우리가 거짓말에 잘 속는 하나의 이유는 우리가 기본적으로 사람을 믿도록 배워왔다는 점이다. 어렸을 때 부모님과 선생님을 비롯해 먼저 인생을 살아온 수많은 사람에게 교육을 받고 이를 학습한다. 이 과정에서 그 어떤 어른도 '내 말이 맞을 수도 있고 틀릴 수도 있다'라고 이야기하지 않는다. 아이들 또한 이러한 가르침을 의심하고 하나하나 검증하려 하지 않는다. 이와 같은 '가르침을 수용하는 태도'는 기본적으로 사람을 믿는 모드로 사람을 변화시킨다.

또 하나의 이유는 대부분 우리 자신의 진실 판단 능력을 과신한다는 점이다. 인지 편향의 대가 대니얼 카너먼 교수의 연구에 따르면, 인간은 총 145개의 편향적 사고를 일으키는 '편향 덩어리'에 불과하지만, 보통 자신은 결코 그렇지 않다고 생각한다. 보통 말도 안 되는 거짓말에 속는 사람은 내가 아니라 타인일 뿐이고, 보이스피싱에 걸려 돈을 빼앗기는 것도 내가 아니라 어리석은 다른 사람이라고 믿는다.

말콤 글래드웰의 저서 《타인의 해석》 앞 장에는 기본적으로 다른 사람이 정직한 의도를 가지고 있다고 믿었다가 호되게 뒤통수 맞는 사람들의 사례로 가득하다. 그 가운데는 처음 만난 히틀러를 명확하게 파악하지 못한 채, 그의 선의 가득한 말을 믿어 '거짓된 합의문'을 들고 고국으로 돌아온 영국의 총리 체임벌린의 사례도 포함되어 있다. 글래드웰은 뒤통수 맞는 일을 막기 위해서는 우리가 '진실일 것이다'라고 생각하는 기본적인 가정에 변화가 필요하다고 강조한다.

거짓말에 잘 속는 것은 꼭 우리 탓이 아니다. 거짓말이 태생적으로 화려한 외관을 가지고 있기 때문이기도 하다. 진실한 이야기는 그 자체가 고정되어 있기 때문에 어떠한 양념도 묻어나지 않는 반면, 꾸며낸 거짓 이야기는 MSG와 양념으로 외관을 치장하고 사람들을 유혹한다. 보통 몸에 좋기보다 미각이 끌리는 곳으로 움직이기 마련이다.

거짓말에 잘 속을 수밖에 없는 다수의 특징을 가지고 있음에도 불구하고 최근까지 우리는 비교적 진실과 거짓의 균형을 잘 유지하는 편이었다. 거짓된 손길은 언제나 곁에 있는 것 같았으나, 거짓과 진실의 경계는 누가 봐도 명확했고 사람들은 거짓보다 진실의 힘을 믿고 움직였다.

그러나 지금 중요한 것은 균형의 시계추가 서서히 무너지고 있다는 사실이다. 사람들은 이러한 사실을 전혀 눈치채지 못한다. 거짓의 말이 사람들의 눈에 띄지 않을 정도로 작고 은밀하게 움직이고 있기 때문이다. 거짓말이 강하기 때문에 속는 것이 아니라 약하기 때문에 속는다. 현대의 거짓말은 이 점을 활용해 고도로 정제되어 유통되었고, 때로는 스스로도 거짓말이라는 사실을 잊은 채로 세상을 떠돌게 되었다.

이제는 개인이 가진 진실의 선구안만으로는 진실과 거짓을 판단하기 불가능한 시대로 나아가게 되었다.

진실과 거짓의 균형이 무너질 때

현대 사회에서 거짓이 사실을 압도하게 된 가장 큰 이유 중 하나는 바로 '가짜뉴스(Fake News)'의 범람이다. 가짜뉴스는 말 그대로 '진짜가 아닌 뉴스'를 의미한다.[28] 많은 사람은 가짜뉴스가 신문이나 방송의 보도 프로그램 등의 안에서 이뤄지는 거짓 정도로 생각하는 경향이 있다. 하지만 실제 가짜뉴스는 보도 프로그램 속 뉴스를 넘어서 이보다 넓은 범위에서 퍼지는 허위 정보와 악의적 루머, 그리고 사실 관계에 맞지 않는 음모와 같은 모든 것이 해당한다.[20] 즉, 지금의 가짜뉴스는 기존 언론사에서만 만들어내는 것이 아니라 유사 언론을 비롯한 1인 유튜버 그리고 포털 뉴스에 댓글을 다는 네티즌 모두가 만들어낼 수 있다.

많은 사람이 가짜뉴스가 기존 신문이나 방송의 언론 보도 혹은 일부 정치인에게서 흘러나온다고 생각하는 것은 그들에게서 생산되는 뉴스들이 거짓된 정보로 명백하게 느껴지기 때문이다.

특히 기존 언론을 가짜뉴스의 주된 진원지로 생각하는 이유는 대중이 국내 언론을 신뢰하지 않는 데 있다. 기레기(기자+쓰레기)라는 단어가 유행처럼 쓰이듯이, 한국인들은 제한된 정보만으로 사실 확인 없이 작성된 기사, 맥락을 왜곡한 정파적이고 편향된 뉴스, 특정인에게 부정적인 인상을 뒤집어씌우기 위해 사건의 실체를 멋대로 각색한 내용, 그리고 나중에 사실이 밝혀져도 이를 사과하지 않는 언론을 더 이상 신뢰할 수 없게 되었다.

영국 옥스퍼드대학교 부설 로이터저널리즘연구소가 세계 주요 38개국에서 실시한 '디지털뉴스 리포트 2019'에 따르면 한국인들의 뉴스 신뢰도는 22퍼센트로 38개국 가운데 가장 끝 순위를 기록했다. 특히 한국 언론은 2016년 해당 조사에 처음 포함된 뒤부터 4년 연속 최하위 순위를 기록했다.[21]

2019년 실시한 '일반인들이 생각하는 가짜뉴스' 조사에서 따르면, 일반 시민은 '뉴스 기사 형식으로 날조한 가짜'보다 '사실 확인 부족으로 인한 언론 오보'를 더 심각한 가짜뉴스로 여기고 있었다.[22]

그래서 많은 사람은 가짜뉴스 문제를 망가진 저널리즘과 거짓된 세력의 도덕성 문제 정도로 여기고 이를 진실의 힘으로 해결해야 한다고 생각한다. 하지만 가짜뉴스 문제를 진짜 심각한 문제로 만드는 이유는 따로 있다. 그것은 바로 경제적인 문제다.

《가짜뉴스의 고고학》의 저자 최은창은 오늘날 전통적 미디어와 소셜미디어를 관통하는 가짜뉴스 현상의 본질은 상업적, 정치적 목적으로 관심 시장을 차지하기 위해 벌어지는 치열한 정보 전쟁에 있다고 분석했다.[12]

나는 여기서 정치적 목적보다 상업적 목적에 주목한다. 정치적인 언론 호도를 목적으로 만들어진 가짜뉴스들도 결코 작은 문제라고 여길 수 없지만, 오늘날 가짜뉴스라는 기차를 폭주 기관차로 만든 증기는 바로 경제적인 이득을 획득하고자 하는 이들이 공급하고 있다.

일례로 지난 2016년 미국 대선 기간 중 주류 언론들이 만들어낸 선거 관련 뉴스가 페이스북에서 730만 건 공유되었던 것에 반해, 가짜뉴스는 이를 넘어서 무려 870만 건이 공유되었다.[33] 이렇게 공유된 가짜뉴스의 대부분은 친트럼프, 반힐러리 콘텐츠였다. 그런데 이렇게 많이 퍼진 가짜뉴스가 생겨난 곳은 선거가 펼쳐진 미국 본토가 아니라 생뚱맞게도 유럽 마케도니아에 위치한 벨레즈라고 하는 조그만 도시였다.

이를 궁금하게 여긴 미국 CNN과 영국의 가디언 같은 주요 언론이 마케도니아를 직접 방문해 알아낸 사실은 충격적이었다. 여기서 온라인 가짜뉴스를 생산하고 있던 사람은 '트럼프의 숨어 있는 열렬한 글로벌 지지자'가 아니라 그저 광고 수익으로 많은 돈을 벌기 원했던 10대 청소년들이었다. 이들이 친트럼프 성향의 뉴스를 만들었던 것은 트럼프를 지지해서가 아니라, 단지 트럼프에게 유리하고 힐러리에게 불리한 내용을 담은 뉴스가 그 반대의 내용을 담은 뉴스보다 더 많은 사람이 관심을 갖고 클릭했기 때문이었다.[14]

대중의 흥미 또는 관심을 유도해 링크를 클릭하게 만드는 기사를 '낚시성 기사(clickbait)'라고 부르는데, 이러한 낚시성 기사가 주요 포털 사이트와 소셜미디어에 빠지지 않고 노출되는 건 클릭을 유도해 광고를 노출시킴에 따라 광고 수익을 얻을 수 있기 때문이다.

이들에게 중요한 것은 '어떤 제목 혹은 내용이 더 많은 클릭을 이끌어낼 수 있느냐'의 문제일 뿐이다. '충격', '이럴 수가', '세상에', '알고 보니'와 같은 자극적 제목은 기본이며, 기사 내용이 굳이 진실할 필요도 없다. 단지 그들에게는 더 충격적이고 더 자극적일수록 좋다는 사실 하나뿐이다.[15]

헛소리가 만연한 세상, 사회의 양극화를 만들어내다

가짜뉴스들이 넘쳐나게 된 지금 상황이 숨기고 있는 또 하나의 문제가 있다. 새로운 시대의 가짜뉴스들을 가득 채우고 있는 내용은 우리가 알고 있는 거짓말(lie)이 아니라 헛소리(bullshit)라는 것이다.

해리 G. 프랭크퍼트는 본인의 저서 《개소리에 대하여》를 통해 많은 사람이 거짓말과 헛소리가 비슷한 뜻이라고 생각하지만 이 둘 사이에는 본질적으로 '고의성'의 차이가 있다고 말한다. 그는 거짓말의 핵심이 고의성에 있으며, 거짓말쟁이는 본질적으로 사실이 아닌 것을 계획적으로 퍼트리는 사람들이라고 한다. 하지만 거짓말쟁이들은 거짓말을 계획하기 위해서 무엇이 진실인지 알아야 한다.

그 때문에 거짓말쟁이들은 최소한 무엇이 참이고 거짓인지를 알고 있다. 그들은 세련된 거짓말을 지어내기 위해서 명확한 진실의 방향을 알아채고, 이와 반대 방향으로 뛰기 위해 최소한의 시간과 노력을 기울인다. 특히 이러한 거짓말의 상태를 길게 유지하기 위해서는 그에 따른 거대한 심리적 스트레스와 심리적 각성이 요구된다.

이와 반대로 헛소리를 지껄이는 사람들은 무엇이 진실인지 관심이 없다. 이는 거짓말쟁이가 거짓말을 지어내기 위해 진실이 어떤 것인지 알아보고자 최소한의 노력을 기울였던 것과 가장 크게 대비되는 것이다. 헛소리는 그 자체가 엉터리이기 때문에, 헛소리쟁이들은 헛소리를 만들어내기 위해 최소한의 노력조차 필요 없다. 그렇기 때문에 헛소리는 거짓말보다 내뱉기가 용이하다.

또한 사람들에게 발각되었을 때 헛소리는 거짓말에 비해 위험 부담이 현저하게 작다. 사람들은 거짓말이 드러났을 때 비난에 직면할 수 있기 때문에 거짓말쟁이가 되는 것을 꺼리는 반면, 헛소리쟁이들은 헛소리가 발각되어도 큰 상관이 없다. 헛소리에 정색하는 사람들에게 그들은 그저 '웃으며 하는 소리에 죽자고 달려드네?'라는 말 등으로 농담으로 둘러대거나, '별거 아닌 말에 흥분한다'라고 상대방에게 무안을 주면 충분하기 때문이다.

실제로 사람들은 거짓말보다 헛소리에 좀 더 관용적인 모습을 보인다. 인간 사회는 보통 '고의적인 행동'에 더 큰 가중치를 매기기 때문이다. 가령 누군가를 고의로 죽이면 법적으로 살인죄가 되지만, 누군가를 고의성 없는 과실로 죽이면 과실치사가 된다. 그리고 거짓말은 개인적인 모욕과 사회적인 문제로 받아들이는 반면, 헛소리는 그저 불쾌감에서 벗어나면 된다고 생각한다.

이러한 특징은 현대 사회에 헛소리가 폭증하는 원인이 되었다. 거짓말과 헛소리 모두 무언가를 꾸며 사람을 기만하고 사회에 혼란성을 가중한다는 점은 동일하지만, 정제된 거짓말을 하는 것보다 마구마구 헛소리를 내뱉는 것이 생산에 더 용이하고 발각될 가능성과 처벌의 부담 또한 적다. 그러다 보니 수많은 거짓말쟁이가 은밀하게 헛소리쟁이로 변신했다.

현대의 선동가들은 결코 거짓말하지 않는다. 단지 거짓말과 사실의 중간에 있는 희미한 회색지대 안에서 반복적인 메시지를 보낼 뿐이다. 그들에게 필요한 것은 세심하게 거짓말을 꾸미기 위한 지적 능력이 아닌 약간의 창의성뿐이다.[16] 게다가 헛소리를 일삼는 일부 사람들은 자신이 내뱉은 헛소리를 진실이라고 믿는 상황까지 벌어지고 있다.

오늘날 헛소리의 확산은 다양한 형태의 회의주의에 보다 깊은 원천을 두고 있다. 회의주의는 우리가 객관적 실재에 접근할 신뢰할 만한 방법을 가질 수 있다는 것을 부정한다. 따라서 사태의 진상을 인식할 가능성을 부인한다.[17]

무엇이 진실이고 무엇이 거짓인지 분간하기 어려운 사회적 분위기는 많은 사람이 진실을 찾는 노력보다 상대주의 입장(절대적 진실은 없다. 우리는 단지 다를 뿐)에 안주하게 만들었고, 무언가의 옳고 그름의 기준에 말을 하는 대상이 '우리 편'인지 아닌지가 더욱 중요해졌다. 이는 사회적 양극화를 심화하는 결과를 낳았다.

오늘날의 사회적 양극화는 극한까지 치달아 양쪽의 서로가 결코 만날 수 없는 곳까지 이르게 만들고 있다. 대표적인 사회 양극화 현상으로 꼽히는 정치적 성향의 변화를 살펴보자.

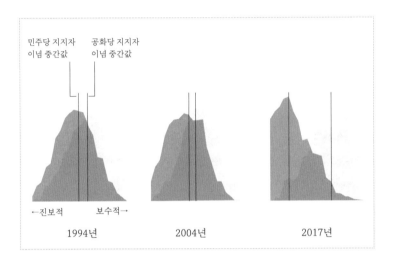

위의 그래프는 2017년 10월 미국의 퓨 리서치 센터가 발표한 '미국 내 민주당과 공화당 지지자의 이념 격차'를 의미한다.[38] 이 결과는 시간이 갈수록 미국인들의 정치적 양극화가 심화되고 있음을 보여준다. 왼쪽 민주당 지지자들의 이념값과 오른쪽 공화당 지지자들의 이념값은 벌어지고 있다.

정치적 양극화는 단순히 선거에서 어느 당 후보에게 표를 던질 것인가에 국한되는 문제가 아니다. 이제 정치적 성향의 차이는 상대방을 불신하고 혐오하는 잣대가 되었다. 정치적 양극화가 심화될수록 상대편 지지자를 혐오하는 수준은 높아진다. 이는 단순히 미국에서만 일어나는 일이 아니라 우리나라 전반에서도 사회적 문제가 되어가고 있다.

보수와 진보 양쪽의 지지자들은 진영 논리를 기준으로 모든 사건을 평가하면서 메시지의 진위 여부보다는 메시지를 전달하는 사람을 판단의 기준으로 두는 경우가 커졌다. 이에 따라 특정 이슈가 생겼을 때 저마다 진정성을 내세우는 세력의 스피커의 말을 전적으로 신뢰하고 정보의 진위 여부를 판단하지 못한 채 속아 넘어가기 쉬운 환경에 처하게 됐다.

게다가 정보의 습득 환경이 유튜브나 소셜미디어로 변화하면서 자신의 성향에 맞춘 알고리즘의 추천을 받게 된 오늘날, 점차 자신만의 믿음의 거품 안으로 빠져들고 그 안에서 탈출하기 힘든 상황이 연출되고 있다. 오바마 전 미국 대통령은 2017년 1월 백악관을 떠나며 남긴 고별 연설에서, 모두가 자신만의 거품에 빠져 있는 현실을 안타까워하는 모습을 내비쳤다.[39]

이렇게 더 이상 객관적 진실을 찾기 어려워지고, 사람들이 자신이 믿는 진영의 논리와 진실만을 맹목적으로 집착함으로써 양측에 대한 불신과 오해의 간격은 점차 커지고 있다.[40]

넷플릭스 다큐멘터리 〈소셜 딜레마〉의 한 출연자는 "이러한 상황이 지속되면 짧게는 양측 간의 내전이 벌어질 수도 있고, 이러한 상황을 방관하고 있으면 세계의 민주화가 퇴보할 수 있다"라고 경고한다. 국내의 한 연구에서도, 이념과 소득이 양극화되면 30년 뒤인 2050년의 사회 모습은 '분노를 등에 업은 거리 정치의 일상화'가 될 거라고 압축 표현했다.[41]

진실의 균형을 찾기 위해 어떻게 할 것인가

가짜뉴스가 만연한 지금 은밀한 거짓말을 알아채지 못하거나 진실과 거짓을 혼동하는 것에 대응할 방법은 어떤 것들이 있을까?

가장 먼저 도덕적인 해결책을 생각할 수 있다. 가령 국내 언론에 대한 국민의 신뢰도가 바닥을 치고 있는 상황을 해결하기 위해 주류 언론들에 참된 저널리즘을 실천하도록 요구하거나, 유튜브 등에서 1인 미디어를 운영하는 개인에게 감정적인 선동 정보가 아닌 팩트에 기반한 정보를 팔로워들에게 전달하는 도덕적 노력을 해달라고 요청하는 것이다.

즉, 거짓의 세상에서 참된 진실을 요구하는 방법이다. 실제로 2018년 가톨릭의 수장 프란치스코 교황은 가짜뉴스를 성경에 나오는 에덴 동산의 뱀에 비유해 현대 사회의 악과 같다고 비난했고, 언론인들이 저널리즘의 존엄성을 발견하고 진실을 찾는 임무를 맡도록 촉구했다.[42]

이와 같은 해결책은 정석적이고 모범적인 방법으로 보이지만, 현실 세계의 본질적 문제 해결에는 큰 도움이 되지 않는다. 앞서 말한 것처럼 현대의 가짜뉴스를 유발하는 진짜 원인은 단순한 저널리즘의 문제가 아니라, 가짜뉴스로 상업적 이득을 취하고자 하는 재정적 동기이기 때문이다.

주류 언론과 소셜미디어 속의 모든 사람에게 진실을 전하도록 반복적으로 이야기하더라도 '콘텐츠 노출=광고 수익'이라는 등식이 살아 움직이는 상황에서는 본질적인 대책이 될 수 없다. 결국 이와 같은 상황을 해결하기 위해서는 가짜뉴스 생태계를 움직이는 재정

적인 인센티브를 바꿔야만 한다. 자본주의 사회에서는 그에 걸맞은 자본주의적 해법이 필요한 것이다.[43]

사실 언론의 선정적인 가짜 기사는 오히려 신문업이 생겨나고 성장했던 19세기 말부터 20세기 초까지가 더욱 심각했다. 당시 신문사가 돈을 버는 방법은 광고 게재료가 아니라 순수하게 신문을 파는 것이었다. 이러한 비즈니스 모델 안에서 신문사들은 무엇이든 지면에 인쇄하고 길거리에 나가서 한 부라도 더 팔아야만 가까스로 먹고살 수가 있었다.[44] 그러다 신문사가 늘어나고 경쟁이 과해지면서 자금 사정은 더욱 열악해질 수밖에 없었고,[45] 수많은 신문사는 판매 부수를 늘리기 위해 자극적인 기사를 쏟아냈다. 기사의 진실 같은 건 중요하지 않았다. 초기 신문 산업을 두고 '사실의 왜곡과 조작은 그림자처럼 따라다니던 관행이자 수식어였다'라는 평가가 있을 정도였다.[46] 독자의 시선을 끌기 위해 선정주의에 호소하는 '옐로 저널리즘'이라는 말이 생겨난 것도 바로 이때였다.

미국의 초창기 신문사에서 오로지 대중의 관심을 받기 위해 망가진 모습이 사라지기 시작한 것은, 사람들이 가짜뉴스에 싫증을 내고 제대로 된 뉴스 기사를 보고 싶어 하는 소위 '저널리즘의 각성'도 한몫하긴 했지만, 결정적인 변화는 바로 신문사가 돈을 버는 비즈니스 모델이 변화하면서다.

1920년대 기업들이 본격적으로 광고를 통해 제품과 서비스를 대중에게 알리기 시작하면서 신문에도 상업적 광고가 늘어났다. 신문자체를 팔아서 얻는 수익보다 광고를 통해서 얻는 수익이 늘게 되면서, 엉터리 기사를 통해서 판매 부수를 늘리는 것이 어려워졌다.

신문사의 신뢰도는 그 신문에 광고를 한 기업의 신뢰도에도 영향을 주었기 때문이다. 광고주들이 광고를 싣고 싶어 하는 곳은 엉터리 전단지가 아니라 대중에게 진짜 뉴스를 전달하는 신문이었다.[47]

이러한 의미로 접근해 가짜뉴스를 규제하는 방법을 살펴보면, 가짜뉴스를 만들어내는 생산자와 가짜뉴스를 방치하는 디지털 플랫폼을 법으로 규제하고 처벌하는 것이 아니라, 그들이 가지고 있는 비즈니스 모델을 개선하는 것이 더욱더 효과적이라는 것을 알게 된다.

또한 인터넷 플랫폼에 대한 규제는 기본적으로 표현의 자유 침해라는 비판과 더불어 권력자를 반대하는 여론을 탄압하는 데 악용될 수 있다는 논란에서 자유롭지 않다.[48] 게다가 최근에는 알고리즘이 자동으로 가짜뉴스를 생산할 수 있게 되었고,[49] 딥페이크(Deep Fake)와 같은 고도의 기술을 활용해 텍스트가 아닌 음성과 영상 정보까지 감쪽같이 속일 수 있게 되면서 콘텐츠의 진위 여부를 판단하기 더욱 어려워졌다. 규제를 어렵게 만드는 하나의 원인이 된 것이다.

결국 가짜뉴스를 막는 방법은 콘텐츠 노출을 통해 광고 수익을 얻는 지금의 비즈니스 모델을 변화시키는 방법, 즉 디지털 플랫폼 기업의 변화다. 사실 여부와 관계없이 최대한 관심을 끌어모을 수 있는 콘텐츠가 더 많은 광고 수익을 내는 비즈니스 전략을 가능하게 한 대규모 데이터 수집과 추천 알고리즘을 규정하고 이를 제한해야 한다.

플랫폼 회사들이 하나의 기업으로서 이윤을 추구하는 행위 자체를 비판할 수는 없다. 특히나 그들이 의도적으로 가짜뉴스를 만들어내거나, 사회에 거짓과 헛소리가 퍼지기를 바라고 비즈니스 모델을 설계한 것이 아니다. 단지 모두 쉽게 접근할 수 있도록 정보를 개방하고 모두를 연결해주고 싶었을 뿐이며, 사업 방식 안에서 수익을 내는 방법이 협력적인 비즈니스 모델밖에 없었을 수 있다.

하지만 더 자극적이 가짜뉴스가 더 많은 이익을 가져다주고 알고리즘 추천에 따라 사회적 양극화가 심화되는 이러한 구조적 조건 안에서는 해악적인 가짜뉴스와 중독적인 콘텐츠가 늘어날 수밖에 없다. 이러한 상황에서 플랫폼 스스로의 자정 노력만으로는 변화가 불가능하기 때문에 외부적인 규제가 반드시 필요하다.[50]

대표적으로 거론되는 방식 중 효율성이 가장 높아 보이는 대책은 거대 플랫폼 기업이 마음대로 사용자의 방대한 데이터를 수집하지 못하도록 만드는 것이다. 가짜뉴스와 사용자 성향에 맞춘 추천 콘텐츠가 전달되는 방식은 기본적으로 사용자 데이터의 수집과 분석이 기초가 된다. 바로 이 부분에서 규제를 만드는 것이다.

실행을 위한 첫 번째 방법은 개인 정보에 대한 실질적인 통제권을 플랫폼이 아닌 사용자에게 주는 것이다.[51] 정부는 사용자 개인이 별도로 데이터 활용 동의를 하기 전에 절대 플랫폼 기업이 데이터 수집과 사용을 하지 못하도록 하는 법안을 만들어 적용해야 한다. 그리고 사용 동의를 한 후에 활용할 수 있는 웹사이트 쿠키 정보 사용 또한 '동의'를 기본값으로 적용하는 걸 금지하는 방안 또한 필요하다.

두 번째 방법은 플랫폼이 수집하고 처리하는 데이터 자체에 별도의 세금을 책정하는 것이다. 플랫폼 기업이 사용자의 데이터를 하나의 자원으로 활용해 수익이 발생한다면, 그 자원을 제공한 사용자에게 수익을 분배하거나 혹은 공공재를 담당하는 정부에 세금을 내야 한다. 이와 같은 규제책이 진행된다면 플랫폼 기업들이 지구의 모든 데이터를 수집하지 말아야 할 경제적인 이유가 생기게 된다.[52]

하지만 거대 플랫폼 기업이 가지고 있는 비즈니스 모델에 대한 규제를 강화하는 것 하나만으로는 진실과 거짓의 균형을 되찾을 수 없다. 진실과 거짓을 구분하기 힘든 현실에서는 정확한 정보 전달과 함께 이를 파악하기 위한 사회와 개인의 노력도 요구된다.

먼저 사회를 구성하는 정부와 공적 기관은 공개 가능한 모든 정보를 투명하게 공개해, 시민들이 가장 신뢰할 만한 정보를 찾을 수 있는 통로를 제공해야 한다.

가령 사람들 사이에서 논란을 일으킬 수 있는 정책적 이슈 등에 대한 정보를 정부가 알기 쉽게 전달하거나, 어떤 기관이 명확한 팩트에 근거해 정보를 제공하는 단체라고 시민들이 인식하게 된다면 허망한 음모론이나 가짜뉴스가 생성될 동기가 애초에 사라질 수 있다.

예를 들어 '달 착륙 음모론'(인간은 달에 간 적이 없으나 달에 간 것처럼 미국이 조작했다는 음모론)은 1974년에 한 미국 작가가 제기해 전 세계로 퍼진 음모론으로, 지금까지 많은 사람이 신봉하고 있다. 과학적인 사실과 일반 상식으로 생각해 봤을 때 허무맹랑한 이 음모론이 전 세계적으로 널리 퍼진 가장 큰 이유는, 음모론을 믿는 사람들이 미국의 유인 달 탐사 계획 '아폴로 계획'을 전혀 모르고 있었다는 데 있다. 사람들이 무지해서가 아니다. 음모론이 시작된 건 해당 정보를 가진 나사(NASA)가 정보를 독점하고 대중에게 제공하지 않았기 때문이었다.[51] 만약 정보 소유 기관이 명확한 정보를 제공했다면 그토록 많은 사람이 음모론에 고개를 끄덕이지 않았을 것이다.

코로나19가 유행한 2020년, 전 세계 수많은 언론이 대한민국의 대응이 훌륭하다고 평가하는 주요 이유 중 하나도 바로 이 투명한 정보 제공임을 알아야 할 것이다.

3. 관심 문제는
어떻게 해결할 수 있는가

관심을 위해 무슨 짓이든 하는 존재에 대한 대비책

영화 〈너브〉는 미션을 수행하는 플레이어와 미션 성공 여부에 베팅하는 왓처들이 소통하는 미션 수행 사이트이자 10대들의 비밀 SNS인 너브에서 일어나는 에피소드를 다룬다. 너브에서의 상금은 자극적이고 위험한 미션을 수행할수록 높아지고, 시청자인 왓처들은 미션이 자극적일수록 열광한다. 이 영화의 카피처럼 결국 가장 미친 놈이 모든 것을 차지할 수 있다.

지금 우리가 처한 현실 속의 유튜브와 SNS의 세상은 이 영화 속의 세상을 현실에 재현해 놓은 것 같다는 착각을 불러일으킬 정도로 닮아가고 있다. 현실의 플레이어들은 관심 자원을 획득하기 위해서라면 그 어떤 행위도 마다하지 않고 달려들 태세다. 자극적이고 선정적인 콘텐츠는 일상이 되었고, 심지어 콘텐츠의 진위 여부와 관계없이 사람들의 이목만 끌면 충분하다는 인식 또한 빠르게 퍼지고 있다.

더불어 이들을 바라보는 세상의 분노와 혐오도 늘어나고 있다. 관심을 받고자 하는 이들을 관심종자라는 부정적인 단어로 분리해 인식하고 있으며 점차 혐오와 증오의 대상으로 여기고 있다.

그런데 문제는 미움의 대상이 해당 개인이 아닌 '관종들'이라는 모호한 집합체로 묶여가고 있는 것이다. 누군가를 관종이라고 비난할 때 이미 관종은 내가 아닌 타자의 범주로 들어가게 된다. 이 과정에서 자신도 관심이 필요한 사람 중 하나라는 고려는 들어가지 않는다. 단지 스스로가 보통의 정상적인 사람인 것에 반해, '저 관종들'은 관심을 받기 위해 무슨 짓이든 마다하지 않는 과한 존재임과 동시에 열등한 존재가 된다.

이 책의 주된 주제는 모두가 관심을 원하는 세상 속에서 어떻게 하면 효과적이고 올바른 방식으로 관심을 획득하느냐이지만 동시에 관심을 갈구하는 사람들이 세심한 평가 없이 모조리 관종이라는 모호한 용어로 묶여 혐오의 변주곡을 울리는 것을 어떻게 막느냐. 그래서 관심을 필요로 하는 이들을 관심 추종자라는 중립적인 단어로 표현하고, 사회적 문제를 일으키는 일부 개인을 관심병자로 구분하는 것을 제안했다.

우리 사회에서 미움과 증오를 받는 존재는 보통 이렇게 개개인이 구별되어 있지 않은 집합체다. 가령 남자와 여자는 개개인이 아니라 집합체인 남자들과 여자들로 묶어서 혐오의 대상으로 삼는다. 세대 간의 혐오 또한 마찬가지다. 시대의 변화나 개개인의 특성이 반영되지 않은 채 세대 간의 비난과 미움이 남아 있을 뿐이다.

우리가 무언가를 정확하게 평가하기 위해서는 이를 좀 더 엄밀하게 바라볼 필요가 있다. 《혐오사회》의 저자 카롤린 엠케의 표현에 따르면 "정확한 것은 온전히 미워하기가 쉽지 않다". 한 집단 안에서도 다양한 특성과 성향을 지닌 개개인을 개별적인 존재로 인정하는 구별이 이뤄지는 순간, 그들을 향해 자의적인 비방과 폄하 그리고 분노를 쏟아내기 어려워진다는 것이다. 이렇게 모든 관심 추종자를 관종(관심병자)이라는 이름으로 묶어서 비난하는 프레임은 관종 자체보다 혐오의 문제를 더 크게 키울 수 있다. 전문가들은 관종 프레임으로 무차별적으로 특정 집단을 미워하는 것은 폭력만큼 위험한 행동일 수 있으며, 분별없이 관종을 혐오할 경우 정보를 공유하는 작은 행위까지도 '관종짓'으로 부풀려지는 부작용이 생길 수 있다고 경고한다.[54]

일부 과도한 행동을 일삼는 관심병자를 괴물과 같은 존재로 보고 단순히 배척하는 방식으로는 이러한 관심에서 발생하는 문제를 해결할 수 없다. '관종에겐 무관심이 약이다' 같은 해법이 그동안 많은 사람의 마음을 시원하게 만들어주는 사이다와 같은 역할을 했지만, 문제점을 실질적으로 해결하는 것에는 그리 큰 효과를 보여주지 못했다. 법적인 테두리를 넘어선 콘텐츠를 제작하거나, 타인을 모욕하거나 허위 발언을 하는 일부를 민·형사 고소를 하는 방법도 나름의 효과를 발휘하지만, 모든 사건을 하나하나 법적으로 대응하기란 현실적으로 힘들어 보인다.

이제 이러한 관심병자들이 만드는 문제를 해결하기 위해서는 크게 세 가지 노력이 필요하다.

첫 번째는 사회적으로 관심을 받기 위해 저지른 비정상적이거나 비윤리적 활동에 대한 기회비용을 높이는 것이다. 관심을 얻기 위한 과도한 행동을 했을 때 얻는 이득보다, 이 행동을 했을 때 잃어버릴 수 있는 것의 값어치가 더 크다면 이성적으로 과도한 행동을 할 이유가 사라질 것이다.

대표적인 대가로 수치심을 들 수 있다. 여기서 수치심은 개인 내면적으로 겪는 형태의 수치심이 아니라, 사회적 위반 행위가 누군가에게 발각되었을 때 공개적으로 수치를 당할 수 있는 공적인 성격이다.

인류는 사회적 집단을 구성하면서, 사회적 규범을 위반하는 누군가에게 폭력적인 방식으로 물리적인 타격을 주거나 추방하는 대신 대중의 맹비난에 노출시킴으로써 명성에 타격을 입히는 방식을 활용해 왔다. 이를 통해 처벌의 비용을 줄이는 동시에 구성원들이 사회적 규범을 따르게 하는 데 적잖은 효과를 봤다. 이러한 '공적인 수치심'의 추가적인 이득은 구성원이 단순히 규범을 지키도록 만들기보다, 사회적 규범을 빗겨 나간 이들의 행동을 개선하는 데 있다. 결정적인 실수를 하지 않았지만 규범을 엇나가는 이들에게 돌아가는 부정적 피드백은 일이 커지기 전에 그들의 행동을 교정할 기회를 제공할 수 있다.

그리고 과격한 행동을 시도하는 이들에게 "극도로 과격하거나 기이한 행동은 관심을 집중시키기보다 오히려 사람들이 주의를 기울일 가능성조차 차단할 수 있다"라는 정보를 통해, 극단적 행위가 실질적 이익이 없음을 알리는 것도 하나의 방안이다.

두 번째는 과도한 관심 유발 행동을 가능케 하는 후원 시스템을 구조적으로 개선하는 것이다. 유튜브의 슈퍼챗과 아프리카TV의 별풍선과 같이 시청자가 유튜버와 BJ에게 특정 금액을 후원할 수 있는 후원 시스템은 1인 미디어 창작자들이 콘텐츠를 제작하게 만드는 동력을 제공했다. 하지만 이 후원을 받기 위해 물불을 가리지 않는 행태를 만들어내는 부작용 또한 동반했다.

시스템의 개선은 플랫폼이 가지고 있는 후원 시스템의 폐지를 뜻하는 것이 아니다. 후원 시스템을 폐지한다면 그 후원에서 일정 부분 수수료를 받는 플랫폼의 비즈니스 모델이 무너지고, 1인 미디어 창작자들이 콘텐츠를 만들어낼 이유가 사라져, 콘텐츠 자체의 생산을 막을 가능성이 있기 때문이다. 게다가 플랫폼 후원 시스템이 일정 부분 수수료를 가져간다는 이유로 직접 후원을 받는 경우도 늘어나고 있는 추세다. 단순한 후원 시스템 폐지는 또 다른 부작용을 낳을 수 있다.

후원 시스템을 개선한다는 것은 이와 반대로 플랫폼의 후원 시스템 자체를 강화한다는 것을 의미한다. 플랫폼만의 모든 수익 활동을 플랫폼 시스템 안에 강제함으로써, 엇나가는 행동에 제약이 일어날 수 있음을 사전에 알리는 것이다. 가령 선정적이고 폭력적이거나 혹은 거짓 정보를 게시해 구글이 정한 운영 기준을 위반하는 콘텐츠에 노란 딱지가 붙은 경우, 지금과 같이 광고 수익만 제한하는 것이 아니라 후원 시스템인 슈퍼챗의 권한도 제한하는 것이다. 또한 제작자가 정해진 플랫폼의 후원 시스템이 아닌 개인 계좌 후원을 받을 경우, 플랫폼 콘텐츠 게시자의 권한 자체를 빼앗을 수 있게 만들어야 한다. 플랫폼의 비수익화 정책을 후원 시스템에도 확대 시행하고 콘텐츠 제작자들이 반드시 이 시스템 안에서 채널을 운영하도록 하면, 과도한 관심 행동을 자체적으로 제한하게 만들 수 있을 것이다.

사회적으로 비정상적이거나
비윤리적인 활동에 대한 기회비용 ↑

구조적으로 선정적이거나
거짓된 콘텐츠의 수익 가능성 ↓

위의 두 가지 방식의 공통점은 바로 경제적인 방식으로 과도한 관심 유발 행동을 제약하는 것이다. 사회적으로 비정상적인 행동에 대한 기회비용이 늘어나고 그러한 콘텐츠의 수익 가능성이 낮아진다면 합리적인 관점에서 과도한 관심 유발 행동이 줄어들 것이라는 가정이다. 이와 반대로 행동하면 기회비용이 줄어들고 수익 가능성이 높아진다는 의미를 지닌다.

다음 노력은 이러한 경제적인 방식에서는 조금은 벗어난다. 마지막으로 제시하고자 하는 것은 바로 엇나간 행동을 하는 관심병자들에게 진짜 관심을 주는 것이다. (조금 아이러니하게 들릴지도 모르지만) '인정 욕구나 높은 수익을 위해 과도한 행동을 하는 것'을 해결하는 방법은 역으로 그들에게 진심 어린 관심을 주는 것이다.

관심에 대한 욕망이 극단적으로 표출된 사건 중 하나인 미국의 총기 난사 사건을 생각해 보자. 총기 난사를 막을 수 있는 근본적인 대책은 총기 소유를 엄격하게 제한하는 것이겠지만, 이는 미국의 역사 및 정치·사회적인 이유로 해결이 요원하기 때문에 다른 방식을 시행하고 있다.

미국 일부 지역의 학교들은 반복되는 총기 사건을 막기 위해 교내를 요새화했다. 무장 경비와 금속 탐지기, 감시 카메라가 학생들을 맞이한다. 그러나 무차별 살인을 예고하는 징후들을 늦지 않게 포착해서 뇌관을 제거하는 것이 효과적인 해결책일 수 있다. 단지 이와 같은 대응을 하기 위해서는 어마어마한 돈과 그에 따른 노력이 소요된다. 시스템 개선 작업은 언제든 가능할 수 있지만, 비용이 드는 구조적 개선은 현실적이지 않을 수 있다.

그렇다면 이보다 더 현실적이고 값싸게 문제를 개선할 방법은 없을까? 미국에서 학교 총기 난사 사건을 일으키고 복역 중인 범인들을 인터뷰한 결과가 실마리를 제공할 것이다.[56]

다음은 1997년 미시시피주 펄에서 총기 난사로 학교 친구들을 죽인 남자와의 인터뷰 내용이다.

Q: 당신이 품은 증오심이 어느 정도였는지 아는 어른이 있었나요?
A: 아뇨.

Q: 어른들이 그걸 눈치채는 데 필요한 게 무엇이었을까요?

A: 관심을 갖는 거요. 나와 앉아서 대화하는 거요.

Q: 어른들에게 어떤 조언을 하고 싶나요?

A: 학생들과 유대감을 형성하라고 하고 싶어요…. 아이들과 대화하라고 하고 싶어요. 대화 내용은 무엇이든 상관없어요. 그냥 학생들과 가까워지면 돼요.

Q: 만약 그랬다면 당신은 어떻게 반응했을까요?

A: 음. 마음을 열기까지 시간이 좀 걸렸겠죠. 하지만 계속 얘기를 하다 보면 내 속에서 무슨 일이 일어나고 있는지 결국엔 다 말했을 거예요.

우리는 과도한 행동을 일으키는 누군가를 혐오하고 증오하고 싶은 유혹에 빠진다. 그리고 결국 상대를 타자로 받아들인다. 상대에게 관심을 꺼버림으로써 연결을 끊는 방식을 택하는 것이다. 하지만 헛된 관심을 요구하는 행동에 대해서가 아니라 그들 개개인에게 진심 어린 관심을 갖고 '손절'이 아닌 연결을 할 경우 많은 사람의 변화를 이끌어낼 수 있을 것이다.

어려운 일이 아니다. 단지 과격한 행동을 표출하기 전에 이야기를 듣고, 이야기를 나누려는 노력을 포기하지 않는 것이 이를 해결할 단초를 제공할 수 있다.

독일계 유대인 철학자이자 정치 사상가인 한나 아렌트는 그의 저서인 《인간의 조건》에서 다음과 같은 이야기를 한다. "우리가 단 하나가 아닌 다수로 존재하는 한, 다시 말해 우리가 이 세계에서 살며 함께 움직이고 행동하는 한, 오직 유의미한 것은 바로 우리가 서로 이야기로 나눌 수 있고 또한 혼자만의 대화로도 이야기 나눌 수 있는 것이다." 그의 말처럼 우리가 누군가와 말하기를 포기하지 않는 것은 우리의 세상을 유의미하게 만드는 힘을 잃지 않고 제공하는 것과 같다.

"사람은 고쳐 쓸 수 없다"라는 명제에 동의하는가? 현대의 많은 사람이 이 명제에 동의하는 것은 아마도 '상대방의 바뀌지 않는 완고한 태도와 잘못을 고치기 위해 소중한 내 삶을 소모하지 말자'라는 의미 때문일 것이다. 하지만 그 말에 동의하는 존재 또한 사람이라는 범주에 속한다고 따져보면 "나도 고쳐 쓸 수 없다"라는 문장으로 뒤바뀐다. 우리는 지금도 사람이라는 모호한 집단에서 자신과 같은 개개인의 특수성을 제거하는 우를 범하고, 타자를 근거 없이 비난하고 있는지도 모른다. 세상의 모든 사람이 '나'와 다른 존재들에 대한 방어진을 칠 때, 함께 이야기를 나눌 가능성조차 스스로 막아설 수 있다. 남을 바꿀 수 있을지는 모르지만, 이야기를 나누고 함께 나아갈 수 있다. 그것이 바로 모든 관심 문제를 해결하는 시발점이 될 것이다.

관심의 조종과 유혹에 휩쓸리지 않는 방법: 나만의 관심 필터 만들기

개인의 관심을 차지하기 위해 유혹의 손길을 내미는 존재는 과도한 행동을 일삼는 관심병자만이 아니다. 이 책에서 살펴봤듯이 누군가의 관심을 바라는 존재는 개인부터 조직, 그리고 기업과 정부에 이르기까지 다양하다.

중요한 것은 앞으로도 한정된 개인의 관심을 차지하기 위한 유혹의 손길은 더 강해지고 다양해지며 복잡해질 것이라는 사실이다. 이러한 상황에서 단순히 '관심을 받기 위해 과도한 행위를 하는 일부'를 제어하는 것만으로는 충분하지 않다. 왜냐하면 관심병자들을 제외하더라도 관심을 향한 모두의 경쟁이 강해지면 강해질수록, 개인들은 자신의 의지를 통해 주의를 기울이는 것이 아니라 다른 자극과 유혹에 더 쉽게 휘둘릴 수 있기 때문이다.

사회는 이러한 관심 문제를 해결하기 위해 거짓되고 과도한 관심 유발 행위에 대한 비용을 증가시키는 등의 제도적 노력을 펼치겠지만, 최종적으로는 모든 종류의 자극과 정보를 판단하는 게 개인의 책임인 점을 감안했을 때 이러한 자극과 유혹을 헤쳐 나갈 수 있는 열쇠는 우리 자신에게 주어졌다.

결국 모든 종류의 관심의 유혹에 휘둘리지 않기 위해서는 자신의 주체성을 확립하고 이를 키워나가는 것이 무엇보다 중요하다. 하지만 삶의 주체성이 중요하다는 명제를 모두가 알고 있으면서도 현재 우리의 삶은 점차 우리가 아닌 다른 것에 의지하고 타인에게 더 많은 영향을 받는 상태로 변해가고 있다.

스마트폰을 단순히 사용하는 것을 넘어서 스마트폰 자체에 과도하게 의존하는 비율이 점차 높아지고 있다. 2012년 11.1퍼센트에 불과했던 '스마트폰 과의존 위험군'은 2020년 20.0퍼센트로 2배 가까이 늘어났다. 우리나라 만 3세에서 69세 사이의 스마트폰 이용자 5명 중 1명이 스마트폰에 과도하게 의존하고 있다는 뜻이다.[58]

우리가 구매 결정을 할 때 제품의 특성보다 타인의 의견에 영향을 받는 비율 또한 늘어나고 있다. 컨설팅 기관인 브라이트 로컬의 조사에 따르면, 타인의 리뷰에 영향받는 소비자의 비율이 2011년 55퍼센트에서 2014년 72퍼센트로 증가했으며, 2019년의 조사에서는 91퍼센트까지 높아졌다.[59]

이뿐만이 아니다. 마음의 평안을 얻기 위해서 점이나 운세 등을 보거나 점성술을 믿는 것과 같은, 일종의 영성(Spiritualty)에 의지하는 비율도 높아지고 있다.

국내의 경우 '운세 서비스를 본 경험이 있는 비율'이 2012년 69.6퍼센트에서 2019년 82.0퍼센트로 늘어난 것으로 나타났다.[60] 이러한 경향은 미국에서도 비슷하게 나타났는데, 조사 전문 업체 퓨 리서치 센터(Pew Research Center)에서 실시한 '미국인들의 영성 & 종교적 독실함' 연구 조사에 따르면, 미국인의 종교적 독실함은 전보다 줄어들었지만(2012년 59퍼센트 → 2017년 48퍼센트), 영성은 그 어느 때보다 강하다고(2012년 19퍼센트 → 2017년 27퍼센트) 조사되었다.[61] 기존에 특정 종교를 의지하는 비율이 낮아진 것에 반해, 그 빈자리를 운세와 별자리와 같은 영성적인 무엇으로 채우는 비율이 늘어나고 있다는 뜻이다.[62] 사람들이 종교 대신 운세와 별자리 등을 믿는다는 것 자체는 결코 문제가 아니다. 자신의 삶에 주도권을 가지지 못한다고 느끼는 사람일수록 별자리 운세 등을 더 보는 것으로 나타났다는 연구 결과에서 문제가 나타난다.[43]

자기 주체성을 확립하지 못한 채 외부에 의지하는 경향이 강하다는 것은 그로 인해 자기 결정을 하지 못하고, 누군가가 바라는 대로 잘못된 정보를 받아들이는 관심 도구로 전락할 수 있음을 의미한다.

이처럼 누군가가 이끄는 대로 휘둘리는 관심의 노예가 되지 않고 자신만의 주체성을 키우기 위해서는 무엇보다도 '자신만의 관심 필터'를 만들어 대처해야 한다.

자신만의 관심 필터를 만들기 위해서는 첫 번째로 평소 접하는 뉴스와 정보를 그대로 받아들이는 것이 아니라 구글링을 통해 자체적인 팩트 체크를 하거나 믿을 만한 전문 지식을 찾아보는 습관을 들여야 한다. 유발 하라리는 어떤 이슈가 중요해 보인다면 그것과 관련한 논문과 같은 과학 문헌을 찾아보는 노력을 기울이고, 평소 믿을 만한 정보를 얻기 위해 그에 합당할 만큼의 돈을 지불할 의사를 가지고 있어야 한다고 조언했다. 즉 '관심의 세상에서는 공짜 점심은 없다'를 알아야 한다는 것과 뜻을 같이한다.

두 번째로는 내가 평소에 정보를 접하는 환경, 즉 뉴스나 소셜미디어 사용에서 내가 지지하는 성향만의 이야기를 듣고 다른 한쪽 성향의 의견을 차단하는 것이 아니라, 나와 반대되는 의견을 지속적으로 청취할 수 있는 환경을 만들어야 한다. 이를 위해서는 나의 성향과 반대되는 언론의 논설을 보고 SNS상의 나와 반대되는 모든 이를 차단하기보다 이를 선별해서라도 지속적으로 의견을 확인하는 의식적인 노력이 필요하다. 구글 크롬 브라우저 등에서 광고나 알고리즘 추천을 차단하는 프로그램을 설치하는 방식도 추천된다. 이와 같은 방식은 한쪽 취향의 정보만을 탐식해 결국 자신만의 세계에 갇혀버리게 되는 필터 버블 함정에 빠지지 않게 도와줄 것이다.

마지막으로 유튜브와 SNS 같은 반응형 미디어의 홍수 안에서 책과 같은 비반응형 미디어에 노출되는 시간을 반강제적으로라도 늘리는 것이다. 이를 위해서는 스마트폰과 관련된 환경을 먼저 조절해야 한다. 스티브 잡스를 포함한 IT 거물들이 자신의 아이들에게는 스마트폰을 절대 사용하지 못하게 한 것처럼, 어렸을 때부터 스마트폰 접근을 제한하는 것도 하나의 방법이다. 하지만 현실적으로 어렵다면 나의 반응을 지속적으로 이끌어내는 SNS 등의 알림 설정을 모두 꺼두고 필요하지 않은 어플리케이션을 제거하는 선택도 괜찮을 것이다. 혹은 스마트폰을 특정 시간(식사) 혹은 장소(침실 혹은 화장실)에서 사용하지 않는다는 원칙을 정하는 방식도 하나의 방법이 될 것이다.

수직적이고 획일화된 세상을 넘어 다양성의 세상으로

우리 사회가 겪어온 지난날은 '수직적이고 획일화된 가치'가 지배하던 세상이었다. 산업화 시대에서 성공으로 이르는 길은 위를 바라보고 '열심히 최선을 다하는 것'이었다. 이러한 노력을 통해 지금의 발전된 사회를 이룰 수 있었다.

하지만 수직적이고 획일화된 사회가 꼭 긍정적인 힘만을 발휘한 것은 아니었다. 이와 같은 사회는 그 속에 사는 사람들의 일생을

'주관식이 아닌 객관식'으로 만들어버렸다. '5지선다'와 같이 다양한 객관식 선택이 아닌 양자택일의 것들이었다. 결국 "결혼할래, 말래?" 혹은 "좋은 대학 갈래, 말래?"의 선택지만 남은 사회에서는 수직적인 가치, 즉 돈과 지위 등으로 사람을 한 줄로 세우는 방식의 삶만 남게 되었다.

하지만 1인당 국민소득 3만 달러의 시대를 열고 선진국의 문턱을 넘어서면서 수직적이고 획일화된 가치만으로 발전하는 데 한계를 보이기 시작했다. 또한 그 속에서 살아가는 구성원들 또한 '언젠간 좋은 날이 올 거라는 굳은 믿음을 가지고 앞으로 달려나가는 사람들'이 아니라 '현재의 내 삶에서 무엇이 중요한지를 따져 묻는 사람들'로 채워지기 시작했다.

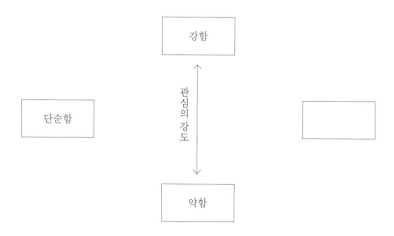

그러한 의미에서 이 책에서 등장하는 관심 추종자들 중 일부가 가지고 있는 과도한 관심을 끄는 행동, 즉 수직적인 관심의 강도를

높이는 데만 관심을 갖는 자들의 행동은 사회의 노력으로 치유하고 자제시키는 게 옳다. 하지만 이들이 추구하는 '남과 다름'의 의지, 즉 수직적이고 획일적인 삶을 따르는 것이 아니라 다양하고 다채로운 삶의 방식을 갖고자 노력하는 모습을 우리 사회를 움직이는 하나의 동력으로 삼을 수도 있다.

사회적으로 비정상의 비용을 높이고 정상적인 활동에 대한 이득을 높이는 활동과 더불어, 나와 다른 목소리를 내는 이들을 '틀린 사람이 아닌 다른 사람'으로 받아들이는 분위기가 조성된다면 이들은 언젠가 우리 사회를 다음 단계로 도약시킬 마중물 역할을 할 수 있을 것이다.

앞으로 펼쳐질 미래에는 뛰어난 한 사람이 모든 이들을 먹여 살리기는 어려울 것이다. 새로운 미래의 핵심은 서로 다른 다양한 사람들이 서로의 다름을 교환해 새로운 기회를 만들어내는 것이다. 그러한 점에서는 우리는 결코 다양한 삶의 가치를 포기해서는 안된다. 비록 기존의 획일화된 사회가 다양화된 사회로 변모하는 데 다소 많은 시간과 노력이 걸리겠지만, 다양성은 우리의 건강한 민주주의를 유지시켜 주는 요체인 동시에 사회 양극화와 광신주의를 막아낼 힘이 될 것이다.

이와 같은 다양성의 사회를 이루기 위해서 우리가 해야 할 추가적인 일은 기존 우리 사회가 떠받들었던 믿음을 재점검하는 일이다.

그 믿음에는 우리가 세상을 바라보는 '관점'도 포함된다. 관점(觀點, point of view)은 무언가를 보고 생각하는 각자의 태도나 방향을 뜻했지만, 지금까지 우리 사회에서 삶을 바라보는 몇몇 관점은 제안

인간의 조건

되기보다 강요되었다. 가령 '노력해야 한다', '포기하지 않아야 한다' 그리고 '긍정적으로 살아야 한다'와 같은 낙관론적 관점이 바로 그것이다.

위의 세 가지 문장은 지금까지 우리 사회에서 하나의 관점이나 주장이 아니라 진리와 같이 여겨졌다. 특히 포기하지 않고 노력한다면 반드시 무언가를 이룰 수 있다는 말은 절대적인 진리같이 움직였다. 반드시 틀린 말은 아니었다. 성공에 이른 사람들은 모두 그 자리에 오르기까지 포기하지 않고 노력했기 때문이다. 하지만 성공한 1퍼센트의 사람들의 모습은 그 자리에 오르지 못한 99퍼센트를 지워버렸다.

개인이 성공하지 못한 다양한 이유가 있을지 모르지만, 낙관론은 항상 내가 성공하지 못한 유일한 이유는 '나의 노력이 부족하고, 무언가를 간절하게 원하지 않았다는 것'이라고 일침을 가했다. 여기에서는 반대되는 어떠한 이야기도 할 수 없었다. 희망을 위축시킬 수 있는 모든 징조에는 눈을 감아야 했다. 우리 사회가 노력해도 성공할 수 없는 불평등한 구조가 있다는 사실 또한 지워버렸다.

새로운 시대를 사는 사람들은 바로 이러한 진리의 말들이 강요된 말에 지나지 않았을지 모른다는 사실을 알아챈 사람들이다. 노력해도 안 될 수 있는 현실의 문제점을 지적하고, 노력이 부족하다는 지적에 '노오력'이라는 단어로 비꼬는 답변을 내놓고 있다.

낙관론자가 무조건 비관론자보다 잘살 것이라는 믿음도 하나씩 진실이 아니라는 사실이 밝혀지고 있다. 영국에서 지난 20년에 걸쳐 자영업자를 대상으로 조사한 결과 비관론자가 낙관론자보다 25

퍼센트가량 더 많은 소득을 올린 것으로 집계되었으며, 미국의 국립암연구소(NCI) 조사 결과에 따르면 심장병 등 중병에 걸릴지 모른다고 걱정하며 사는 비관론자가 낙관론자보다 질병을 좀 더 일찍 발견하는 경향이 있는 것으로 나타났다. 결과적으로 비관론자가 낙관론자보다 더 오래 살 수 있다는 것이다. 또한 미국 미시간대의 심리학자들은 '방어적 비관론(defensive pessimism)'이 일의 능률을 올리는 데 도움이 된다는 연구 결과를 발표하기도 했다. 방어적 비관론을 가진 사람들은 기대치를 낮추고 최악의 경우를 예상함으로써 결과적으로 더 높은 인생의 성취를 얻는다는 것이다.

여기서 낙관론이 옳지 않고 방어적 비관론이 옳다는 이야기를 전달하고자 하는 것이 아니다. 단지 앞으로 우리가 살아갈 사회에는 낙관론을 가진 사람과 비관론을 가진 사람 모두가 필요하다는 것이다.

불평불만만을 일삼으며 대안을 제시하지 않는 사람은 문제 있을 수 있지만, 현실의 문제점을 제대로 지적하는 사람은 사회에 꼭 필요하다. 또한 단순히 '긍정성을 억지로 가장하며 사는 사람'이 아니라 긍정적인 분위기로 주위 사람들에게 긍정의 에너지를 설파하는 사람 또한 우리 사회에 필요하다.

절대적이지 않은 무언가를 강요하고 강제한다는 것은 새로움과 다양성이라는 가치를 갉아먹는 결과를 낳게 된다. 또한 기존 시대에서 절대적이었던 가치가 새로운 시대에서 상대적인 가치로 변하기도 한다. 우리가 다양성의 사회에서 올바르게 살아가기 위해서는 바로 이러한 변화의 가능성을 알고 여기에 유연하게 대처하는 태도를 갖는 것이 중요하다.

맺는말 — 서로를 구분 짓지 않고 그대로를 인정하는 사회

이 책의 내용을 처음 떠올린 것은 지금으로부터 10년 전인 2010년 이었다. 당시 회사에서 3년 차 사원으로 일하고 있었던 나는 주위 선배와 동료들의 말과 행동을 보면서 어떻게 하면 회사 생활을 제대로 할 수 있을지 배우고자 했다. 관찰 과정에서 알게 된 것 중 하나는, 같은 일을 하면서도 누군가는 조직에서 인정을 받았지만 반대로 누군가는 자신이 맡은 일조차 제대로 알리지 못한다는 사실이었다. 그 와중에 제대로 일하지 않으면서, 보여주기식 행동과 아부를 통해 살아남은 사람 일부도 볼 수 있었다.

이때부터 나의 머릿속에 남아 있던 의문은 "어떻게 하면 조직 안에서 제대로 인정을 받을 수 있느냐?"였다. 일부 선배와 같이 단순히 거짓된 행동으로 살아남고 싶지는 않았다. 결국은 자기 영역에 실력을 갖추고 이를 통해 얻은 성과를 조직에 제대로 알릴 필요성이 있다는 결론에 도달했다.

이 내용을 체계적으로 정리하고 싶었지만 이를 하나의 단어로 풀어내는 데 어려움을 겪었다. 그러다 최근 관심과 관종이라는 키워드를 찾을 수 있었다. 결국 이 키워드가 단순히 개인에게 한정해 사용하기보다 사회 전반에 걸쳐서 활용할 수 있겠다는 생각에 다다랐다.

그동안 수많은 사람이 《90년생이 온다》의 차기작으로 '90년대생과의 대화법' 혹은 '2000년생이 온다'와 같은 맥락을 권했다. 주변 조언을 귀담아듣고 충실히 이행했다면 분명히 일정 이상의 경제적 성과를 담보 받을 수 있었을 것이다. 또한 기존 저작물과 비슷한 종류의 책이라면, 작업의 난이도에서도 지금보다 훨씬 수월했을 것이다. 하지만 성공할 가능성이 작고 작업이 고될 거라는 예상 속에서도 나는 그저 10년 전에 생각했던 이 내용을 쓰고 싶었다.

봉준호 감독은 2015년 '극복되지 않은 불안과 공포'라는 제목의 강연에서 '공포의 근원은 집착이다'라고 이야기한 적이 있다. 영화 창작자는 찍고 싶은 어떤 장면을 소유하는 시점이 올 때까지는 불안과 공포에 시달린다고 했다. 그 장면에 대한 집착 때문이었다.

나에게 이 책이 바로 그 집착의 대상이자, 공포의 원인이었다. 지난 1년간 이 책을 쓰면서 하루하루 불안에 시달렸던 이유는 이 주제를 어떻게든 책으로 내고 싶었던 나만의 오랜 집착에 있었다. 어찌되었든 이렇게 가슴속 깊숙이 박혀 있던 하나의 응어리를 내려놓게 되었다는 점 하나만은 후련하다.

앞으로도 이러한 집착을 해소하기 위해 글을 쓰게 될 것이다. 물론 인생을 편히 사는 데 있어서 그리 달갑지 않은 방식이다. 하지만 적어도 내가 원하는 방식으로 내 삶을 설계하고 나아갈 수 있다는 점에서 이 삶의 형태를 유지할 것이다. 내가 원하는 것을 할 수 없다면 굳이 작가라는 일을 할 이유는 없다. 단지 그 과정에서 이 세상의 진보에 한 줌의 도움이라도 된다면 충분히 만족할 수 있을 것이다.

나는 책을 쓸 때마다 글쓰기 싫다고 징징거리는 습관을 지니고 있다. 이번에도 역시 그 습관이 크게 개선되지 않았다. 이런 나의 모습을 곁에서 불평 없이 받아 준 아내에게 진심으로 고맙다는 말을 전한다. 1년 전에 둘째 아이를 출산해, 코로나로 맘 놓고 외출도 못 하는 상황 속에서 건강하고 씩씩하게 키워준 고마움도 앞으로 보답해야 할 것이다.

그리고 마지막으로 이 책은 꼭 2020년 안에 출간해 둘째 딸 지연이의 첫 돌 전에 아이에게 안겨주고 싶었다. 지난 10년 동안 생각만 하고 있던 내용을 둘째 탄생을 계기로 행동으로 옮길 수 있었기 때문이다. 비록 지금은 아이가 이 책의 존재나 내용을 알 리 없겠지만, 시간이 지나 언젠간 본인의 이름을 읽을 수 있는 나이가 되어 이 글을 읽게 된다면, 아빠는 네가 태어났던 순간부터 네가 이 글을 읽는 순간까지 계속 사랑하고 있다는 것을 기억해 주길 바란다. 그리고 다른 건 몰라도 앞으로도 변함없이 너의 삶을 응원하고 지지할 거란다. 아, 물론 첫째 지아도 마찬가지고! 사랑한다!

그리고 저자 소개에도 나와 있지만 나는 전빨련(전국빨간차연합회) 회장으로서 현재 빨간색 자동차 3대를 소유하고 있다. 앞으로도 평생 빨간색 자동차만 탈 생각이다. 빨간색 자동차를 타는 이유가 꼭 남보다 튀고 싶어 하는 '관심병자'의 마음이라서가 아니다. 이 모임을 지속하고 있는 것은 '특정 색상'을 좋아한다고 해서 '튀는 사람' 혹은 '여자'라고 특정되는 사회적 편견을 변화시킬 수 있는 움직임이라고 생각하기 때문이다. 관종이라는 단어로 누군가를 특정해 구분 짓기에 앞서, 우리 모두 자신의 자유로운 취향 안에서 서로의 다름을 인정하고 한 사회 안에 공존할 수 있는 길을 함께 모색할 때, 그리고 그 길을 지속할 수 있을 때 지금보다 더 나은 사회를 희망할 수 있을 것이다.

미주

1부. 관종의 등장

1) 이 책을 쓰며 한국인 500명을 대상으로 외부 기관에 의뢰해 조사한 설문 결과(조사기관: 오픈서베이), 관종이라는 단어를 인지하고 있는 비율(보조 인지율)은 약 95.4퍼센트에 해당했다.

* 해당 질문: 당신은 관종이라는 단어의 뜻을 알고 있습니까? | 전체 조사명: IT기기 활용 및 SNS 활동 유형 조사 | 설문 기간: 2020년 8월 20일 | 신뢰도 95퍼센트 수준 ±4.38퍼센트 자세한 설문 결과를 볼 수 있는 인터넷 접속 링크. https://bit.ly/3elEBgr

2) 해당 설문 결과에서 관종에 대한 인식을 분석한 결과, 62퍼센트가 관종이라는 단어에 대해서 부정적으로 인식하고 있는 것으로 나타났다. 중립적인 인식은 33퍼센트, 긍정적인 인식은 5퍼센트에 해당한다.

3) 반기웅, "'관종 경제' 모든 관심은 혐오로 통한다", 〈주간경향〉, 2020.8.10.

4) 김나연 외 9명, 2019, 《2020 팔리는 라이프스타일 트렌드》, 한스미디어.

* '샤이 관종'은 이노션 인사이트전략팀에서 제시한 명칭으로 '내 개성, 창의력을 표현하고 싶지만, 과감히 노출하고 싶지 않은 부류'를 정의하고 있다.

5) 최규환, "유병재 '실제 성격 궁금하다고? 난 조용한 관종'", 〈OSEN〉, 2019.1.18. 이수민, "〈광대들〉 김슬기 "나는 내성적 관종, 낯가리면서 주목 원해", 〈스타포커스〉, 2019.8.22.

6) "Oregon shooting: Gunman Chris Harper Mercer had 13 guns", 〈BBC〉, 2015.10.3.

7) Farhad Manjoo, "Web Trolls Winning as Incivility Increases", 〈NY Times〉, 2014.8.14.

8) 박권일 외 5명, 2014, 《지금, 여기의 극우주의》, 자음과모음, p.43.

* 여기서 attention을 관심이 아닌 주목으로 해석해 적었기에 원문 해석을 그대로 적용한다.

9) 안수정, "성인 남녀가 꼽은 불쾌한 신조어 1위 'OO충'", 〈잡코리아〉, 2015.12.21.

　https://m.jobkorea.co.kr/GoodJob/Tip/View?News_No=5037&schCtgr=0

　* 해당 설문 조사 결과에서 관종은 '불쾌하게 느껴지는 신조어' 중 하나로 뽑혔다.

10) 이다원, "유아인, '관종'을 새롭게 정의하다", 〈MBN〉, 2016.3.23.

　* 2016년 SBS 〈육룡이 나르샤〉 기자 간담회 이전인 2015년 인터뷰에서도 본인을 관종이
　라고 칭한 바 있다.

11) 강원국, "글 쓰는 사람은 태생이 '관종'이다", 〈오마이뉴스〉, 2018.3.26.

12) 강원국, "나는 '관종'으로 살기로 결심했다", 〈SBS NEWS〉, 2020.7.12.

13) 작가 김곡은 《관종의 시대》에서 우리 모두 '어느 정도' 관종이라 말한다. 관심이 전시 가치
　를 지니게 되어 그 자체 상품이 된 지금 노출증이 결벽증보다 더 우세하게 되었고, 그러한
　시대적 환경 안에서 관종을 '누구의 강요가 아닌 스스로의 의지로 발가벗은 존재'라고 인정
　한다. 또한 양수영 작가는 《관심 종자》에서 아예 '사람은 누구나 관심을 받고 싶어 하는 관
　종이다'라고 주장한다.

14) 경기도교육연구원, 〈'인싸'와 '관종': 주목받음의 중요성에 대한 청소년 인식〉.

15) 송민섭, "'관종 국회의원' 악플 단 50대에 벌금 70만 원 선고", 〈세계일보〉, 2020.5.1.

16) 김현정, "'도레미마켓' 슈퍼주니어 은혁 '이특, 전국 관종협회 회장'", 〈엑스포츠뉴스〉,
　2020.3.9.

17) 버트 마커스, 2020, 〈아메리칸 밈(American MEME)〉, 2분 34초.

18) Google Trends에서 2004년부터 2020년까지 검색어(Attention Seeker & 관종)를 기준으로 삼
　았다.

19) 맨체스터 유나이티드 FC 전 감독인 알렉스 퍼거슨이 2011년 5월 20일 기자회견에서 남긴
　명언으로 알려져 있지만 원본은 약간 다르다. 2011년 5월 18일, 맨유 선수인 웨인 루니가
　트위터에서 한 팔로워와 논쟁을 벌인 것에 대한 충고에서 나온 말이다. 당시 루니는 팔로워
　를 도발해 사회적 물의를 일으켰는데, 트위터 자체가 인생의 낭비라고 하기보다는 트위터
　에서의 논쟁이 시간 낭비라는 논조였다.

20) 500명의 한국인을 대상으로 외부 기관에 의뢰해 조사한 설문 결과(조사기관: 오픈서베이)로는
　A/B/C/D타입의 유형이 각각 6.6퍼센트, 35.5퍼센트, 43.7퍼센트, 14.2퍼센트로 조사되었
　다.

21) 토머스 데이븐포트, 2006, 《관심의 경제학》, 21세기북스, p.25~29.

22) Simon, H. A., 1971, *Designing Organizations for an Information-Rich World in: Martin
　Greenberger, Computers, Communication, and the Public Interest*, The Johns Hopkins
　Press. 40–41.

23) "You know what's cool? A billion hours", 〈YouTube Official Blog〉, 2017.2.27.

24) 한국은행 홈페이지, 〈화폐일반-화폐의 기본요건〉.

　* 화폐는 기본적으로 '가치의 측정', '교환의 매개', '가치의 저장'의 세 가지 조건을 충족해야

한다.

25) "You know what's cool? A billion hours", 〈YouTube Official Blog〉, 2017.2.27.

26) 미국에서는 일반적으로 UGC(User Generated Contents)로 알려져 있다. 일본에서는 CGM(Consumer Generated Media)이라고도 한다. 국내에는 UCC를 순화한 '손수제작물'이라 는 용어도 있다.—네이버 지식백과, 두산백과, 'UCC'.

27) 자신이 좋아하는 취미를 전문적인 일로 기획해 사업으로 확장·발전시켜 나가는 사람들인 하비프러너(Hobby-preneur)라고도 부른다.

28) Bolton and Drew, 1991, Yang and Peterson, 2004.

29) 참고로 2009년 5월 31일 MBC 〈무한도전〉 출연자 노홍철이 도전했다가 실패했던 바로 그 종목이다.

30) 〈개그콘서트〉의 출연자 박준형이 열연했던 갈갈이 패밀리와 '빽코' 이홍렬의 오백 원 묘기를 의미한다. 어린 시절 추억을 되살리는 오마주라고 봐주면 좋겠다.

31) 앤드류 포터, 2016, 《진정성이라는 거짓말》, 마티, p.140.

32) 베블런은 19세기 귀족들의 그리스어 학습이나 승마 같은 활동을 낭비로 규정한 것은 사실 이지만, 사실 그 활동 자체가 낭비라기보다는 그 활동이 귀족들 간의 지위 경쟁으로 일어난 다는 점을 비판한 부분이 더 크다.

33) 'Flex'라는 단어는 1992년에 래퍼 아이스 큐브가 자신의 노래 'down for whatever'에서 처음 사용한 것으로 알려졌다.

34) 박성우, "韓 서비스 시작한 '한달 공짜' 넷플릭스 써보니… '아직은 볼게 없다'", 〈조선일보〉, 2016.1.17.

35) "넷플릭스의 앞날이 낙관적일 수 없는 이유 몇 가지", 〈한국경제TV〉, 2016.1.18.

36) 사실 어떤 콘텐츠를 볼까 결정하지 못하는 시청자들(indecisive Viewers)이 늘어난 현상이 넷플릭스가 낳은 부작용 중에 하나이긴 하지만, 이 문제 하나를 두고 '넷플릭스 증후군(Netflix Syndrome)'이라고 통칭하는 것은 다소 무리가 있다. 넷플릭스 증후군에 속하는 현상은 이보다 다양하다고 볼 수 있는데 2011년 기즈모도(Gizmodo)에 올라온 "Do You Suffer from Netflix Streaming Syndrome?"에는 넷플릭스 시청으로 인한 '불면증', '사람을 만나지 않고 넷플릭스만 보는 반사회적 성향의 증가', '연속적인 영화 시청으로 인해 발생된 정전' 등을 함께 이야기한 바 있다.

37) Rhona Shennan, "Netflix is trying out a new 'shuffle button' to help indecisive viewers choose what to watch", 〈linlithhow GAZETTE〉, 2020.7.22.

38) 서봉원, 2016, 〈콘텐츠 추천 알고리즘의 진화. 한국 콘텐츠 진흥원 방송&트렌드 인사이트, 5〉, http://www.kocca.kr/insight/vol05/vol05_04.pdf

39) 김지완, 정윤영, "나의 선택은 진짜 내가 한 걸까… AI의 진화", 〈뉴스핌〉, 2020.10.4.

40) Kevin Roose, "YouTube's Product Chief on Online Radicalization and Algorithmic Rabbit Holes", 〈NY Times〉, 2019.3.29.

41) 웹 사이트 메타필터에서 Blue_beetle을 사용하는 앤드류 루이스의 유명한 말이다. 원문은 아래와 같다. "if you're not paying for something, you're not the customer; you're the product being sold", 출처: 앤드류 루이스 트위터 계정.

42) 엘리 프레이저, 2011, 《생각 조종자들》, 알키, p.12.

43) Kramer, A. D., Guillory, J. E., & Hancock, J. T., 2014, *Experimental evidence of massive-scale emotional contagion through social networks*, Proceedings of the National Academy of Sciences, 111(24), 8788-8790.

44) Huberman, M., & Minns, C., 2007, *The times they are not changin': Days and hours of work in Old and New Worlds, 1870–2000*, Explorations in Economic History, 44(4), 538-567.

Clockify, "Average Working Hours (Statistical Data 2020)", https://clockify.me/working-hours

45) OECD DATA, 〈Hours worked〉, 2008~2019.

46) 문화체육관광부, 〈2010 국민여가활동조사〉, 2010.11.

47) 방송통신위원회, 〈2010 방송매체 이용행태 조사〉, 2010.12.

48) 최재현, "초등생 5명 중 1명 '장래 희망 연예인'", 〈서울신문〉, 2010.5.21.

49) 이필성, 2020, 《나는 오늘도 콘텐츠를 팝니다》, 위즈덤하우스, p.7.

　* "It's all started from iphone(아이폰으로부터 모든 것이 시작되었다)"이라는 문장은 구글에서 작성한 모바일 인터넷 매니페스토(manifesto)의 첫 문장이다.

50) 문화체육관광부, 〈2019년 국민여가활동조사〉.

　* 주로 하는 여가 활동으로 여전히 텔레비전 시청(71.4퍼센트)이 높게 나타났지만, 매년 소폭 감소하는 추세다.

51) 방송통신위원회, 〈2019 방송매체 이용행태 조사〉, 2019.12.

52) 인터넷 방송인을 의미하는 대표적인 일반 명사인 스트리머(Streamer)다. 인터넷에서 음성 파일이나 동영상 파일 등을 실시간으로 다운로드해 재생하는 기법을 의미하는 스트리밍의 원형인 'stream'에 행위자를 뜻하는 접미사 '-er'를 붙인 단어로, 대개 유튜브, 트위치, 아프리카TV, 카카오TV 같은 곳에서 인터넷 방송을 하는 사람을 뜻한다. 하지만 이 책에서는 일반적인 독자분들의 이해를 돕고자, 가장 일상적으로 듣고 직관적으로 이해할 수 있는 '유튜버(Youtuber)'로 통일해 이들을 부르고자 한다. Google Trends 등의 단어 검색량으로 따져 봤을 때, 크리에이터나 스트리머라는 단어보다 유튜버라는 명칭이 대표적으로 검색되고 인지되고 있는 점을 감안했다.

53) 교육부, 〈2018 초중등 진로교육 현황조사 결과 발표〉, 2018.12.14.

54) 교육부, 〈2019 초중등 진로교육 현황조사 결과 발표〉, 2019.12.11.

55) 재미있는 것은 교육부에서 유튜버를 부르는 명칭을 1년 만(2018년→2019년)에 인터넷 방송 진행자(유튜버)(2018)에서 크리에이터(2019)로 변경했다는 점이다. 또한 2018년에 '인터넷 방송 진행자(유튜버)'에 대해서는 별다른 설명을 하지 않다가, 2019년에는 "크리에이터는 유튜버, BJ, 크리에이터, 스트리머 등을 포함함"이라는 새로운 주석을 추가했다. 물론 2018년 1

월부터 시행된 제7차 한국표준직업분류 개정안에서 새롭게 등재된 '미디어 콘텐츠 창작자 (Media Contents Creators)'의 명칭을 적용한 것이기도 하지만, 그 짧은 1년간 유튜버들의 위상이 어느 정도 바뀌었는지를 볼 수 있는 대목이다.

56) 김수정, 신민섭, 남민, 홍강의, 1997, 〈어린이의 꿈, 공상 및 희망에 대한 경험적 연구(1): 발달학적 관점에서 고찰〉, 소아청소년정신의학, 8(1), 3-21.

57) 이호영, 조성은, 오주현, 김석호, 이윤석, 2012, 〈디지털세대와 기성세대의 사고 및 행동 양식 비교연구〉, 방송통신위원회방송통신정책연구 보고서.

58) 로버트 퍼트넘, 2016, 《나 홀로 볼링》, 페이퍼로드, p.93.

59) Joshua Gamson, *Claims to Fame: Celebrity in Comtemporary America.*
Berkeley, 1994, *Denis McQuail, Mass Communucation*, University of California Press.
Gamson, J., 1994, *Claims to fame: Celebrity in contemporary America*, Univ of California Press.

60) 미치 프린스틴, 2018, 《모두가 인기를 원한다》, 위즈덤하우스, p.99.

61) 황소영, "'여전히 '초딩여캠' BJ 방송, '모든 것이 어른들 잘못이다!'", 〈동아일보〉, 2016.3.21.

62) 그는 결국 이 일로 아프리카TV 방송 영구 정지를 당했다. 이후 한 여성 BJ에게 무리한 구애를 하다가 3년의 징역형을 선고받기도 했다. 결국 그는 2020년 갈등을 빚던 또 다른 인터넷 방송인이 사는 집 앞 아파트에서 투신자살로 생을 마감했다. 이 부분은 논란이 있을 수 있기에 본문에서 제외해 서술한다.

63) 오재용, "여성 BJ에게 빠져 재산 탕진, 결국 살인 불렀다", 〈조선일보〉, 2020.9.30.

64) 유튜브에는 대박 실패(Epic Fail)라는 별도의 장르가 있는데, 여기서는 보드를 타다가 나자빠지거나 비슷한 식으로 낭패를 보는 아마추어들의 영상이 올라와 있다.

65) 송혜민, "英11세 소년, SNS에 '기절 게임' 자랑하려다 사망", 〈서울신문〉, 2017.6.6.

66) 유성호, "중국 남성 BJ, 구독자 위해 3개월간 술방으로 사망", 〈소플리에타임즈〉, 2019.2.22.

67) 토머스 데이븐포트, 2006, 《관심의 경제학》, 21세기북스, pp.52~55.

68) Burkholder, R. A., Pisoni, D. B., & Sviesky, M. A, 2005, *Effects of a cochlear implant stimulation on immediate memory in normal-hearing adults*, International Journal of Audiology, 44(10), 551-558.

2부. 관종의 조건 4가지

1) 우리나라뿐만 아니라 서양의 일부 나라 또한 "키가 큰 양귀비꽃이 잘려나간다(Tall poppy gets cut down)"라는 의미의 '키 큰 양귀비 증후군(Tall poppy syndrome)'이라는 말이 있다. 이는 단체에서 동년배보다 크게 성취한 사람들을 공격하고 비난하는 사회 현상을 의미한다.

2) 기 드보르, 2014, 《스펙터클의 사회》, 울력, pp.20~23.

3) Lavezzo, E., Franchin, E., Ciavarella, C. et al., 2020, *Suppression of a SARS-CoV-2 outbreak in the Italian municipality of Vo'* Nature 584, 425–429.

Hoxha, A., Wyndham-Thomas, C., Klamer, S., Dubourg, D., Vermeulen, M., Hammami, N., & Cornelissen, L., 2020, *Asymptomatic SARS-CoV-2 infection in Belgian long-term care facilities*, The Lancet, Infectious Diseases.

* 코로나19의 무증상자 비율은 전 세계 지역과 상황별로 차이를 보이기 때문에 정확히 어느 정도 수준이라고 예견하기는 어렵다. 이탈리아 파도바대학과 영국의 임페리얼 칼리지 런던의 공동 연구팀이 이탈리아의 코로나19 최초 확산지 마을의 전체 주민 3,200여 명을 대상으로 바이러스 검사를 시행해 2020년 6월 30일 〈네이처〉지에 발표한 연구에 따르면 무증상자 비율은 40퍼센트였고, 벨기에의 한 장기요양원을 대상으로 약 28만 명의 대규모 코로나19 전수 검사를 수행한 2020년 7월 3일 연구 결과로는 75퍼센트가 무증상자였다.

4) 모든 스포츠가 대중의 관심을 균등하게 받고 모든 스포츠인이 프로로서 일정 이상의 대우를 받으면 최적의 상황이 연출되겠지만 현실은 녹록지 않다. 비록 국가별로 변동이 크지만 우리가 알고 있는 인기 스포츠는 야구, 축구, 배구 등 극히 일부분에 해당하며 대부분의 스포츠는 대중의 관심으로부터 상당히 먼 지점에 있다. 만약 스포츠의 세계가 지금도 '실력만이 전부'인 세계로 유지되었다면, '비인기 종목의 설움'이라는 키워드가 반복되지도 않았을 것이며 올림픽과 같은 큰 무대에서 커다란 성과를 이룩한 깜짝 스타들이 매번 어두운 얼굴을 하고 "내가 아니라 종목에 대한 지속적인 관심"을 당부하는 일도 일어나지 않았을 것이다.

5) Kurt Badenhausen, "The Highest-Paid Athletes Of The Decade: Mayweather, Ronaldo And LeBron Dominate", 〈Forbes〉, 2019.12.23.

6) 스포츠 저널지 〈Sports News〉에서 발표한 'Top 10 Most popular Sports in The World'를 참조했다. 해당 순위는 전 세계 팬과 경기 관람자, 인터넷 인기 지표, TV 시청자 수를 종합해 선정한 순위다. 전 세계에서 가장 인기 있는 스포츠는 35억 명의 전 세계 팬을 거느리고 있는 축구였고, 복싱은 겨우 12위에 불과했다.

7) 〈TOP 30 GREATEST FLOYD MAYWEATHER JR QUOTES〉, https://www.mightyfighter.com/top-30-greatest-floyd-mayweather-jr-quotes/

* 결국 메이웨더는 이런 식으로 그를 좋아하는 사람이나 싫어하는 사람이나 모두 그의 경기를 보게 만들었다. 그는 "내가 이기는 걸 보고 싶어 하는 사람들도 돈을 내고, 내가 지는 걸 보고 싶어 하는 사람들도 돈을 낸다"라는 유명한 말을 남기기도 했다.

8) Sam Morgan, "THE GREATEST Top 10 boxers of all time revealed with Floyd Mayweather Jr. No1, Muhammad Ali down in fourth and Mike Tyson OUT", 〈The Sun〉 & ESPN, #P4Prank: Mayweather No. 1 of past 25 years, 2016.3.15. https://www.espn.com/boxing/story/_/id/14970037/ranking-top-25-pound-pound-boxers-25-years

* 해당 랭킹은 프로 권투 선수의 전적을 기록하는 BoxRec에서 전체 복서의 전체 전적과 연간

반증의 조건

P4P 랭킹에 따른 계산식에 따른 순위이다. 이 기준에 따라 50전 전승을 기록한 메이웨더는 2,255점으로 1위, 62승 7패를 기록한 파퀴아오는 1,633점으로 2위로 나타났다. 이외에도 미국의 스포츠 전문 케이블 방송 ESPN에서 복싱 전문 패널에게 지난 25년간 최고의 복서를 물어본 질문에서도, 메이웨더는 1위를 차지했다.

9) 칩 히스, 댄 히스, 2009, 《스틱》, 엘도라도, pp.382~383.

10) 장상진, "코카콜라의 행복 마케팅…'일상의 행복 찾아요'", 〈조선일보〉, 2009.3.25.

11) 대도서관, 2018, 《유튜브의 신》, 비즈니스북, p.145.

12) 김보겸, 2019, 《유튜브 구독자 100만 만들기》, 지식너머, p.41.

13) 윤경미, "유튜브 채널의 핵심전략은 3H(HERO·HUB·HELP): 뷰티경영포럼, 구글 마케팅 솔루션 본부 김경훈 상무 초청 강연", 〈화장품신문〉, 2016.11.30.

   * 허브 콘텐츠를 광고 콘텐츠로 비유하면 큰 자본이 들어가는 TV광고로 설명할 수 있다.

14) 이필성, 2020, 《나는 오늘도 콘텐츠를 팝니다》, 위즈덤하우스, pp.61~63.

15) 이시한, 2020, 《유튜브 지금 시작하시나요?》, 미래의창.

16) 셀레브, "나 이말년, 운도 실력이야", 2017.8.8. https://www.youtube.com/watch?v=JJTvhnU-tAE&t=37s

17) Byock, I., 2013, *The best care possible: A physician's quest to transform care through the end of life*, Penguin.

18) Noell, A. M., 1979, *The History of Noell's Ark Gorilla Show: The Funniest Show on Earth, which Featured the worlds Sic Only Athletic Apes*, Noell's Ark Publisher.

   * 1940년대부터 1970년대까지 미국의 동부 해안을 오르내린 '노엘의 방주 고릴라 쇼'라는 서커스의 프로그램이 있었다. '강인한 남성 구함. 40킬로그램 유인원의 어깨를 바닥에 닿게 누르고 있으면 초당 5달러를 주겠음.' 이렇게 쓰인 벽보를 보고 미식축구 수비수 같은 우람한 사내들이 그 앞에 줄을 서곤 했다. 이 간판 쇼에서 관중에게 깊은 인상을 남길 수 있다는 데에 고무되고도, 30년 동안 단 한 사람도 찍어 누르고 5초를 넘기지 못했는데, 안타깝게도 그 침팬지는 다 자란 어른도 아니었다.

19) 개개인의 스펙적인 면모를 따져봤을 때는 현생 인류보다 네안데르탈인이 더 강인했다. 네안데르탈인은 뇌 용량이 최대 1.8리터로 최대 1.4리터였던 우리보다 컸으며, 우리와 똑같이 집단생활을 했고, 비록 키는 우리보다 작았지만 훨씬 다부진 근육질의 몸을 가지고 있었다. 그래서인지 자신들보다 큰 매머드와 맹수 같은 위험한 동물과 직접 맞짱을 뜨는 용맹함까지 갖추고 있었다.

20) 이영완, 박건형, "뛰어났던 네안데르탈人은 왜 '우리의 조상' 호모 사피엔스에게 밀렸나", 2015.4.25.

   * 2005년 미시간주립대학교 리처드 호란 교수는 "네안데르탈인들은 20~30명씩 가족을 이뤄 살았지만, 다른 네안데르탈 집단과 교류가 아예 없었다"는 연구 결과를 발표했다. 네안데르탈인에게 직계 가족 이외에는 모두 적이자 심지어 먹잇감이었을 뿐이다.

21) Sear, R., & Mace, R., 2008, *Who keeps children alive? A review of the effects of kin on child survival*, Evolution and human behavior, 29(1), 1-18.

22) Donald, H., & Richard, W., 1956, *Mass communication and para-social interaction: observations on intimacy at a distance*, Psychiatry, 19(3), 215-29.

23) 김찬준, 2019, 《유튜버가 말하는 유튜버》, 부키

24) Bizz@KAIST (카이스트MBA), "〈인터넷방송〉카이스트MBA '구글 애널리틱스/애드워즈 자격증 한 달 만에 합격하기' 인터넷 방송", https://m.blog.naver.com/kcbpr/221029125606, http://bj.afreecatv.com/kaistbs/post/22086527?page=2

25) 애덤 그랜트, 2016, 《오리지널스》, 한국경제신문사

26) 김찬준, 2019, 《유튜버가 말하는 유튜버》, 부키

27) 박수진, "'나는 광대, 나를 갖고 놀아달라' 화려한 조명이 비를 감싸는 패션 화보가 공개됐다", 〈허핑턴포스트〉, 2020.5.25.

28) 하재근, "'1일1깡' 현상, 조롱을 찬사로 바꾸다", 〈시사저널〉, 2020.5.23.

29) 박돈규, "2017년 찬호가 1997년 찬호에게…'난 힘껏 공 던졌을 뿐… IMF 진짜 영웅은 국민", 〈조선일보〉, 2017.11.18.

30) 손열음, "유튜브의 힘?…CD 대신 연주회장 문화 뜰까", 〈중앙선데이〉, 2013.11.24.

31) 표준국어대사전에는 진실성(真實性, 참되고 바른 성질이나 품성)이란 단어가 존재하는 반면, 진정성이라는 단어는 존재하지 않는다. '진정'이라는 단어 또한 '거짓 없이 참으로'라는 뜻의 진정(真正)과 '참된 사정' 혹은 '참되고 애틋한 정이나 마음'라는 뜻의 진정(真情)으로 나뉘는데, 보통 사람들이 자신의 속마음을 알아달라고 간청할 때 쓰는 것은 후자인 진정(真情)에 해당한다. ─ 국립국어원 표준국어대사전, '진정(真正)', '진정((真情)'.

32) 2016년부터 2019년까지 3년간 네이버 통합검색에서 검색된 데이터의 양을 확인했을 때, '진정성'은 '진실성'보다 10배(정확히는 9.97배) 더 많이 검색되었다. ─ 네이버 데이터랩, '진정성', '진실성'.

33) 앤드류 포터, 2016, 《진정성이라는 거짓말》, 마티, p.13.

34) Zogby, J., 2008, *The way we'll be: The Zogby report on the transformation of the American dream*, Random House.

앤드류 포터, 2016, 《진정성이라는 거짓말》, 마티, p.12.

* 미국의 여론조사 및 트렌드 분석 전문가 존 조그비는 2007년 사람들이 진정성이 어떤 의미인지 가늠하기 위한 조사를 진행했다. 하지만 사람들은 진정성을 진실성과 실재성과 동격에 놓고 혼란을 겪고 있었다. 그는 결국 '종합해보건대 우리 미국인들은 진정성의 정확한 실체는 모르는 듯하나 진정성 없는 것이 무엇인지는 대강 알고 있으며, 진정성이 뭐든 간에 그것을 우리가 원하고 있음을 인지하고 있다'고 결론 내린다.

35) Bill Breen, "Who Do You Love?: The appeal–and risks–of authenticity", 〈FastCompany〉, 2005.1.7.

36) R. Merton, 1968, *Social Theory and Social Structure*, New York.

37) 대니얼 부어스틴, 2004, 《이미지와 환상》, 사계절, p.48.

38) 2010년 e스포츠 스타크래프트 승부 조작 사건이 일어났을 당시 디씨인사이드의 스타크래프트 갤러리 유저들이 '조작'이라는 단어를 '주작'이라는 바꿔 사용한 것이 시작이었다. 승부조작에 가담해 영구 제명된 전 프로게이머 마재윤이 인터넷 방송을 시작하면서, 당시 그의 승부 조작을 비난하는 사람을 강퇴시키며 '조작'이라는 단어 자체를 금칙어로 정했는데, 사람들이 금칙어를 피하기 위해 대신 '주작'을 사용한 것이 각종 사이트로 퍼지면서 널리 쓰이게 되었다. 이후 주작은 방송, 유튜브 방송, 게임, 인터넷 커뮤니티 등에서 일어나는 '가짜 사건'을 뜻하는 용어로 널리 활용되었다.

39) 표준국어대사전에서는 '주작(做作, 없는 사실을 꾸며 만듦)'이라는 단어가 존재하기는 하지만, 이 단어와 주작이라는 단어가 생겨난 것과는 큰 연관성은 없다.

40) 김보겸, 2019, 《유튜브 구독자 100만 만들기》, 지식너머, p.81.

41) 김지수, "'의견은 됐고 데이터로 말하라' 구글 최고 혁신가 전격 인터뷰", 〈조선일보〉, 2020.5.9.

42) 한시준, "사랑의 온도탑은 누가 만들었을까", 〈경상일보〉, 2019.11.12.

43) 이수정, "개인 기부 27% 감소…유난히 얼어붙은 올 '사랑의 온도탑'", 〈중앙일보〉, 2019.12.21.

44) 정진호, "마지막날 100도 달성한 '사랑의 온도탑'", 〈중앙일보〉, 2020.2.3.

45) 김지아, "20대 기업 기부금, 3년새 15% 감소…'국정농단·김영란법 여파'", 〈TV조선〉, 2019.12.4.

46) 박민지, "'어금니 아빠' 기부금 횡령 사태 막는다…기부금法 재정비", 〈국민일보〉, 2020.1.7.

47) 신진호, "'임산부 배려석에 앉은 임신부 폭행당했다'…'핑크라이트' 도입 왜 어렵나", 〈서울신문〉, 2019.5.24.

48) 김재홍, "'갈때까지 가자' 대책없는 의료사고", 〈주간경향〉, 2007.2.6.

49) 박미영, "이재명 지사 '수술실 CCTV 설치, 환자·병원·의료진 모두에 이익", 〈보안뉴스〉, 2020.7.18.

50) 강희청, "이재명표 수술실 CCTV 설치, 여론조사 해보니…국민 10명 중 8명이 찬성", 〈국민일보〉, 2018.10.21.

51) 뉴스1, "이재명이 던진 수술실 CCTV 의무화, 찬성 74% 압도적…반대 11%", 〈동아일보〉, 2020.7.23.

52) 김연주, "수술실 CCTV, '91%'에 담긴 진실은?", 〈KBS뉴스〉, 2019.6.2.

53) 김현서, "'공든탑도 무너져내린다'…과거 일베 활동으로 발목 잡힌 크리에이터들", 〈topstarnews〉, 2020.5.29.

3부. 관종과 개인: 개인 차원의 관심 획득

1) Bourdieu, P., 1986, *The forms of capital*, Westport.

Bourdieu, P., & Wacquant, L. J., 1992, *An invitation to reflexive sociology*, University of Chicago press.

＊경제 자본 / 문화 자본 / 사회 자본의 개념은 1986년에 프랑스 사회학자 피에르 부르디외가 그의 저서《The forms of capital》에서 처음 제시했으며, 이후 연구에서 상징 자본(symbolic capital)을 추가로 설명하기도 하였다.

2) 박찬웅, 2000, 〈사회적 자본, 신뢰, 시장: 시장에 대한 사회학적 접근〉, 한국사회학회 심포지움 논문집, 79-110.

3) 이 사회 자본을 가장 적극적으로 활용하는 예시로 영화〈범죄와의 전쟁: 나쁜놈들 전성시대〉에서 호기롭게 "느그 서장 남천동 살제?'를 외치면서 결국 경찰서에서 석방된 최익현(최민식 분)을 들 수 있다. 그는 강한 주먹이 아닌 '혈연과 지연을 통해 축적한 광범위한 인맥'을 통해, 암흑세계에서 자신의 경제 자본을 포함한 권력과 영향력을 넓혀가는 인물로 그려진다. 이후 이는 마술사 이은결을 통해 '한국식 수갑 탈출 마술'로 패러디되는 등 하나의 밈으로 승화되었다.

4) Lin, C. S., & Chen, Y. F., 2012, *Examining social tagging behaviour and the construction of an online folksonomy from the perspectives of cultural capital and social capital*, Journal of Information Science, 38(6), 540-557.

5) 최샛별, 최유정, 2011, 〈문화자본론의 관점에서 본 영어의 한국적 의미와 구조〉, 문화와 사회, 10, 207-252.

6) 앞서 예를 들었던 영화〈범죄와의 전쟁〉의 최익현은 영화 속에서 충분한 돈(경제 자본)과 인맥(사회 자본)을 가지고 있음에도 불구하고, 유일하게 부족했던 문화 자본을 갖게 하기 위해, 아들이 어릴 때부터 영어 학습의 중요성을 강조하고 그를 다그쳤다.

7) Hakim, C., 2010, *Erotic capital*, European sociological review, 26(5), 499-518.

캐서린 하킴, 2013, 《매력 자본》, 민음사.

＊매력 자본이란 이름은 런던정치경제대학교 사회학과 교수인 캐서린 하킴이 2010년에 발표한 논문 제목 '에로틱 자본(Erotic Capital)'에서 큰 영감을 얻었다. 이 매력 자본의 세부 항목에서 캐서린 하킴이 제시한 핵심 사항인 '성적 매력'이 빠졌다.

8) Hogg, M. A., & Hains, S. C., 1996, *Intergroup relations and group solidarity: Effects of group identification and social beliefs on depersonalized attraction*, Journal of Personality and Social Psychology, 70(2), 295.

Segal, M. W., 1979, *Varieties of interpersonal attraction and their inter-relationships in natural groups*, Social Psychology Quarterly, 253-261.

＊두 논문에서 제시된 사회적 매력의 특징을 통합해 수정했다.

9) Rhode, D. L., 2010, *The beauty bias: The injustice of appearance in life and law*, Oxford University Press.

　Hamermesh, D. S., 2011, *Beauty pays: Why attractive people are more success-ful*, Princeton University Press.

10) 이 발언은 배우 정우성이 2015년 KBS2 〈연예가중계〉의 게릴라 데이트에 출연해 "잘생겼다는 말 지겹냐"와 "연기 잘한다는 말이 잘생겼다는 말보다 더 좋냐"라는 리포터의 질문에 대한 답변을 조합해서 짤방화된 말이다. 그는 2020년 tvN 〈유 퀴즈 온 더 블럭〉에 출연해 "(잘생긴 게 죄고여 같은) 이러한 농님늘날 (시청자늘이) 새미있게 봐주시니깐 (잘생겼더라는 다소 지겨운 질문이) 이제는 조금 편안하게 넘길 수 있게 되었다"는 속마음을 털어놓았다.

11) Rubenstein, A. J., Kalakanis, L., & Langlois, J. H., 1999, *Infant preferences for attractive faces: a cognitive explanation*, Developmental psychology, 35(3), 848.

12) BAZZAR, Bella Hadid's face measured for physical perfection by a Harley Street surgeon: Dr De Silva claims she's the most beautiful woman in the world, according to the Greek ratio of Phi, 2019.10.15.

13) EBS, 〈다큐 프라임〉, "Docuprime_황금비율의 비밀 2부-절대적이고 상대적인 진리", 2014. 9. 3. https://www.youtube.com/watch?v=8E9ChIyyBLU&t=23s

14) 예쁜 얼굴과 좋은 몸매를 함께 묶은 이유는 아름다운 외모라고 하면 직관적으로 예쁜 얼굴이 먼저 떠오르는 것이 사실이지만, 오늘날 예쁜 얼굴과 좋은 몸매의 선호도는 함께 따라가는 경향이 있어서다. 쉽게 말해서 얼굴이 괜찮은 사람이 멋진 몸매까지 갖추는 경우가 많다는 것이다. 간혹 우리는 '준수한 외모를 지닌 것 같으나 뚱뚱하거나 관리가 되지 않는 사람'을 '긁지 않는 복권'이라고 칭하곤 했으나, 지금의 사회에서 대부분의 복권은 이미 긁혀 있는 상태다.

15) 사실 '섭취하는 칼로리가 증가하면 체중이 증가한다'는 기본적인 법칙에 따라 먹방 유튜버가 살이 찌지 않는 몸을 유지한다는 것은 사실상 불가능에 가깝다. 하지만 수많은 먹방 유튜버 안에서도 간혹 엄청난 식사량을 보여주면서도 살이 찌지 않은 몸을 유지하는 유튜버가 존재한다. 어떤 유튜버는 엄청난 운동량을 통해서, 먹은 칼로리보다 더 많은 칼로리를 소비해 탄탄한 몸을 유지하는 경우가 있고, 살이 찌지 않는 체질을 타고난 먹방 유튜버도 간혹 존재할 수 있다. 하지만 이렇게 물리법칙을 위배하는 먹방 유튜버들이 많아짐에 따라 일부 시청자들은 유튜버들이 방송 화면에서는 음식을 먹고 뒤에서는 뱉는 소위 '먹뱉(먹고 뱉다)' 의혹을 제기하기도 한다.

16) TV 속 드라마 같은 창작극 안에서 악역을 맡은 일부는 비록 아름답지만 심성이 곱지 않은 캐릭터로 등장했다. 그 유명한 백설공주의 계모는 비록 세계에서 두 번째의 빼어난 미모를 가졌지만 마음은 그렇게 아름답지 못해 결국 독사과 제조자로 전락하고 만다. 이외에 아름다운 마녀는 창작극 속에 수없이 많이 등장한다.

17) Feingold, A., 1992, *Good-looking people are not what we think*, Psychological bulletin,

111(2), 304-318.

18) Wiseman, R. J., 2003, *The luck factor: Changing your luck, changing your life, the four essential principles*, New York: Miramax/Hyperion.

19) Dollinger, S. J., 2002, *Physical attractiveness, social connectedness, and individuality: An autophotographic study*, The Journal of Social Psychology, 142(1), 25-32.

20) Berscheid, E., & Walster, E., 1974, *Physical attractiveness. In Advances in experimental social psychology*, Academic Press, Vol. 7, 157-215.

* 한 심리 치료사는 낮은 자신감으로 고민하는 사람들에게 상담과 치료를 반복하는 것보다, 그들의 외모가 나아지도록 성형 수술을 하는 것이 더 효과적이라고 주장하기도 했다.

21) Laurra Regensdorf, "'There Are No Ugly Women, Only Lazy Ones': A New Beauty Exhibition Explores the Life and Legacy of Helena Rubinstein", 〈VOGUE〉, 2014.10.31.

* 이와 관련해 폴란드 출생의 미국 기업인 헬레나 루빈스타인은 "못생긴 여자는 없다. 다만 게으른 여자가 있을 뿐이다(There are no ugly women, only lazy ones.)"라는 말을 남겼다.

22) 정영인, "고양이와 놀아주는 법도 요리 레시피도 포털 대신 유튜브서 검색해요", 〈한국일보〉, 2019.7.16.

* 임태형, 정선아, 최한솔, 홍윤지, 화이투 인턴기자 참여, 설문조사 기관 : 트렌드 모니터 마크로밀 엠브레인

https://www.hankookilbo.com/News/Read/201907121814371809

23) 〈무한도전〉의 메인 MC 유재석은 '무한상사' 안에서 능력 있지만 꼰대 기질이 있는 유 부장이 되었고, 또 다른 콩트였던 '유재석 TV 행쇼'에서는 다시 쇼를 진행하는 MC가 되었다. 해당 코너에 등장했던 '하이브리드 샘이 솟아 리오레이비'와 '테리 정', '타령 사나이' 또한 〈무한도전〉의 하하, 정형돈, 노홍철의 부캐였다.

24) '멀티 페르소나(multi-persona)'는 '다중의 인격'이라는 뜻으로 개인이 상황에 따라서 여러 개의 정체성을 가지고 생활하는 것을 의미한다. 이 멀티 페르소나라는 단어는 도서 《트렌드 코리아 2020》에서 2020년 키워드로 선정되어 대중 사이에서 자주 쓰이게 되었지만, 전 세계적 트렌드로 떠오른 것은 2000년 후반부터였다. 2008년 7월 미국 워싱턴 D.C.에서 열린 세계미래회의에서는 첨단 기술의 발달로 다양한 정체성을 가지고 활동하는 멀티 페르소나가 이미 등장했고 점차 확대될 것이라 전망했다. 인간의 신체적, 문화적, 정치적, 법적 정체성(identity)은 아주 흐릿해지거나 불투명해지는 반면, 세컨드 라이프(Second Life)를 비롯한 가상 공간에서 자신의 분신인 아바타(avatar)를 통해 감춰진 욕망의 대리 만족을 추구하는 디지털 정체성 확대를 그 이유로 들었다.

* 교과부 과학기술정책과, KISTEP 혁신경제팀, 〈세계 미래연구 이슈와 정책적 시사점〉, 2008.9.24.

워싱턴 D.C.에서 개최되었던 세계미래회의(2008.7.25.~30)와 UN 밀레니엄 프로젝트의 주요 내용을 기획재정부가 정리한 내용.

25) 김지연, "회사원들 직장에선 가면쓰고 일해…'멀티 페르소나 트렌드' 확산", 〈케이엔뉴스〉, 2020.03.20.

26) 과거에는 다중인격장애(multiple personality disorder)로 불렸으나 지금은 '해리성정체장애(dissociative identity disorder)'로 부른다. 보통은 그냥 다중인격이라 통한다. 네이버 지식검색— 두산백과, '해리성정체장애'.

27) 남미영, "〔톱스타 성공 키워드〕'또 다른 존재감' 개그맨 신동엽", 〈주간경향〉, 2008.12.9.

28) 김지원, "'광대들' 김슬기 '수줍음 많아 명랑·쾌활 연기할 때 더 짜릿'", 〈텐아시아〉, 2019.8.27.

29) Galinsky, A. D., Magee, J. C., Gruenfeld, D. H., Whitson, J. A., & Liljenquist, K. A., 2008, *Power reduces the press of the situation: implications for creativity, conformity, and dissonance*, Journal of personality and social psychology, 95(6), 1450.

Han, Y. J., Nunes, J. C., & Drèze, X., 2010, *Signaling status with luxury goods: The role of brand prominence*, Journal of marketing, 74(4), 15-30.

Berger, J., & Ward, M., 2010, *Subtle signals of inconspicuous consumption*, Journal of Consumer Research, 37(4), 555-569.

30) 잭 내서, 2018, 《어떻게 능력을 보여줄 것인가》, 갤리온, p.171.

31) 트렌드모니터, 〈2018 문신(타투) 관련 인식 조사〉, 2018.

32) 송수연, 김은주, 김현우, "최종면접, '타투' 지울까 말까…인사담당자에게 물었다", 〈컨슈머치〉, 2018.9.17.

33) 박소영, "한국에 언제부터 코난 팬이 많았지?", 〈한국일보〉, 2016.2.17.

  * 이 축사 영상이 유명하다는 것이지, 이 축사로 국내에 유명해졌다는 이야기는 아니다. 그가 진행하는 프로그램이 국내 방송사를 통해 방영된 적은 없었던 탓에 과거 국내에서 그를 알고 있었던 사람이 적었지만, 유튜브 플랫폼의 전 세계 영향으로 인해 이제는 우리나라에도 많은 팬을 보유하게 되었다.

34) Darley, J. M., & Goethals, G. R., 1980, *People's analyses of the causes of ability-linked performances.* In Advances in experimental social psychology, Academic Press, Vol. 13, 1-37.

35) Kernis, M. H., & Grannemann, B. D., 1990, *Excuses in the making: A test and extension of Darley and Goethals' attributional model*, Journal of Experimental Social Psychology, 26(4), 337-349.

  * 1990년 이 둘은 존 달리와 조지 고설스의 모형이 옳았음을 다시 증명했다.

36) 그레엄 터너, 2018, 《셀러브리티》, 이매진, p.12.

37) 그레엄 터너, 2018, 《셀러브리티》, 이매진, p.178.

  * 그는 유명인의 이러한 상태를 '성취에 따른 피로감'으로 정의했다.

38) MBC 〈라디오스타〉에 출연한 배우 류승수는 "아무도 나를 모르고 돈이 엄청 많았으면 좋

겠어요. 근데 저는 모두가 나를 알아보는데 돈이 없어"라고 말했고, MC 김구라는 "그건 모든 연예인의 꿈"이라고 답했다.

39) 《셀러브리티》의 저자 크리스 로젝은 셀러브리티를 3가지 유형으로 나눴다. 첫 번째는 왕족이나 귀족같이 특정 가문의 혈통을 이은 '귀속적 셀러브리티', 두 번째는 공개적인 경쟁에서 얻어낸 성과로 태어난 '성취된 셀러브리티', 마지막은 주로 미디어와 같은 문화 매개자가 한 개인을 탁월하거나 특출하게 집중 조명한 결과로 유명해진 '부여된 셀러브리티'다. 지금의 우리나라에는 실질적으로 왕족이나 귀족 같은 계급이 존재하지 않기 때문에 (일부 재벌 가문 제외) 첫 번째 '귀속적 셀러브리티'는 논의에서 제외했다.

40) 역사가 대니얼 부어스틴은 자신의 저서인 《이미지와 환상》 앞에서 언급한 '잘 알려진 것으로 알려진' 가짜 셀럽을 '유명 인사'로 묘사하고, 명확한 명성 때문에 유명해진 과거의 인물, 즉 진짜 셀럽을 '위인'으로 구분해 묘사했다.

41) 2002년 노벨 경제학상 수상자이자, 행동경제학의 아버지라고 불리는 대니얼 카너먼은 한 에세이에서 초점 착시(focusing Illusion)라는 개념을 통해 이와 같이 가짜 셀럽들이 주목을 받는 현상을 설명했다. 초점 착시의 핵심은 '우리가 무엇에 대해서 생각하고 있는 동안에는 그것 외에 그 어느 것도 우리가 생각하는 만큼 삶에서 중요하지 않다'라는 것으로, 이를 유명인 논점에 적용하자면 '이유로 무엇이든 어떠한 특정 이슈로 한 개인에 대한 관심이 집중되면 그에 대한 중요성은 과대평가될 수 있다'라는 것이다.

4부. 관종과 조직: 조직 차원의 관심 획득

1) 사람인 기업연구소, 〈블라인드 채용 무색…구직자 외모 평가 여전〉, 2019.10.15.

2) Jessica bennet, "Poll: How Much Is Beauty Worth at Work?", 〈newsweek〉, 2010.7.18.

3) Heilman, M. E., & Saruwatari, L. R., 1979, *When beauty is beastly: The effects of appearance and sex on evaluations of job applicants for managerial and nonmanagerial jobs*, Organizational Behavior and Human Performance, 23(3), 360-372.

Heilman, M. E., & Stopeck, M. H., 1985, *Being attractive, advantage or disadvantage? Performance-based evaluations and recommended personnel actions as a function of appearance, sex, and job type*, Organizational Behavior and Human Decision Processes, 35(2), 202-215.

4) 김미향, "'조직 부적응자도 돈 벌기 좋은 시대' 신사임당은 말씀하셨어", 〈한겨레〉, 2020.7.18.

5) 김민주, 2006, 《마케팅 상상력》, 리더스북, p.21.

(개정판 : 2008, 《커져라 상상력 강해져라 마케팅》, 리더스북)

6) 용원중, "매너가 직장인을 만든다. 사무실 비호감 1위 '월급루팡'…호감 1위 '친절왕'", 〈싱글&심플라이프〉, 2020.2.5.

관종의 조건

7) 사람인 기업연구소, "기업 71%, 면접 도중 당락 결정! 골든타임은?", 2020.6.23.

　*기업 300개사를 대상으로 '면접 중 당락 결정'에 대해 조사한 결과, 면접에서 당락을 결정 지을 때 가장 크게 영향을 미치는 요소로 '직무 역량'(35퍼센트)이 꼽혔고 계속해서 '자신감 있는 태도'(10.7퍼센트), '회사에 대한 애정, 근속의지'(10.7퍼센트), '성실함 등 인성'(10.7퍼센트), '조직 적응력 등 사회성'(9.3퍼센트), '성향과 가치관'(7.9퍼센트), '커뮤니케이션 능력'(7퍼센트), '면접 에티켓'(5.6퍼센트)의 의견 순으로 나타났다. 면접 중 합격이 바로 결정되는 지원자의 유형 역시 '직무 관련 경험이 많은 지원자'(47.7퍼센트, 복수응답)가 1위를 차지했다.

8) Higgins, C. A., & Judge, T. A., 2004, *The effect of applicant influence tactics on recruiter perceptions of fit and hiring recommendations: a field study*, Journal of Applied Psychology, 89(4), 622.

9) 잭 내서, 2018, 《어떻게 능력을 보여줄 것인가》, 갤리온, p.67.

10) 윌리엄 파운드스톤, 2012, 《당신은 구글에서 일할 만큼 똑똑한가?》, 타임비즈, p.19~20.

　*구글이 지원자에게 묻는 질문을 '주관식 지력 테스트'라고 부르는데, 이러한 질문을 던지는 이유는 지적 유연성을 평가하고 기업가로서의 잠재력을 평가해 보려는 시도라고 한다. 괴상한 질문을 던지는 또 하나의 의도는 모든 회사가 원하지만 제대로 측정하기 어려운 부분인 혁신 능력을 평가하는 데 있다고 한다.

11) 신현만, "'인사팀만 2500명' 구글의 인재 선발 비법", 〈한경비즈니스〉, 2018.8.13.

12) 리드 헤이스팅스, 에린 마이어, 2020, 《규칙 없음》, 알에이치코리아, p.84.

　*넷플릭스의 공동 창립자 리드 헤이스팅스는 이와 관련해 '똑똑한 왕재수는 사절'이 넷플릭스의 구호라고 언급했다.

13) 조승연, "company… 원래는 '빵을 나눠 먹다' 의미", 〈주간조선〉, 2013.6.1.

14) 이철선, "'유연근무제 도입영향과 과제'", 〈현대경제연구원〉, 2010.11.4.

　*유연근무제 필요성 조사: 직장인(76,1퍼센트) 〉 기업 인사 담당자(30.6퍼센트). 유연근무제 미도입 기업 인사 담당자들이 유연근무제의 필요성이 낮은 이유로, 유연근무제로 인한 생산성 증가에 부정적(55.6퍼센트)이고, 팀·부서와 일을 같이해야 하는 업무 방식(51.9퍼센트)을 꼽음.

15) 김성민, 박순찬, 윤진호, "재택근무해도 생산성 하락 1%뿐… 직원들 지옥철 해방, 서로 못 만나니 창의성은 떨어져… 종일 PC 앞도 못떠나", 〈조선일보〉, 2020.5.23.

16) 한국경제연구소, 〈코로나19 이후 근로형태 변화 및 노동환경 전망 조사〉, 2020.7.20.

17) 월급 루팡은 직장 사회에서 2011년경 알려지고 2016년부터 본격적으로 유행한 신조어로, 월급과 대도둑 중 한 명인 괴도 뤼팽이 합쳐져서 "맡은 일은 제대로 안 하는 주제에 월급은 꼬박꼬박 챙겨 가는 뤼팽 같은 도둑놈"에서 유래된 말이다. 쉽게 말해서 일은 제대로 안 하면서 월급이나 축내는 직원을 말한다.

18) 정민하, "'재택근무하니 노는 직원 딱 보여요'… 그 끝은 구조조정?", 〈조선비즈〉, 2020.7.18.

19) 강인귀, "부장님은 월급 루팡?… 직장인 71% '나도 월급 루팡'", 〈머니S〉, 2019.7.4.

20) 라예진, "('토스(Toss)'에 퇴사자가 많은 이유는?) '팀내 평가로 퇴사 권고' 분위기 속 매달 10명씩 사표", 〈중앙시사매거진〉, 2020.5.4.

21) 김효인, 오로라, 윤수정, "'15분마다 마우스 클릭해야… 감시받는 기분' 코로나 재택근무 천태만상", 〈조선일보〉, 2020.8.27.

22) John D. Coie· kenneth A. Dodge, and geide coppotelli., 1982, *Dimensions and types of social status: a cross-age perspective*, Development Psychology, 18· no4: 557.

23) Jennifer T. Parkhurst and Adnrea Hopmeyer, 1998, *Sociometric Popularity and Peer-Perceived Populariry, Two Distinct Dimensions of peer status*, Journal of Early Adolescence, 18· no2: 125-44.

24) 리드 헤이스팅스, 에린 마이어, 2020, 《규칙 없음》, p.39.
   * 넷플릭스의 리드 헤이스팅스는 이를 '인재밀도'라고 표현했다.

25) 액션 가면은 일본 애니메이션 크레용 신짱(クレヨンしんちゃん)(한국명 〈짱구는 못 말려〉)에 등장하는 동명의 히어로(アクション仮面)에서 이름을 따왔지만, 이 책에서는 실제 애니메이션 캐릭터가 아닌, 실제 액션(action)은 없이 (거짓된) 가면만을 쓴 채 살아가는 유형을 이야기한다.

26) 액션 가면들이 행하는 비효율적인 보여주기식 문화는 2005년 8월에 발간한 〈LG주간경제〉에 실린 강승훈 인사조직그룹 선임연구원의 '비효율적 업무 유형 5가지'에서 확인할 수 있다. 이와 같은 비효율적 업무 유형이 21세기 초반까지 우리나라 조직 안에서 존재했던 건, 이전까지 이런 유형의 업무 행태가 그 조직에서는 어느 정도 효과를 발휘했기 때문이었다.

27) 조지프 헨릭, 2019, 《호모 사피엔스, 그 성공의 비밀》, 뿌리와이파리, p.187.
   * 인류진화 생물학자 조지프 헨릭은 사람들이 명망에 이끌리는 건 현대만의 특징이 아니라 우리 인류 사회의 오랜 특징이라고 설명한다. 인간 사회 전역에서 명망은 꾸준하게 훌륭한 기량, 지식, 성공과 연관되는데, 문화의 학습을 통해 특별한 문화적 진화를 이룬 인간은 항상 최고의 본보기를 찾고자 하는 정서와 동기를 발달시켰다는 것이다. 인간은 본보기가 되어주는 명망을 갖춘 사람들에게 협력적인 자세를 취함과 동시에 일종의 공경을 지불하는데, 공경은 단순하게 선물과 호의를 주는 것 외에 타인에게 그의 명망을 알리고 공공연하게 그를 좋은 사람이라고 알리는 것을 포함하는 특징이 있다.

28) Cardozo, R. N., 1965, *An experimental study of customer effort, expectation, and satisfaction*, Journal of marketing research, 244-249.

29) Oliver, R. L., 1980, *A cognitive model of the antecedents and consequences of satisfaction decisions*, Journal of marketing research, 460-469.

30) Schlenker, B. R., & Leary, M. R., 1982, *Audiences' reactions to self-enhancing, self-denigrating, and accurate self-presentations*, Journal of experimental social psychology, 18(1), 89-104.

31) Vonk, R., 1999, *Impression formation and impression management: Motives, traits, and*

    likeability inferred from self-promoting and self-deprecating behavior, Social Cognition, 17(4), 390-412.

32) 데일 카네기, 2019, 《데일 카네기의 인간관계론》, 현대지성, p.52.

33) Sims, H. P., & Manz, C. C., 1996, *Company of heroes: Unleashing the power of self-leadership*, John Wiley & Sons.

    * 셀프 리더십은 다양한 의미로 해석될 수 있다. 위 논문을 통해 1990년 처음 제시되었으며 차세대 구성원들이 지시와 명령이 아닌 '자발적 참여'를 의미하는 리더십으로 해석이 되었다. 그러나 이 책에서는 리더십의 다양한 성격 중, 스스로 성장해 타인의 표상이 된다는 조작적인 정의로 사용했다.

34) Drachman, D., DeCarufel, A., & Insko, C. A., 1978, *The extra credit effect in interpersonal attraction*, Journal of Experimental Social Psychology, 14(5), 458-465.

35) Klotz, A. C., He, W., Yam, K. C., Bolino, M. C., Wei, W., & Houston III, L., 2018, *Good actors but bad apples: Deviant consequences of daily impression management at work*, Journal of Applied Psychology, 103(10), 1145.

36) Pornpitakpan, C., 2004, *The persuasiveness of source credibility: A critical review of five decades' evidence*, Journal of applied social psychology, 34(2), 243-281.

37) 곽백수, 〈가우스 전자〉, 네이버웹툰, 제181화.

38) 지토, 2019, 《지토툰》, 대원.

39) 취업포털 사람인, "직장인 10명 중 7명, 더 많은 수입 위해 'N잡러' 원해!", 2020.9.9.

40) 취업포털 사람인, 〈성인남녀 63%, 유튜버 꿈꾼다…월 기대수입 396만원!〉, 2019.10.22.

41) https://en.wikipedia.org/wiki/Flow_(psychology) ─위키피디아, '몰입(flow)'

42) 고재연, "구자경 LG 명예회장이 자신을 '고객에 미친 영감'이라 표현한 이유", 〈한국경제〉, 2019.12.14.

43) 류장수, "'기크'와 '슈링크'의 만남", 〈부산일보〉, 2003.10.14.

44) Witte, E. H., 1989, *Köhler rediscovered: The anti─ringelmann effect*, European Journal of Social Psychology, 19(2), 147-154.

45) Kravitz, D. A., & Martin, B., 1986, *Ringelmann rediscovered: The original article*.

46) 잡코리아, "직장인 체감 퇴직연령 '평균 49.7세'", 2020.9.11.

47) 나심 니콜라스 탈레브, 2013, 《안티프래질》, 와이즈베리.

48) 구동환, "하라는 일은 안하고, 직장인 유튜버 논란", 〈일요시사〉, 2019.9.30.

5부. 관종과 마케팅: 시대의 관심을 저격한 이들의 비밀

1) 마케팅의 정의는 내리는 사람에 따라 달라진다. 여기서는 '마케팅의 정의'로 제시되는 대표적인 두 개의 개념(미국 마케팅 협회/필립 코틀러)만을 안내한다.

＊마케팅이란 고객, 클라이언트, 파트너 그리고 넓게는 사회 전반에 가치가 있는 제품을 창조하고, 커뮤니케이션하고, 전달하고, 교환하기 위한 활동이자 제도의 집합이자 프로세스다. — 미국 마케팅 협회, 2017.

＊마케팅은 교환 과정을 통해서 사람들의 필요와 욕구를 충족시키는 활동이다. — 필립 코틀러, 1976.

미국 마케팅 학회, https://www.ama.org/the-definition-of-marketing-what-is-marketing/, University of York Introduction To Marketing, 2019.10.10.

2) 위키피디아, 'History of marketing'. https://en.wikipedia.org/wiki/History_of_marketing

＊다수의 영어권 오픈 사전에는 마케팅이란 단어가 사전에 처음 등장한 것은 1897년이라고 나와 있으며, 마케팅의 대가 필립 코틀러는 마케팅이 미국 사전에 처음 등장한 것이 1910년이라고 주장했다.

3) 이학식, 현용진, 2010, 《마케팅 제2판》, 법문사, p.19.

4) 에드워드 버네이스, 2009, 《프로파간다》, 공존, p.10.

5) 에드워드 버네이스, 2009, 《프로파간다》, 공존, p.116.

6) 에드워드 버네이스, 2009, 《프로파간다》, 공존, p.132.

7) Cannon, K. L., 1999, *The father of spin: Edward L Bernays and the birth of public relations*, Journalism & Mass Communication Educator, 53(4), 86.

8) Keith, R. J., 1960, *The marketing revolution*, Journal of marketing, 24(3), 35-38.

＊마케팅의 역사를 생산 시대(1870~1930), 판매 시대(1930~1950), 마케팅 시대(1950~)로 구분하는 것은 대체로 많은 마케팅 역사가들의 일치된 견해다.

9) Sirgy, M. J., 1982, *Self-concept in consumer behavior: A critical review*, Journal of consumer research, 9(3), 287-300.

＊자아를 일치시킨다는 뜻으로 self congruity를 사용했다.

10) Puto, C. P., & Wells, W. D., 1984, *Informational and transformational advertising: The differential effects of time*, ACR North American Advances.

＊논문 저자들은 이를 감정전이형 광고(transformational advertising)라고 정의했다.

11) Jo B. Paoletti, 2013, *Pink and Blue, Telling the Boys from the Girls in America*, Indiana University Press, p.124.

＊여자아이는 분홍색을 좋아하고 남자아이는 파란색을 좋아할 거라고 생각하는 것은 진실이 아닌 우리의 인식이다. 1980년대 전까지 분홍색이 남아·여아 나뉠 것 없는 색상이었다. 실제 1927년 미국의 〈타임〉지가 미국 백화점 열 곳을 조사한 결과 절반이 분홍색을 남자아이의 색이라고 말했으며, 이 외에도 UCLA 컬렉션의 베이비 북에 따르면 1900년대 초부터 1960년대까지 남자아이와 여자아이는 분홍색과 파란색 선물(의류, 담요 및 기타 물품)을 구분하지 않고 받았다. 하지만 1980년대 이후로 수십 년간 변화가 일어났다. 이 변화는 일상용품 회사의 제품과 광고들이 주로 이끌었다고 볼 수 있다. P&G의 기저귀 브랜드인 Luvs는 1985

년 분홍색(여자)과 파란색(남아)의 일회용 기저귀를 선보였으며, 많은 장난감 회사는 여자아이들의 장난감을 분홍으로 물들이기 시작했다. 1980년대 이후에 아이들의 색상을 분홍색과 파란색으로 분류한 이유에 대한 여러 가지 주장이 있지만 그중에 가장 설득력 있는 주장은 1980년대 이후 산전검사 기술이 발전하면서 출산 전에 태아의 성별을 감별할 수 있게 되면서다. 출산 전 남아와 여아를 나눠서 선물을 할 수 있는 새로운 기회가 생겨난 것이다.

12) 임언석, 「심리 프레임을 바꾸면 새 시장 열린다」, 〈DBR〉, 16호(2008년 9월 Issue 1), https://dbr.donga.com/article/view/1202/article_no/933/ac/magazine

13) 박민선, "이순신 장군=메가패스 장군?", 〈조선일보〉, 2001.10.17.

14) 빌 비숍은 《핑크펭귄》에서 이를 '2차적 이득'이라 불렀지만, 나는 이를 겉으로 보이는 '표면적 이득'으로 변형해 부르기로 했다.

15) 장시형, "'호텔 사업의 본질은?' 이건희 회장 물음에 '서비스업' 답한 신라호텔 임원, 그 후…", 〈조선일보〉, 2014.3.2.

16) 정영훈, 2014, 대중체육시설 이용서비스의 소비자보호방안 연구, 정책연구보고서, 1-142.

17) Kate Taylor, "How Planet Fitness Aims to Become the McDonald's of Gym Franchises", 〈Entrepreneur〉, 2014.8.21.

18) 노정연, "여기, 마트 맞나요?…놀러 갔다 물건도 산다", 〈경향신문〉, 2017.4.5.

19) 배다솜, "아시나요? '지름신' 부르는 마트 진열의 법칙: 대형 마트의 '마케팅 비밀'", 〈굿모닝충청〉, 2015.11.30.

20) Jasmine Wu, "Gen Z shopping habits can fuel a brick-and-mortar resurgence, report says", 〈CNBC〉, 2019.9.17.

   * A.T. 커니의 새로운 설문 조사에 따르면, 미국 Z세대(1996년 이후 출생자) 중 81퍼센트는 여전히 오프라인 매장에서 쇼핑하는 것을 선호하고, 73퍼센트는 매장에서 새로운 제품을 찾는 것을 선호하는 것으로 나타났다.

21) 김정우, "'점포 혁신'으로 온라인 공세 맞서는 대형 마트…3가지 변신 키워드", 〈한경비즈니스〉, 2020.3.31.

22) 김슬기, "허니버터칩 없어서 못 파는 일 없애겠다: 해태제과 공장 증설 결정…품귀현상 해소 여부 주목", 〈초이스경제〉, 2015.4.8.

23) 강종훈, "허니버터칩 인기 식었나…생산 늘렸는데 매출 '제자리'", 〈연합뉴스〉, 2016.7.8.

24) Volvo, 〈THE E.V.A. INITIATIVE〉.
   https://www.volvocars.com/kr/why-volvo/human-innovation/future-of-driving/safety/cars-safe-for-all

25) Tony Diver, "Britain's safest car revealed, with no road deaths in 16 years", 〈The Telegraph〉, 2018.4.15.

26) Matt Campbell, "Volvo to make cars 'death-proof' from 2020", 〈Car guide〉, 2019.3.5.

   * 해당 기사에서 하킨 사무엘손은 속도계 제한 등을 통해 2020년부터 볼보에서 죽거나 심각

하게 다치는 사람이 없어야 한다고 말했지만, 기사 제목처럼 '죽지 않는다(Death-proof)'라는 것을 약속하지는 않았다.

27) IHHS, 〈TOP SAFETY PICKs〉, 2020.

　　https://www.iihs.org/ratings/top-safety-picks/2020/all/volvo#award-winners

　　＊전 세계에서 가장 공신력 있는 차량 충돌 테스트로 평가받는 미국 IIHS 충돌평가의 2020년 조사에 따르면 안전한 차에 부여하는 '톱 세이프티 픽(Top Safety Pick)'을 가장 많이 받은 자동차 제조사는 현대자동차그룹(현대+기아+제네시스)이었다. 해당 조사에서 현대자동차그룹(현대+기아+제네시스)의 차량 총 18대가 선정되어, 전체 톱 세이프티 픽 평가를 받은 48종의 차량 중 37.5퍼센트를 차지했다. 그중에서 가장 안전한 차량에 부여하는 '톱 세이프티 픽 플러스(Top Safety Pick+)'에는 4종(현대 넥소, 제네시스 G70, G80, G90)이 뽑혔다. 이러한 결과는 볼보보다 현대자동차그룹의 차량이 안전하다는 평가라기보다는 볼보 외에도 안전한 차량은 많고, 그중 통상적으로 과소평가를 받는 현대자동차그룹의 차량도 포함된다고 해석하는 것이 적합하다.

28) Krugman, H. E., 1965, *The impact of television advertising: Learning without involvement*, Public opinion quarterly, 29(3), 349-356.

　　＊1965년 미국의 마케팅 연구자인 허버트 크루그먼이 처음 마케팅에 관여도라는 개념을 도입했다.

29) 일상용품 시장은 해외에서는 FMCG(Fast Moving Consumer Goods) 혹은 CPG(consumer packaged goods)라고 불리는데, 보통 식품/비식품으로 구분되며 '일반 대형 할인매장'에서 구매할 수 있는 제품으로 보면 편하다.

30) 송진흡, 신성미, "대상 vs CJ '3차 조미료 전쟁'", 〈동아일보〉, 2007.11.28.

31) 정혜정, "윤종신, 사재기 논란에 '매시간 차트봐서 뭐해⋯가수끼리 싸우지말자'", 〈중앙일보〉, 2020.1.8.

32) 이진욱, "사재기로 얼룩진 음원차트⋯신뢰회복 칼 빼든 플로·바이브", 〈머니투데이〉, 2020.3.21.

33) 손인해, "유튜브 뒷광고 난리인데⋯9년 전 '네이버 파워블로그 사태' 데자뷔", 〈뉴스1〉, 2020.8.18.

34) 네이버 지식백과, 두산백과, '버즈마케팅(buzz marketing)'.

35) Göbel, F., Meyer, A., Ramaseshan, B., & Bartsch, S., 2017, *Consumer responses to covert advertising in social media*, Marketing Intelligence & Planning.

36) 2020년 집중적으로 보완되고 있는 법적 규제는 한계점을 보일 수밖에 없다. 애초에 인플루언서가 사업주는 아닌 탓에 지금의 틀로는 그들을 처벌할 조항이 없다. 2011년 파워 블로거 이슈가 있을 당시 공정거래위원회는 해당 파워 블로거를 포함한 4명에게 과태료 2,000만 원을 부과했는데, 현행법상 사업주가 아닌 파워 블로거에게 표시광고법을 적용하기 힘들어 전자상거래법 위반 혐의가 적용됐다. 이는 앞으로도 유사하게 흘러갈 가능성이 크다.

37) 문현숙, "방송 콘텐츠야 상품 뒷광고야⋯지상파도 '홈쇼핑 연계편성' 논란", 〈한겨레〉,

2020.9.23.

38) 조문희, "뒷광고 논란…유독 유튜버에만 가혹한 이유는", 〈시사저널〉, 2020.8.11.

39) De Pelsmacker, P., Driesen, L., & Rayp, G., 2005, *Do consumers care about ethics? Willingness to pay for fair-trade coffee*, Journal of consumer affairs, 39(2), 363-385.

　＊벨기에 소비자 808명에게 대한 연구로 해당 연구에서 공정 무역 커피 가격 프리미엄 지불 의사를 측정했다. 이들의 지불 의사 수준은 평균 10퍼센트로 나타났으며, 응답자 중 단 10퍼센트만이 25퍼센트 이상의 가격 프리미엄을 지불할 의사를 보인 것으로 조사되었다.

40) 정선미 & 신현상, 2019, 〈한국 소비자의 공정무역 커피 가격프리미엄 지불의사에 대한 연구〉, 사회적기업연구, 12(2), 3-44.

　＊국내 성인 5,195명을 대상으로 한 연구에서 66.8퍼센트의 참여자가 공정 무역 커피에 대해 일반 커피 가격보다 1~10퍼센트 정도 높은 가격을 지불할 의사가 있음을 나타낸 반면, 11퍼센트 이상 지불하겠다는 참여자는 17.6퍼센트에 불과했다. 연구자들 대부분은 한국 소비자가 생각하는 공정 무역 커피의 가격 프리미엄 마지노선을 대략 10퍼센트 정도로 평가했다.

41) Jasmine Wu, "Gen Z shopping habits can fuel a brick-and-mortar resurgence, report says", 〈CNBC〉, 2019.9.17.

　＊Z세대 절반 이상이 환경적으로 지속 가능한 제품을 찾고 있다고 답했지만, 실제로 프리미엄을 지불할 의사가 있다고 답한 비율은 38퍼센트에 불과했으며, 기존의 밀레니얼 세대나 그 이전의 세대보다 월등히 높은 비율이 아니다.

42) 김정웅, "스타벅스 종이빨대 전세계 첫 전면교체 이끈 정윤조 팀장 불편해도 해야죠", 〈이투데이〉, 2018.12.7.

43) 박병한, "빨래의 친환경 새바람…빈 통 들고 마트 가서 세탁세제 리필!", 〈YTN〉, 2020.9.27.

44) Becky Yerak, "Toms Shoes Gets New Owners in Out-of-Court Debt Restructuring", 〈The Wall Street journal〉, 2019.12.29.

45) Eliza Ronalds-Hannon & Kim Bhasin, "Even Wall Street Couldn't Protect Toms Shoes From Retail's Storm", 〈Bloomberg〉, 2018.5.3.

6부. 관종과 사회의 미래

1) 이시연, "'유퀴즈' 도로교통공사 윤석덕 차장 '연예인 된 기분'", 〈스타뉴스〉, 2020.8.26.

2) 박창규, 서형석, 김동혁, 정순구, 전채은, 신아형, "배달 오토바이 단지 안 곡예 질주… 주민 33% '아찔한 장면 목격'", 〈동아일보〉, 2020.10.27.

3) 김혜연, "아파트 주민 73% '배달라이더 주행 위험하다 느껴'", 〈매일안전신문〉, 2020.6.25.

4) 오경진, "단속만 강화하면 되나?…정부 배달 오토바이 안전 대책 빈축 사는 이유", 〈서울신문〉, 2019.11.21.

5) 백주원, "〔배달플랫폼 사활건 속도전〕'로켓배달'에 놀란 배민 '배달시간 확 줄인다'", 〈서울경제〉, 2020.10.18.

6) 홍명교, "배달 라이더 죽음으로 내모는 알고리즘", 〈주간경향〉, 2020.10.12.

7) Paul French, "In the 1918 flu pandemic, not wearing a mask was illegal in some parts of America. What changed?", 〈CNN〉, 2020.4.5.

8) Eric Lipton & Jennifer Steinhauer, "The Untold Story of the Birth of Social Distancing", 〈NY Times〉, 2020.4.22.

9) 이민화, "ICT기반의 메르스 대책", 〈이투데이〉, 2015.7.27.

10) 넷플릭스, 〈판데믹: 인플루엔자와의 전쟁(Pandemic: How to Prevent an Outbreak)〉, 2020년.

11) 한민수, 2012, 〈질병 핫이슈-독감, 독한 감기라고 생각하면 오산〉, 한국건강관리협회 Volume 36 Issue 10, 28-29.

   * 현재까지 알려진 감기 바이러스는 수천 종으로 리노바이러스, 아데노바이러스, 파라인플루엔자 바이러스 등이 여기에 속하며, 그중 리노바이러스가 일으키는 코감기가 가장 흔하다.

12) 질병관리본부(KCDC), 인플루엔자 설명 페이지, http://www.cdc.go.kr/contents.es?mid=a21106010000

13) 김택중, "100년 전 인플루엔자 팬데믹 이야기 3. 인플루엔자는 언제부터 독감이라 불린 걸까?", 〈BRIC〉, 2019.2.11.

   "染感死亡", 「皇城新聞」, 제3권 제29호 2면, 광무 4년(1900년) 2월 12일, https://www.nl.go.kr/newspaper/

   * 인제대학교 인문과학교실 김택중 교수가 '한국에서 인플루엔자를 언제부터 독감이라 부른 것인지?'를 연구하는 과정에서 확인된 자료에 의하면, 독감이라는 말이 처음 등장한 것은 1900년 2월 12일 자 〈황성신문〉에 실린 단신이다. "1900년 2월 지금의 서울인 한성부에 독감(毒感)이 크게 유행하였고, 이로 인해 한성 안팎의 약포(藥舖)들은 약이 부족해서 팔지 못하고 상여도가(喪轝都家)들은 상여가 부족해서 대여해 줄 틈조차 없을 정도로 수많은 노인과 어린이가 죽었다"라는 내용이다. 김택중 교수는 이 기사에 의해 독감이 적어도 19세기 말에 통용되고 있었음을 확신하며, 최초 출현 시기를 18세기로 예상하고 있다.

14) 박흥두, "2010년 이후 독감 사망 2126명⋯최근 5년간 매년 200명대 유지", 〈경향신문〉, 2020.10.26.

15) 한국보건의료연구원, 〈국내 계절인플루엔자 질병부담 연구결과 발표〉, 2010.10.11.

16) Paget, J., Spreeuwenberg, P., Charu, V., Taylor, R. J., Iuliano, A. D., Bresee, J., Simonsen, L., Viboud, C., & Global Seasonal Influenza-associated Mortality Collaborator Network and GLaMOR Collaborating Teams, 2019, *Global mortality associated with seasonal influenza epidemics: New burden estimates and predictors from the GLaMOR Project*, Journal of global health, 9(2).

http://jogh.org/documents/issue201902/jogh-09-020421.pdf & https://www.ncbi.nlm.nih.gov/
pmc/articles/PMC6815659/

17) 미국 질병통제 예방센터 홈페이지, Estimated Influenza Illnesses, Medical visits,
Hospitalizations, and Deaths in the United States—2017-2018 influenza season.

18) https://www.worldometers.info/world-population/

19) Max Fisher, "Coronavirus 'Hits All the Hot Buttons' for How We Misjudge Risk", 〈NY
Times〉, 2020.2.13.

20) Anthony DiFlorio, "Why are we panicked about coronavirus—and calm about the flu?",
〈theHill〉, 2020.2.4.

21) 1990년대에 비디오테이프를 틀면, '옛날 어린이들은 호환, 마마, 전쟁 등이 가장 무엇은 재
앙이었으냐'로 시작하는 경고문이 나왔었다. 여기서 나오는 마마(媽媽)가 바로 천연두를 의
미한다. 예전에는 이 천연두가 호랑이의 습격과 전쟁에 준하는 무시무시한 재앙에 속했다.
지금까지 천연두로 사망한 전 세계 누적 사망자는 약 10억 명으로 추산된다. 그다음으로 많
은 사망자를 만들어낸 전염병은 인플루엔자로, 3억 5천만 명으로 추산된다.
Chertow, D. S., & Kindrachuk, J., 2020, *Influenza, Measles, SARS, MERS, and Smallpox*. In
Highly Infectious Diseases in Critical Care, Springer, Cham, 69-96.

22) 조우영, "똥을 싸도 박수 받는 지드래곤", 〈스타투데이〉, 2015.6.9.
* 이 기사 안에서도 우리나라에서 잘못 알려진 앤디 워홀의 명언이라고 밝히고 있다. 중요
한 것은 명언의 진위가 아니라, 얼마나 사람들이 전자의 말에 더 공감했느냐라고 논지하고
있다.

23) 박광수, "중립을 지킨 자에게 지옥이 예약? 단테는 그런 말한 적 없다", 〈NEWSTOF〉,
2019.10.28.
* 가짜 명언과 관련해서는 국내 언론 〈NEWSTOF〉의 '가짜명언 팩트 체크' 시리즈(총 15부작)
가 유명하니 이를 찾아보기를 추천한다.

24) 참고로 나도 이 책에서 인용된 수많은 실존 인물들 가운데서 딱 한 사람을 가상의 인물로 채
워놓았다.

25) Whiten, A., & Byrne, R. W., 1997, *Machiavellian intelligence II: Extensions and
evaluations*, Vol. 2, Cambridge University Press.
* 마키아벨리적 지능 가설이라고도 불리는 이 '사회적 지능 가설'은 인류가 이렇게 크고 복
잡한 뇌를 가지게 된 이유를 '집단 내에서 사회 적응 심리'를 파악하고 이와의 '연계성'을 높
이기 위한 것으로 바라본다.

26) 유발 하라리, 2018, 《21세기를 위한 21세기 제언》, 김영사, p.196, 321.

27) 이남석, 2016, 《인지편향사전》, 옥당, p.6.
Gilovich, T., Griffin, D., & Kahneman, D., 2002, *Heuristics and biases: The psychology of
intuitive judgment*, Cambridge university press.

주

28) 국내 학계에서는 가짜뉴스를 "정치·경제적 이익을 위해 의도적으로 언론보도의 형식을 하고 유포된 거짓 정보"로 정의했으며, 〈뉴욕타임스〉는 이를 "고의적 동기로 독자들을 기만하려고 날조된 가공의 기사들"이라고 정의했다.

　황용석, 권오성, 2017, 〈가짜뉴스의 개념화와 규제수단에 관한 연구〉, 언론과 법 제16권 제1호, p.53~68.

29) '가짜뉴스 개념과 대응방안' 세미나에서 황용석 건국대학교 미디어커뮤니케이션학과 교수는 가짜 정보의 유형으로 허위정보(disformation)와 거짓정보(hoax), 오인정보(misinformation) 그리고 유언비어(Rumor)를 언급했으며, 이에 대한 전체 혹은 일부를 아우르는 개념 정의로 페이크뉴스라고 했다.

30) 박성국, "한국 언론 신뢰도, 4년 연속 부동의 꼴찌", 〈서울신문〉, 2019.6.14.

31) 양정애, "일반 시민들이 생각하는 뉴스와 가짜뉴스", 〈Media Issue〉 제5권 제1호, 2019.2.25.

32) 최은창, 2020, 《가짜뉴스의 고고학》, 동아시아, pp.25~26.

33) "This Analysis Shows How Viral Fake Election News Stories Outperformed Real News On Facebook", 〈Craig Silverman〉, 2016.11.16.

34) "In Macedonia's fake news hub, teen shows AP how it's done", 〈AP NEWS〉, 2016.12.2.

35) Gillin, J., 2017, *The more outrageous, the better: How clickbait ads make money for fake news sites*, PolitiFact

36) 그런 의미에서 도널드 트럼프 미국 대통령은 단 한 번도 거짓말한 적이 없다.

37) 해리 G. 프랭크퍼트, 2016, 《개소리에 대하여》, 필로소픽, p.66.

38) pew research center, 〈Partisan divides over political values widen〉, 2017.10.5.

39) President Obama delivered his Farewell Address in Chicago on, 2017.1.10. https://obamawhitehouse.archives.gov/farewel

40) 유혜영, "정치 양극화는 일상에 영향을 미친다", 〈시사IN〉, 2018.7.11.

　Ahler, D. J., & Sood, G., 2018, *The parties in our heads: Misperceptions about party composition and their consequences*, The Journal of Politics, 80(3), 964-981.

　* 2018년 정치학자 더글러스 에글러와 고라브 수드가 발표한 논문에서 미국 내 민주당과 공화당 지지자들이 서로 얼마나 오해하고 있는지 엿볼 수 있다. 예를 들어 공화당 지지자들은 민주당 지지자 가운데 32퍼센트가 동성애자라고 생각한다(실제 민주당 지지자 가운데 동성애자 비율은 6퍼센트). 반대로 민주당 지지자들은 공화당 지지자의 38퍼센트가 연봉이 25만 달러(약 2억 8,000만 원)가 넘는 갑부라고 생각한다(실제로 공화당 지지자 가운데 연봉이 25만 달러 이상인 사람은 2퍼센트). 정치에 관심이 많다고 말한 응답자일수록 어떤 사람이 상대방 정당을 지지하는지 제대로 예측하지 못하는 경향이 두드러졌다. 그만큼 더 크게 오해하고 있는 것이다.

41) 최준호, "이념·소득 양극화…30년 뒤엔 분노의 거리정치 일상화", 〈중앙일보〉, 2019.5.24.

42) Jason Horowitz, "For Pope Francis, Fake News Goes Back to the Garden of Eden", 〈The New York Times〉, 2018.1.24.

43) 영화 〈타짜〉에서 전설의 타짜 중 한 명이자 악역의 끝판왕으로 등장하는 아귀(김윤석 분)는 주인공 고니(조승우 분)에게 천하의 곽철용(김응수 분)이 당한 후 곽철용의 장례식에 등장해 아래의 대사를 내뱉는다.

아귀: 너 병원 뒤지고 다닌다매? | 곽철용 부하: 복수해줘야죠 | 아귀: 뭐 복수? 죽은 곽철용이가 느그 아버지냐? 복수한다고 지랄들을 하게? 복수 같은 순수한 감정으로 접근하면 안 되지. 도끼로 마빡을 찍던 식칼로 배때기를 쑤시던 고기 값을 번다. 뭐 이런 자본적인 개념으로다가 나가야지 에이~

한없이 냉철한 악당 아귀는 지인이었던 건달 곽철용이 당한 것을 갚아주고자 하는 부하들의 '복수 행동'을 하나의 감정적인 행동으로 치부하고, 응당의 대가라는 말과 같이 철저하게 자본주의적 계산에 따른 값어치를 치르는 것으로 복수를 진행해야 한다고 설명하고 있다.

44) 최은창, 2020, 《가짜뉴스의 고고학》, 동아시아, p.81.

45) 그레그 제너, 2017, 《소소한 일상의 대단한 역사》, 와이즈베리.

46) 톰 골드스타인, 2008, 《언론의 진실, 이상한 동거》, 커뮤니케이션북스.

47) 요차이 벤클러, 2015, 《네트워크의 부》, 커뮤니케이션북스, p.324.
* 하지만 이는 광고주의 입김에서 완전히 벗어난 정론을 펼치기 어렵다는 새로운 문제를 낳기도 했다.

48) Tony Romm, "Facebook CEO Mark Zuckerberg says in interview he fears 'erosion of truth' but defends allowing politicians to lie in ads", 〈Washington post〉, 2019.10.18.
* 페이스북도 이러한 '콘텐츠 검열'과 '표현의 자유'를 이유로, 플랫폼 내 정치 광고를 중단하라는 주장을 거절했다.

49) 김민수, "인공지능이 진짜 같은 '가짜뉴스'를 만들었다", 〈노컷뉴스〉, 2019.2.15.

50) Nick Wingfield, Mike Isaac and Katie BennerGoogle and Facebook Take Aim at Fake News Sites, 〈NY Times〉, 2016.11.14.
* 구글은 2017년 선정성, 폭력성, 혐오 조장, 정치적 편향성 등의 운영 기준에 위반하는 콘텐츠에 노란색 달러 모양의 아이콘(노란 딱지)을 붙여 광고 부적합을 표시하고, 수익을 제한하는 '비수익화(Demonetiztion) 정책'을 자체적으로 시행했다. 페이스북 또한 2016년 가짜뉴스 웹사이트가 광고 수익을 얻지 못하게 하는 비수익화 정책을 발표했다. 가짜뉴스 웹사이트 운영자가 페이스북의 오디언스 네트워크(Audience Network)를 사용해 노출에 비례하는 금전적 이익을 얻지 못하게 금지하는 것이다. 하지만 이러한 콘텐츠의 진위 여부를 플랫폼이 판단한다는 데 문제점이 있고, 명확히 어떤 전차를 통해서 제한이 이뤄지는지도 공개되어 있지 않다. 그리고 결정적으로 광고 노출을 통해 광고 수익을 플랫폼과 콘텐츠 게시자가 나누는 비즈니스 모델이 유지되는 상황에서의 이러한 콘텐츠 제한과 정책은 한계를 가질

수밖에 없다.

51) 엘리 프레이저, 2011,《생각 조종자들》, 알키, p.327.

52) 넷플릭스, 2020, 〈소셜 딜레마(Social Dilemma)〉, 재런 리니어, 저스틴 로젠스타인 인터뷰 참조, 1시간 23~24분.

53) Plait, P. C., 2002, *Bad astronomy: misconceptions and misuses revealed, from astrology to the moon landing "hoax"*, John Wiley & Sons.
넷플릭스, 2018, 〈그래도 지구는 평평하다(Behind the Curve)〉

54) 김수인, "누가 그들의 관심에 화살을 겨누나", 〈중대신문〉, 2015.9.20.

55) Scarry, E., 1993, Das schwierige Bild der Anderen. Balke, Friedrich (Hg.), Schwie. S. 242.
* 하버드대학교 영문학과 교수 일레인 스캐리가 한 말을 인용했다. "기괴함은 지나치게 가시적이어서 주의를 기울이는 시선조차 돌리게 만들며, 비가시성은 주의를 기울일 가능성조차 차단해 아예 처음부터 존재하지 않는 것과 다름없게 한다."

56) Chicago Sun-Times, 〈Deadly Lessons: School shooters Tell Why〉, 2000.10.15.

57) 한나 아렌트, 2019,《인간의 조건》, 한길사, p.12.

58) 과학기술정보통신부(한국정보화진흥원), 〈2019 스마트폰 과의존 설문조사〉, 2020.3.30.
*스마트폰 과의존이란 과도한 스마트폰 이용으로 스마트폰에 대한 의존성이 증가하고 이용 조절력이 감소해 문제적 결과를 경험하는 상태를 의미한다.

59) BrightLocal(Myles Anderson), 〈Local Consumer Review Survey 2014〉, 2014.7.7.
statista(J. Clement), 〈Effect of online reviews on local business customer opinion 2019〉, 2020.1.9.

60) 엠브레인트렌드모니터, "팍팍한 현실 속 '운세'에서 마음의 위안을 찾는 소비자", 〈트렌드모니터〉, 2019.2.26.
* 사람들은 운세를 봄으로써 극적인 변화를 기대하기보다는 '마음의 위안과 안정을 얻고 싶어 하는 바람이 큰 것'으로 조사되었다. 전체 응답자의 84.4퍼센트가 사람들이 운세를 보는 것은 '마음의 위안을 얻기 위해서인 것 같다는 데 공감하고 있었다. 결국 사람들은 운세를 통해 현실 문제에 대한 뚜렷한 해결책을 찾기보다는 현재 느끼는 불안감을 달래고 싶어 하는 마음이 더 크다는 것을 알 수 있었다. 운세를 보는 사람이 많아지는 것은 그만큼 현실을 불안해하는 사람이 많다는 증거라는 의견(73.9퍼센트)은 곱씹어 볼 필요가 있다.

61) 김희선, "'종교인구 비율 46%로 하락…20대는 30%', 한국기독교목회자협의회(한목협) 한국인의 종교 생활과 의식 조사 결과 발표", 〈YTN〉, 2017.12.28.
* 한국인의 종교 생활과 의식 조사 결과, 2017년의 종교인구는 전체의 46.6퍼센트로 5년 전인 2012년(55.1퍼센트)에 8.5퍼센트포인트 낮아졌다. 특히 20대 중 종교인구 비율은 30.7퍼센트로 평균보다 15.9퍼센트포인트나 낮았다. 통계청에서 10년마다 한 번씩 실시하는 종교분포 조사에서 우리나라에서 종교가 없는 국민은 56.1퍼센트로 조사된 반면, 종교가 있는 국민은 43.9퍼센트에 불과하였다. 1995년부터 10년 주기로 실시된 이 조사에서 종교

가 없다고 답한 비율이 처음으로 절반을 넘게 된 것이다.

62) Michael Lipka, Claire Gecewica, "More Americans now say they're spiritual but not religious", 〈FACTTANK〉, 2017.9.6.

63) Lillqvist, O., & Lindeman, M., 1998, *Belief in astrology as a strategy for self-verification and coping with negative life-events*, European Psychologist, 3(3), 202–208.

64) 국기연, "'부정의 힘', 비관론자가 더 잘 사는 이유는", 〈세계일보〉, 2017.12.23.

65) Cantor, N., & Norem, J. K., 1989, Defensive pessimism and stress and coping, Social cognition, 7(2), 92-112.

참고 도서

· 《가짜뉴스의 고고학》, 최은창, 동아시아, 2020.

· 《강사의 탄생》, 이수민, 돈을새김, 2017.

· 《개소리에 대하여》, 해리 G. 프랭크퍼트, 필로소픽, 2016.

· 《결국, 컨셉》, 김동욱, 청림출판, 2017.

· 《관심경쟁의 사회학》, 박해준, 백삼출판사, 2014.

· 《관심의 경제학》, 토머스 데이븐포트, 21세기북스, 2006.

· 《관심종자》, 양수영, 더로드, 2018.

· 《관종의 시대》, 김곡, 그린비, 2020.

· 《구글은 어떻게 일하는가》, 에릭 슈미트, 조너선 로젠버그, 앨런 이글, 김영사,
  2014.

· 《군주론》, 니콜로 마키아벨리, 까치, 2015.

· 《규칙 없음》, 리드 헤이스팅스, 에린 마이어, 알에이치코리아, 2020.

· 《긍정의 배신》, 바버라 에런라이크, 부키, 2011.

· 《긍정의 힘》, 조엘 오스틴, 긍정의힘, 2005.

· 《기술의 충격》, 케빈 켈리, 민음사, 2011.

· 《나만 잘되게 해주세요》, 강보라, 인물과사상사, 2019.

· 《네트워크의 부》, 요하이 벤클러, 커뮤니케이션북스, 2015.

관종의 조건

·《눈으로 듣고 귀로 읽는 붓다의 과학 이야기》, 김성철, 참글세상, 2014.

·《뉴타입의 시대》, 야마구치 슈, 인플루엔셜, 2020.

·《늑대는 어떻게 개가 되었나》, 강석기, MID, 2014.

·《다르게 보는 눈》, 김상률, 쏭북스, 2020.

·《다양성 전략》, 이종구, 서울경제경영, 2016.

·《다크호스》, 토드 로즈, 오기 오가스, 21세기북스, 2019.

·《당신은 구글에서 일할 만큼 똑똑한가?》, 윌리엄 파운드스톤, 타임비즈, 2012.

·《디퍼런트》, 문영미, 살림Biz, 2011.

·《루키 스마트》, 리즈 와이즈먼, 한국경제신문사, 2015.

·《린치핀》, 세스 고딘, 라이스메이커, 2019.

·《마케팅 불변의 법칙》, 알 리스, 잭 트라우트, 비즈니스맵, 2008.

·《마케팅 상상력》, 김민주, 리더스북, 2006.

·《만들어진 신》, 리처드 도킨스, 김영사, 2007.

·《많아지면 달라진다》, 클레이 서키, 갤리온, 2011.

·《매력 자본》, 캐서린 하킴, 민음사, 2013.

·《멀티플라이어》, 리즈 와이즈먼, 한국경제신문사, 2019.

·《모두 거짓말을 한다》, 세스 스티븐스 다비도위츠, 더퀘스트, 2018.

·《모두가 인기를 원한다》, 미치 프린스틴, 위즈덤하우스, 2018.

·《모든 것의 가격》, 에두아르도 포터, 김영사, 2011.

·《무한긍정의 덫》, 가브리엘 외팅겐, 세종서적, 2015.

·《미래의 충격》, 앨빈 토플러, 범우사, 1999.

·《보랏빛 소가 온다》, 세스 고딘, 재인, 2004.

·《보이지 않는 고릴라》, 크리스토퍼 차브리스, 대니얼 사이먼스, 김영사, 2011.

·《복수의 심리학》, 스티븐 파인먼, 반니, 2018.

·《부유한 노예》, 로버트 B. 라이시, 김영사, 2001.

·《부자 아빠 가난한 아빠》, 로버트 기요사키, 민음인, 2018.

·《부자가 되는 과학적 방법》, 월러스 워틀스, 이담북스, 2019.

·《블루오션 시프트》, 김위찬, 르네 마보안, 비즈니스북스, 2017.

·《사피엔스》, 유발 하라리, 김영사, 2015.

·《상징의 탄생》, 박성현, 심볼리쿠스, 2017.

·《새로운 미래가 온다》, 다니엘 핑크, 한국경제신문사, 2012.

·《생각 조종자들》, 엘리 프레이저, 알키, 2011.

·《설득의 심리학 1》, 로버트 치알디니, 21세기북스, 2019.

·《성공하는 인재채용은 시작부터 다르다》, 카와카미 신지, 사이또 료조, 어드북스, 2004.

·《세상을 바꾼 길들임의 역사》, 앨리스 로버츠, 푸른숲, 2019.

·《셀러브리티》, 그레엄 터너, 이매진, 2018.

·《셀러브리티》, 크리스 로젝, 한울아카데미, 2019.

·《소소한 일상의 대단한 역사》, 그레그 제너, 와이즈베리, 2017.

·《스틱!》, 칩 히스, 댄 히스, 엘도라도, 2009.

·《스펙타클의 사회》, 기 드보르, 울력, 2014.

·《시크릿》, 론다 번, 살림Biz, 2007.

·《실력과 노력으로 성공했다는 당신에게》, 로버트 H. 프랭크, 글항아리, 2018.

·《실력의 배신》, 박남기, 쌤앤파커스, 2018.

·《아름다움의 진화》, 리처드 프럼, 동아시아, 2019.

·《아마존은 왜? 최고가에 자포스를 인수했나》, 이시즈카 시노부, 북로그컴퍼니, 2010.

·《안티프래질》, 나심 니콜라스 탈레브, 와이즈베리, 2013.

·《어떻게 능력을 보여줄 것인가》, 잭 내셔, 갤리온, 2018.

·《언론과 진실, 이상한 동거》, 톰 골드스타인, 커뮤니케이션북스, 2008.

·《예방접종이 오히려 병을 부른다》, 안드레아스 모리츠, 에디터, 2017.

·《오래가는 것들의 비밀》, 이랑주, 지와인, 2019.

·《왜, 독감은 전쟁보다 독할까》, 브린 바너드, 다른, 2011.

·《요즘 아이들 마음고생의 비밀》, 김현수, 해냄, 2019.

·《우리 본성의 선한 천사》, 스티븐 핑커, 사이언스북스, 2014.

·《우리를 속이는 말들》, 박홍순, 웨일북, 2020.

·《유감스러운 생물, 수컷》, 후지타 고이치로, 반니, 2020.

·《유튜버가 말하는 유튜버》, 런업, 부키, 2019.

· 《유튜버들》, 크리스 스토클-워커, 미래의창, 2020.

· 《유튜버의 일》, 이수진, 스리체어스, 2019.

· 《유튜브 구독자 100만 만들기》, 김보겸, 지식너머, 2019.

· 《유튜브 레볼루션》, 로버트 킨슬, 마니 페이반, 더퀘스트, 2018.

· 《유튜브 지금 시작하시나요?》, 이시한, 미래의창, 2020.

· 《유튜브의 신》, 대도서관, 비즈니스북스, 2018.

· 《이기적 유전자》, 리처드 도킨스, 을유문화사, 2018.

· 《이기적 직원들이 만드는 최고의 회사》, 유호현, 스마트북스, 2019.

· 《이미지와 환상》, 다니엘 부어스틴, 사계절, 2004.

· 《이상한 놈들이 온다》, 세스 고딘, 라이스메이커, 2020.

· 《인류 최대의 재앙, 1918년 인플루엔자》, 앨프리드 W. 크로스비, 서해문집, 2010.

· 《인류는 어떻게 역사가 되었나》, 헤르만 파르칭거, 글항아리, 2014.

· 《인류세의 모험》, 가이아 빈스, 곰출판, 2018.

· 《인류의 기원》, 이상희, 윤신영, 사이언스북스, 2015.

· 《인비저블》, 데이비드 즈와이그, 민음인, 2015.

· 《인지편향사전》, 이남석, 옥당, 2016.

· 《인터넷의 철학》, 휴버트 드레이퍼스, 필로소픽, 2015.

· 《좋아 보이는 것들의 비밀》, 이랑주, 인플루엔셜, 2016.

· 《지금, 여기의 극우주의》, 박권일, 김민하, 김진호, 남상욱, 문순표, 이택광, 자음과모음, 2014.

· 《지적 대화를 위한 넓고 얕은 지식 제로》, 채사장, 웨일북, 2019.

· 《지토툰》, 지토, 대원, 2019.

· 《진정성이라는 거짓말》, 앤드류 포터, 마티, 2016.

· 《철학자와 늑대》, 마크 롤랜즈, 추수밭, 2012.

· 《초격차》, 권오현, 쌤앤파커스, 2018.

· 《축의 시대》, 카렌 암스트롱, 교양인, 2010.

· 《침입종 인간》, 팻 시프먼, 푸른숲, 2017.

· 《컬러의 힘》, 캐런 할러, 월북, 2019.

· 《콰이어트》, 수전 케인, 알에이치코리아, 2012.

· 《타인의 해석》, 말콤 글래드웰, 김영사, 2020.

· 《트라이브즈》, 세스 고딘, 시목, 2020.

· 《파워풀》, 패티 맥코드, 한국경제신문사, 2020.

· 《팔리는 나를 만들어 팝니다》, 박창선, 알에이치코리아, 2020.

· 《팩트풀니스》, 한스 로슬링, 올라 로슬링, 안나 로슬링 뢴룬드, 김영사, 2019.

· 《평균의 종말》, 토드 로즈, 21세기북스, 2018.

· 《포지셔닝》, 잭 트라우트, 을유문화사, 2006.

· 《프레젠테이션 심리학》, 스테판 M. 코슬린, 멘토르, 2008.

· 《피지올로구스》, 피지올로구스, 미술문화, 1999.

· 《핑크펭귄》, 빌 비숍, 스노우폭스북스, 2017.

· 《행복의 기원》, 서은국, 21세기북스, 2014.

· 《행복한 이기주의자》, 웨인 다이어, 21세기북스, 2019.

· 《현재의 충격》, 더글러스 러시코프, 청림출판, 2014.

· 《혐오사회》, 카롤린 엠케, 다산초당, 2017.

· 《호모 데우스》, 유발 하라리, 김영사, 2017.

· 《호모 사피엔스, 그 성공의 비밀》, 조지프 헨릭, 뿌리와이파리, 2019.

· 《확신의 덫》, 장 프랑수아 만초니, 장 루이 바르수, 위즈덤하우스, 2014.

· 《2020 팔리는 라이프스타일 트렌드》, 김나연, 이상길, 류현준, 박종제, 권정주 외 5명, 한스미디어, 2019.

· 《21세기를 위한 21가지 제언》, 유발 하라리, 김영사, 2018.